# CONTENTS

## 1 금융시장의 이해

- 01. 금융시장의 기능 6가지 vs 금융기관의 역할 3가지 비교 ········ 6
- 02. 단기금융시장 vs 장기금융시장의 차이점 ········ 8
- 03. 단기금융시장에서 거래되는 금융상품 ········ 10
- 04. 외환시장과 외화자금시장 ········ 12
- 05. 파생금융상품시장 ········ 14
- 06. 한국은행(금융통화위원회)의 통화정책 ········ 15
- 07. 금리의 의의 및 종류, 이자계산방법 ········ 17
- 08. 금융기관의 종류와 자본시장법의 기본 방향 ········ 19
- 09. 비은행예금 취급기관 – 상호저축은행, 신용협동기구, 우체국예금, 종합금융회사 ········ 21
- 10. 기타 금융기관 ········ 22
- 11. 수신상품 I – 예금상품과 비은행금융기관의 예수금 ········ 23
- 12. 수신상품 II – 실적배당형 상품 ① 금전신탁 ② 단기 실적배당상품 ········ 26
- 13. 수신상품 III – 실적배당형 상품 ③ 집합투자기구 ④ 부동산투자신탁(REITs) ········ 28
- 14. 여신상품 – 대출, 자금조달비용지수(COFIX) ········ 30
- 15. 주식의 개념 및 종류 ········ 31
- 16. 기업공개 ········ 33
- 17. 증자와 감자 및 자사주 ········ 34
- 18. 상장과 대체결제제도 ········ 36
- 19. 주식 매매거래 제도 ········ 38
- 20. 주식 매매계약 체결 원칙과 명의개서 ········ 40
- 21. 가격폭 제한, 배당락과 권리락 ········ 42
- 22. 매매거래 중단제도(Circuit Breaker), 프로그램 매매 호가효력 일시정지제도(Sidecar) ········ 44
- 23. 공시제도와 불공정거래행위 방지제도 ········ 46
- 24. 주식거래 관련 주요 용어 ········ 48
- 25. 주가지수와 투자수익 ········ 50
- 26. 주가 및 주식투자수익률의 변동요인 ········ 52
- 27. 주가수익비율(PER = Price Earnings Ratio) ········ 54
- 28. 주식시장의 상승신호와 주식시세표의 이해 ········ 55
- 29. 채권의 개념 및 주식과의 차이 ········ 57

30. 채권의 종류 ····················································································· 60
31. 합성채권 – 전환사채, 신주인수권부사채, 교환사채 ········································ 62
32. 채권시장(발행시장, 유통시장)과 매매 ························································ 64
33. 채권투자분석과 채권수익률 ··································································· 66
34. 채권수익률의 결정요인 ········································································ 68
35. 자산유동화증권시장 ············································································ 70
36. 개인소득세 열거주의 과세 ···································································· 71
37. 법인세 순자산증가설과 상속세 및 증여세 완전포괄주의 과세 ························· 73
38. 금융소득과 세금 ················································································· 75
39. 금융상품의 선택 기준과 요령 ································································· 78

# 생명보험의 이해 ②

40. 생명보험의 개념 및 운영원리 ································································· 79
41. 보험료 산출 – 3이원방식과 현금흐름방식 ·················································· 80
42. 책임준비금의 개념과 구성(IFRS17 적용 기준), 해약환급금 ······························ 82
43. IFRS17 적용 이전의 책임준비금 운영 ······················································ 84
44. 생명보험 상품의 구조와 분류 ································································· 86
45. 생명보험 약관 – 생명보험계약의 의의와 특성 ············································· 89
46. 표준약관 주요내용 Ⅰ – 계약 전 알릴 의무, 계약성립, 청약철회, 약관 교부 및 설명의무 등 ···· 91
47. 표준약관 주요내용 Ⅱ – 납입, 부활, 특별부활, 사기계약 취소, 분쟁, 서면농의철회권 등 ········ 95
48. 보험료 납입시 세제혜택 Ⅰ – 보장성 보험료에 대한 세액공제 ························· 97
49. 보험료 납입시 세제혜택 Ⅱ – 연금계좌에 대한 세액공제 ······························· 100
50. 보험금 수령시 세제혜택 Ⅰ – 저축성 보험과 세금 ······································· 103
51. 보험금 수령시 세제혜택 Ⅱ – 연금소득 분리과세 선택 ································· 106
52. 소득세 계산구조와 금융재산 상속공제 ···················································· 108
53. 상속 및 증여받은 보험금에 대한 세제 ···················································· 110

# CONTENTS

## 3 변액보험의 이해

54. 변액보험의 역사와 미국과 일본의 변액보험 사례 · 113
55. 우리나라 변액보험 도입배경 및 법적규제 · 115
56. 변액보험과 금융투자회사 상품 비교 · 118
57. 특별계정에 의한 자산운용 – 일반계정과 특별계정 · 120
58. 변액보험의 사망보험금과 상품구조 · 121
59. 최저보증옵션의 이해 · 123
60. 변액연금보험의 Step – Up 보증 · 125
61. 변액보험 보증옵션의 종류 · 127
62. 변액종신보험의 특징 · 129
63. 변액종신보험과 변액유니버설보험(보장형)의 변동보험금 계산방법 · 130
64. 변액종신보험 vs 일반종신보험 비교 · 132
65. 변액종신보험의 보장구조 · 134
66. 변액연금보험의 정의 및 특징 · 136
67. 변액연금보험의 보장구조 및 예시 · 140
68. 변액유니버설보험의 정의와 특징 · 143
69. 변액유니버설보험의 보장구조 및 예시 · 146
70. 특별계정의 필요성 · 148
71. 변액보험의 현금흐름(Cash Flow) · 149
72. 특별계정 투입보험료의 계산방법 · 151
73. 특별계정 운용보수와 최저보증비용의 차감 · 153
74. 변액보험의 현금흐름과 수수료 차감방식 · 155
75. 특별계정의 종류Ⅰ – 채권형과 혼합형, 주식형 펀드의 비교 · 157
76. 특별계정의 종류Ⅱ – 주요 투자대상(예시) · 159
77. 변액보험 vs 타업권 실적배당상품 비교 · 161
78. 자산운용의 기본원칙, 운용대상, 평가방법 · 162
79. 자산운용 실적의 적립금 반영방법 · 164
80. 계약자 보유좌수의 증감 · 167
81. 회사별 변액보험공시 확인 방법 · 169
82. 자산운용 옵션 – 펀드변경, 펀드별 편입비율 설정, 펀드 자동재배분, 보험료 평균분할투자 · 171

83. 보험료 납입 ··········································································· 175
84. 보험료 추가납입, 선납보험료 ················································· 177
85. 특별계정 투입보험료와 투입시기 ············································ 179
86. 월대체보험료 ········································································· 182
87. 특별계정 적립금의 중도인출, 청약철회, 사망보험금 ················ 184
88. 해약환급금, 납입최고기간, 미납 해지 ···································· 186
89. 부활(효력회복) ······································································· 188
90. 보험계약대출(약관대출) ·························································· 190
91. 선택특약, 계약내용의 변경, 초기투자자금 ······························ 193
92. 특별계정 펀드의 폐지 ···························································· 195

# 보험공시 및 예금자보호제도

93. 보험정보 공시 I – 경영공시 ···················································· 196
94. 보험정보 공시 II – 상품공시 ··················································· 198
95. 변액보험 공시 ······································································· 201
96. 변액보험 판매시 준수사항 – 변액보험 판매자격제도, 적합성 진단 ········ 203
97. 주요내용 확인서, 판매 후 모니터링 ······································· 206
98. 변액보험 판매시 필수안내사항과 금지사항 ····························· 207
99. 예금자보호제도 I – 보호대상 금융회사와 금융상품 ················· 211
100. 예금자보호제도 II – 예금보험금 지급과 한도 ························· 214

**부록** | 숫자로 보는 변액보험 ······················································ 216
| Essential 101 題 ····················································· 217

# 금융시장의 기능 6가지 vs 금융기관의 역할 3가지 비교

교재 p6~10, 22
제1장. 금융시장의 이해 ▶ 01. 금융시장과 금융상품 ▶ 가. 금융시장의 구조, 나. 금융시장의 기능, 마. 금융기관의 역할

출제 포인트 2.0

## 1 금융과 금융시장

① 금융 : 자금이 필요한 곳에 원활하게 활용될 수 있도록 하는 행위(자금을 빌려주거나 또는 조달하는 행위)
② 금융시장 : 가계, 기업, 정부, 금융기관, 해외 경제주체 등의 금융시장 참여자들이 금융상품을 거래하여 필요한 자금을 조달하고(자금수요) 여유자금을 운용하는(자금공급) 조직 또는 비조직화된 장소

## 2 금융기관 ⇨ 금융기관의 개입 여부에 따라 직접금융과 간접금융으로 구분

● 적절한 정보와 금융상품을 제공함으로써 자금이 원활히 유통되도록 하는 역할 수행

| 구분 | 직접금융<br>(거래자 책임) | 간접금융<br>(금융기관 책임) |
|---|---|---|
| 특징 | 자금 공급자와 자금 수요자가<br>서로 자금을 융통하도록 주선 `문제 1` | 자금 공급자에게 자금을 받아서<br>자금 수요자에게 제공하는 중개 |
| 거래방식 | 거래당사자가 직접 자신의 책임과<br>계산으로 거래하는 방식 | 금융기관을 사이에 두고<br>자금의 융통이 이루어지는 방식 |
| 대표 금융기관 | 증권회사 | 은행 |

## 3 금융시장의 6가지 기능

| | |
|---|---|
| 자금 중개 | 금융시장의 가장 중요한 기능 : 자금 수요자와 공급자 간의 자금중개기능 수행<br>⇨ 여유자금을 필요한 곳으로 이전시켜 자금을 효율적으로 활용하여 부가가치 창출 및 경제성장에 기여 ⇨ 기업에 필요한 자금을 공급하여 경제성장에 기여하고, 가계에게는 자산운용과 차입기회를 제공하여 소비자 효용을 높임 |
| 금융자산가격의 결정 | 금융시장에서 유통되는 수많은 정보가 가격탐색과정을 거쳐 수요와 공급에 반영됨으로써 금융상품의 가격(이자율) 결정 ⇨ 금융상품의 가격변동을 통해 시장정보를 알 수 있음<br>⇨ 자금공급이 많아지면 금리 하락, 감소하면 금리 상승 ⇨ 신용도가 떨어지면 수익률 상승 `문제 2` |
| 유동성 제공 | 유동성이란 즉시 현금화할 수 있는 정도, 즉 환금성을 의미 |
| 거래비용 절감 | 금융거래에 따라 발생하는 거래비용(탐색비용과 정보비용) 감소 `문제 3` |
| 위험 관리 | 다양한 금융상품과 금융거래 기회를 제공함으로써 투자자들의 다양한 요구(위험회피도)에 부응할 수 있는 위험관리 기능 제공 ⇨ 자금중개 규모도 증가 |
| 시장 규율 | 금융시장에 참가하는 기업과 정부를 감시하고 평가하는 규율 기능 제공<br>⇨ 기업의 수익성, 상환가능성에 대한 시장의 평가가 주식이나 채권의 가격에 영향을 미침<br>⇨ 최근 금융시장의 중요한 역할로 부각 |

※ 탐색비용 : 금융거래 의사를 밝히고 거래상대방을 찾는데 소요되는 비용 `문제 4`
※ 정보비용 : 금융자산의 투자가치를 평가하기 위해 필요한 정보를 얻는데 소요되는 비용 `문제 4`

## 4 금융기관의 3가지 역할

| 유동성 제고를 통한 자산 전환 | • 자산전환을 통해 자금 수요자와 공급자 모두의 유동성 요구를 충족시켜 원활한 금융거래 가능<br>• 만기전환 : 단기자금을 조달하여 장기대출로 자금을 운용하는 것, 자산전환의 한 종류 |
|---|---|
| 거래비용 절감 및 위험분산 | • 금융기관은 대량 거래를 통한 규모의 경제로 거래비용 절감<br>• 다양한 투자로 잘 분산된 포트폴리오를 구성하기 때문에 위험을 분산하는 효과 |
| 지급결제제도 등 금융서비스 제공 | • 다양한 지급결제제도의 발달 : 당좌예금, 신용카드, 수표 등<br>• 현금보유에 따른 불이익을 제거함으로써 원활한 거래 촉진 |

### ☀ 출제 예상문제

**1** 다음 중 직접금융에 대한 설명으로 맞는 것은?

① 금융기관이 자금 공급자에게 자금을 받아서 자금 수요자에게 제공한다.
② 금융기관을 중심으로 자금의 융통이 이루어진다.
③ 자금 수요자와 공급자가 금융시장을 통해 직접 자신의 책임과 계산으로 자금을 거래한다.
④ 자금거래의 손실과 이익에 대한 책임을 금융기관이 부담한다.

**정답** | ③
**해설** | 직접금융은 금융기관의 개입이 없는 거래방식이다.

**2** 기업의 신용위험이 커질 경우 그 기업이 발행한 채권의 수요는 증가하게 되어 채권수익률은 상승한다. (○, ×)

**정답** | ×
**해설** | 기업의 신용위험이 커지게 되면(리스크 증가) 그 기업이 발행한 채권의 수요가 감소(자금공급 감소)하게 되어 채권수익률이 상승한다.

**3** 다음 중 금융시장의 거래비용에 대한 설명으로 틀린 것은?

① 금융시장이 조직화되고 효율적으로 발달하면 투자자들의 거래비용은 크게 늘어난다.
② 탐색비용이란 금융거래 의사를 밝히고, 거래상대방을 찾는데 소요되는 비용을 말한다.
③ 정보비용은 금융자산의 투자가치를 평가하기 위하여 필요한 정보를 얻는데 소요되는 비용을 말한다.
④ 금융시장에서 원활하게 자본조달이 이루어지기 위해서는 탐색비용이나 정보비용 등 금융거래 비용이 발생한다.

**정답** | ①
**해설** | 투자에 필요한 기본적인 정보를 손쉽게 파악할 수 있어 거래비용이 크게 줄어든다.

**4** 다음 표의 ( ) 안에 들어갈 단어가 알맞게 연결된 것은?

> 금융거래시 발생하는 거래비용 중 금융거래 의사를 밝히고 거래상대방을 찾는데 소용되는 비용을 ( )이라고 하고, 금융자산의 투자가치를 평가하기 위하여 필요한 정보를 얻는데 소요되는 비용을 ( )이라고 한다.

① 차입비용 - 정보비용
② 정보비용 - 탐색비용
③ 위험비용 - 탐색비용
④ 탐색비용 - 정보비용

**정답** | ④
**해설** | 탐색비용과 정보비용에 대한 설명이다.

### 🎓 필수 암기사항

- 직접금융(거래당사자가 직접 거래 ⇨ 거래자 책임, 증권회사) vs 간접금융(금융기관 책임, 은행)
- 금융시장의 6가지 기능
  ① 자금 중개   ② 금융자산가격의 결정   ③ 유동성 제공   ④ 거래비용 절감   ⑤ 위험 관리   ⑥ 시장 규율
- 자금 공급 증가 ⇨ 이자율 하락  vs  자금 공급 감소 ⇨ 이자율 상승
- 금융기관의 3가지 역할
  ① 유동성 제고를 통한 자산 전환   ② 거래비용 절감 및 위험분산   ③ 지급결제제도 등 금융서비스 제공
- 금융시장과 금융기관의 역할은 대부분 동일. 지급결제제도 등 금융서비스 제공만 금융기관의 역할이라는 사실에 유의

# 단기금융시장 vs 장기금융시장의 차이점

교재 p11
제1장. 금융시장의 이해 ▶ 01. 금융시장과 금융상품 ▶ 다. 금융시장의 분류 ▶ (1) 단기금융시장(자금시장)과 장기금융시장(자본시장)

출제포인트 6.5

## 1 단기금융시장 vs 장기금융시장 비교(금융상품의 만기 1년 기준) 문제 1

| 구분 | 단기금융시장<br>(자금시장, 화폐시장, Money Market) | 장기금융시장<br>(자본시장, Capital Market) |
|---|---|---|
| 정의 | 통상 만기 1년 미만의<br>금융상품이 거래되는 시장 문제 2 | 만기 1년 이상인 장기채권이나<br>만기 없는 주식이 거래되는 시장 |
| 특징 | 개인, 기업, 금융기관이 일시적인<br>여유자금을 운용하거나 부족자금 조달 | • 기업, 정부, 공공단체 등 자금부족 부문에서<br>장기적으로 필요한 자금 조달<br>• 금융기관, 연기금 등이 장기적인 관점에서<br>투자하는 시장 |
| 거래규모 | 대규모 | 소규모 |
| 유동성 | 높음 | 낮음(채권) 문제 3 |
| 기대수익률 | 낮음 | 높음 |
| 채무불이행 | – | 채권은 신용도가 낮은 기업<br>(투자부적격 기업)도 발행 가능<br>⇨ 채무불이행 위험 존재 문제 4 |
| 가격 변동폭 | 금리 변동시 가격 변동폭 작음 문제 5 | 금리 변동시 가격 변동폭 큼 |
| 범위 | 콜, 기업어음(CP),<br>양도성예금증서(CD),<br>환매조건부채권(RP),<br>표지어음, 통화안정증권(MSB),<br>단기사채 등 문제 6, 7 | 채권시장(국채, 회사채, 금융채 등),<br>주식시장, 자산유동화증권시장(ABS) 문제 8 |

※ 주식 : 청구권이 채권보다 후순위이며 가격변동폭이 커서 투자위험이 매우 큼
  ⇨ 장기금융상품은 투자에 따른 위험 회피를 위해 파생금융상품 투자와 병행하는 경우 많음

## 출제 예상문제

**1** 다음 표의 ( ) 안에 공통으로 들어갈 기간으로 맞는 것은?

> 금융시장은 금융상품의 만기를 기준으로 통상 만기 ( ) 미만의 금융상품이 거래되는 단기금융시장과 만기 ( ) 이상의 금융상품이 거래되는 장기금융시장으로 구분된다.

① 1개월　② 3개월　③ 1년　④ 3년

**정답** | ③
**해설** | 금융시장은 만기 1년 미만의 금융상품이 거래되는 단기금융시장, 만기 1년 이상의 금융상품이 거래되는 장기금융시장으로 구분된다.

**2** 다음 중 단기금융시장에 대한 설명으로 맞는 것은?

① 만기가 없는 주식이나 자산유동화증권이 거래되는 시장이다.
② 유동성이 낮고 만기가 짧아 금리 변동에 따른 가격변동이 크다.
③ 통상 만기 1년 미만의 금융상품이 거래되는 시장이다.
④ 통화안정증권은 통화량을 조절하기 위하여 금융감독원이 발행한다.

**정답** | ③
**해설** | ① 주식이나 자산유동화증권은 장기금융시장에서 거래된다.
② 단기금융시장은 유동성이 비교적 높으며 만기가 짧기 때문에 금리가 변하더라도 가격변동이 크지 않다.
④ 금융감독원 → 한국은행

**3** 다음 중 장기금융시장에서 거래되는 금융상품에 대한 설명으로 틀린 것은?

① 거래가 대규모로 이루어지기 때문에 단기금융상품에 비해 유동성이 높다.
② 만기가 길어 금리변동에 따른 가격변동 위험이 크다.
③ 신용도가 낮은 기업도 채권을 발행하기 때문에 채무불이행 위험이 존재한다.
④ 투자위험 회피를 위해 파생금융상품에 대한 투자를 병행하는 것이 일반적이다.

**정답** | ①
**해설** | 장기금융상품은 단기금융상품보다 유동성이 낮으며 금리변동에 따른 가격변동 위험이 크다.

**4** 자본시장에서는 신용도가 낮은 회사도 채권 발행이 가능하기 때문에 채무불이행 리스크가 존재한다. (o, ×)

**정답** | ○
**해설** | 채권은 투자부적격 기업도 발행이 가능하기 때문에 채무불이행 위험이 존재한다.

**5** 다음 중 단기금융시장에 대한 설명으로 틀린 것은?

① 일반적으로 만기 1년 미만의 금융상품이 거래되는 시장이다.
② 금융기관이 일시적인 여유자금을 운용하거나 부족자금을 조달하는 시장이다.
③ 단기금융상품은 금리변동에 따른 가격변동폭이 크다.
④ 자금시장이라고 한다.

**정답** | ③
**해설** | 단기금융상품은 만기가 짧아 금리변동에 따른 가격변동폭이 작다.

**6** 다음 중 금융시장 유형과 거래되는 금융상품이 바르게 연결된 것은?

① 자본시장 - 통화안정증권
② 파생금융상품시장 - 자산유동화증권
③ 자금시장 - 선물
④ 단기금융시장 - 표지어음

**정답** | ④
**해설** | ① 통화안정증권은 자금시장상품
② 자산유동화증권은 장기금융상품 ③ 선물은 파생금융상품

**7** 다음 중 단기금융상품이 아닌 것은?

① 콜　　　　　　　② 양도성예금증서
③ 환매조건부채권　④ 회사채

**정답** | ④
**해설** | 회사채 같은 채권은 장기금융상품에 해당한다.

**8** 다음 중 단기금융시장에 대해 틀리게 설명한 것은?

① 주식과 국채, 회사채 등이 거래되는 시장이다.
② 콜, 기업어음, 양도성예금증서, 통화안정증권 등이 거래되는 시장이다.
③ RP거래를 통해 채권보유자는 채권매각에 따른 자본손실 위험을 회피할 수 있다.
④ 통화안정증권은 한국은행이 통화량을 조절하기 위하여 발행한다.

**정답** | ①
**해설** | 주식시장과 채권시장은 장기금융시장이다.

## 필수 암기사항

- 단기금융시장(자금시장, 화폐시장) vs 장기금융시장(자본시장) ⇨ 만기 1년 기준
- 대규모 거래(높은 유동성, 낮은 금리) vs 소규모 거래(낮은 유동성, 높은 금리)
- 금리변동시 가격 변동폭 작음 vs 가격 변동폭 큼
- 나머지 금융상품 vs 주식, 채권(국채, 회사채, 금융채), 자산유동화증권
- 장기금융시장은 신용도가 낮은 기업(투자부적격 기업)도 채권 발행이 가능하여 채무불이행 위험 존재

## 003 단기금융시장에서 거래되는 금융상품

교재 p12~14
제1장. 금융시장의 이해 ▶ 01. 금융시장과 금융상품 ▶ 다. 금융시장의 분류 ▶ 우리나라의 금융시장 구조, 단기금융시장

출제포인트 8.5

### 1. 단기금융시장(자금시장)의 종류 : 통상 만기 1년 미만인 금융상품이 거래되는 시장
⇨ 주로 일반 개인보다는 금융기관이나 연기금 위주로 구성

| 구분 | 만기 | 발행주체 | 핵심내용 |
|---|---|---|---|
| 콜시장 | – | 은행, 보험회사, 증권사 등 금융기관 | • 금융기관이 상호간에 초단기로 자금을 거래하는 시장<br>⇨ 대출자 입장에서는 Call Loan,<br>차입자 입장에서는 Call Money<br>• 직거래보다는 무담보(신용콜) 중개거래가 대부분<br>• 억원 단위로 거래(최저 1억원), 거래이율의 변동단위는 0.01% 문제1 |
| 환매조건부<br>채권(RP)<br>매매시장 | – | – | • 일정기간 경과 후 일정가격으로 동일 채권을 다시 매수, 매도할 것을 조건으로 채권이 거래되는 시장 문제2<br>• 만기 전 매매에 따른 불이익 방지 + 채권의 유동성 확보<br>• 채권보유자(RP 매도자) : 채권을 담보로 손쉽게 자금 조달, 채권매각에 따른 자본손실위험 회피<br>• 채권매수자(투자자) : 채권투자에 따른 위험부담 없이 안전하게 자금운용 가능  • 예금자보호에 해당되지 않음 문제3<br>• 저위험 + 풍부한 유동성을 가진 채권을 거래대상으로 한정 |
| 양도성<br>예금증서<br>(CD)시장 | 최단만기<br>30일 이상,<br>최장만기<br>없음 | 한국수출입<br>은행을 제외한<br>모든 은행 | • 은행의 정기예금에 양도성을 부여한 증서로 개인, 법인, 금융기관 등 누구나 거래 가능<br>• 발행은 은행이, 중개는 금융투자회사와 자금중개회사가 담당<br>• 만기 전 중도환매 불가능  • 예금자보호에 해당되지 않는 상품 문제4 |
| 기업어음시장<br>(CP) | 만기 제한<br>폐지 | 신용도가<br>우량한 기업 | • 기업이 단기자금을 조달할 목적으로 상거래와 관계없이 발행한 융통어음이 거래되는 시장<br>• 무담보거래가 원칙, 금리 자율 결정<br>⇨ CP 보유자가 모든 위험 부담(금융기관은 중개만 담당) |
| 단기<br>사채시장 | 1억원 이상,<br>만기 1년<br>이내 문제5 | – | • 기업어음시장의 단점을 보완, 대체하기 위해 도입<br>• CP와 동일한 성격이지만 전자발행 방식, 발행정보 공시를 통해 단점 보완 |
| 표지어음시장 | 별도의<br>최장만기<br>제한 없음 | 은행, 종금사<br>및<br>상호저축은행 | • 금융기관이 보유하고 있는 상업어음, 무역어음 또는 팩토링어음을 분할, 통합하여 새롭게 발행 문제6<br>• 예금자보호에 해당(금융기관이 지급의무 부담) |
| 통화안정증권<br>시장<br>(MSB) | 14일에서<br>2년까지 | 한국은행 문제7 | • 한국은행이 통화량 조절(유동성 흡수)을 위해 발행<br>• 발행방법 : 금융기관 대상의 경쟁입찰과 자격제한 없는 일반매출방식(공모, 일반인과 법인도 매수 가능) 문제8<br>• 유통시장에서 거래됨(할인채와 이표채로 구분) |

## 출제 예상문제

**1** 다음 중 콜시장에 대한 설명으로 맞는 것은?

① 금융기관이 상호간에 초단기로 자금을 거래하는 시장으로 차입자의 입장에서 콜론(call loan)이라 한다.
② 콜거래 금액은 최저 1억원이다.
③ 국내 콜시장에서는 담보거래를 신용콜이라 한다.
④ 대출자의 입장에서 콜자금을 콜머니(call money)라고 한다.

**정답** | ②
**해설** | ① 콜론 → 콜머니 ③ 담보거래 → 무담보거래
④ 콜머니 → 콜론

**2** 다음 표에서 설명하는 단기금융시장으로 알맞은 것은?

> 일정기간 경과 후에 일정한 가격으로 동일 채권을 다시 매수하거나 매도할 것을 조건으로 채권이 거래되는 시장

① 양도성예금증서시장   ② 기업어음시장
③ 환매조건부채권매매시장   ④ 통화안정증권시장

**정답** | ③
**해설** | 환매조건부채권매매시장에 대한 설명이다.

**3** 다음 중 환매조건부채권에 대한 설명으로 틀린 것은?

① 예금자보호대상 상품이다.
② 채권매각에 따른 자본손실위험을 회피할 수 있다.
③ 단기여유자금을 보유하고 있는 투자자는 채권투자에 대한 위험부담 없이 안전하게 자금을 운용할 수 있다.
④ 채권을 만기일까지 보유하고 있으면 약속된 확정이자를 받을 수 있다.

**정답** | ①
**해설** | 환매조건부채권은 예금자보호대상에 해당하지 않는다.

**4** 다음 중 양도성예금증서(CD)에 대한 설명으로 틀린 것은?

① 한국수출입은행에서는 발행하지 않는다.
② 개인, 법인, 금융기관이 매입할 수 있다.
③ 예금자보호에 해당하는 상품이다.
④ 은행의 정기예금에 양도성을 부여한 증서이다.

**정답** | ③
**해설** | 예금자보호 상품에 해당되지 않는다.

**5** 다음 중 단기사채의 발행 조건으로 맞는 것은?

① 발행금액 최소 3억원 이상, 만기 1년 이내
② 발행금액 최소 3억원 이상, 만기 6개월 이내
③ 발행금액 최소 1억원 이상, 만기 1년 이내
④ 발행금액 최소 1억원 이상, 만기 6개월 이내

**정답** | ③
**해설** | 단기사채는 발행금액이 최소 1억원 이상, 만기는 1년 이내로 발행해야 한다.

**6** 다음 표에서 설명하는 것으로 알맞은 것은?

> 금융기관이 보유하고 있는 상업어음, 무역어음 또는 팩토링어음 등을 분할, 통합하여 새롭게 발행한 약속어음의 일종이다.

① 통화안정증권   ② 표지어음
③ 기업어음   ④ 환매조건부채권

**정답** | ②
**해설** | 표지어음에 대한 설명이다.

**7** 다음 중 통화안정증권을 발행하는 기관으로 알맞은 것은?

① 한국은행   ② 한국수출입은행
③ 예금보험공사   ④ 금융위원회

**정답** | ①
**해설** | 통화안정증권은 통화량을 조절하기 위해 한국은행이 발행한다.

**8** 다음 중 단기금융시장 및 상품에 대해 틀리게 설명한 것은?

① 콜시장은 금융기관간 초단기로 자금을 거래하는 시장이다.
② 기업어음시장은 기업이 단기자금을 조달할 목적으로 발행한 융통어음이 거래되는 시장이다.
③ 양도성예금증서는 만기 전 중도환매가 허용되지 않는다.
④ 통화안정증권은 금융기관을 대상으로 발행되며, 개인은 거래할 수 없다.

**정답** | ④
**해설** | 통화안정증권은 개인, 법인, 금융기관 모두 거래할 수 있다.

## 필수 암기사항

- **단기금융시장의 종류**
  ① 콜 : 금융기관 상호간에 초단기로 자금을 거래하는 시장, 무담보 중개거래, 억원 단위로 거래(최저 1억원)
  ② 환매조건부채권 : RP, 개인채권매매, 예금자보호에 해당하지 않음
  ③ CD : 최단만기 30일, 은행 정기예금에 양도성 부여, 중도환매 불가능
  ④ 기업어음 : 융통어음, 금리 자율 결정, 무담보
  ⑤ 단기사채시장 : 1억원 이상, 1년 이내
  ⑥ 표지어음 : 상업어음, 무역어음, 팩토링어음
  ⑦ 통화안정증권 : 통화량 조절을 위해 한국은행이 발행, 14일에서 2년까지, 금융기관과 개인 모두 거래 가능, 유통시장에서 거래가능

# 외환시장과 외화자금시장

교재 p15~16
제1장. 금융시장의 이해 ▶ 01. 금융시장과 금융상품 ▶ 다. 금융시장의 분류 ▶ (2) 외환시장

출제포인트 3.0

## 1 외환시장의 개념

① 좁은 의미 : 외환의 수요와 공급이 연결되는 장소
② 넓은 의미 : 외환거래의 형성, 결제 등 외환거래와 관련된 일련의 메커니즘을 포괄하는 개념
③ 외화자금시장과의 차이점 : 외환시장은 이종통화 간 매매가 수반되고 환율이 매개변수, 외화자금시장은 금리를 매개변수로 하여 외환의 대차거래가 이루어지는 시장 문제1
  ⇨ 넓은 의미로는 외환시장에 외화자금시장이 포함되는 것으로 볼 수 있음
④ 은행간 시장(도매시장 성격)과 대고객 시장(소매시장 성격)으로 구분

## 2 현물환 및 선물환시장

① 현물환거래
  : 일반적으로 외환거래 계약일로부터 2영업일 이내에 외환의 인수·인도, 결제가 이루어지는 시장
    ⇨ 가장 일반적인 거래형태로 모든 외환거래의 기본 ⇨ 현물환율은 여타 환율 산출시 기준
② 선물환거래
  : 계약일로부터 일정기간(일반적으로 2영업일) 이후 미래의 특정일에 외환의 인수·인도와 결제가 이루어지는 거래
    ⇨ 차액결제선물환(NDF : Non-Deliverable Forward) : 만기시점에 실물의 인수·인도없이 차액만 정산하는 거래

## 3 통화선물 및 통화옵션시장

① 통화선물거래
  : 거래소에 상장되어 있는 특정 통화에 대해 호가방식에 의해 결정되는 선물환율로 일정기간 후에 인수·인도할 것을 약정하는 거래(선물환거래와 유사)
    ⇨ 거래소에서 이루어지고, 거래조건이 표준화되어 있으며, 일일정산제도, 증거금 예치제도 적용
    ⇨ 대부분 최종 결제일 이전에 외환관련 차액을 정산하는 점이 실물의 인수도가 이루어지는 선물환거래와의 차이점

② 통화옵션거래
  : 미래의 특정시점에 특정통화를 미리 약정한 가격으로 사거나 팔 수있는 권리를 매매하는 거래
    ⇨ 주로 장외시장에서 거래

## 4 외화자금시장

① 금리를 매개변수로 대출과 차입 등 외환의 대차거래가 이루어지는 시장

② 외환스왑(FX Swap) : 현재의 계약환율에 따라 서로 다른 통화를 교환하고 일정기간 후 최초 계약시점에서 정한 선물환율에 따라 원금을 재교환하는 거래 **문제 2**

③ 통화스왑(Currency Swap) : 서로 다른 통화로 표시된 원금을 교환하고 일정기간 동안 미리 정한 이자지급 조건으로 이자를 교환한 다음 만기시 약정한 환율로 원금을 재교환하는 거래 **문제 3**

④ 차이점
 – 외환스왑은 주로 1년 이하의 단기자금 조달 및 환헤지 수단으로 이용
  ⇨ 이자 교환 없이 만기시점에 양 통화간 금리차이를 반영한 환율로 재교환
 – 통화스왑은 주로 1년 이상의 중장기 환리스크 및 금리리스크 헤지 수단으로 이용
  ⇨ 계약기간 동안 이자를 교환하고 만기시점에 처음 원금 교환시 적용했던 환율로 다시 원금 교환

### 출제 예상문제

**1** 다음 표의 (  ) 안에 들어갈 알맞은 말은?

> 외환시장은 이종통화 간 매매가 수반되고 (  )이(가) 매개변수가 되며, 외화자금시장은 (  )를(을) 매개변수로 하여 외환의 대차거래가 이루어진다는 점에서 구별된다.

① 환율, 금리  ② 금리, 환율
③ 주식, 채권  ④ 채권, 주식

**정답** | ①
**해설** | 외환시장은 환율이 매개변수가 되고, 외화자금시장은 금리가 매개변수가 된다.

**2** 다음 표에서 설명하는 것은 무엇인가?

> 현재의 계약환율에 따라 서로 다른 통화를 교환하고 일정기간 후 최초 계약시점에서 정한 선물환율에 따라 원금을 재교환하는 거래

① 현물환거래  ② 선물환거래
③ 외환스왑거래  ④ 통화스왑거래

**정답** | ③
**해설** | 외환스왑거래에 대한 설명이다.

**3** 다음 표의 (  ) 안에 들어갈 알맞은 말은?

> (  )은 거래 양 당사자간 서로 다른 통화로 표시된 원금을 교환하고 일정기간 동안 그 원금에 대하여 미리 정한 이자지급 조건으로 이자를 교환한 다음 만기시 미리 약정한 환율로 원금을 재교환하는 거래이다.

① 외환스왑  ② 통화스왑
③ 통화옵션  ④ 외환옵션

**정답** | ②
**해설** | 통화스왑에 대한 설명이다.

### 필수 암기사항

- 외환시장은 환율이 매개변수 vs 외화자금시장은 금리가 매개변수
- 현물환거래 : 계약일로부터 2영업일 이내 인수·인도와 결제
- 선물환거래 : 계약일로부터 미래의 특정일에 인수·인도와 결제
  ⇨ 차액결제선물환(NDF) : 만기시점에 실물의 인수도 없이 차액만 정산하는 거래
- 외환스왑 vs 통화스왑
  ⇨ 1년 이하 단기자금 조달 및 환헤지 수단 vs 1년 이상 중장기 환리스크 및 금리리스크 헤지
  ⇨ 이자교환 없음 vs 이자교환 있음
  ⇨ 만기시 약정한 환율로 원금 재교환 vs 만기시 처음 원금교환시 적용 환율로 다시 원금 교환

## 005 파생금융상품시장

교재 p17
제1장. 금융시장의 이해 ▶ 01. 금융시장과 금융상품 ▶ 다. 금융시장의 분류 ▶ (3) 파생금융상품시장

출제포인트 2.0

### 1 파생금융상품시장이란?

기초금융자산(환율, 금리, 주가 등)의 가치변동에 따른 위험을 회피하기 위한 파생금융상품이 거래되는 시장

- 일명 밭떼기 계약도 파생상품

  (예) 빵집 사장은 미래에 빵을 만드는데 가장 필요한 재료인 밀가루 가격이 오를 것을 걱정하고, 밀가루 공장 사장은 밀가루 가격이 내려갈 것이 걱정되는 경우에 빵집 사장과 밀가루 공장 사장이 향후 1년 동안 매월 밀가루 10포대를 100만원에 사고 팔 것을 계약하는 거래 ⇨ 빵집 사장은 적어도 1년간은 밀가루 가격 상승으로 인한 위험을 걱정하지 않아도 되고, 밀가루 공장 사장 역시 1년간은 밀가루 가격이 하락할 경우에 발생되는 위험을 피할 수 있게 된다.

✱ **파생금융상품의 종류** [문제 1]

| 선물 / 선도 | 미래 일정 시점에 미리 결정된 가격에 의하여 그 기초자산의 인도와 결제가 이루어지는 거래 ⇨ 거래소에서 거래되면 선물, 개인간 거래는 선도 |
|---|---|
| 옵션 | 장래 특정일 또는 일정기간 내에 미리 정해진 가격으로 기초자산을 사거나 팔 수 있는 권리(선택권)를 가지되 의무를 지지 않는 계약 |
| 스왑 | 통화나 금리 등의 기초자산의 거래조건을 서로 맞바꾸어 교환하는 거래 [문제 2] |

### 출제 예상문제

**1** 다음 중 금융시장별로 거래되는 금융상품이 바르게 연결된 것은?

① 파생상품시장 - 선도계약, 옵션
② 자금시장 - 지방채, 회사채
③ 자본시장 - 통화안정증권, 표지어음
④ 외환시장 - 콜, 선물

정답 | ①
해설 | ② 채권은 자본시장 상품 ③ 통화안정증권, 표지어음은 자금시장상품 ④ 콜은 자금시장, 선물은 파생상품시장에 해당한다.

**2** 다음 표에서 설명하는 파생금융상품의 거래형태는 무엇인가?

> 이자율위험과 환율위험 등을 헤지하는 파생금융상품의 하나로서 통화나 금리 등의 거래조건을 서로 맞바꾸는 금융 기법을 말한다.

① 스왑(swap)  ② 선도(forward)
③ 선물(futures)  ④ 옵션(option)

정답 | ①
해설 | 파생금융상품 중 스왑에 대한 설명이다.

### 필수 암기사항

- **파생금융상품의 4가지 종류 암기**
  선도(개인간 거래) / 선물(거래소에서 거래), 옵션, 스왑

- **Key Word 중심으로 특징 암기**
  ① 선도 / 선물 : 미래 특정 시점, 미리 결정된 가격, 인도와 결제
  ② 옵션 : 권리와 의무    ③ 스왑 : 교환

# 한국은행(금융통화위원회)의 통화정책

## 1 중앙은행의 금리정책

(1) 의의
① 금리는 국민경제 전반에 광범위한 영향을 미치므로 중앙은행에서는 적정한 금리수준을 유지하고자 함
② 금리의 급격한 변동을 통제하면서 과열된 경기를 진정시키거나 침체된 경기를 부양시키는 정책수단으로 금리 이용

(2) 한국은행 금융통화위원회의 금리정책

| 구분 | 내용 |
|---|---|
| 통화정책 | 화폐의 양이나 금리에 영향을 미쳐 물가를 안정시키고 지속가능한 경제성장을 이루어 나가려는 일련의 정책 |
| 통화정책 운영체계 | 물가안정목표제(물가상승률 자체를 정책의 최종목표로 설정) 문제 1,6 |
| 주기 | 연 8회 기준금리 결정 문제 2 |
| 기준금리 | 물가동향, 국내외 경제상황, 금융시장 여건 등을 종합적으로 고려하여 기준금리 결정 문제 3<br>⇨ 7일물 환매조건부채권(RP)을 민간 금융기관에 매각시 기준금리를 고정입찰금리로 사용<br>⇨ 콜금리는 한국은행 기준금리와 유사한 수준에서 유지 |
| 금리결정기구 | 금융통화위원회 문제 4,5,6 |
| 금리정책 영향 | • 파급경로 : 콜금리에 즉시 영향 문제 7,8 ⇨ 장단기 시장금리, 예금 및 대출금리 변동 ⇨ 궁극적으로 실물경제에 영향(6~12개월 정도 시차 존재)<br>• 주가, 환율에도 영향을 미침 |

## 2 금리변동 효과

| 구분 | 금리인하(경기침체기) | 금리인상(경기과열기) |
|---|---|---|
| 현상 | 금리가 높으면 자금차입이 어렵고, 투자와 소비가 억제되어 경기회복이 어려워짐 | 금리가 낮으면 계속 투자가 일어나서 경기를 진정시키기 어려워짐 |
| 효과 | 소비와 투자수요 증대를 통해 침체된 경기 부양(소비, 투자 증가) | 유동성 회수를 통해 과열된 경기 진정 및 물가상승 억제(소비, 투자 감소) 문제 9 |

## 출제 예상문제

**1** 다음 중 한국은행의 통화정책에 대한 설명으로 알맞은 것은?

① 물가가 상승할 것으로 예상되면 금리를 인하한다.
② 기준금리 결정시에 통화안정증권 금리를 사용한다.
③ 통화정책의 운영체계는 물가안정목표제를 채택하고 있다.
④ 분기 1회 기준금리를 결정한다.

정답 | ③
해설 | ① 인하 → 인상
② 물가동향, 국내외 경제상황, 금융시장 여건 등을 종합적으로 고려하여 기준금리를 결정한다.
④ 분기 1회 → 연 8회

**2** 한국은행 금융통화위원회는 물가동향, 국내외 경제상황, 금융시장 여건 등을 종합적으로 고려하여 매월 기준금리를 결정한다. (O, ×)

정답 | ×
해설 | 매월 → 연 8회

**3** 다음 중 금리정책에 대한 설명으로 맞는 것은?

① 금융통화위원회는 분기 1회 기준금리를 결정한다.
② 한국은행은 기준금리 결정시에 90일물 환매조건부채권 금리를 사용한다.
③ 자금공급이 늘어나면 금리는 상승한다.
④ 물가동향, 국내외 경제상황, 금융시장 여건 등을 종합적으로 고려하여 기준금리를 결정한다.

정답 | ④
해설 | ① 분기 1회 → 연 8회 ② 한국은행은 기준금리 결정시 특정 금리를 사용하지 않고 물가동향, 국내외 경제상황 등을 종합적으로 고려하여 결정한다. ③ 자금공급이 늘어나면 금리는 하락한다.

**4** 다음 중 기준금리에 대한 설명으로 틀린 것은?

① 기준금리를 인상하면 경기를 진정시키고 인플레이션을 억제하는 효과가 있다.
② 기준금리 결정은 콜금리에 즉시 영향을 미친다.
③ 기준금리 변경은 실물경제 활동에 영향을 미친다.
④ 기획재정부에서 기준금리를 결정한다.

정답 | ④
해설 | 기준금리는 한국은행 금융통화위원회에서 연 8회 결정한다.

**5** 금융감독원은 물가동향, 국내외 경제상황, 금융시장 여건 등을 종합적으로 고려하여 연 8회 기준금리를 결정(유지, 인상, 인하)하고 있다. (O, ×)

정답 | ×
해설 | 금융감독원 → 한국은행 금융통화위원회

**6** 다음 중 금리에 대한 설명으로 맞는 것을 모두 고르시오.

가. 기준금리는 한국은행 금융통화위원회에서 결정한다.
나. 기준금리는 6~12개월의 시차로 콜금리에 영향을 미친다.
다. 한국은행은 통화정책 운영체계로서 물가안정목표제를 채택하고 있다.

① 가, 나          ② 나, 다
③ 가, 다          ④ 가, 나, 다

정답 | ③
해설 | 나. 콜금리 → 실물경제

**7** 다음 중 금리에 대한 설명으로 옳지 않은 것은?

① 한국은행 금융통화위원회에서 기준금리를 결정한다.
② 기준금리는 6개월~12개월의 시차로 콜금리에 영향을 미친다.
③ 한국은행은 통화정책 운영체계로서 물가안정목표제를 채택하고 있다.
④ 기준금리는 물가동향, 국내외 경제상황, 금융시장 여건 등을 종합적으로 고려하여 결정된다.

정답 | ②
해설 | 초단기 금리인 콜금리에는 즉시 영향을 미치고 실물경제까지 파급되는데 6개월~12개월 정도 시차가 있다.

**8** 다음 보기의 내용 중 ( ) 안에 들어갈 알맞은 말은?

금융통화위원회의 기준금리 결정은 초단기금리인 ( )에 즉시 영향을 미치고, 장단기 시장금리, 예금 및 대출금리 등의 변동으로 이어져 궁극적으로는 실물경제활동에 영향을 미치게 된다.

① 콜금리          ② 실효금리
③ 실질금리        ④ 표면금리

정답 | ①
해설 | 초단기 금리인 콜금리에 즉시 영향을 미친다.

**9** 다음 중 금리에 대해 틀리게 설명한 것은?

① 기준금리는 한국은행 금융통화위원회에서 결정하여 발표한다.
② 금리 변동은 자금의 수요와 공급 규모를 결정한다.
③ 실효금리는 실제로 지급하거나 부담하게 되는 금리를 말한다.
④ 일반적으로 금리상승시에는 기업의 투자가 확대되는 효과를 기대할 수 있다.

정답 | ④
해설 | 일반적으로 금리상승시에 자금조달 비용 상승으로 기업의 투자는 축소된다.

## 필수 암기사항

- **한국은행 금융통화위원회의 금리 정책 내용**
  ① 통화정책 운영체계 : 물가안정목표제
  ② 주기 : 연 8회
  ③ 기준금리 : 물가, 경제상황을 고려하여 결정
  ④ 즉시 영향 : 콜금리
  ⑤ 장기적 영향 : 부동산과 같은 실물경제

- **경기침체기**
  금리인하 ⇨ 소비진작, 투자활성화

- **경기과열기(물가상승기)**
  금리인상 ⇨ 투자억제, 소비감소, 인플레이션 억제

## 007 · 2025 변액보험의 이해와 판매 核心 100選

# 금리의 의의 및 종류, 이자계산방법

교재 p18, 20~21
제1장. 금융시장의 이해 ▶ 01. 금융시장과 금융상품 ▶ 라. 금리의 이해

출제포인트 7.5

### 1 시간선호와 금리(금리 : 빌린 금액에 대한 대가로 지급하는 금액의 비율)

- 현재소비와 미래소비의 가치를 동일하게 유지해주는 역할

### 2 금리의 결정 [문제 1]

① 자금에 대한 수요 증가시 금리가 상승하고, 공급 증가시 금리는 하락 [문제 2]
　⇨ 금리 상승시 기업의 자금수요 감소, 경기 상승시 자금수요 증가로 금리 상승 ⇨ 끊임없이 변동
② 금리 변동은 자금의 수요와 공급 규모를 결정 ⇨ 자금이 필요한 부분에 적절히 배분해 주는 역할 [문제 3]

### 3 명목금리 vs 실질금리(물가상승률 고려 여부) [문제 4]

| 구분 | 정의 | 특징 |
|---|---|---|
| 명목금리 | 물가변동을 감안하지 않은 금리 | 명목금리가 높더라도 기대 인플레이션이 높아지면 실질금리가 낮아지므로 기업의 투자는 증가할 수 있음 |
| 실질금리 | 명목금리에서 기대 인플레이션(물가상승률)을 차감하여 계산한 금리 [문제 5] | |

- 기대 인플레이션이 높아지면 자금 공급자가 받는 이자의 가치는 감소하고, 자금 수요자가 지급하는 비용의 실질부담이 줄어든다고 생각하게 됨
- 실질금리 = 명목금리 − 물가상승률 ⇨ (−) 금리가 될 수도 있음 [문제 6]

### 4 표면금리 vs 실효금리

| 구분 | 정의 | 특징 |
|---|---|---|
| 표면금리 | 겉으로 나타나는 금리 | • 표면금리가 동일하더라도 이자계산방법(단리, 복리), 대출금 회수방법, 대출과 연계된 예금의 유무에 따라 실효금리는 차이가 생김 |
| 실효금리 | 실제로 지급하거나 부담하게 되는 금리 | • 금리수준 비교 ⇨ 실효금리 계산 [문제 7] |

- 투자(금융)상품 간 수익률 비교 : 실효수익률로 비교
　⇨ 표면 금리가 4%로 동일하더라도 단리 4%와 복리 4%는 실제 수령하는 이자가 달라짐

### 5 이자계산법에 따른 만기수령액(원금:$S$, 연이율:$r$, 경과년수:$k$)

| 단리 | 연복리 | 6개월 복리 | 월 복리 |
|---|---|---|---|
| $S \times (1 + r \times k)$ | $S \times (1+r)^k$ | $S \times (1 + \frac{r}{2})^{k \times 2}$ | $S \times (1 + \frac{r}{12})^{k \times 12}$ |

- 100만원, 연이율 10%, 만기 3년인 경우 이자계산방식에 따른 만기수령액 ⇨ 월 복리가 가장 수령액이 많음 [문제 8]
　: 단리(130만원) < 연복리(133만 1천원) < 6개월 복리(134만원) < 월 복리(134만 8천원)

## 출제 예상문제

**1** 다음 중 금리의 역할과 효과에 해당하지 않는 것은?

① 금리인상을 통한 과열된 경기 진정
② 물가상승을 통한 국가경제 상승 기능
③ 합리적인 자금배분의 기능
④ 현재소비와 미래소비의 가치를 동일하게 유지

**정답** | ②
**해설** | 물가상승을 통한 국가경제 상승은 금리의 역할이나 효과와는 관계없다.

**2** 자금에 대한 수요가 늘어나면 금리는 하락한다. (o, ×)

**정답** | ×
**해설** | 자금에 대한 수요가 늘어나면 금리는 상승한다.

**3** 다음 중 금리에 대해 알맞게 설명한 것은?

① 물가변동 고려여부에 따라 표면금리와 실효금리로 구분된다.
② 명목금리는 실질금리에서 소비자물가상승률을 뺀 금리를 말한다.
③ 금리의 변동은 자금의 수요와 공급에 영향을 미친다.
④ 금리간 수준비교는 통상 표면금리를 기준으로 이루어진다.

**정답** | ③
**해설** | ① 물가변동 고려여부에 따라 명목금리와 실질금리로 구분된다.
② 실질금리는 명목금리에서 물가상승률을 뺀 금리이다.
④ 표면금리 → 실효금리

**4** 다음 중 금리에 대한 설명으로 틀린 것은?

① 물가변동 고려 여부에 따라 표면금리와 실효금리로 구분된다.
② 실질금리는 명목금리에서 물가상승률을 차감한 금리를 말한다.
③ 금리의 변동은 자금의 수요와 공급규모를 결정한다.
④ 금리간 수준비교는 통상 실효금리를 기준으로 이루어진다.

**정답** | ①
**해설** | 물가변동의 고려 여부를 기준으로 명목금리와 실질금리로 구분한다.

**5** 다음 중 금리에 대한 설명으로 맞는 것은?

① 자금에 대한 수요가 늘어나면 금리는 하락한다.
② 한국은행은 매분기 1회 기준금리를 결정한다.
③ 실질금리는 명목금리에서 물가상승률을 차감하여 계산한다.
④ 정기예금에서 이자계산을 복리로 할 경우 원금에 대한 이자는 매년 동일하게 늘어난다.

**정답** | ③
**해설** | ① 자금에 대한 수요가 늘어나면 금리는 상승한다.
② 한국은행은 연 8회 기준금리를 결정한다.
④ 복리로 이자를 계산하면 이자는 점증식으로 늘어난다.

**6** 다음 중 금리에 대한 설명으로 맞는 것은?

① 자금에 대한 수요가 늘어나면 금리는 하락한다.
② 한국은행은 콜금리로 기준금리를 결정한다.
③ 실질금리는 물가상승률에 따라 마이너스가 될 수 있다.
④ 경기침체시에는 금리를 인상한다.

**정답** | ③
**해설** | ① 금리는 상승한다.
② 기준금리는 물가동향, 국내외 경제상황, 금융시장 여건 등을 종합적으로 고려하여 결정한다.
④ 경기침체시에는 경기부양을 위해 금리를 인하한다.

**7** 금융상품의 금리수준을 비교하기 위해서는 실효금리를 계산하여야 한다. (o, ×)

**정답** | o
**해설** | 금융상품의 금리수준을 비교하기 위해서는 실제로 지급하거나 부담하게 되는 실효금리를 계산해야 한다.

**8** 다음 중 동일한 투자기간일 경우 만기에 가장 많은 금액을 받을 수 있는 이자계산 방법은?

① 단리          ② 월 복리
③ 연 복리       ④ 6개월 복리

**정답** | ②
**해설** | 동일한 투자기간의 경우 만기수령액의 크기
: 월 복리 > 6개월 복리 > 연 복리 > 단리

## 필수 암기사항

- **금리** : 빌린 금액에 대한 대가로 지급하는 금액의 비율
  현재소비와 미래소비의 가치를 동일하게 유지

- **금리의 결정**
  ① 금리변동은 자금의 수요와 공급 규모 결정
  : 자금공급 증가 ⇨ 금리 하락, 자금수요 증가 ⇨ 금리 상승
  ② 자금을 필요한 부분에 적절히 배분해 주는 역할

- **명목금리 vs 실질금리**
  ① 명목금리 − 기대 인플레이션(물가상승률) = 실질금리
  ⇨ 명목금리가 높아도 물가상승률이 높으면 투자는 증가
  ② 실질금리가 (−) 될 수 있음

- **표면금리 vs 실효금리**
  ⇨ 표면금리가 동일해도 실효금리는 다를 수 있음
  금리비교, 투자상품 선택시 실효금리를 기준으로 판단

- **단리, 연 복리, 6개월 복리, 월 복리 가운데 월 복리가 가장 많은 이자를 수령하는 방식**
  ⇨ 이자를 자주 수령할수록 수령한 이자가 원금에 더해져 수익률이 높아지는 효과 발생

# 금융기관의 종류와 자본시장법의 기본 방향

**은행, 금융투자업자(증권회사, 자산운용회사)**

교재 p23~25
제1장. 금융시장의 이해 ▶ 01. 금융시장과 금융상품 ▶ 바. 금융기관의 종류

## 1 은행

① 가계나 기업 등 경제주체로부터 예금, 신탁을 받거나 채권을 발행하여 조달한 자금을 자금수요자에게 대출해 주는 업무를 주로 취급하는 대표적인 금융기관 ⇨ 만기전환 기능 수행

② 은행의 고유업무 : 예금·적금의 수입, 유가증권 기타 채무증서의 발행, 자금의 대출, 어음의 할인, 내·외국환업무 등

③ 특수은행(특수은행법에 의거 설립) : 한국은행, KDB산업은행, 한국수출입은행, IBK기업은행, NH농협은행, SH수협은행

**[참고]** 은행의 만기전환 기능 : 단기로 자금을 빌려주고 싶은 사람들로부터 자금을 받아 장기로 자금을 빌리고 싶은 경제주체들에게 자금을 공급하는 역할

## 2 금융투자업자의 고유업무 [문제 1]

- 직접금융시장에서 투자자의 자금을 기업으로 이전시키는 기능(직접 연결)

| | |
|---|---|
| **투자매매업** | 누구의 명의로 하든 자기의 계산으로 금융투자상품 매매 및 영업 |
| **투자중개업** | 누구의 명의로 하든 타인의 계산으로 금융투자상품 매매 및 영업 [문제 2] |
| **집합투자업** | • 2인 이상의 투자자로부터 모은 금전을 투자자로부터 일상적인 운용지시를 받지 않으면서, 재산적 가치가 있는 투자대상자산을 취득, 처분, 그 밖의 방법으로 운용하고 그 결과를 투자자에게 배분하여 귀속시키는 집합투자 영업(펀드의 운용)<br>• 자산운용회사 : 투자에 전문적인 지식이 부족하거나 시간적 여유가 없는 투자자를 대신하여 전문가가 투자 대행<br>⇨ 채권형/주식형/혼합형 수익증권, MMF 등을 설정·운용 및 직접 판매 가능 [문제 3] 한도제한 없음 |
| **투자자문업** | 금융투자상품의 투자판단에 관한 자문에 응하는 것을 영업 |
| **투자일임업** | 금융투자상품에 대한 투자판단의 전부 또는 일부를 일임받아 투자자별로 구분하여 금융투자상품을 취득, 처분, 그 밖의 방법으로 운용하는 것을 영업 |
| **신탁업** | • 금전, 부동산 및 동산, 기타 재산권을 수탁받아 위탁자의 이익이나 특정 목적을 위해 관리하는 업무 [문제 4]<br>• 신탁재산을 별도의 계정으로 구분하여 운용하고, 발생하는 수익을 수익자에게 모두 귀속시키는 서비스를 제공하고 대가로 신탁수수료를 받음 |

# 3. 자본시장법의 기본방향

| | |
|---|---|
| **포괄주의 규율체제**<br>⇨ (열거주의 ⓧ) | • 금융투자상품 개념을 추상적으로 정하고 투자성 있는 모든 금융상품을 금융투자상품으로 정의<br>• 원칙적으로 포괄적 자율, 예외적인 규제<br>• 금융투자회사의 취급가능 상품과 투자자보호 규율 대상을 포괄적으로 확대 |
| **기능별 규율체제**<br>⇨ (업종별 ⓧ, 차등규율 ⓧ) | • 금융투자업, 금융투자상품, 투자자를 경제적 실질에 따라 분류<br>• 경제적 실질이 동일한 금융기능을 동일하게 규율 |
| **업무범위의 확대**<br>⇨ (겸영제한 ⓧ, 일부 부수업무 허용 ⓧ) | • 6개 금융투자업무 상호간 겸영 허용 `문제 5`<br>• 모든 부수업무 영위 허용, 투자권유대행인 제도 도입 |
| **투자자 보호제도 선진화** | • 투자권유 규제 도입 : 설명의무, 적합성의 원칙<br>• 이해상충 방지체계 마련　　• 발행공시의 적용범위 확대 |

- 과거 증권거래법, 선물거래법, 간접투자자산운용업법 등 금융 업종 중심의 제도를 금융 기능 중심으로 재편하여 투자자 보호 장치를 강화하는 한편, 투자자 보호를 통한 자본시장의 신뢰를 높이기 위한 목적으로 제정된 법 취지를 고려한 이해 우선 필요
- 최근 나날이 발전하고 복잡해지는 금융환경으로 인해 금융기관별로 엄격히 나누어져 있던 업무범위가 확대되고 투자자 보호를 위해 관리와 감독기능이 확대되는 추세를 반영하고 있다는 사실을 유념

## ☀️ 출제 예상문제

**1** 다음 중에서 금융투자업자의 업무에 해당하지 않는 것은?

① 집합투자업　　② 신탁업
③ 부동산중개업　　④ 투자자문업

**정답** | ③
**해설** | 금융투자업자의 업무로는 투자매매업, 투자중개업, 집합투자업, 투자자문업, 투자일임업, 신탁업이 있다.

**2** 다음 표에서 설명하는 금융투자업자의 고유업무는 무엇인가?

> 누구의 명의로 하든지 타인의 계산으로 금융투자상품의 매도·매수, 그 중개나 청약의 권유, 청약, 청약의 승낙 또는 증권의 발행·인수에 대한 청약의 권유, 청약, 청약의 승낙을 영업으로 하는 것

① 투자매매업　　② 투자중개업
③ 집합투자업　　④ 투자일임업

**정답** | ②
**해설** | "타인의 계산"이므로 투자중개업에 대한 설명이다.

**3** 다음 중 금융기관과 금융상품에 대한 설명으로 틀린 것은?

① 여신전문금융회사에는 신용카드회사, 리스회사, 할부금융회사 등이 해당된다.
② 양도성예금증서는 만기 전에 해지가 불가능하다.
③ CMA와 MMF는 입출금이 자유로운 상품에 해당한다.
④ 자산운용회사는 집합투자상품을 직접 판매할 수 없다.

**정답** | ④
**해설** | 증권회사, 은행, 보험회사 및 자산운용회사는 집합투자상품을 직접 판매할 수 있다.

**4** 다음 표에서 설명하는 금융투자업자의 고유업무는 무엇인가?

> 금전, 부동산 및 동산, 기타 재산권을 수탁받아 위탁자의 이익이나 특정목적을 위해 관리하는 업무

① 투자중개업　　② 신탁업
③ 투자매매업　　④ 투자일임업

**정답** | ②
**해설** | 신탁업에 대한 설명이다.

**5** 다음 중 「자본시장법」의 기본방향에 대한 설명으로 틀린 것은?

① 원칙적으로 포괄적 자율, 예외적인 규제
② 금융투자업무 상호간 겸영 금지
③ 금융투자업, 금융투자상품, 투자자를 경제적 실질에 따라 분류
④ 적합성의 원칙 도입 등 투자자 보호제도 선진화

**정답** | ②
**해설** | 「자본시장법」에서는 금융투자업무 상호간 겸영을 허용하여 업무범위를 확대시키고 있다.

# 비은행예금 취급기관
### 상호저축은행, 신용협동기구, 우체국예금, 종합금융회사

교재 p26~27
제1장. 금융시장의 이해 ▶ 01. 금융시장과 금융상품 ▶ 바. 금융기관의 종류 ▶ (4) 비은행예금 취급기관

출제포인트

## 1 상호저축은행
① 일정 행정구역 내에 서민 및 영세 상공인에게 금융편의를 제공하도록 설립된 대표적인 지역밀착형 서민금융기관(일반은행과 거의 같은 업무 영위)
② 은행에 비해 업무의 종류와 범위가 좁고 신용도 또한 낮기 때문에 대출금리가 높지만, 저축상품의 금리가 높고 대출절차는 간편하고 신속
③ 은행과 유사한 여·수신업무를 취급하지만,
④ 자금조달(수신) 및 운용(여신)에 있어 취급업무 범위는 은행에 비해 좁거나 제한됨

## 2 신용협동기구(신용협동조합, 새마을금고, 농·수협 지역조합의 상호금융)
① 조합원에 대한 저축편의 제공과 조합원간 상부상조를 목적으로 여·수신업무 취급
② 신용협동조합, 새마을금고, 농·수협 지역조합의 상호금융이 해당 ⇨ 예금자 보호에 해당하지 않음
※ 농·수협 지역조합의 상호금융은 신용협동기구에 해당되고, 농협은행과 수협은행은 특수은행이라는 점에 유의

## 3 우체국 예금
① 국영금융기관으로 예금수취 업무만 가능 ⇨ 대출업무는 취급하지 않음
② 예금에 대해 정부가 전액 지급보증 ⇨ 예금자보호에 해당하지 않음 [문제 1]

## 4 종합금융회사
① 민간부문의 외자도입을 원활히 하고 기업의 다양한 금융수요를 충족시키기 위해 도입
② IMF 금융위기 이후 수가 크게 감소

---

### ☀ 출제 예상문제

**1** 다음 중 금융기관 및 금융상품에 대한 설명으로 잘못 연결된 것은?

① 우체국 예금 – 예금업무만 취급하며, 예금자보호에 해당되는 금융기관이다.
② 상호저축은행 – 은행과 유사한 업무를 취급하는 대표적인 지역밀착형 서민금융기관이다.
③ 농·수협 지역조합 – 예금자보호에 해당되지 않는다.
④ 여신전문금융회사 – 수신기능 없이 여신업무만을 취급하는 금융기관이다.

**정답** | ①
**해설** | 우체국 예금은 정부가 전액 지급보증하므로 예금자보호에 해당하지 않는다.

# 기타 금융기관

교재 p27~28
제1장. 금융시장의 이해 ▶ 01. 금융시장과 금융상품 ▶ 바. 금융기관의 종류 ▶ (5) 기타 금융기관

출제포인트 0.5

## 1 | 기타 금융기관

| 여신전문금융회사 | • 신용카드회사, 할부금융회사, 리스회사, 신기술사업금융회사 등<br>• 수신기능 없이 여신업무만 취급 **문제1** |
|---|---|
| 선물회사 | 거래소에서 선물거래 영업 |
| 증권금융회사 | 금융투자업자와 일반투자자에게 증권매매 관련 자금공급<br>및 금융기관 간 자금거래 중개 |
| 자금중개회사 | 금융기관간 자금거래를 전문적으로 중개 |
| 유동화전문회사 | 소유자에게 신탁받은 자산의 자산유동화업무 수행 |
| 한국주택금융공사 | 장기주택금융 공급확대를 위해 설립된 공적기관으로 주택저당채권 유동화업무,<br>장기모기지론, 주택금융신용보증, 주택연금 등 공급 |
| 금융보조기관 | 금융감독원, 예금보험공사, 한국자산관리공사, 한국무역보험공사, 금융결제원,<br>한국예탁결제원, 한국거래소, 신용보증기관, 신용정보회사 등 |

### 💡 출제 예상문제

**1** 신용카드회사는 여신기능이 없이 수신업무만을 취급하는
금융기관이다. (O, ×)

**정답** | ×
**해설** | 신용카드회사는 여신전문금융회사로 수신기능이 없이
여신업무만을 취급하는 금융기관이다.

# 수신상품 Ⅰ
### 예금상품과 비은행금융기관의 예수금

교재 p28~31
제1장. 금융시장의 이해 ▶ 01. 금융시장과 금융상품 ▶ 사. 금융상품의 이해 ▶ (1) 수신상품 ▶ (가) 예금상품, (나) 비은행금융기관의 예수금

## 1 | 수신상품의 분류

- 수신상품의 분류
  - 예금상품
    - 입출금이 자유로운 상품
      - 당좌예금
      - 보통예금
      - 저축예금
      - 별단예금
      - MMDA
    - 저축성상품
      - 정기예금
      - 정기적금
    - 시장성상품
      - 양도성예금증서(CD)
      - 환매조건부채권(RP)
      - 표지어음
    - 특수목적부상품
      - 주택청약종합저축
      - 세제혜택이 부여된 정기예금, 정기적금
  - 비은행금융기관의 예수금
    - 상호저축은행 → 예·적금, 부금
    - 신용협동기구 → 예수금
    - 우체국 → 예수금
    - 종금사 → 발행어음
    - 증권사 → CP, RP
  - 실적배당형 상품
    - 금전신탁
      - 특정금전신탁
      - 불특정금전신탁
    - 단기 실적배당상품
      - MMF
      - CMA
    - 변액보험
    - 집합투자기구
    - 부동산투자신탁(REITs)

## 2 예금상품(은행부채의 대부분 차지, 예금자보호를 통해 1인당 5천만원까지 보호)

- **요구불예금**(입·출금이 자유로운 상품)
    - 일시적으로 자금을 맡겼다가 언제든지 마음대로 찾아 쓸 수 있는 예금으로, 대체로 이자가 없거나 낮은 편
      ⇨ 예치목적은 이자수입보다는 일시적 자금보관, 금전출납 편의
    - 입출금이 수시로 이루어지기 때문에 안정적으로 운용할 수 없고 부대비용이 크며, 지급준비율도 높아 고금리 지급 곤란
    - 증권사에서 취급하는 단기실적배당형 상품인 MMF, CMA도 입출금이 자유로운 상품에 해당

| (가계)당좌예금 | 기업과 가계가 당좌수표 또는 가계수표를 발행할 때 결제계좌로 쓰기 위해 개설하는 예금 |
|---|---|
| 저축예금 | 예치금액, 기간 등에 제한이 없고, 입출금이 자유로우면서도 보통예금보다 높은 이자를 받을 수 있어 가계 여유자금 운용에 적합한 예금 |
| 별단예금 | 인출한 자기앞수표가 교환에 회부되어 돌아올 때까지 임시로 해당자금을 계리해 두는 계정(공탁금, 사고수표담보금 등 특수한 계정처리에 사용) |
| MMDA | 시장실세금리에 의한 고금리와 자유로운 입출금 및 각종 이체, 결제기능이 결합된 상품으로 단기간 목돈운용에 적합(MMF, CMA와 유사) 문제 1,2 |

- **저축성상품** : 장기간 저축을 통하여 높은 수익을 기대하는 수신상품으로, 거래조건은 사실상 자유화되고, 금리도 다양한 형태의 변동금리 적용 ⇨ 외환위기 이후 자금의 단기화 현상

| 구분 | 정기적금 | 정기예금 |
|---|---|---|
| 운용 | 매월, 매분기 등 정기적으로 정해진 금액을 계속 불입하여 목돈마련 | 목돈을 장기간 운용하는데 적합 |

- **시장성상품** : 단기금융시장에서 거래되는 유가증권과 같은 금융상품을 매개로 발행되는 예금성격의 상품 (양도성예금증서(CD), 환매조건부채권(RP), 표지어음 등)
    - 금리는 유통시장에서 결정되는 수익률을 감안하여 금융기관이 제시
    - 만기 전에 환매할 경우 해지가 아니라 유통시장에서 시장수익률로 매도하여 회수 문제 3

- **특수목적부상품** : 일반 수신상품과 달리 정부의 정책적 차원에서 특수한 조건을 부가하여 별도의 상품으로 판매

| 구분 | 세제혜택상품 | 주택청약상품 |
|---|---|---|
| 운용 | 세제혜택이 부여된 정기예금, 정기적금 | 주택청약종합저축 |

## 3 | 비은행금융기관의 예수금(수신상품에 해당)

| 구분 | 상호저축은행/우체국 | 신용협동기구 | 종합금융회사 | 증권회사 |
|---|---|---|---|---|
| 종류 | 예·적금 및 부금 | 예수금, 출자금 | CMA, 발행어음 | MMF, 기업어음(CP), RP |

### ☀ 출제 예상문제

**1 다음 표에서 설명하는 금융상품은 무엇인가?**

> 시장실세금리에 의한 고금리와 자유로운 입출금, 결제기능이 결합된 은행상품으로, 단기간 목돈을 운용할 때 유리한 예금상품

① 특정금전신탁　② ELS
③ 양도성예금증서　④ MMDA

**정답 | ④**
**해설 |** MMDA에 대한 설명이다.

**2 다음 중 MMDA에 대한 설명으로 틀린 것은?**

① 시장실세금리에 의한 고금리 상품이다.
② 자유로운 입출금 및 각종 이체, 결제기능이 결합된 상품이다.
③ 장기간 목돈을 운용할 때 유리한 예금상품이다.
④ 변액유니버설보험의 중도인출 기능은 은행의 MMDA와 유사하다.

**정답 | ③**
**해설 |** 단기간 목돈을 운용할 때 유리한 예금상품이다.

**3 다음 중 금융상품에 대한 설명으로 틀린 것은?**

① MMF는 환매수수료가 없는 펀드이다.
② 특정금전신탁은 신탁재산 운용대상을 고객이 구체적으로 지정하여 운용하는 상품이다.
③ 은행에서 발행하는 시장성상품으로는 양도성예금증서(CD)가 있다.
④ 시장성상품은 만기 전 환매시에는 금융기관 창구에서 해지 절차를 통해 가능하다.

**정답 | ④**
**해설 |** 시장성상품의 만기전 환매는 중개기관을 통해 유통시장에서 매도하여 회수한다.

### 🎓 필수 암기사항

- 요구불예금(입출금이 자유로운 상품) ⇨ 당좌예금, 저축예금, 별단예금, MMDA, CMA, MMF
  ⇨ 유동성은 높으나 수익성이 낮음
- 시장성상품 ⇨ CD, 환매조건부채권(RP), 표지어음
- 특수목적부 상품 ⇨ 세제혜택이 부여된 정기예금, 정기적금, 주택청약종합저축
- 비은행금융기관의 예수금(수신상품) ⇨ 예수금, 출자금, 발행어음, CMA, MMF, 예·적금 및 부금

# 012 수신상품 II - 실적배당형 상품
① 금전신탁 ② 단기 실적배당상품

교재 p31
제1장. 금융시장의 이해 ▶ 01. 금융시장과 금융상품 ▶ 사. 금융상품의 이해 ▶ (1) 수신상품 ▶ (다) 실적배당형 상품

출제포인트 2.5

## 1 금전신탁

- **신탁**
  - 위탁자(투자자)가 금전 또는 그 밖의 재산을 금융기관(수탁자)에게 위탁하여 운용하고, 운용수익을 수익자에게 귀속시키는 것으로 고유계정과 분리된 별도의 신탁계정으로 운용 **문제1**
  - 금전신탁은 신탁 인수시, 수익 교부시 모두 금전으로 이루어지는 상품

| 특정금전신탁 | 신탁재산 운용대상 및 방법을 위탁자가 구체적으로 지정하는 상품 |
|---|---|
| 불특정금전신탁 | 신탁재산의 운용 및 대상을 은행, 증권회사 등 금융기관에 일임하는 상품 |

① 실적배당형상품은 신탁 또는 펀드 상품으로 구분, 신탁상품은 펀드와 성격이 대동소이
② 신탁재산은 은행 고유의 자기재산이 아닌 고객이 맡긴 자산이기 때문에 별도 관리 필요

## 2 단기 실적배당상품(MMF와 CMA) ⇨ 입출금이 자유로운 상품에 해당

| 구분 | MMF | CMA **문제2** |
|---|---|---|
| 투자대상 | CD, CP, 단기채권 | RP, CP, MMF |
| 특징 | • 투자 포트폴리오 전체의 가중평균 잔존만기를 120일 이내로 제한<br>• 환매수수료 없음 | • 수시입출 및 자금결제 기능 등 부가서비스 제공<br>• 복합금융서비스 |

- MMF(Money Market Fund)는 펀드의 한 종류이지만 수시입출금이 가능한 단기상품이므로 환매수수료가 없다는 특징을 가짐
- 종금형 CMA는 5천만원까지 예금자보호가 가능하고, 증권형 CMA는 RP형, MMF형 등으로 구분되며, 예금자보호 대상 상품 아님
- CMA의 경쟁력이 높아진 이유 ⇨ 은행예금에 비해 상대적으로 높은 수익률, 소액결제시스템(인터넷 뱅킹) 참여

### 출제 예상문제

**1** 다음 중 금융상품에 대한 설명으로 맞는 것은?

① 투자회사의 설립형태는 신탁계약에 의해 이루어진다.
② 특수목적부 상품은 기능과 취급조건이 일반 수신상품과 비슷하다.
③ 신탁상품은 고유계정과 분리된 별도의 계정으로 운용된다.
④ 불특정금전신탁은 운용대상을 위탁자가 구체적으로 지정하는 상품이다.

**정답** | ③
**해설** | ① 투자회사의 설립형태는 법인(주식회사)이다.
② 특수목적부상품은 일반 수신상품과 달리 정책적 차원에서 정부로부터 특수한 조건을 부여받은 상품을 말한다.
④ 불특정금전신탁 → 특정금전신탁

**2** 다음 표에서 설명하는 금융상품은 무엇인가?

> 단기 실적배당상품으로써 고객으로부터 예탁금을 받아 기업어음 등에 운용하여 수익률을 지급함과 동시에 수시입출 및 자금결제 기능 등 부가서비스를 제공하는 복합금융서비스 상품이다.

① MMDA ② 특정금전신탁
③ CMA ④ 양도성예금증서

**정답** | ③
**해설** | 단기 실적배당상품인 CMA에 대한 설명이다.

### 필수 암기사항

- **금전신탁**
  - 고유계정과 엄격히 분리하여 별도 관리
  - 특정금전신탁 vs 불특정금전신탁

- **단기 실적배당상품 ⇨ 입출금이 자유로운 상품**
  - MMF(환매수수료 없고, 가중평균잔존만기 120일 이내)
  - CMA(MMDA와 유사한 성격)

- **종금형 CMA는 예금자보호 대상, 증권형 CMA는 비보호**

# 수신상품 Ⅲ - 실적배당형 상품
③ 집합투자기구 ④ 부동산투자신탁(REITs)

## 1. 집합투자기구(투자신탁, 투자회사, 상장지수 집합투자기구)

다수의 투자자들로부터 자금을 모아 유가증권 등에 투자하고 이를 투자비율만큼 분할하여 지분을 나누어주는 실적배당형 금융상품

● 투자신탁과 투자회사의 비교

| 구분 | 투자신탁(수익증권) | 투자회사(뮤추얼펀드) |
|---|---|---|
| 설립형태 | 계약(신탁) | 법인(주식회사) |
| 발행유가증권 | 수익증권 [문제 1] | 주식 |
| 투자자의 법적지위 | 수익자 [문제 2] | 주주(배당) |
| 통제제도 | 감독기관의 감독 | 주주의 자율규제 |
| 환매방법 | 판매사에 환매를 청구하면 자산운용사가 펀드자산을 매각하여 판매사에 환매대금 지급 | • 개방형 : 판매회사를 통해 환매 청구<br>• 폐쇄형 : 주식매도로 투자자금 회수 |
| 관련 법률 | 신탁법, 자본시장법 | 상법, 자본시장법 |
| 판매 금융기관 | 증권회사, 은행, 보험회사, 자산운용회사 ||

※ 뮤추얼펀드는 회사형태이기 때문에 수익증권과는 달리 운용수수료 이외에 등록세, 임원보수, 회계감사보수 등의 추가비용이 발생한다는 단점이 있음

● **인덱스펀드** : 펀드의 수익률이 KOSPI200 등 주가지수수익률(시장수익률)을 따라가도록 설계되고 운용되는 펀드, 개별종목보다는 시장전체 또는 특정 포트폴리오의 주가상황에 따라 투자하려는 투자자에게 유용한 상품 [문제 3]

● **상장지수 집합투자기구(ETF)** : 거래소에 상장되어 주식처럼 거래되는 인덱스펀드로, 기존 인덱스펀드의 유동성 문제를 해결한 상품으로 거래소에서 ETF를 매수 또는 매도함으로써 투자하는 형태 [문제 4]
  ① ETF는 인덱스펀드가 펀드로서 가지고 있는 입출금의 불편함을 해소하여 거래를 더욱 활성화시키기 위해 쉽게 사고 팔 수 있도록 주식으로 만들어진 것
  ② 소액 투자자도 ETF를 통해 훌륭한 분산투자 효과를 누릴 수 있음

## 2 | 부동산투자신탁(REITs)

불특정 다수의 투자자로부터 자금을 수탁하여 부동산을 매입, 개발, 관리, 처분하거나 부동산 관련 유가증권에 투자해 그 수익을 교부하는 실적배당형 투자상품

## 3 | 인기있는 금융상품

IMF 이후 은행과 증권 간 혼합상품 개발과 판매망 확대에 힘입어 주식과 연계하거나 실물투자와 연계된 펀드 이용이 활발

- ELD(Equity-Linked Deposit) : 원금을 보장하며 기초자산의 성과에 따라 추가수익 제공, 은행에서 판매
- ELS(Equity-Linked Securities) : 기초자산의 성과에 연동하여 수익을 제공하지만 원금 손실이 가능, 증권회사에서 발행

### 출제 예상문제

**1 다음 중 투자신탁에 대한 내용으로 틀린 것은?**

① 신탁계약의 형태로 설립된다.
② 발행하는 유가증권은 주식이다.
③ 감독기관에 의해 통제된다.
④ 신탁법에 따라 규제를 받는다.

**정답 | ②**
**해설 |** 투자신탁에서 발행하는 유가증권은 수익증권이다.

**2 다음 표의 투자신탁(수익증권)과 투자회사(뮤추얼펀드)의 비교 내용 중 틀린 것은?**

| 구분 | 투자신탁(수익증권) | 투자회사(뮤추얼펀드) |
|---|---|---|
| ① 설립형태 | 계약(신탁) | 법인(주식회사) |
| ② 투자자의 법적지위 | 주주 | 수익자 |
| ③ 발행 유가증권 | 수익증권 | 주식 |
| ④ 관련법률 | 신탁법, 자본시장법 | 상법, 자본시장법 |

**정답 | ②**
**해설 |** 투자신탁 투자자의 법적지위는 수익자이고, 투자회사는 주주이다.

**3 인덱스펀드는 펀드의 수익률이 시장수익률을 따라가도록 설계되고 운용되는 펀드이다.** (O, ×)

**정답 | ○**
**해설 |** 인덱스펀드에 대한 설명이다.

**4 다음 중 실적배당형 상품에 대한 설명으로 맞는 것은?**

① 부동산투자신탁은 원금이 보장되는 상품이다.
② 생명보험회사는 투자신탁상품을 판매할 수 없다.
③ 입출금이 자유로운 유동성상품은 은행에서만 판매가 가능하다.
④ 상장지수 집합투자기구(ETF)는 거래소에 상장되어 주식과 같이 자유롭게 거래되는 인덱스펀드이다.

**정답 | ④**
**해설 |** ① 실적배당형 상품으로 원금손실이 발생할 수 있다.
② 증권회사, 은행, 보험회사, 자산운용회사에서 판매할 수 있다.
③ 자산운용회사(MMF)나 증권회사(CMA) 등에서도 판매가 가능하다.

### 필수 암기사항

- **투자신탁(수익증권) vs 투자회사(뮤추얼펀드)의 비교**
  ⇨ 신탁계약 vs 주식회사, 수익증권 vs 주식, 수익자 vs 주주, 신탁법 vs 상법

- **투자신탁(수익증권)과 투자회사(뮤추얼펀드)의 판매**
  ⇨ 증권회사, 은행, 보험회사, 자산운용회사

- **ETF : 인덱스펀드를 주식처럼 거래할 수 있도록 만든 것**
  ⇨ 시장수익률(KOSPI200) 추종

- **부동산투자신탁 = 리츠(REITs)**
  ⇨ 원금손실이 가능한 실적배당형 상품

# 여신상품
## 대출, 자금조달비용지수(COFIX)

교재 p34~35
제1장. 금융시장의 이해 ▶ 01. 금융시장과 금융상품 ▶ 사. 금융상품의 이해 ▶ (2) 여신상품(대출상품)

출제 포인트 1.5

## 1 대출

① 대출은 자금을 필요로 하는 주체에게 상환조건을 확정하여 자금을 빌려주는 것
② 가계의 대출비중이 높아지고 있는 추세
③ 보험회사도 은행과 유사한 대출 상품 취급 : 기업대출과 가계대출 ⇨ 보험계약대출 : 해약환급금 범위내에서 대출
④ 대출금리는 변동금리의 비중이 높은 편 ⇨ 자금조달비용지수를 기준으로 일정폭의 가산금리를 더하여 결정
⑤ 예·적금 담보대출은 통상 담보 대상이 되는 예·적금의 금리보다 다소 높은 대출금리 적용
⑥ 대출금리 적용방식 : 고정금리, 변동금리, 혼합금리

## 2 자금조달비용지수(COFIX = Cost Of Funds IndeX)

① 예금은행의 자금조달 금융상품(정기예금, 정기적금, 양도성예금증서 등)의 가중평균금리를 반영하여 산출된 지수
② 2010년 2월 이후 금융기관 주택담보대출의 기준금리로 사용되는 지수
③ 이전에는 CD금리를 대출시 준거금리로 사용 ⇨ 자금조달 비중이 낮고 시장금리와의 괴리가 발생하는 문제점 보유
④ 은행연합회가 국내 8개 은행이 제공한 자금조달 관련 정보를 기초로 잔액기준 코픽스, 신규취급액 코픽스 그리고 신 잔액기준 코픽스는 매월 15일 15시에, 단기코픽스는 매주 3번째 영업일 15시에 은행연합회 홈페이지를 통해 공시 ⇨ 해당 주의 영업일이 2일 이하인 경우 그 다음 주에 합산하여 공시 **문제 1**
⑤ 지수산출대상 자금조달 상품 : 정기예금, 정기적금, 상호부금, 주택부금, CD, RP, 표지어음, 금융채(후순위채 및 전환사채 제외) **문제 2**

### 출제 예상문제

**1** 다음 중 자금조달비용지수(COFIX)에 대한 설명으로 틀린 것은?

① 대출금리는 변동금리의 비중이 높은 편이다.
② 예금은행의 자금조달비용을 반영하여 산출된 지수이다.
③ 한국은행에서 결정하여 발표한다.
④ 은행연합회 홈페이지를 통해 공시하고 있다.

**정답 | ③**
**해설 |** 은행연합회가 국내 8개 은행이 제공한 자금조달 관련 정보(자금조달 총액 및 가중평균 금리 등)를 바탕으로 산출한다.

**2** 다음 중 자금조달비용지수(COFIX)에 대한 설명으로 틀린 것은?

① 금융기관 주택담보대출의 기준금리로 사용되고 있는 금리지수이다.
② 국내 8개 은행(정보제공은행)들이 제공한 자금조달 관련 정보를 기초로 하여 산출된다.
③ 지수산출대상 자금조달 상품은 정기예금, 정기적금, 금융채(후순위채 및 전환사채 포함) 등이다.
④ 변동금리는 자금조달비용지수를 기준으로 일정폭의 가산금리를 더하는 것이 일반적이다.

**정답 | ③**
**해설 |** 지수산출시 금융채 중 후순위채 및 전환사채는 제외한다.

### 필수 암기사항

- **COFIX(자금조달비용지수)** ① 예금은행의 자금조달비용을 반영하여 산출된 금리지수  ② 주택담보대출의 기준금리로 사용되는 지수

# 주식의 개념 및 종류

교재 p36~38
제1장. 금융시장의 이해 ▶ 02. 주식시장의 이해 ▶ 가. 주식의 개념 및 종류

## 1 | 주식의 개념(채권의 개념과 비교 필요)

① 주식회사란 여러 투자자의 돈을 모아 회사를 설립하면서 그 회사의 소유권(주식)을 나누어 가지는 회사 형태
　⇨ 투자한 자금의 비율만큼 회사의 소유권을 나누어 가지는 개념 ⇨ 채권과 다른 점

② 주식발행에 의하여 조달된 자본은 회사의 재산이 되며, 주주(투자자)는 주식회사의 구성원으로서
　회사에 대하여 법률상 권리(주주권 – 의결권, 배당권, 잔여재산분배권 등)를 가짐 ⇨ 지분증권 [문제1]

③ 주식발행으로 조달된 자금은 자기자본으로 기업의 재무구조를 개선시키고, 상환 필요성이 없으며, [문제2]
　이익에 대한 배당만 하면 되므로 가장 안정적인 자금조달 수단

④ 회사 창업에 필요한 자금조달은 쉽게 하는 반면 실패하는 경우의 위험부담은 제한(유한책임)하여 기업활동을
　촉진하고 산업생산을 획기적으로 증대시키는 역할

⑤ 채권은 타인자본, 상환의무, 부채증가, 원금과 이자 지급의무, 재무구조 악화라는 특징
　⇨ 주식과 채권 모두 잔여재산분배권을 가지지만 채권이 주식보다 우선
　⇨ 채권 > 후순위채권 > 주식

## 2 | 주식의 종류

① 배당 및 잔여재산의 분배기준 [문제3]

| 보통주 | 이익배당이나 잔여재산분배 등에서 표준이 되는 주식 [문제4] |
|---|---|
| 우선주 | • 이익배당이나 잔여재산의 분배 등에서 우선적 지위 인정 [문제5]<br>• 우선배당 후 남은 이익에 대해 보통주와 같이 배당에 참가할 수 있는 지 여부에 따라 ⇨ 참가적 우선주와 비참가적 우선주 [문제6]<br>• 정해진 배당률에 미치지 못할 경우 다음 회계연도에 추가적 배당 가능 여부에 따라 ⇨ 누적적 우선주와 비누적적 우선주 |
| 후배주 | 이익배당이나 잔여재산분배 등에서 보통주보다 후순위(우선주와 반대 개념) |
| 혼합주 | 이익배당은 보통주에 우선하고 잔여재산분배에서는 열등한 지위 |

② 의결권 기준

| 구분 | 의결권주 | 무의결권주 |
|---|---|---|
| 기준 | 주주총회 안건에 대해 주주별 의사결정 권리 부여 여부 | |
| 의결권 | 있음 | 없음 |

• 2011년 3월 11일 상법 개정으로 무의결권 주식을 발행할 수 있도록 허용됨 [문제7]
　⇨ 의결권을 포기하는 대신 배당금을 더 많이 받기 원하는 투자자를 위해 발행

③ 액면표시 기준 : 주권에 주식의 액면가액이 기재되는가에 따라 액면주와 무액면주로 구분
- 액면가액 : 회사 자본금의 구성단위, 주주의 유한책임 한도 표시, 상법에서는 100원 이상으로 규정
  ⇨ 우리나라에서 무액면주는 인정되지 않음
④ 기명여부 기준 : 주주의 성명이 주권과 주주명부에 표시되는가에 따라 기명주와 무기명주로 구분
  ⇨ 우리나라의 경우 대부분 주식은 기명식 주식

## 3 자본시장법상 증권의 정의

투자자가 취득과 동시에 지급한 금전 등 외에 어떠한 명목으로든지 추가로 지급의무를 부담하지 않는 것
⇨ 채무증권, 지분증권(주식), 수익증권, 파생결합증권 등

### 출제 예상문제

**1. 다음 중 자본시장법상 주식에 해당하는 것은?**
① 지분증권   ② 채무증권
③ 수익증권   ④ 투자계약증권

**정답** | ①
**해설** | 지분증권이 주식을 의미한다.

**2. 주식회사가 주식발행으로 조달한 자금은 자기자본이므로 상환할 의무가 없다.** (O, ×)

**정답** | O
**해설** | 맞는 설명이다.

**3. 다음 중 배당 및 잔여재산의 분배기준에 따른 주식의 종류로 알맞은 것은?**
① 보통주, 우선주, 후배주, 혼합주
② 의결권주, 무의결권주
③ 액면주, 무액면주
④ 기명주, 무기명주

**정답** | ①
**해설** | ② 의결권 기준 ③ 액면표시 기준 ④ 기명여부 기준

**4. 다음 중 우선주에 대한 설명으로 틀린 것은?**
① 이익배당이나 잔여재산분배 등에서 표준이 되는 주식을 말한다.
② 이익배당이나 잔여재산의 분배 등에서 우선적 지위가 인정되는 주식을 말한다.
③ 참가적 우선주와 비참가적 우선주로 구분된다.
④ 누적적 우선주와 비누적적 우선주로 구분된다.

**정답** | ①
**해설** | 보통주에 대한 설명이다.

**5. 다음 중 주식과 관련한 설명으로 맞는 것은?**
① 우선주는 잔여재산분배 등에서 우선적 지위가 인정되는 주식이다.
② 유상증자는 실질적인 재산의 증가를 가져오지만 주식수의 변화는 없다.
③ 자사주매입은 유상증자 효과와 동일하다.
④ 기업공개는 신주공모만으로 이루어진다.

**정답** | ①
**해설** | ② 유상증자는 실질적인 재산과 주식수, 그리고 자본금이 모두 증가한다. ③ 자본금과 주식이 늘어나는 유상증자의 효과와는 관련이 없다. ④ 기업공개는 신주공모, 구주매출 또는 이 두 가지의 혼합으로 이루어진다.

**6. 우선주는 이익배당이나 잔여재산의 분배 등에서 우선적 지위가 인정되는 주식으로 우선배당 후 남은 이익에 대해 보통주와 같이 배당에 참가할 수 있는지 여부에 따라 참가적 우선주와 비참가적 우선주로 구분된다.** (O, ×)

**정답** | O
**해설** | 우선주와 참가적 우선주, 비참가적 우선주에 대한 맞는 설명이다.

**7. 다음 중 주식의 매매거래와 관련한 설명으로 틀린 것은?**
① 프로그램 매매 호가효력 일시정지제도 : 1일 1회
② 무의결권주, 무액면주 : 발행 불가
③ 주식의 가격제한폭 : 전일 종가대비 상하 30%
④ 위탁수수료 : 금융투자회사가 자율적 결정

**정답** | ②
**해설** | 국내에서는 무의결권주 발행은 허용하고 있으나, 무액면주 발행은 인정되지 않는다.

### 필수 암기사항

- **주식의 개념(지분증권)**
  ① 주식회사는 투자금액 비중에 비례하여 회사의 소유권을 나누어 가지는 회사형태
  ② 주주의 권리 : 의결권(경영참가권), 배당권, 잔여재산분배권
  ③ 자기자본으로 가장 안정적인 자금조달 수단(재무구조 개선 효과 탁월) ⇨ 상환의무 없음

- **잔여재산분배의 우선순위**
  채권 > 후순위채권 > 주식(우선주 > 보통주 > 후배주)

- **주식의 종류**
  ① 보통주 : 이익배당과 잔여재산분배에서 표준이 되는 주식
  ② 우선주 : 이익배당이나 잔여재산분배 등에서 우선적 지위가 인정되는 주식
  ③ 혼합주 : 이익배당은 보통주에 우선하고 잔여재산분배에서는 열등
  ④ 무의결권주는 발행할 수 있으나 무액면주는 인정되지 않음

- **증권의 정의**
  취득과 동시에 지급한 금전 외에 추가로 지급의무를 부담하지 않는 것

# 기업공개

교재 p38~39
제1장. 금융시장의 이해 ▶ 02. 주식시장의 이해 ▶ 나. 주식의 발행

출제포인트 3.5

## 1 기업공개(IPO : Initial Public Offering)

① 주식회사가 발행한 주식을 일반투자자에게 똑같은 조건으로 공모하거나(신주공모), 이미 발행되어 대주주가 소유하고 있는 주식의 일부를 매출하여(구주매출), 주식을 분산시키고 재무내용을 공시함으로써 주식회사의 체제를 갖추는 것 문제1 ⇨ 소유집중 완화, 주식분산, 주주분산 문제2
  ⇨ 신주공모와 구주매출의 2가지 방법을 혼합하여 일반인을 대상으로 청약을 받기도 함 문제3
② 요건 : 최대주주와 그 특수관계인의 지분율 제한, 일정지분 이하의 소액주주 수 확보
  ⇨ 기업공개는 거래소에 상장되지 않더라도 일정한 기준에 맞추어 다수의 투자자에게 주식을 분산하는 것으로 상장을 하기 위한 전 단계로 이해할 수 있으므로 상장과는 다른 의미
③ 기업공개의 장점 : 주주의 분산투자 촉진, 기업의 자금조달 능력 향상, 주식가치의 공정한 결정, 세제상 혜택
④ 기업공개를 위해 발행된 주식이 반드시 상장되어야 하는 것은 아님
  ⇨ 기업단위로 이루어짐(상장은 증권 종목별) 문제4
⑤ 기업공개와 증자는 대개 신주 발행을 수반 ⇨ 발행시장과 관련 ⇨ 주식발행에 국한, 채권발행과는 무관
  ※ 주식발행 : 기업공개, 유상증자, 무상증자, 주식배당을 통해 자본금을 늘리기 위한 목적으로 이루어짐

### 출제 예상문제

**1 다음 보기에서 ( ) 안에 들어갈 용어를 순서대로 맞게 나열한 것은?**

> 기업공개(IPO)란 자본시장법 등에 따라 주식회사가 발행한 주식을 일반투자자에게 똑같은 조건으로 ( (가) )하거나 이미 발행되어 대주주가 소유하고 있는 주식의 일부를 ( (나) )하여 주식을 분산시키고 재무내용을 공시함으로써 주식회사의 체제를 갖추는 것을 말한다.

① (가) 중개, (나) 매출   ② (가) 공모, (나) 매출
③ (가) 공모, (나) 스왑   ④ (가) 중개, (나) 스왑

**정답** | ②
**해설** | 기업공개는 신주공모 또는 구주매출 방식으로 이루어진다.

**2 기업공개란 일정한 기준에 맞추어 다수의 투자자에게 주식을 분산하여 소유집중을 완화시키는 것이다. (O, ×)**

**정답** | O
**해설** | 기업공개에 대한 맞는 설명이다.

**3 다음 중 기업공개에 대한 설명으로 맞는 것은?**

① 기업공개 과정에서 발행된 주식은 반드시 거래소에 상장되어야 한다.
② 신주공모 또는 구주매출의 방법으로 진행된다.
③ 주식발행, 채권발행 방식 모두 가능하다.
④ 기업이 발행한 증권 종목별로 이루어진다.

**정답** | ②
**해설** | ① 반드시 상장되지 않아도 무방하다. ③ 채권발행과는 무관하고 주식에만 국한된다. ④ 상장에 대한 설명이다.

**4 기업공개는 주식을 분산시키고 재무내용을 공시함으로써 주식회사의 체제를 갖추는 것으로 증권 종목별로 이루어진다. (O, ×)**

**정답** | ×
**해설** | 증권 종목별 → 기업단위

### 필수 암기사항

- **기업공개**
  주식회사의 체계를 갖추는 것 ⇨ 소유집중 완화(주주분산)
  ⇨ 재무내용 공시 ⇨ 기업단위

- **기업공개의 방법**
  신주공모와 구주매출 ⇨ 주식발행과 관련(채권발행과는 관련 없음)
  ⇨ 발행시장과 관련

- **기업공개의 4가지 장점** : 주주의 분산투자 촉진, 기업의 자금조달 능력 향상, 주식가치의 공정한 결정, 세제상 혜택

# 017 증자와 감자 및 자사주

교재 p39~40
제1장. 금융시장의 이해 ▶ 02. 주식시장의 이해 ▶ 나. 주식의 발행

출제 포인트  8.0

**1** 증자 : 자본금을 증가시키는 행위 ⇨ 주식발행 필요, 자기자본 증가 `문제1`
- 증자의 목적 : 운영자금 조달, 시설투자, 부채상환, 재무구조 개선, 경영권 안정 등

**2** 증자의 종류 : 유상증자와 무상증자(주식배당) `문제2`

① 유상증자 : 기업이 기존 주주들에게 신주를 발행하고 기존 주주들은 주식매입 자금을 기업에 지불하는 것으로 기업의 자본금과 실질재산이 동시에 증가

| 주주배정 | • 신주인수권을 기존 주주의 보유지분에 비례하여 부여하는 방법 `문제3`<br>• 가장 일반적인 유상증자 형태 |
|---|---|
| 주주우선공모 | • 주주에게 우선 청약기회 부여하는 것은 주주배정 방식과 동일<br>• 차이점은 실권주 발생시 불특정 다수를 대상으로 청약을 받아 처리한다는 점 |
| 제3자배정 | • 제3자(당해 법인의 주주, 협력관계의 거래처등)에게 신주인수권을 부여(우리사주제도) `문제4` |
| 일반공모 | • 기존 주주에게 배정하지 않고 불특정다수인을 상대로 공개모집(인터넷 공모) |
| 직접공모 | • 인수기관 없이 발행회사가 직접 자기책임과 계산에 따라 신주를 공모하는 방식 |

② 무상증자 : 기업이 기존 주주들에게 돈을 받지 않고 새로운 주식을 발행하여 무상으로 나누어 주는 것으로, 실질적인 재산의 증가 없이 자본금만 증가 `문제5` ⇨ 새로운 자본금 납입 없이 재무상태표의 자본 항목을 변동시켜 자본금을 늘리는 것 ⇨ 현금배당 대신 실시하는 주식배당도 무상증자의 한 형태

**3** 감자 : 자본금을 줄이는 행위로, 누적된 부실(손실)을 해소하기 위해 실시 `문제6`
- 자본금 10억원에 손실 9억원인 회사를 자본금 1억원에 손실이 없는 회사로 바꿈
- 액면가 변화없이 자본금만 감소 ⇨ 주식수 감소

**4** 자사주 매입 : 회사가 보유하고 있는 자기주식을 말하는 것으로, 배당금을 재원으로 유통되는 주식을 사서 주식수를 줄임으로써 주당 가치를 높이는 방법

① 배당금을 활용하여 자기회사 주식을 매입하여 보유하면 유통물량이 줄어들어 총 발행 주식수가 줄어드는 효과가 발생하는데, 다수 투자자로부터 자금조달이라는 주식회사의 원리를 거스르는 측면이 있어 한도를 엄격히 제한하고 있음 `문제7`

② 배당은 이익을 현금으로 돌려주는 것 vs 배당할 돈으로 자기주식을 매입하여 주당 가치 상승

## 출제 예상문제

**1** 다음 표의 ( ) 안에 들어갈 내용으로 맞는 것은?

> 증자란 회사가 ( )을/를 증가시키는 행위로
> 주주는 ( )을/를 받을 권리를 갖게 된다.

① 자본금, 배당  ② 자본금, 확정이자
③ 부채, 배당  ④ 부채, 확정이자

**정답** | ①
**해설** | 증자(유상증자, 무상증자)를 통해 회사의 자본금이 증가하고 증자를 통해 주식을 소유하게 되는 주주는 해당 주식으로 배당받을 권리를 갖게 된다.

**2** 다음 중 증자에 대한 설명으로 맞는 것은?

① 주식배당도 증자의 한 형태이다.
② 유상증자를 하면 타인자본이 증가된다.
③ 자사주매입은 유상증자의 효과와 동일하다.
④ 발행회사가 인수기관을 통하지 않고 직접공모하는 것은 불가능하다.

**정답** | ①
**해설** | ② 타인자본 → 자기자본 ③ 자사주매입과 유상증자와는 관련이 없다. ④ 직접공모할 수 있다.

**3** 다음 표에서 설명하는 유상증자의 종류는?

> 새로 발행되는 주식의 인수권을 기존 주주들의 보유지분에 비례하여 배정하고 실권주가 발생하면 이사회의 결의에 따라 그 처리방법을 결정하는 것으로 가장 일반적인 유상증자의 형태이다.

① 일반공모  ② 주주배정
③ 제3자배정  ④ 주주우선공모

**정답** | ②
**해설** | 주주배정 방식의 유상증자에 대한 설명이다.

**4** 다음 중 유상증자의 종류인 「제3자 배정」에 대한 설명으로 맞는 것은?

① 인수기관을 통하지 않고 발행회사가 직접 자기의 책임과 계산에 따라 신주를 공모하는 방식이다.
② 특별한 관계에 있는 자 등에게 신주인수권을 부여하고 신주를 발행하는 방식이다.
③ 새로 발행되는 주식의 인수권을 기존 주주들의 보유지분에 비례하여 배정하는 방식이다.
④ 인터넷 공모 등 일반 불특정다수인을 대상으로 공개모집하는 방식이다.

**정답** | ②
**해설** | ① 직접공모에 대한 설명 ③ 주주배정에 대한 설명 ④ 일반공모에 대한 설명

**5** 다음 중 주식회사의 증자와 감자에 대한 설명으로 틀린 것은?

① 감자는 기업이 누적된 손실을 해소하기 위해 실시한다.
② 증자 또는 감자를 실시할 경우 자본금이 변동된다.
③ 유상증자는 실질재산과 자본금이 모두 늘어난다.
④ 무상증자는 실질재산은 늘어나지만 자본금에는 변동이 없다.

**정답** | ④
**해설** | 무상증자는 실질적인 재산의 증가없이 자본금만 증가한다.

**6** 다음 보기의 ( ) 안에 들어갈 내용으로 알맞은 것은?

> 자본금 100억원인 회사가 기존주식 10주를 1주로 줄이는 감자를 실시하면 주식의 액면금액은 변동 없이 자본금이 ( )원으로 줄어들고 나머지 ( )원은 누적손실금과 상계된다.

① 1억 - 99억  ② 11억 - 89억
③ 10억 - 90억  ④ 50억 - 50억

**정답** | ③
**해설** | 자본금 감자에 대한 설명이다.

**7** 다음에서 자사주에 대한 설명으로 옳지 않은 것은?

① 자사주 매입시 총 발행주식수가 줄어드는 효과가 있다.
② 회사가 보유하고 있는 자기주식을 말한다.
③ 시중에 유통되고 있는 회사의 주식을 재량에 따라 사는 것이므로 매입한도에 제한이 없다.
④ 임직원들에게 스톡옵션을 지급하는데 사용되기도 한다.

**정답** | ③
**해설** | 다수 투자자로부터의 자금조달이라는 주식회사의 원리를 거스르는 측면이 있어 엄격히 한도를 제한하고 있다.

## 필수 암기사항

- **증자** : 자본금을 증가시키는 행위 ⇨ 주식발행 필요
  ⇨ 주식 수와 자기자본 증가
- **증자의 종류** : 유상증자와 무상증자(주식배당)
  ① 유상증자 : 자본금과 실질재산 모두 증가
  ② 무상증자 : 자본금만 증가하고 실질재산은 증가하지 않음
    ⇨ 잉여금 발생시, 주식배당
- **유상증자의 종류**
  ① 주주배정 : 기존 주주에게 부여 ⇨ 가장 일반적인 형태
  ② 주주우선공모 : 주주에게 우선청약 기회 부여
  ③ 제3자 배정 : 우리사주제도와 같이 제3자에게 신주인수권 부여
  ④ 일반공모증자 : 인터넷 공모 등을 통해 불특정 다수를 상대로 공개모집
  ⑤ 직접공모 : 인수기관을 통하지 않고 발행회사가 직접 신주 공모

- **감자** : 자본금을 줄이는 것 ⇨ 주식 수 감소
  ⇨ 액면가 변동 없음 ⇨ 누적손실 발생시

- **자사주 매입** : 회사가 배당금을 재원으로 주식시장에 유통중인 자기회사 주식을 사는 것
  ⇨ 유통되는 주식수를 줄여 주당가치를 높이는 방법
  ⇨ 엄격히 한도 제한

# 018 상장과 대체결제제도

교재 p41~42
제1장. 금융시장의 이해 ▶ 02. 주식시장의 이해 ▶ 다. 주식의 유통 ▶ (1) 상장

출제포인트 3.5

## 1 | 상장(증권 종목별) 문제1

한국거래소의 유가증권시장과 코스닥시장, 코넥스시장 등에서 매매할 수 있도록 하는 것

① 상장요건 : 설립 경과기간, 자본규모, 주식분산, 재무상태, 기업지배구조 등을 고려
  ⇨ 거래소에 상장된 기업이 부도나면 많은 소액투자자들이 피해를 입게 되기 때문에 상장절차는 매우 까다로운 심사를 거치게 되므로 상장되었다는 것 자체로도 우량기업이라는 이미지를 갖게 되는 것이며, 이런 바탕이 튼튼해야 원활한 유통과 공정한 가격형성이 될 수 있음
  ⇨ 코스닥과 코넥스시장은 유가증권시장보다 다소 완화된 기준 적용 문제2

② 인수기관 : 증권 발행자와 투자자 사이에서 증권과 자금이 적절하게 배분될 수 있도록 증권발행에 따른 제반업무를 수행하고 발행에 따른 위험부담 및 판매 담당 ⇨ 주로 금융투자업자가 담당
  ⇨ 최초 기업을 공개하기 위해 일반인들에게 공모를 할 때 아직 일반 대중에게 알려지지 않은 기업일 가능성이 높고 또한 상장절차가 까다롭고 전문적이기 때문에 이를 도와줄 수 있는 금융기관의 역할이 필요함
  ⇨ 상장 또는 기업공개에 따르는 제반업무를 수행하고 발행증권을 대량으로 인수하여 이를 일반투자자에게 재분배 역할을 하는 금융기관을 인수기관이라고 함

③ 상장효과

| 긍정적 효과 문제3 | 부정적 효과 문제4 |
|---|---|
| • 회사의 공신력 제고 및 주식의 유동성 증가<br>• 기업의 용이한 자금조달과 담보가치 제고<br>• 회사의 홍보 및 지위 향상<br>• 종업원 사기진작<br>• 소유주식 분산 등<br>• 증권시장을 통한 생산품의 광고효과 | • 소액투자자의 경영간섭<br>• 외부의 경영권 위협<br>• 공시의무 부담<br>• 적정 배당 압력<br>• 기업비밀 노출<br>• 예상보다 낮은 평가 등 |

※ 해외시장 상장 : 예탁증서(DR) 발행을 통한 해외자금 조달로 글로벌 기업으로 인정
  ⇨ 국내증시와 외국증시에 동시 상장하는 사례 증가 ⇨ 더 비싸게 거래될 수 있음

④ 한국거래소 : 한국증권거래소, 코스닥위원회, 코스닥시장, 한국선물거래소의 4개 기관을 통합하여 설립
  ⇨ 유가증권시장과 코스닥시장, 코넥스시장(초기 중소기업과 벤처기업을 위한 시장)으로 구분

## 2 대체결제제도

- 한국거래소의 매매거래 결제는 거래소의 결제기구를 통하여 하도록 되어 있음
- 한국거래소의 매매거래 결제는 계좌이용자들이 소유한 유가증권을 한국예탁결제원에 집중예탁하고, 매매거래에 수반되는 유가증권의 수수를 이용자 계좌 간에 대체함으로써 종료
- 유가증권의 실물수수에 따른 인력 및 시간절약, 유통과정에서의 분실, 도난 등의 사고예방, 결제업무처리의 신속·정확성의 확보가 이점
- 금융투자회사를 통한 주식 매매거래 후 대체결제가 이루어지면 별도의 지시 없이 명의개서가 이루어짐

### 출제 예상문제

**1 다음 중 상장에 대한 설명으로 틀린 것은?**

① 기업단위로 이루어진다.
② 상장은 공인된 거래소에서 증권거래가 될 수 있도록 하는 것이다.
③ 코스닥시장의 상장요건은 유가증권시장보다 다소 완화된 기준을 적용한다.
④ 회사의 공신력 제고, 주식의 유동성 증가 등의 효과가 있다.

**정답 |** ①
**해설 |** 기업단위가 아니라 기업이 발행한 증권 종목별로 이루어진다.

**2 다음 중 주식시장에 대한 설명으로 맞는 것은?**

① 기업공개는 유통시장과 관련이 있다.
② 무상증자는 기업의 자본금과 실질재산을 동시에 증가시킨다.
③ 매매 성립 후 결제는 거래성립일로부터 2영업일째에 이루어진다.
④ 코스닥시장의 상장요건은 유가증권시장보다 다소 완화된 기준을 적용한다.

**정답 |** ④
**해설 |** ① 기업공개는 발행시장과 관련이 있다. ② 무상증자는 자본금만 증가시킨다. ③ 2영업일 → 3영업일

**3 다음 중 주식상장의 긍정적인 효과에 해당하는 것은?**

① 주식의 유동성 증가  ② 기업비밀 노출
③ 외부의 경영권 위협  ④ 소유주식의 집중도 제고

**정답 |** ①
**해설 |** 상장을 통해 주식매매를 용이하게 함으로써 유동성을 높일 수 있으며, ②, ③은 부정적 효과에 해당하고, ④ 집중도를 낮출 수 있다.

**4 유가증권의 상장을 통해 다수의 소액투자자로부터의 경영 간섭을 최소화 할 수 있다. (O, ×)**

**정답 |** ×
**해설 |** 다수의 소액투자자의 경영간섭이 생겨서 회사경영에 장애를 가져올 수 있는 단점이 있다.

### 필수 암기사항

- **상장**
  ① 유가증권시장과 코스닥시장 등에서 매매할 수 있도록 하는 것
  ② 코스닥과 코넥스시장은 완화된 조건 적용
  ③ 상장은 증권 종목별(보통주, 우선주)로 이루어지고, 기업공개는 기업단위로 이루어짐

- **상장요건**
  설립 경과기간, 자본규모, 주식 분산, 재무상태, 지배구조 등

- **인수기관(금융투자업자)**
  증권발행에 따른 제반업무 수행 및 발행에 따른 위험부담과 판매담당

- **상장효과**
  ① 긍정적 효과 : 공신력, 담보가치 향상, 유동성 증가, 주식분산 등
  ② 부정적 효과 : 경영간섭, 경영권 위협, 기업비밀노출 등

- **대체결제제도**
  ① 매매거래결제는 결제기구인 예탁결제원을 통해 이루어짐
  ② 대체결제가 이루어지면 별도의 지시없이 명의개서가 이루어 짐

# 019 · 2025 변액보험의 이해와 판매 核心 100選

# 주식 매매거래 제도

교재 p42~44
제1장. 금융시장의 이해 ▶ 02. 주식시장의 이해 ▶ 다. 주식의 유통 ▶ (2) 매매거래

출제 포인트 7.5

## 1 | 주식 매매거래 제도의 주요 내용(휴장일 : 토요일, 법정공휴일, 근로자의 날, 12월 31일) 문제1

| 구분 | 주식 매매거래 제도 내용 | 비고 |
|---|---|---|
| 보통결제거래 | 매매계약을 체결한 날로부터 3일째 되는 날(휴장일 제외)에 결제 문제2 | • 매매 당일 포함<br>• 소액채권거래는 당일결제 |
| 매매거래시간 | • 정규시장(09:00~15:30) 문제3<br>• 시간외 시장(08:00~09:00, 15:40~18:00) | • 시간외 종가매매(전일종가 기준 08:30~08:40, 당일종가 기준 15:40~16:00)<br>• 시간외 단일가 매매시장 : 16:00~18:00 |
| 매매거래단위 | 호가단위, 유가증권 가격대별 1원에서 1천원까지 7단계 | 코스닥은 1원에서 100원까지 5단계 |
| 매매수량단위 | 1주 단위(수익증권은 1좌) | 투자자가 주문을 제출할 수 있는 최소 단위 |
| 위탁증거금 | 고객의 주문이 진실하다는 증표로 금융투자회사가 고객으로부터 징수하는 증거금(일종의 담보) | • 주식 매매대금의 완납은 3일 결제시스템이지만 일종의 계약보증금의 의미로 주문시점에 증거금 해당액을 보유하고 있어야 하는 금액(나머지는 매매 거래일로부터 3일째 되는 날 입금)<br>• 금전 또는 유가증권으로 징수 문제4 |
| 위탁수수료 | 매매거래가 성립되었을 때 금융투자회사(증권회사)가 투자자로부터 받는 수수료 | • 금융투자회사가 자율적으로 결정 문제5<br>• 전화주문보다 HTS 또는 MTS 수수료가 더 저렴<br>• 매수, 매도시 모두 납부<br>• 낮은 수수료는 거래비용 절감 및 효율적인 주가 형성으로 거래량 증가에 도움 |
| 증권거래세 | 주식매매 혹은 지분 양도시 부과 | • 매도금액에 대해 매도자에게만 원천징수 문제6<br>　⇨ 유가증권시장 : 0.15% (2025년 기준) 문제6,7<br>　⇨ 코스닥시장 : 0.15% (2025년 기준) 문제7,8<br>• 매수시 : 위탁수수료만 납부<br>• 매도시 : 위탁수수료 + 증권거래세 모두 납부 |

※ 매매회전율이 높은 우리나라에서는 위탁수수료와 증권거래세가 투자수익률을 낮추는 요인으로 작용
※ 증권거래세 단계적 인하 예정 : 2025년 코스피·코스닥 증권거래세 : 0.18% → 0.15% 문제9

## 출제 예상문제

**1** 다음 중 주식의 매매거래에 대한 설명으로 틀린 것은?

① 12월 31일(공휴일 또는 토요일인 경우 직전 매매거래일)에는 매매거래 및 결제가 이루어지지 않는다.
② 거래소가 필요하다고 인정하는 날에는 매매거래 및 결제가 이루어지지 않는다.
③ 법정공휴일에는 매매거래 및 결제가 이루어지지 않는다.
④ 매매거래일은 월요일부터 금요일까지이며, 근로자의 날(5월 1일)은 매매거래 및 결제가 이루어진다.

**정답** | ④
**해설** | 근로자의 날에는 매매거래 및 결제가 이루어지지 않는다.

**2** 주식의 보통결제거래는 매매계약을 체결한 날로부터 3일째 되는 날에 결제가 이루어진다. (O, ×)

**정답** | O
**해설** | 매매계약을 체결한 날로부터 3일째 되는 날(휴장일 제외)에 결제가 이루어지는 보통결제거래에 따른다.

**3** 주식의 매매거래시간은 정규시장의 경우 9시부터 16시까지 거래가 이루어진다. (O, ×)

**정답** | ×
**해설** | 주식 정규시장의 매매거래시간은 9시부터 15시 30분(6시간 30분)이다.

**4** 다음 중 위탁증거금에 대한 설명으로 틀린 것은?

① 위탁증거금은 고객의 주문이 진실하다는 증표로 금융투자회사가 고객에게 징수하는 증거금이다.
② 위탁증거금을 제외한 나머지 금액은 매매거래일로부터 3일째 되는 날까지 입금하면 된다.
③ 위탁증거금은 금전으로만 징수한다.
④ 주문체결 이후 투자자가 결제를 이행하지 않는 경우를 대비하기 위한 담보라 할 수 있다.

**정답** | ③
**해설** | 위탁증거금은 금전뿐만 아니라 유가증권으로도 징수할 수 있다.

**5** 다음에서 주식시장에 대해 맞게 설명한 것은?

① 위탁수수료는 금융투자회사가 자율적으로 결정한다.
② 주식의 매매결제는 거래성립일로부터 2영업일째 되는 날 결제된다.
③ 기업공개는 유통시장과 관련이 있다.
④ 증권거래세는 매도자, 매수자 모두에게 부과된다.

**정답** | ①
**해설** | ② 2영업일 → 3영업일 ③ 유통시장 → 발행시장
④ 증권거래세는 매도자에게만 부과된다.

**6** 유가증권시장에서 주식매매가 이루어진 경우, 매수자에게 매수금액의 0.3%를 증권거래세로 원천징수한다. (O, ×)

**정답** | ×
**해설** | 매도자에게 0.15%를 원천징수한다.(2025년 기준)

**7** 다음 표의 ( ) 안에 들어갈 숫자는 무엇인가?

> 증권거래세는 유가증권시장에서 양도되는 주권에 대해서 매도자에게 매도대금의 ( ), 코스닥시장은 ( )를 징수한다.(2025년 기준)

① 0.15%, 0.15%   ② 0.5%, 0.3%
③ 0.3%, 0.25%    ④ 0.3%, 0.15%

**정답** | ①
**해설** | 증권거래세는 유가증권시장과 코스닥시장 모두 0.15% 이다.

**8** 다음 중 주권의 종류와 증권거래세율이 알맞게 연결된 것은?(2025년 기준)

① 코넥스시장에서 양도되는 주권 : 매도금액의 0.2%
② 유가증권시장에서 양도되는 주권 : 매도금액의 0.23%
③ 코스닥시장에서 양도되는 주권 : 매도금액의 0.15%
④ 비상장주식 : 매도금액의 0.4%

**정답** | ③
**해설** | ① 0.1% ② 0.15% ④ 0.35%

**9** 다음 중 주식의 매매거래에 대한 설명으로 맞는 것은?

① 매매거래 성립시 적용되는 위탁수수료 요율은 법률로 정한다.
② 매매계약 체결일 다음날 결제가 이루어진다.
③ 정규시장에서의 매매거래 체결은 대량거래우선의 원칙이 적용된다.
④ 증권거래세율은 금융투자소득세 시행시기에 맞추어 단계적으로 인하될 예정이다.

**정답** | ④
**해설** | ① 위탁수수료 요율은 금융투자회사가 자율적으로 결정한다.
② 매매계약을 체결한 날로부터 3일째 되는 날에 결제가 이루어진다.
③ 가격우선의 원칙과 시간우선의 원칙이 적용된다.

## 필수 암기사항

- **보통결제**
  체결일로부터 3영업일째 되는 날 결제(채권은 당일결제)

- **정규시장**
  09:00~15:30

- **매매단위**
  유가증권, 코스닥 모두 1주 단위

- **위탁증거금**
  매매거래에 따른 담보금의 성격, 금전 또는 유가증권으로 징수, 매매를 하기 위해서는 위탁증거금을 보유하고 있어이 가능

- **위탁수수료**
  거래성립시 매수자, 매도자 모두에게 부과
  ⇨ 금융투자업자가 자율적으로 결정, HTS(홈트레이딩 시스템) 또는 MTS(모바일 트레이딩 시스템)이 저렴

- **증권거래세(2025년 기준)**
  매도자에게 매도금액에 대해 원천징수(유가증권시장 0.15%, 코스닥 0.15%, 코넥스 0.1%, 비상장주식 0.35%)
  ※ 2025년 코스피·코스닥 증권거래세 인하 ⇨ 0.18% → 0.15%

# 주식 매매계약 체결 원칙과 명의개서

교재 p44~45
제1장. 금융시장의 이해 ▶ 02. 주식시장의 이해 ▶ 다. 주식의 유통 ▶ (2) 매매거래 ▶ (마) 매매계약의 체결, (바) 매매결제와 명의개서

출제포인트 4,5

## 1. 매매주문의 체결을 위한 우선순위를 정하는 2가지 원칙(순서대로 적용) [문제 1,2]

| 가격우선의 원칙 | 낮은 가격의 매도호가(싼 매도가격), 높은 가격의 매수호가(비싼 매수가격) 우선 |
|---|---|
| 시간우선의 원칙 | 동일한 가격호가일 경우 먼저 접수된 호가 우선 |

## 2. 동시호가

동시에 접수된 호가 또는 시간의 선후가 분명하지 않은 호가를 말하는 것으로 일정시간 동안 접수된 호가는 시간을 불문하고 모두 동시호가로 취급

- 장 개시 전(08:30~09:00), 장 마감 전(15:20~15:30), 특정 사유로 거래가 중단되었다가 다시 시작되거나 서킷브레이커가 발동된 경우, 개별 종목이 10% 이상 급등락한 경우, 상장폐지 전 정리매매 등의 경우 동시호가로 취급

| 위탁매매우선의 원칙 | 고객의 주문인 위탁매매가 금융투자업자의 자기매매보다 우선 |
|---|---|
| 수량우선배분의 원칙 | 주문수량이 많은 호가부터 우선적으로 수량 배분(3단계로 배분하여 매매 체결)<br>⇨ 소액투자자에게도 일정한 수량을 배분하기 위한 방법 |

- 가격우선과 위탁매매우선, 수량우선배분의 원칙만 적용(= 시간우선의 원칙이 적용되지 않음) [문제 3,4]
  ⇨ 일정한 시간 동안 주문을 받아 단일가로 처리되므로 시간우선의 원칙이 의미 없음

## 3. 시간외 단일가 매매방식 거래(16시~18시)

- 10분 단위로 매매체결되며 정규시장 종가기준으로 10% 범위 내에서 거래 가능

## 4. 매매결제 : 거래성립일로부터 3영업일째 되는 날 금융투자회사에서 결제

① 매수자 : 위탁증거금을 뺀 소정의 자금과 위탁수수료를 지불하고 주식 인수
② 매도자 : 위탁수수료와 증권거래세를 공제한 후 매도자금 수령

## 5. 명의개서 : 권리자의 변경에 따라 증권 명의인의 표시를 고쳐쓰는 일 [문제 5,6]

- 명의개서가 이루어진 이후에야 비로소 주주로서 인정 받음
- 금융투자회사를 통한 매매의 경우에는 주식을 인출하지 않는 한 실질주주제도에 의해 별도의 지시가 없더라도 명의개서가 이루어짐

## 출제 예상문제

**1** 매매계약 체결시 경쟁매매의 우선순위를 결정할 때 시간우선의 원칙이 가장 먼저 적용된다. (O, ×)

**정답** | ×
**해설** | 가격우선의 원칙이 먼저 적용된다.

**2** 다음 중 주식의 매매거래에 대해 틀리게 설명한 것은?

① 매매계약을 체결한 날로부터 3일째 되는 날에 결제가 이루어지는 보통결제거래에 따른다.
② 주식 정규시장의 매매거래시간은 9시~15시 30분이다.
③ 증권거래세는 매도자에게만 징구된다.
④ 거래소 정규시장에서 매매계약 체결시 시간우선의 원칙이 가장 먼저 적용된다.

**정답** | ④
**해설** | 시간우선의 원칙 → 가격우선의 원칙

**3** 다음 중 주식시장에 대해 맞게 설명한 것은?

① 동시호가에서는 소액투자자에게도 일정한 수량을 배분하기 위해 주문수량이 적은 호가부터 매매계약을 체결한다.
② 주식의 매매결제는 거래성립일로부터 2영업일째 되는 날 결제된다.
③ 비상장주식 매매의 경우 0.5%의 증권거래세율이 적용된다.
④ 동시호가에서는 시간우선의 원칙이 적용되지 않는다.

**정답** | ④
**해설** | ① 동시호가에서는 주문수량이 많은 호가부터 우선적으로 매매계약이 체결된다.
② 2영업일 → 3영업일 ③ 0.5% → 0.35%

**4** 다음 표의 ( ) 안에 들어갈 내용으로 맞는 것은?

> 동시호가는 주식 매매체결원칙 중 ( )이 적용되지 않는 경우로서 동시에 접수된 호가 또는 시간의 선후가 분명치 않은 호가를 말하며 일정시간 동안 접수된 호가는 시간을 불문하고 모두 동시호가로 취급한다.

① 가격우선의 원칙   ② 시간우선의 원칙
③ 위탁매매우선의 원칙   ④ 수량우선배분의 원칙

**정답** | ②
**해설** | 시간우선의 원칙이 적용되지 않는 동시호가에 대한 설명이다.

**5** 주식을 매입한 사람은 발행회사가 지정한 기관에서 명의개서를 해야 주주로서의 권리를 갖는다. (O, ×)

**정답** | O
**해설** | 맞는 설명으로 명의개서에 대한 이해를 묻는 질문이다.

**6** 다음 표의 ( ) 안에 들어갈 내용으로 맞는 것은?

> 주식을 매입한 사람은 발행회사가 지정한 기관에서 ( )을/를 해야 주주로서의 권리를 갖게 된다.

① 계좌등록   ② 증권인수
③ 명의개서   ④ 주식예탁

**정답** | ③
**해설** | 주식을 매입한 사람은 발행회사가 지정한 기관에서 명의개서를 해야 주주로서의 권리를 갖게 된다.

## 필수 암기사항

- **매매 체결시 원칙**
  가격우선 > 시간우선 ⇨ 순서대로 적용

- **동시호가 매매체결 원칙** : 시간우선의 원칙 적용 안됨

- **시간외 단일가 매매방식 거래** : 10분 단위, 종가기준 10% 범위 내 거래

- **명의개서** : 주식 매입 후 주주명부에 등재하여 주주로서의 권리를 갖는 절차

# 021 가격폭 제한, 배당락과 권리락

교재 p46, 48
제1장. 금융시장의 이해 ▶ 02. 주식시장의 이해 ▶ 다. 주식의 유통 ▶ (3) 매매거래의 관리

출제포인트 2.5

## 1 | 가격폭 제한

① 유가증권시장 및 코스닥시장 : 전일종가 대비 상하 30% **문제 1,2**
   ⇨ 전일종가가 1만원일 경우 금일은 최저 7천원(하한가 30%)에서 최대 1만 3천원(상한가 30%) 사이에서 가격 형성

② 주식시장의 안정에 기여하는 측면이 있으나, 해당 기업에 대한 정보가 주가에 신속하게 반영되기 어렵다는 단점도 보유

③ 가격제한폭 적용 제외 종목 : 정리매매종목, ELW, 신주인수권증서, 신주인수권증권

④ 가격제한폭을 두고 있는 나라 : 일본, 프랑스, 대만, 태국, 베트남 등

## 2 | 배당락

- 배당락이란 배당기준일이 지나 배당금을 받을 권리가 없어지는 것으로, 배당락 조치는 이익배당을 받을 권리가 소멸되었음을 투자자에게 주지시키기 위한 시장조치

- 거래소는 배당락을 함으로써 합리적으로 주가가 형성되도록 관리

- 정기주주총회에서 주주권 행사자를 확정하기 위해 권리 확정일을 매 사업년도 최종일로 정함
   ⇨ 마지막 거래일이 12월 28일이라고 한다면 12월 결산법인인 경우 배당기준일은 12월 28일

- 사업연도 종료 익일부터 주식을 새로이 보유하는 자는 직전 사업연도의 결산에 따른 이익배당을 받을 권리 소멸
   ⇨ 배당을 받기 위해서는 12월 26일까지 매수해야 가능 **문제 3**
   ⇨ 거래일로부터 3일째 되는 날에 결제가 이루어지기 때문에 12월 26일까지 매수해야 배당기준일인 12월 28일에 주식을 보유할 수 있음

- 배당락 조치 : 12월 27일
   ⇨ 12월 27일부터 매수한 투자자는 배당락으로 인해 싼 가격으로 주식을 매수할 수 있지만 배당을 받을 수 있는 권리는 없음
   ⇨ 배당을 받을 수 있는 권리가 없어졌기 때문에 그 만큼 싸게 매입하도록 하는 것이 합리적

## 3 | 권리락

- 기업이 증자시 신주배정기준일 익일 이후에 거래되는 주식에는 신주인수권이 없어지므로, 기준일 전일에 권리락 조치를 통해 주가가 합리적으로 형성되도록 관리
   ⇨ 기업의 유상증자가 D일에 있다면 유상증자에 참여하고자 하는 주주는 D-2일까지 주식매입
   ⇨ D-1일에 주식을 매입하면 결제가 D+1일에 발생, 유상증자를 받을 수 없음

## ✱ 배당락과 권리락

- 배당이나 유·무상 증자가 결정되면, 매매가 빈번한 상장회사의 특성을 반영하여 주식 소유 기준 즉, 주주를 확정하기 위해 특정일을 지정하는데, 그 특정일에 현재 주식을 보유하고 있는 투자자가 배당이나 유·무상 증자 권리를 가지게 된다. 이 특정기준일이 지나 권리가 없어지는 날에 배당과 증자 권리에 해당하는 만큼의 주가를 인위적으로 낮추는 것을 말한다.
- 배당을 받을 수 있는 권리와 신주를 인수할 수 있는 권리는 투자자의 입장에서 보면 이익을 나누어 가지거나 신주를 저렴한 가격으로 살 수 있는 기회이기 때문에 기준일을 중심으로 권리의 유무만큼 주가를 조정해 주는 것이 합리적이기 때문이다.

### 출제 예상문제

**1. 다음 중 주식매매거래 제도에 대한 설명으로 틀린 것은?**

① 매매거래 중단제도는 각 단계별로 1일 1회 발동으로 한정된다.
② 현금배당 대신 실시하는 주식배당은 무상증자의 한 형태이다.
③ 고객은 주문시점에 계좌에 증거금 해당액을 보유하고 있어야 매매가 가능하다.
④ 현재의 유가증권시장과 코스닥시장의 가격제한폭은 전일종가 대비 상하 15%이다.

**정답 |** ④
**해설 |** 현재 우리나라의 유가증권시장과 코스닥시장 모두 가격제한폭은 전일종가 대비 상하 30%이다.

**2. 다음 중 한국거래소에 상장된 주식의 매매거래와 관련하여 맞는 내용을 바르게 묶은 것은?**

> (가) A씨는 근로자의 날인 5월 1일에 주식 매매거래 및 결제를 할 수 없었다.
> (나) B씨는 금융투자회사의 홈트레이딩 시스템을 이용하여 주식매매에 대한 증권거래세를 면제 받을 수 있었다.
> (다) C씨가 보유중인 유가증권시장의 상장주식은 전일종가 1만원에서 오늘 1만 3천원으로 상승하여 마감되었다.
> (라) D씨와 E씨는 동일가격에 같은 주식을 매수 주문하였는데, 먼저 매수 주문한 D씨보다 많은 수량을 매수 주문한 E씨의 주문이 먼저 체결되었다.

① (가), (나)
② (다), (라)
③ (가), (다)
④ (나), (라)

**정답 |** ③
**해설 |** (나) 홈트레이딩 시스템은 증권거래세가 아닌 위탁수수료를 저렴하게 이용할 수 있도록 한다. (라) 매매체결은 가격우선의 원칙, 시간우선의 원칙을 따른다.

**3. 다음 중 투자자가 A회사로부터 배당을 받기 위해서는 언제까지 주식을 매수하여야 하는가?**

> - A회사는 12월 결산법인
> - 마지막 거래일 12월 30일
> - 12월 27일 ~ 30일은 영업일

① 12월 27일
② 12월 28일
③ 12월 29일
④ 12월 30일

**정답 |** ②
**해설 |** 12월 30일이 마지막 거래일이면 배당기준일은 12월 30일이고 주식은 매매계약이 체결된 날로부터 3일째 되는 날에 결제가 이루어지므로 배당을 받기 위해서는 12월 28일까지 매수해야 한다.

### 필수 암기사항

- **가격제한폭**
  ① 유가증권시장, 코스닥시장 모두 상하 30%
  ② 일본, 프랑스, 대만, 태국, 베트남도 가격제한폭 제도 운영

- **배당락**
  ① 12월 결산법인, 12월 28일이 마지막 거래일일 경우
  ② 배당기준일 : 12월 28일
  ③ 배당을 받기 위한 최종 주식매수일 : 12월 26일
  ④ 배당락 조치일 : 12월 27일

## 022 매매거래 중단제도, 프로그램 매매, 프로그램 매매 호가효력 일시정지제도
**Circuit Breaker / Sidecar**

교재 p46~48
제1장. 금융시장의 이해 ▶ 02. 주식시장의 이해 ▶ 다. 주식의 유통 ▶ (3) 매매거래의 관리

출제포인트 4.0

### 1 매매거래 중단제도(Circuit Breaker) ⇨ [ 8 15 20 1 20 1 ]

- 종합주가지수(KOSPI지수)가 전일종가보다 8%, 15%, 20% 이상 하락한 상태가 1분간 지속되는 경우 모든 매매거래를 일시적으로 중단하는 제도 [문제1]
- 1단계 매매거래 중단 : 전일종가 대비 8% 이상 하락한 경우 발동 [문제2]
- 2단계 매매거래 중단 : 1단계 매매거래 중단 발동 이후 전일종가 대비 15% 이상 하락하고 1단계 발동지수 대비 1% 이상 추가 하락한 경우 발동
- 1, 2단계 매매거래 중단시 20분간 매매거래를 중단하고 각 단계별 1일 1회, 장 종료 40분전 이후에는 발동하지 않음 ⇨ 신규주문 불가, 취소주문 가능 [문제3]
- 3단계 매매거래 중단 : 2단계 매매거래중단 발동 이후 전일종가 대비 20% 이상 하락하고, 2단계 발동지수 대비 1% 이상 추가 하락한 경우 ⇨ 매매거래 종료 ⇨ 20% 기준에 의해 중단된 경우 신규주문 불가, 취소주문 불가 ⇨ 장 종료 40분전 이후에도 발동 가능

### 2 프로그램 매매

- 시장분석, 투자시점 판단, 주문제출 등의 과정을 컴퓨터로 처리하는 거래기법
- 사전에 미리 수립된 투자전략을 컴퓨터에 프로그래밍하고 주문 등을 프로그램에 따라 컴퓨터로 처리하는 매매방법
- 지수차익거래 : KOSPI200 주식집단과 KOSPI200 선물 또는 옵션의 가격차이를 이용하여 주식집단과 선물 또는 옵션을 연계하여 거래
- 지수비차익거래 : 동일인이 일시에 KOSPI 구성종목 중 15종목 이상 거래하는 경우

### 3 프로그램 매매 호가효력 일시정지제도(Sidecar) ⇨ [ 5 1 5 1 (oil oil 오일오일) ]

- 프로그램 매매에 의한 주식시장의 과도한 급등락을 방지하기 위해 일시적으로 프로그램 매매 호가의 효력을 중단시켜 시장 안정화를 꾀함
- 선물가격이 전일종가 대비 5%(코스닥 6%) 이상 등락하여 1분 이상 지속되는 경우 상승시 매수의 호가효력을, 하락시 매도의 호가효력을 5분간 정지 [문제4]
- 매매거래 중단제도와 같이 장 종료 40분 전부터 장 종료시점까지는 발동되지 않고 1일 1회로 제한 [문제5]

### 4 개별종목의 매매거래정지 및 재개
⇨ 특정 개별종목의 매매거래를 일시정지시키는 제도 운영 [문제6]

- 어음, 수표의 부도 발생, 은행과의 거래정지 또는 금지, 영업활동의 전부 또는 일부정지 등 상장법인의 존폐와 관련된 풍문으로 주가 및 거래량 급변 또는 급변 예상시

- 매매재개 : 중단사유에 대한 조회결과 공시시점부터 30분 경과 후, 14시 30분 이후 공시때에는 다음날 재개
- 공시 후에도 원인이 해소되지 않거나, 공시내용이 상장폐지기준이나 관리종목 지정사유에 해당할 경우 매매거래 재개 연기 가능

## 출제 예상문제

**1** 다음 중 매매거래 중단제도(Circuit Breaker)에 대한 설명으로 틀린 것은?

① 1, 2단계 매매거래 중단이 발동되면 신규 호가 제출은 불가능하나 매매거래 중단 전 접수한 호가에 대해 취소 주문을 제출하는 것은 가능하다.
② 주가가 급락하는 경우 증권시장의 모든 매매거래를 일시적으로 중단시킬 수 있다.
③ 한국종합주가지수가 직전 거래일의 종가보다 7%, 10%, 20% 이상 하락한 경우 매매거래 중단을 발동할 수 있다.
④ 3단계 매매거래 중단은 장 종료 40분 전 이후에도 발동이 가능하다.

**정답** | ③
**해설** | 8%, 15%, 20% 이상 하락한 경우 매매거래 중단제도를 발동할 수 있다.

**2** 주식시장에서 1단계 매매거래 중단은 최초로 한국종합지수(KOSPI)가 전일종가 대비 10% 이상 하락한 경우에 발동된다. (○, ×)

**정답** | ×
**해설** | 전일종가 대비 8% 이상 하락한 경우 매매거래 중단의 발동을 예고할 수 있고, 이 상태가 1분간 지속되는 경우 주식시장의 모든 종목의 매매거래를 중단한다.

**3** 다음 중 증권시장에서 매매거래와 호가접수를 중단하지 못하는 경우는?

① 장 개시 10분 이후
② 장 종료 40분전 이후
③ 장 개시 40분 이후
④ 장 종료 10분전 이후

**정답** | ②
**해설** | 당일 종가 결정시간 확보를 위해 장 종료 40분전 이후에는 중단하지 않는다.

**4** 다음 중 프로그램 매매 호가효력 일시정지(Sidecar)를 발동하는 조건은?

① 선물가격이 전일 종가대비 8% 이상 등락하여 3분 이상 지속되는 경우
② 선물가격이 전일 종가대비 5% 이상 등락하여 3분 이상 지속되는 경우
③ 선물가격이 전일 종가대비 5% 이상 등락하여 1분 이상 지속되는 경우
④ 선물가격이 전일 종가대비 8% 이상 등락하여 1분 이상 지속되는 경우

**정답** | ③
**해설** | 선물가격이 전일 종가대비 5%(코스닥은 6%) 이상 등락하여 1분 이상 지속되는 경우 발동된다.

**5** 다음 중 프로그램 매매 호가효력 일시정지제도(Sidecar)가 발동되지 않는 경우로 맞는 것은?

① 장 개시 10분 전부터 장 개시 시간까지
② 장 개시 40분 전부터 장 개시 시간까지
③ 장 종료 40분 전부터 장 종료시점까지
④ 장 종료 50분 전부터 장 종료시점까지

**정답** | ③
**해설** | 매매거래 중단제도와 마찬가지로 프로그램 매매 호가효력 정지는 하루에 1회에 한하며, 장 종료 40분 전부터 장 종료시점까지는 발동되지 않는다.

**6** 다음 중 주식시장에 대한 설명으로 틀린 것은?

① 코스피시장의 가격제한폭은 전일종가 대비 상하 30%이다.
② 고객의 예탁금이 증가한다는 것은 주식시장이 상승신호로 볼 수 있다.
③ 시가총액은 각 종목마다 상장주식수에 시가를 곱해 이를 합산하여 산출한다.
④ 증권거래소는 특정종목의 매매거래는 정지할 수 없다.

**정답** | ④
**해설** | 개별종목의 매매거래정지 및 재개가 가능하다.

## 필수 암기사항

- 매매거래 중단제도 기준 ⇨ 3단계 [ **8 15** **20 1** **20 1** ]
  ⇨ 1, 2단계 발동시 20분간 정지, 장 종료 40분전 이후에는 발동 불가
  ① 1단계 : 전일종가보다 **8**% 이상 하락한 경우
  ② 2단계 : 전일종가보다 **15**% 이상 하락하고 1단계 발동지수 대비 1% 이상 추가 하락한 경우
  ③ 3단계 : 전일종가보다 **20**% 이상 하락하고 2단계 발동지수 대비 **1**% 이상 추가 하락한 경우
     ⇨ 장 종료 40분전 이후에도 발동 가능
  ④ KOSPI지수 기준

- 프로그램 매매
  시장분석, 투자시점 판단, 주문제출 등의 과정을 컴퓨터로 처리하는 거래기법, 지수차익거래와 지수비차익거래

- 프로그램 매매 호가효력 일시정지제도 기준
  ① **5**%, **1**분, **5**분, 1일 **1**회 [ **5 1 5 1** ]
  ② 선물가격 기준, 중단조치는 프로그램 매매 호가

- 개별종목의 매매거래 정지도 가능

# 공시제도와 불공정거래행위 방지제도

교재 p49~50
제1장. 금융시장의 이해 ▶ 02. 주식시장의 이해 ▶ 다. 주식의 유통 ▶ (4) 공시제도

출제 포인트 2.0

## 1. 공시제도 : 증권시장내 정보 불균형을 해소하고 공정성을 확보하여 투자자보호 목적 문제1

① 상법상의 공시 : 주주와 채권자의 권리보호를 위해, 회사가 주주명부상의 주주를 대상으로 일정한 기업정보를 직접적으로 공시하는 것이 원칙(정관 및 이사회 의사록, 소액주주에 대한 회계장부열람권 등)

② 자본시장법상의 공시 : 현재와 미래의 투자자를 위한 공시

| 구분 | 정의 | 내용 | 공시 사항 |
|---|---|---|---|
| 발행시장 공시 | 증권의 발행과 관련된 공시 | 발행하는 증권과 발행인에 관한 모든 정보를 투자자에게 전달하도록 강제하는 제도 | 증권신고서, 투자설명서, 증권발행실적보고서 등 |
| 유통시장 공시 | 증권의 유통과 관련된 공시 | 증권시장에 공급된 증권의 투자자간 거래와 관련하여 기업의 경영 활동 내역을 공시하는 제도 | • 정기공시 : 사업보고서, 반기보고서, 분기보고서 등 문제2<br>• 수시공시 : 주요 경영사항 등<br>• 주요사항보고서 : 부도발생, 은행거래 정지 및 합병 등<br>• 기타공시 : 공개매수신고서, 시장조성·안정조작신고서 등 문제3 |

## 2. 불공정거래행위 방지제도의 종류 문제4,5

- 미공개정보이용행위 규제

- 단기매매차익반환 제도
  ⇨ 회사의 내부자가 회사증권을 6개월 이내에 매매하여 얻은 이익은 내부정보 이용 여부와 관계없이 회사에 반환하도록 하는 제도

- 임원·주요주주의 소유상황 보고제도
  ⇨ 임원 또는 주요주주는 선임 또는 주요주주가 된 날로부터 5일 이내, 특정증권의 소유상황에 변동이 있는 날로부터 5일 이내에 특정증권에 대한 소유상황을 증권선물위원회와 거래소에 보고

- 공매도 규제
  ⇨ 소유하지 않은 상장증권을 매도하거나 차입한 상장증권으로 결제하고자 하는 매도 및 이의 위탁·수탁 금지 문제6
  ⇨ 예외적으로 일정한 요건하에 차입공매도가 허용되고 있음

- 시세조정행위 규제
- 사기적 행위 금지

- 역외적용
  ⇨ 국외에서 이루어진 행위라도 국내에 영향을 미치는 경우 자본시장법을 적용하여 불공정거래행위에 대한 규제 적용

## 출제 예상문제

**1** 공시제도는 증권시장 내의 정보 불균형을 해소하고 공정성을 확보하여 투자자를 보호하는데 그 목적이 있다.
(O, ×)

**정답** | O
**해설** | 공시제도에 대한 설명이다.

**2** 다음의 유통시장 공시 중 정기공시 사항에 해당하지 않는 것은?

① 사업보고서  ② 반기보고서
③ 분기보고서  ④ 공개매수신고서

**정답** | ④
**해설** | 공개매수신고서는 기타공시에 해당된다.

**3** 다음 중 주식시장의 공시에 대한 설명으로 틀린 것은?

① 「상법」에서는 회사가 주주명부상의 주주를 대상으로 일정한 기업정보를 직접적으로 공시하는 것을 원칙으로 하고 있다.
② 「자본시장법」상의 발행시장공시로 증권신고서가 있다.
③ 「자본시장법」상의 유통시장공시에서 공개매수신고서는 수시공시에 해당한다.
④ 회사의 정관 및 이사회의사록, 영업보고서, 대차대조표, 손익계산서, 공인회계사의 감사의견서 등을 비치·공시하도록 하고 있다.

**정답** | ③
**해설** | 「자본시장법」상의 유통시장공시에서 공개매수신고서는 기타공시에 해당한다.

**4** 다음 중 불공정 거래행위를 방지하기 위한 제도에 해당하지 않는 것은?

① 단기매매차익반환제도  ② 미공개정보이용행위 규제
③ 공매도 규제  ④ 배당락

**정답** | ④
**해설** | 불공정거래행위 방지제도 : 미공개정보이용행위 규제, 단기매매차익반환 제도, 임원·주요주주의 소유상황 보고제도, 공매도 규제, 시세조정행위 규제, 사기적 행위 금지, 역외적용

**5** 다음 중 불공정 거래행위를 방지하기 위한 제도에 해당하지 않는 것은?

① 단기매매차익반환제도  ② 미공개정보이용행위 규제
③ 프로그램매매 규제  ④ 시세조정행위 규제

**정답** | ③
**해설** | 불공정거래행위 방지제도는 미공개정보이용행위 규제, 단기매매차익반환 제도, 임원·주요주주의 소유상황 보고제도, 공매도 규제, 시세조정행위 규제, 사기적 행위 금지, 역외적용 등이 있다.

**6** 다음 표에서 설명하는 불공정 거래행위 방지제도는 무엇인가?

> 누구든지 소유하지 않은 상장증권을 매도하거나 차입한 상장증권으로 결제하고자 하는 매도를 금지하는 제도

① 공매도 규제  ② 미공개정보이용행위 규제
③ 단기매매차익반환 제도  ④ 시세조정행위 규제

**정답** | ①
**해설** | 공매도 규제에 대한 올바른 설명이다.

## 필수 암기사항

- **공시제도의 목적**
  증권시장내 정보 불균형을 해소하고 공정성을 확보하여 투자자 보호

- **불공정거래행위 방지제도**
  ① 미공개정보이용행위 규제
  ② 단기매매차익반환 제도 ⇨ 회사의 내부자가 회사증권을 6개월 이내에 매매하여 얻은 이익은 회사에 반환하는 제도
  ③ 임원·주요주주의 소유상황 보고 ⇨ 선임 또는 주요주주가 된 날로부터 5일 이내
  ④ 공매도 ⇨ 소유하지 않은 상장증권을 매도하거나 차입한 상장증권으로 결제하고자 하는 매매 금지

# 024 주식거래 관련 주요 용어

교재 p51~52
제1장. 금융시장의 이해 ▶ 02. 주식시장의 이해 ▶ 다. 주식의 유통 ▶ 주식거래 관련 주요 용어설명

출제포인트 2.5

## 1 주식거래 관련 주요 용어

| 용어 | 설명 |
|---|---|
| 손절매 | 주식 매입가격보다 하락한 상태에서 손해를 보고 매도하는 것 |
| 레버리지효과 | 차입금 등 타인자본을 지렛대로 삼아 자기자본 이익률을 높이는 것 |
| 관리종목 | • 거래소가 기업 경영상태가 악화되어 상장폐지기준에 해당하는 종목 가운데 특별히 지정한 종목(최종부도 발생, 은행거래 정지, 심각한 자본잠식, 사업보고서 미제출 등) 문제1<br>• 지정사유별로 정해진 유예기간 내(통상 1년) 사유를 해소하지 못하면 상장폐지 |
| 액면분할 | 주식의 액면가를 일정비율로 나누는 것으로, 주당 가격이 높아 소액투자가 어렵거나 자본금이 적어 유통물량이 과소하여 매매가 어려울 경우 실시<br>⇨ 1,000,000원인 주식 1주를 100,000원인 주식 10주로 나누는 것 |
| 액면병합 | 액면분할과 반대로 주식의 액면가를 높이는 것 ⇨ 주가가 낮을 때 실시 문제2<br>⇨ 주당 가격이 1,000원인 주식 10주를 합쳐서 10,000원인 주식 1주로 만드는 것 |
| 분식회계 | 기업이 회사의 실적을 좋게 보이게 하기 위해 고의로 자산이나 이익 등을 크게 부풀려 회계장부를 조작하는 것 ⇨ 엄격히 금지 |
| 시가총액 | 각 종목마다 상장주식수에 시가를 곱해 이를 합계한 것으로, 상장된 모든 주식을 시가로 평가한 금액을 의미하며 주식시장의 크기, 자본시장의 발전정도를 나타내는 수치 문제3<br>⇨ 국제비교에도 용이 문제4 |
| 우리사주조합 | 종업원이 자기 회사의 주식을 보유하여 기업의 경영과 이익분배에 참여하게 함으로써, 종업원의 근로 의욕을 고취하고 재산형성을 촉진시키기 위해 만든 종업원지주제의 일환으로 결성된 조직 ⇨ 세제상 혜택(조세특례제한법)과 금융상 혜택 부여 |
| 스톡옵션<br>(주식매입 선택권) | 기업이 임직원에게 자사의 주식을 일정 한도 내에서 일정한 가격으로 매입할 수 있는 권리를 부여한 뒤 일정기간이 지나면 임의대로 처분할 수 있는 권한을 부여하는 것 (근로의욕 진작 수단으로 활용) 문제5 |

## 출제 예상문제

**1** 다음 중에서 한국거래소가 관리종목으로 지정하는 사유에 해당하지 않는 것은?

① 자본이익률 감소   ② 심각한 자본잠식
③ 사업보고서 미제출   ④ 회사의 은행거래 정지

**정답 |** ①
**해설 |** 관리대상종목 지정사유로는 최종부도 발생 또는 은행거래 정지, 회사정리절차 개시, 심각한 자본잠식, 거래량·주가수준·시가총액의 기준치 미달, 사업보고서 미제출, 최근의 부적정 감사의견, 주된 영업활동 정지, 주식분포상황 기준치 미달 등이 있다.

**2** 다음 중 주식에 대해 틀리게 설명한 것은?

① 매매회전율이 매우 높은 우리나라는 위탁수수료 및 증권거래세가 투자수익률을 낮추는 요인이 되기도 한다.
② 주식 매도자는 위탁수수료와 증권거래세를 공제한 후에 매도대금을 받게 된다.
③ 주당 가격이 과도하게 높아 소액투자가 어려울 경우 액면병합을 실시한다.
④ 스톡옵션은 자사의 주식을 일정한도 내에서 시세보다 낮은 가격으로 매입할 수 있는 권리를 부여한 뒤 일정기간 경과 후 처분할 수 있는 권한까지 부여하는 것이다.

**정답 |** ③
**해설 |** 주가가 과도하게 높을 때는 액면분할을 실시하고, 주가가 과도하게 낮을 때는 액면병합을 실시한다.

**3** 시가총액은 각 종목마다 상장주식수에 시가를 곱해 이를 합계한 것으로서 상장된 모든 주식을 시가로 평가한 금액을 말한다. (O, ×)

**정답 |** O
**해설 |** 시가총액에 대한 설명이다.

**4** 다음 보기에서 설명하는 것은 무엇인가?

> 주식시장의 크기를 나타내는 수치로서 국제비교에도 유용하다. 또한, 주가지수 산출의 기준이 되며 GDP나 예금액 등과 비교하여 자본시장의 발전정도를 나타내는 지표가 되기도 한다.

① 시가총액   ② 주식발행총수
③ 주가수익비율   ④ 주식거래량

**정답 |** ①
**해설 |** 시가총액에 대한 설명이다.

**5** 다음 표에서 설명하는 내용은 무엇인가?

> 기업이 임직원에게 자사의 주식을 일정한도 내에서 시세보다 낮은 가격으로 매입할 수 있는 권리를 부여한 뒤 일정기간이 지나면 임의대로 처분할 수 있는 권한을 부여하는 것

① 스톡옵션   ② 자사주매입
③ 관리종목   ④ 우리사주제도

**정답 |** ①
**해설 |** 스톡옵션에 대한 설명이다.

## 필수 암기사항

- **주식거래 관련용어**
  ① 손절매 ⇨ 매입가격보다 하락한 상태에서 손해를 보고 매도
  ② 레버리지효과 ⇨ 지렛대 효과, 타인자본을 활용하여 자기자본 이익률을 높이는 것
  ③ 관리종목 ⇨ 상장폐지기준에 해당하는 종목 가운데 지정된 종목 ⇨ 최종부도, 은행거래 정지, 심각한 자본잠식, 사업보고서 미제출 등
  ④ 액면분할 ⇨ 주식의 액면가를 나누어 주식수를 늘리는 것 ⇨ 주가가 높을 때 실시
  ⑤ 액면병합 ⇨ 주식의 액면가를 합하여 주식수를 줄이는 것 ⇨ 주가가 낮을 때 실시
  ⑥ 시가총액 ⇨ 각 종목마다 상장주식수에 시가를 곱해 이를 합계한 것

# 025 주가지수와 투자수익

교재 p52~55
제1장. 금융시장의 이해 ▶ 02. 주식시장의 이해 ▶ 라. 투자분석 ▶ (1) 주가지수

출제포인트 3.5

## 1 주가지수 산출 ⇨ 시가총액방식(KOSPI, KOSPI200, 코스닥) 문제1

① 증권시장에서 거래되는 모든 기업의 주가수준을 파악하기 위해 만들어진 지표로, 기준시점의 주가수준을 100으로 하여 비교시점의 주가변화, 전일 주가수준 대비 당일 주가수준 변화를 측정

| 구분 | 기준일 | 기준지수 | 내용 |
|---|---|---|---|
| 한국종합주가지수 (KOSPI) | 1980년 1월 4일 | 100 | • 유가증권시장에 상장된 모든 종목의 주가변동을 종합한 우리나라의 대표적인 주가지수, 한국거래소에서 산출<br>• 시가총액방식(나스닥, S&P500, 상하이종합지수 등) |
| KOSPI200 | 1990년 1월 3일 | 100 | • 유가증권시장에 상장되어 있는 주식 중 시장대표성, 유동성 및 업종대표성 등을 고려해 선정된 200종목을 대상으로 산출되는 지수(시가총액방식) 문제2<br>• 주가지수선물과 옵션의 기초자산으로 이용<br>• 매년 1회, 6월에 지수 구성종목을 정기적으로 심의하여 변경 |
| 코스닥 지수 | 1996년 7월 1일 | 1,000 | 시가총액방식 |

※ 주가평균방식 : 다우존스산업평균지수, 니케이225지수 등 문제3

② 주가지수와 시가총액 : 지수가 20배 상승했다고 해서 시가총액도 20배 늘어난 것은 아니라는 사실에 유의
⇨ 상장 종목이 많이 바뀌었고, 증자 혹은 감자도 많이 일어났기 때문

## 2 주식의 투자수익 ⇨ 매매차익은 비과세, 배당수익은 과세 문제4

| 구분 | 매매차익 혹은 매매차손 | 배당수익 |
|---|---|---|
| 개념 및 특징 | • 매입시점 가격 < 매도시점 가격일 때 매매차익 발생<br>• 주가는 위험프리미엄을 반영하므로 은행예금 및 국채와 같은 무위험상품에 비해 보다 높은 수익 기대<br>※ 주식프리미엄 : 주가수익률과 무위험수익률 간의 차이 | • 기업이 일정기간 창출한 이익에 대한 투자자의 이익분배권리에 따른 수익<br>• 배당기준일 3영업일 이전에 매수해야 배당을 받을 수 있음(주식은 3일 결제) 문제5,6<br>• 1주당 일정금액씩 지급<br>• 시가배당률 공시 문제7<br>• 중간배당(분기, 반기배당)도 활발 문제8 |
| 과세여부 | • 매매차익은 비열거소득으로 비과세 문제9<br>• 매각대금에 대한 증권거래세만 과세하였으나, 향후 금융투자소득세 시행시 (2025년 예정)<br>⇨ 국내주식 및 국내 주식형 펀드 등 연 5천만원, 해외주식 및 비상장주식, 채권, 파생상품 등 연 250만원 이상의 매매차익 발생시 양도세 납부 | • 금융투자업자가 15.4% 원천징수 (배당소득세 14%, 지방소득세 1.4%) |

## 출제 예상문제

**1** 우리나라의 거래소에서 발표되는 주가지수는 시가총액 방식으로 산출한다. (O, ×)

**정답** | O
**해설** | 시가총액방식은 비교시점의 시가총액을 기준시점의 시가총액으로 나누어 산출하는데 현재 우리나라의 거래소에서 발표되는 주가지수는 모두 시가총액방식이다.

**2** 다음 보기의 ( ) 안에 들어갈 내용으로 알맞은 것은?

> KOSPI200지수는 유가증권시장에 상장되어 있는 주식 중 시장대표성, 유동성 및 업종 대표성 등을 고려해 선정된 ( )개의 종목을 대상으로 산출되는 지수를 말한다. 1990년 1월 3일 기준으로 이 당시의 기준지수를 ( )으로 정하고 이에 대비한 주가지수를 매일 발표하고 있다.

① 200 - 200  ② 100 - 200
③ 200 - 100  ④ 100 - 100

**정답** | ③
**해설** | KOSPI200지수에 대한 설명이다.

**3** 다음에서 주가지수 산정방식이 다른 것은?

① 코스피지수  ② 다우존스산업평균지수
③ 나스닥지수  ④ S&P500지수

**정답** | ②
**해설** | 다우존스산업평균지수는 주가평균방식을 적용한다.

**4** 다음 중 주식에 대한 설명으로 틀린 것은?

① 주식 매매거래를 통해 발생한 매매차익과 배당수익은 비과세된다.
② 가격제한폭 제한을 두고 있는 나라는 우리나라 이외에도 일본, 프랑스, 대만 등이 있다.
③ 1, 2단계 매매거래 중단제도는 장 종료 40분 전 이후에는 발동하지 않는다.
④ 한국종합주가지수는 시가총액방식으로 산정한다.

**정답** | ①
**해설** | 매매차익에 대해서는 과세하지 않고, 배당수익에는 14.0%(지방소득세 별도)의 세금을 원천징수한다.

**5** 다음 중 주식 배당금에 대해 틀리게 설명한 것은?

① 배당은 주식 1주당 일정금액씩 지급한다.
② 배당금에 대한 세율은 15.4%(배당소득세 14%, 지방소득세 1.4%의 합)이다.
③ 배당을 받을 수 있는 권리는 배당기준일의 전날까지 주식을 매수한 주주에게 부여된다.
④ 배당금에 대한 세금은 금융투자업자가 원천징수한다.

**정답** | ③
**해설** | 배당기준일의 전날까지 → 배당기준일 3영업일 이전에

**6** 우리나라의 경우 배당을 받을 수 있는 권리는 배당기준일 1영업일 이전에 주식을 매수한 주주에게 부여된다. (O, ×)

**정답** | ×
**해설** | 우리나라의 주식결제는 3일 결제이기 때문에 배당을 받을 수 있는 권리는 배당기준일 3영업일 이전에 주식을 매수한 주주에게 부여된다.

**7** 최근에는 배당투자가 점차 중시됨에 따라 시가배당률 대신 액면배당률을 공시토록 하고 있다. (O, ×)

**정답** | ×
**해설** | 최근에는 배당투자가 점차 중시됨에 따라 액면배당률(배당금 / 액면가) 대신 시가배당률(배당금 / 배당기준일 주가)을 공시토록 하고 있다.

**8** 다음 중 주식의 투자수익에 대한 설명으로 옳은 것은?

① 우리나라에서는 최근 중간배당이 활발해지고 있다.
② 배당수익은 10주당 일정 금액이 지급된다.
③ 주식의 배당수익에 대해서는 배당소득세 15%(지방소득세 별도)가 과세된다.
④ 주식 매각대금에 대해서는 위탁수수료만 부과된다.

**정답** | ①
**해설** | ② 배당수익은 1주당 기준으로 지급한다. ③ 배당소득세는 14%(지방소득세 별도)이다. ④ 주식 매각대금에 대해서는 증권거래세와 위탁수수료가 모두 부과된다.

**9** 주식매각을 통해 자본이득이 발생할 경우 주식매매차익에 대해 금융투자업자가 원천징수한다. (O, ×)

**정답** | ×
**해설** | 자본시장 활성화를 위해 주식을 매각할 경우 매매차익이 발생하여도 매매차익에 대해서는 과세하지 않고 주식 매각대금에 대한 증권거래세만을 과세하고 있다.

## 필수 암기사항

- **주가지수**
  ① 종합주가지수(KOSPI) : 우리나라 대표지수, 시가총액방식
  ② KOSPI200 : 시장대표성, 유동성 및 업종대표성을 고려해 선정된 200종목, 시가총액방식, 매년 구성종목을 심의하여 변경, 주가지수선물과 옵션의 기초자산
  ③ 코스닥지수 : 시가총액방식

- **투자수익**
  ① 매매차익 : 비과세(2025년 금융투자소득세 시행 예정)
  ② 배당수익 : 과세(14%, 지방소득세 1.4% 별도), 1주당, 중간(반기) 배당 활발, 배당기준일 3영업일 이전에 매수해야 배당 가능

# 주가 및 주식투자수익률의 변동요인

교재 p55~57
제1장. 금융시장의 이해 ▶ 02. 주식시장의 이해 ▶ 라. 투자분석 ▶ (3) 주가 및 주식투자수익률의 변동 요인

출제포인트 1.5

## 1 주가 및 주식투자수익률의 변동요인 Ⅰ

① 시장의 자금상황
- 금리 상승(하락) ⇨ 기업의 비용 부담 증가(감소) 및 수익 감소(증가) & 채권 가격 하락(상승)
  ⇨ 주식 매각(매입) & 채권 매입(매각) ⇨ 주가 하락(상승)
- 금리 상승 ⇨ 예금금리 상승 ⇨ 주식에서 예금상품으로 시중자금의 이동 ⇨ 주가 하락

② 실물경기 동향 및 전망
- 주가 상승요인 vs 하락요인
  ⇨ 완만한 물가 상승 vs 급격한 물가 상승
  ⇨ 원자재 가격 하락 vs 원자재 가격 상승
  ⇨ 환율상승시 수출기업 주가 상승 vs 수입기업 주가 하락 **문제1**
  ⇨ 해외 경기(미국과 중국)가 회복하면 수출증가로 기업이익이 늘어나고 주가상승 ⇨ 국내 물가 상승으로 이어져 주가가 하락할 수 있으나 향후 경기가 상승할 것이라는 기대감이 커질 경우 주가 상승 **문제2**

③ 투자심리
- 개별기업의 실적, 기업의 유무상 증자를 통한 자금조달, 배당 등은 주가에 영향
- 주가는 기업의 미래수익(현금흐름)의 현재가치를 반영하므로 미래전망에 영향을 미칠 것으로 예상되는 요인들에 의해 영향을 받음
- ※ 장기적인 주가의 추세는 경기적 요인이나 시장의 자금상황 등에 영향을 받음
- ※ 일시적인 상승이나 하락은 투자심리나 기업의 특수한 상황에 의해 발생

## 2 주가 및 주식투자수익률의 변동요인 Ⅱ

| 구분 | | 변동 요인 |
|---|---|---|
| 시장전체 변동요인 | 경제적 요인 | 경기, 물가, 금리, 재정수지, 무역수지, 환율, 기술혁신, 해외요인 (경기, 증시, 금리, 자금이동 등) |
| | 경제 외적 요인 | 국내 정세, 국제 정세 **문제3** |
| | 주식시장 내부요인 | 투자자 동향, 신용거래 규모, 차익거래 규모, 규제변화, 지분이동 |
| 기업의 개별요인 | | 증자, 감자, 인수합병, 배당정책, 임원인사, 신제품개발, 생산/수익동향, 주주구성 변화 등 |

## 출제 예상문제

**1** 환율이 하락할 경우 수출기업의 주가는 상승할 가능성이 높다. (O, ×)

**정답 |** ×
**해설 |** 환율이 하락하면(원화 강세) 수출 단가가 떨어지는 효과가 나타나서 수출기업의 실적이 나빠져 일반적으로 주가는 하락할 가능성이 높다.

**2** 다음 중 주식투자수익률의 변동요인에 대한 설명으로 틀린 것은?

① 급격한 물가상승은 원가상승을 유발하여 기업실적의 하락으로 이어질 가능성이 크다.
② 환율 상승시 수출기업의 실적은 좋아지지만 수입기업의 수익은 악화된다.
③ 원자재가격의 상승은 기업의 생산비용을 높여 주가가 하락할 가능성이 크다.
④ 해외 경기가 변동해도 국내 주가에 미치는 영향은 미미한 수준이다.

**정답 |** ④
**해설 |** 대외의존도가 높은 우리나라의 경제특성상 해외 경기가 변동하면 국내 기업의 실적에 미치는 영향이 크기 때문에 국내 주가에도 영향을 크게 준다.

**3** 다음 중 주가 및 주식투자수익률 변동요인 가운데 성격이 다른 하나는 무엇인가?

① 국내 경기 변동
② 물가 변동
③ 국내외 정세 변화
④ 환율 변화

**정답 |** ③
**해설 |** ①, ②, ④는 경제적 요인이며, 국내외 정세변화는 경제 외적 요인에 해당한다.

## 필수 암기사항

- **주가 및 주식투자수익률의 변동요인**
  ① 시장의 자금상황
    – 금리상승 ⇨ 주가하락
    – 금리하락 ⇨ 주가상승
  ② 실물경기 동향 및 전망
    – 기업의 생산증가 ⇨ 주가상승
    – 급격한 물가상승 ⇨ 주가하락
    – 환율 상승 ⇨ 주가상승(수출기업)
    – 완만한 물가상승 ⇨ 주가상승
    – 원자재가격 하락 ⇨ 주가상승
    – 해외경기 상승 ⇨ 주가상승
  ③ 투자심리 : 현재 경기가 좋지 않더라도 미래 수익전망이 좋을 경우 투자심리가 개선되어 주가상승 가능

- **경제적 요인(금리, 물가, 경기 등)**
  vs **경제 외적 요인(정치적 요인 : 국내, 국제 정세)**

## 027 주가수익비율
### PER = Price Earnings Ratio

교재 p57~58
제1장. 금융시장의 이해 ▶ 02. 주식시장의 이해 ▶ 라. 투자분석 ▶ (3) 주가 및 주식투자수익률의 변동 요인

출제포인트 2.0

### 1 주가수익비율(PER = Price Earnings Ratio)

① 주식의 현금창출능력과 현재가격을 비교하는 잣대 [문제 1]
② 현재주가를 주당순이익(EPS : 당기순이익 ÷ 발행주식총수)으로 나눈 것
　⇨ 주가가 1만원이고 주당순이익이 1천원이라면 PER는 10배 [문제 2]
　⇨ 현재 이 주식 1주는 매년 1천원의 이익을 거둘 수 있으므로 주가가 1만원이라는 것은 10년 동안의 이익으로 투자원금을 회수할 수 있다는 의미
③ 채권금리의 역수와 유사한 성격
④ PER가 낮을수록 저평가되어 투자에 적합한 것으로 판단 [문제 3]
　⇨ 주당순이익이 높으면 주가가 높아야 하는 것이 당연한데, PER가 낮다는 것은 주당순이익에 대비하여 주가가 낮다는 것으로 해석할 수 있기 때문에 저평가 혹은 고평가 되어 있는지에 대한 여부를 판단하여 저평가된 주식을 발굴하는데 사용 ⇨ 향후 주가가 상승할 가능성이 크다고 판단할 수 있음
⑤ 업종, 종목별로 적정주가의 평가에 자주 이용
⑥ 정확하게 적정배수를 규명하는 것은 어려운 일임

### 출제 예상문제

**1** 다음 표에서 설명하는 내용은 무엇인가?

> 현재주가를 주당순이익으로 나눈 값으로 주식의 현금창출능력과 현재가격을 비교하는 잣대로 사용된다.

① PBR　　② EPS
③ PER　　④ EV/EBITDA

정답 | ③
해설 | PER(주가수익비율)에 대한 설명이다.

**2** 다음 표에서 주가수익비율(PER)로 알맞은 것은?

> • 당기순이익 : 2,000,000원
> • 현재 주가 : 10,000원
> • 발행주식수 : 1,000주

① 10　② 20　③ 50　④ 5

정답 | ④
해설 | 주가수익비율은 현재주가를 주당순이익(=당기순이익/발행주식총수)으로 나눈 값이다. 따라서 PER는 '10,000원 ÷ (2,000,000원 / 1,000주) = 5' 이다.

**3** 다음 중 주가수익비율(PER)에 대한 설명으로 틀린 것은?

① 채권금리의 역수와 유사한 성격을 갖는다.
② PER가 낮은 주식은 앞으로 주식가격이 하락할 가능성이 크다.
③ 주식의 현금창출능력과 현재가격을 비교하는 잣대이다.
④ 업종별·종목별 적정주가의 평가에 자주 이용된다.

정답 | ②
해설 | PER가 낮은 주식은 앞으로 주식가격이 상승할 가능성이 크다.

### 필수 암기사항

• **주가수익비율 (PER) = 현재주가 ÷ 주당순이익(EPS)**
① 주식의 현금창출능력과 현재가격을 비교하는 잣대
② 채권금리의 역수와 비슷한 성격
③ 적정주가 평가에 이용 ⇨ PER가 낮을수록 저평가 되어 투자에 적합한 것으로 판단

# 주식시장의 상승신호와 주식시세표의 이해

교재 p58~59
제1장. 금융시장의 이해 ▶ 02. 주식시장의 이해 ▶ 라. 투자분석 ▶ (4) 주식시장의 상승신호

출제포인트 3.5

## 1. 주식시장의 주가상승 신호

| 고객예탁금 증가 | 주식 매수 대기자금 증가로 판단 |
|---|---|
| 외국인 매수 증가 | 주식 매수 자금의 증가로 향후 주가상승 예상 |
| 수출의 증가 | 수출기업들의 수익개선으로 주가상승 |
| 경기선행지수의 상승 | 현실의 경기보다 한발 앞서가는 것들을 모아서 만든 지수로, 향후 경기 호조로 주가 상승을 예상하는 지수 |
| 기업경기실사지수(BSI)의 상승 | 기업가들의 경기 판단에 대한 설문조사, 100 이상이면 경기상승 가능성이 높으므로 주가상승 예상 문제1 |

- 경기선행지수 : 앞으로의 경기동향을 예측하는 지표로 현실의 경기보다 한발 앞서가는 것들을 모아서 만든 지수
  ⇨ 구인구직비율, 건설수주액, 기계류 내수 출하지수, 재고순환지표, 소비자 기대지수, 코스피지수, 장단기 금리차 등 문제2
- 경기후행지수 : 사후적으로 경기상황을 판단하는데 사용하는 지수
  ⇨ 이직자 수, 상용근로자 수, 생산자제품재고지수, CP유통수익률 등

## 2. 주식시세표의 이해

(단위 : 원, 10주)

| 종목 | 금일종가 | 전일대비 | 거래량 | 시가 | 고가 | 저가 |
|---|---|---|---|---|---|---|
| ○○전자 | 58,500 | ▲1,000 | 183 | 57,000 | 58,500 | 56,600 |

- 금일종가 : 거래당일의 최종가격
- 전일종가 : 전일의 최종가격(금일종가 - 전일대비)
- 전일대비 : 전일종가(57,500원) 대비 금일종가와의 가격 차이(전일 대비 1,000원 상승)
- 시가는 당일 최초 시작가격(전일종가 57,500원보다 낮음), 고가(58,500원)는 하루 중 가장 높은 가격, 저가(56,600원)는 가장 낮은 가격(전일종가 57,500원 보다 낮음) 문제3
- 거래량 : 당일에 매입 또는 매도된 주식총수로 단위가 10주이므로 총 1,830주 문제4
- 거래대금 : 거래량에 각 종목의 거래가격을 곱해 합계한 것
  ⇨ 시장에너지 판단 지표, 증권회사의 수수료 및 증권거래세 수입규모 판단 자료

## 출제 예상문제

**1** 기업경기실사지수(BSI)는 기업가들의 경기에 대한 판단, 투자확대, 장래전망 등을 설문을 통해 조사한 것이다.
(○, ×)

**정답** | ○
**해설** | 맞는 설명으로 BSI가 100 이상이면 경기가 좋아질 것으로 보는 기업가가 많다는 뜻이다.

**2** 다음 중 경기선행지수의 구성 항목에 해당하지 않는 것은?

① 기계류 내수 출하지수  ② 생산자제품재고지수
③ 구인구직비율  ④ 소비자기대지수

**정답** | ②
**해설** | 구인구직비율, 건설수주액, 기계류 내수 출하지수, 재고순환지표, 소비자기대지수, 코스피지수, 장·단기 금리차 등이 경기선행지수의 구성 항목이며, 생산자제품재고지수는 경기후행지수에 해당한다.

**3** 다음의 주식시세표에 대한 설명으로 맞는 것은?

(단위 : 원, 10주)

| 종목 | 종가 | 등락폭 | 거래량 | 시가 | 고가 | 저가 |
|---|---|---|---|---|---|---|
| A생명 | 56,500 | ▲1,000 | 183 | 57,000 | 58,500 | 56,300 |

① 전일 종가는 금일 저가보다 높다.
② 금일 시가는 금일 종가보다 높다.
③ 금일 시가는 전일 종가보다 낮다.
④ 거래량은 18,300주이다.

**정답** | ②
**해설** | ① 전일 종가(55,500 = 56,500 - 1,000)는 금일 저가(56,300)보다 낮다.
③ 금일 시가(57,000)는 전일 종가(55,500)보다 높다.
④ 거래량은 1,830주이다.

**4** 다음 주식시세표에 대한 설명으로 틀린 것은?

(단위 : 원, 10주)

| 금일종가 | 전일대비 | 거래량 | 시가 | 고가 | 저가 |
|---|---|---|---|---|---|
| 58,500 | ▲1,000 | 183 | 57,000 | 58,500 | 56,500 |

① 당일 저가는 전일 종가보다 낮다.
② 금일 시가는 금일 저가보다 높다.
③ 금일 거래량은 18,300주이다.
④ 금일 종가는 전일 종가보다 높다.

**정답** | ③
**해설** | 거래량이 1830이고 단위는 10주이므로 거래량은 1,830주이다.

## 필수 암기사항

- **주식시장의 상승신호 5가지**
  ① 고객예탁금 증가  ② 외국인 매수 증가  ③ 수출 증가  ④ 경기선행지수 상승  ⑤ 기업경기실사지수 상승

- **기업경기실사지수(BSI)**
  ⇨ 기업가들을 대상으로 한 설문조사 결과로 100 이상이면 경기상승 전망

- **주식시세표**
  ① 전일종가, 금일종가, 시가, 고가, 저가가 얼마인지 계산하여 비교
  ② 거래량의 단위 확인 ⇨ 10주

# 채권의 개념 및 주식과의 차이

교재 p60~61
제1장. 금융시장의 이해 ▶ 03. 채권시장의 이해 ▶ 가. 채권의 개념 및 특성 ▶ (1) 채권의 개념

## 1. 채권의 개념 및 특성

① 비교적 장기로 불특정 다수의 투자자로부터 거액의 자금을 조달하기 위하여 약정된 이자와 원금의 지급을 약속하면서 발행하는 유가증권으로, 일종의 차용증서(정해진 이자와 원금을 갚아야 할 의무가 있음을 명시)
⇨ 만기일, 이자율, 만기시 지급 금액이 기재되어 있음

② 채권 발행주체는 정부, 공공기관, 특수법인, 주식회사 등 법률로 정해져 있음 [문제 1]

③ 발행자격이 있더라도 정부는 국회의 동의(한도 내 발행), 기업은(회사채) 신용평가회사의 사채등급 평가를 받고 금융감독원에 증권신고서를 제출해야 함(회사채는 한도제한 없음) [문제 2]

④ 채권은 어음, 수표 등과 달리 만기까지 보유할 수 있고, 만기이전에 유통시장에서 자유로운 거래도 가능 [문제 3]

## 2. 채권 관련 주요 용어

- 액면가 : 채권 1장마다 권면에 표시되어 있는 금액으로 1억원, 10억원 등의 금액을 지칭하며, 이자금액 산출을 위한 기본단위

- 단가 : 적용수익률로 계산한 액면 10,000원당 단가 [문제 4]

- 표면이율 : 액면가에 대한 연 이자율로, 할인의 경우는 할인율로 표시 [문제 5]

- 잔존기간 : 기 발행된 채권의 중도 매매시 매매일로부터 만기일까지의 기간

- 만기수익률 : 채권을 만기까지 보유할 경우 얻게 되는 모든 수익이 투자원금 대비 1년을 기준으로 얼마가 되는가를 나타내는 비율 [문제 6]

- 경과이자 : 발행일(매출일) 또는 직전 이자지급일로부터 매매일까지 표면이율에 의해 발생한 이자

# 3. 채권과 주식의 차이

| 구분 | 채권 | 주식 |
|---|---|---|
| 발행자 | 정부, 지자체, 특수법인, 주식회사 | 주식회사 |
| 자본조달형태 | 대부증권 | 출자증권(소유권) 문제 7 |
| 조달자금의 성격 | 타인자본(부채) | 자기자본 |
| 증권의 존속기간 | 한시적 문제 8 | 영구적 |
| 조달원금 | 만기시 원금상환 | 상환의무 없음 |
| 증권소유자 지위 | 채권자 | 주주 |
| 경영참가권(의결권) | 없음 문제 9 | 있음 |
| 소유시 권리 | • 회사 정리절차 등에서 채권단 참여 문제 10<br>　⇨ 회사경영에는 참가할 수 없음<br>　⇨ 의결권 없음<br>• 주식에 우선하여 재산분배권 (변제순위) 가짐 문제 11<br>• 확정부(정해진) 이자 수취<br>• 발행자의 부채 증가 | • 주주로서 의사결정에 참여 : 의결권<br>• 배당금 수취<br>• 잔여재산 분배권 (부채를 뺀 잔여재산에 대한 청구권)<br>• 발행자의 자본금 증가 |

## 출제 예상문제

**1** 다음 중 채권의 특성에 대한 설명으로 맞는 것은?

① 국채를 발행하기 위해서는 신용평가기관의 사채등급 평가를 받아야 한다.
② 채권을 발행할 수 있는 주체는 법률로 정해져 있다.
③ 지방자치단체는 채권을 발행할 수 없다.
④ 채권은 만기 이전에 유통시장에서 거래할 수 없다.

**정답 |** ②
**해설 |** ① 국채는 정부가 발행하는 채권으로 신용평가기관의 사채등급을 받지 않고 발행하며, 회사채 발행의 경우에 사채등급을 받아야 한다. ③ 지방채는 지방자치단체가 발행하는 채권이다. ④ 만기 이전에 자유롭게 유통시장에서 거래할 수 있다.

**2** 다음 중 채권에 대한 설명으로 틀린 것은?

① 채권을 발행할 수 있는 주체가 법률로 정해져 있다.
② 회사채는 신용평가회사의 사채등급 평가를 받고 금융감독원에 증권신고서를 미리 제출하여야 한다.
③ 채권의 발행자격이 있더라도 국채는 국회의 동의를 받아야 하며, 한도의 제한없이 발행할 수 있다.
④ 채권은 만기까지 보유할 수 있고, 만기 이전에 유통시장에서 자유롭게 거래할 수 있다.

**정답 |** ③
**해설 |** 국채의 경우 한도 내에서 발행해야 하며, 회사채는 발행규모에 대해 제한이 없다.

**3** 채권은 만기까지 보유할 수 있으므로 만기일 이전에는 중도매매가 불가능하다. (○, ×)

**정답 |** ×
**해설 |** 만기이전에 유통시장에서 자유롭게 매매할 수 있다.

**4** 다음 중 채권과 관련하여 틀리게 설명한 것은?

① 유통시장에서 채권의 매매단가는 적용수익률로 계산한 1,000원당 단가를 말한다.
② 액면가는 이자금액 산출을 위한 기본단위가 된다.
③ 잔존기간은 채권의 중도매매시 매매일로부터 만기일까지의 기간을 말한다.
④ 만기수익률은 채권을 만기까지 보유할 경우 얻게 되는 모든 수익이 투자원금 대비 1년을 기준으로 얼마가 되는가를 나타내는 비율이다.

**정답 |** ①
**해설 |** 채권거래시 매매단가의 기준은 액면 10,000원당 단가를 말한다.

**5** 다음 중 채권 관련 용어에 대한 설명으로 틀린 것은?

① 표면이율 : 발행된 채권이 유통시장에서 계속 매매되면서 시장의 여건에 따라 형성되는 수익률
② 경과이자 : 발행일(매출일) 또는 직전 이자지급일로부터 매매일까지의 기간 동안 표면이율에 의해 발생한 이자
③ 액면가 : 채권 1장마다 표시되어 있는 금액
④ 잔존기간 : 기 발행된 채권의 중도 매매시 매매일로부터 만기일까지의 기간

**정답** | ①
**해설** | 표면이율 → 유통수익률

**6** 다음 표에서 설명하는 채권수익률의 종류는 무엇인가?

> 채권을 만기까지 보유할 경우 얻게 되는 모든 수익이 투자원금 대비 1년을 기준으로 얼마가 되는가를 나타내는 비율

① 실효수익률　　② 만기수익률
③ 발행수익률　　④ 표면수익률

**정답** | ②
**해설** | 만기수익률에 대한 설명이다.

**7** 다음 중 채권의 특성에 대한 설명으로 틀린 것은?

① 채권은 만기까지 보유할 수 있고 만기 이전에 유통시장에서 자유롭게 거래할 수 있다.
② 채권을 발행할 수 있는 주체는 법률로 정해져 있다.
③ 채권은 기업의 소유권을 나타내는 증서이다.
④ 채권가격은 유통수익률에 반비례한다.

**정답** | ③
**해설** | 채권은 그 기업에 대한 채권자로서 약정된 이자만을 받으며, 기업의 소유권은 주식과 관련된 특성에 해당한다.

**8** 다음 표에서 채권과 주식의 차이점에 대한 설명으로 맞지 않는 것은?

| 구분 | 채권 | 주식 |
| --- | --- | --- |
| (가) 자본조달형태 | 대부증권 | 출자증권 |
| (나) 조달자금의 성격 | 타인자본(부채) | 자기자본 |
| (다) 증권의 존속기간 | 영구적 | 한시적 |
| (라) 증권소유자의 지위 | 채권자 | 주주 |

① (가)　　② (나)　　③ (다)　　④ (라)

**정답** | ③
**해설** | 채권은 원금의 상환기간까지만 존속되므로 한시적이고, 주식은 기업의 소유권을 나타내는 증서로 기업자산에 대한 청구권을 소유하는 증권으로 영구적이다.

**9** 다음 중 주식과 채권에 대한 설명으로 틀린 것은?

① 정부(국채)는 국회의 동의를 받아야 채권을 발행할 수 있다.
② 채권자는 회사경영과 관련된 의사결정에 참가할 수 있다.
③ 주식은 기업의 소유권을 나타내는 증서이다.
④ 주식의 자본조달형태는 출자증권이다.

**정답** | ②
**해설** | 채권자는 회사경영에 참가할 수 없다.

**10** 다음 중 주식과 채권에 관련한 설명으로 알맞은 것은?

① 주식은 대부증권이다.
② 채권은 회사 경영의 의사결정에 참여할 수 있다.
③ 주식은 채권에 우선하여 재산분배권을 갖는다.
④ 채권은 회사 정리절차 등에서 채권단에 참여할 수 있다.

**정답** | ④
**해설** | ① 주식 → 채권 ② 채권 → 주식
　　　　③ 채권이 주식에 우선하여 재산분배권을 갖는다.

**11** 다음 중 주식회사의 잔여재산 분배시 가장 우선이 되는 증권은 무엇인가?

① 채권　　② 우선주　　③ 후배주　　④ 보통주

**정답** | ①
**해설** | 채권 > 후순위채권 > 주식의 순서

---

### 📚 필수 암기사항

- **채권의 개념 : 정해진 이자와 원금을 갚아야 할 의무가 있는 일종의 차용증서**
  ① 타인자본으로 부채증가
  ② 만기 원금상환과 확정이자 지급
  ③ 의결권(경영참가권) 없음
  ④ 만기이전에 유통시장에서 매매 가능
  ⑤ 주식에 우선하여 잔여재산분배권(변제순위)을 가짐

- **채권의 특성**
  ① 발행주체는 법률로 정해져 있고
  ② 국채(한도 있음)는 국회의 동의, 회사채(한도 없음)는 사채 등급 평가와 증권신고서 제출
  ③ 만기이전에 유통시장에서 매매 가능

- **채권과 주식의 차이점**
  ① 채권은 대부증권 vs 주식은 출자증권
  ② 타인자본(부채) vs 자기자본(자본금, 재무구조 개선)
  ③ 경영참가권 없음(채권소유자) vs 경영참가권 있음(주식소유자)
  ④ 잔여재산 분배권 순서
  　⇨ 채권자 > 후순위채권자 > 주주 ⇨ 채권자가 주주에 우선

# 채권의 종류

교재 p62~64
제1장. 금융시장의 이해 ▶ 03. 채권시장의 이해 ▶ 나. 채권의 종류 ▶ (1) 발행주체에 따른 분류

출제포인트 3.5

## 1 발행주체에 따른 분류

| 구분 | 국채 | 지방채 | 특수채 | 회사채 | 금융채 |
|---|---|---|---|---|---|
| 발행주체 | 정부 | 지방자치단체 | 정부투자기관 및 공기업 | 일반 주식회사 | 금융기관 |

※ 금융채의 종류 : 은행채, 종금채, 카드채 [문제1]
※ 한국은행 발행채권 : 통화안정증권

- 우리나라 국채시장
  ⇨ 종류 : 국고채권, 재정증권, 국민주택채권 및 외화표시 외국환평형기금채권 등
  ⇨ 국고채 만기 : 2, 3, 5, 10, 20, 30, 50년  ⇨ 표면이자 : 입찰시 결정
  ⇨ 특징 : 경쟁입찰 방식으로 발행, 고정금리 이표채와 인플레이션 위험을 제거할 수 있는 10년 만기 물가연동국고채로 발행

## 2 이자지급 방식에 따른 분류

| 구분 | 이표채 [문제2] | 할인채 | 복리채 |
|---|---|---|---|
| 지급방식 | 일정기간마다 일정 이자를 나누어 지급 | 미리 액면금액에서 상환기일까지의 이자를 차감하여 발행가격 결정 | 이자가 복리로 재투자되어 만기시 원금과 이자 지급 |
| 적용대상 | 국고채, 회사채와 금융채의 일부 | 통화안정증권, 산업금융채 | 금융채 중 일부, 국민주택채권 |

- 이표채 : 이자 쿠폰이 표시된 채권으로 일정기간에 한 번씩 이자를 수령할 수 있는 쿠폰이 채권 권면에 붙어 있는 채권

## 3 신용등급에 따른 분류

| 구분 | 투자적격등급 | 투자부적격등급(투기등급) | 정크본드 [문제3] |
|---|---|---|---|
| 신용등급 | AAA, AA, A, BBB | BB, B, CCC, CC, C, D | 신용등급이 매우 낮은 채권 |

- 정크본드 : 정크(Junk)란 폐물, 쓰레기를 뜻하는 말로 정크본드를 직역하면 쓰레기 채권. 신용등급이 매우 낮은 고위험·고수익 채권을 뜻하며 신용도가 낮은 기업이 발행하는 채권을 의미
  ⇨ 투자부적격 기업도 채권 발행 가능

## 4 | 만기에 의한 분류

| 구분 | 단기채 | 중기채 문제4 | 장기채 |
|---|---|---|---|
| 기준 | 상환기간 1년 이내 | 상환기간 1년에서 5년 미만 | 상환기간 5년 이상 |
| 해당 채권 | 통화안정증권 | 국고채권, 외국환평형기금채권, 회사채 | 국민주택채권, 도시철도채권 |

※ 우리나라의 경우 10년 이상의 장기채가 적고 3년에서 5년 정도의 중기채가 많다.

## 5 | 기타 분류

- 채권소유자의 실명 확인 가능여부 : 기명식채권, 무기명식채권으로 구분
  ⇨ 우리나라에도 무기명채권 있음
- 이자의 변동 여부 : 고정금리부채권, 변동금리부채권으로 구분
- 원리금에 대한 제3자의 보증 여부 : 보증채와 무보증채로 구분
- 후순위채 : 채권의 변제순위가 채권과 주식의 중간으로 금융기관들의 자본확충 수단으로 활용 문제5

### ☀ 출제 예상문제

**1 다음 중 채권의 종류에 대한 설명으로 맞는 것은?**
① 이표채란 발행가격이 미리 액면금액에서 상환기일까지의 이자를 차감하여 정해지는 채권을 말한다.
② 할인채란 이자가 복리로 재투자되어 만기시에 원금과 이자가 지급되는 채권을 말한다.
③ 복리채란 채권의 권면에 붙어 있는 표면이율에 따라 일정기간마다 일정이자를 나누어 지급하는 채권을 말한다.
④ 금융채는 은행채, 카드채 등과 같이 금융권역에 따라 세분된다.

**정답 | ④**
**해설 |** ① 할인채에 대한 설명 ② 복리채에 대한 설명
③ 이표채에 대한 설명

**2 다음 표에서 설명하는 채권은 무엇인가?**

| 채권의 권면에 붙어있는 표면이율에 따라 일정기간마다 일정이자를 나누어 지급하는 채권 |
|---|

① 할인채   ② 이표채   ③ 금융채   ④ 복리채

**정답 | ②**
**해설 |** 이표채에 대한 설명이다.

**3 다음 표에서 설명하는 채권은 무엇인가?**

| 신용등급이 매우 낮은 고위험·고수익 채권을 말한다. |
|---|

① 할인채   ② 전환사채
③ 정크본드   ④ 물가연동국고채

**정답 | ③**
**해설 |** 정크본드에 대한 설명이다.

**4 다음 중 채권을 만기를 기준으로 분류할 때 중기채에 해당하는 것은?**
① 국민주택채권   ② 통화안정증권
③ 도시철도채권   ④ 외국환평형기금채권

**정답 | ④**
**해설 |** ②는 단기채, ①, ③은 장기채에 해당한다.

**5 후순위채의 변제순위는 채권과 주식의 중간에 있다. (○, ×)**

**정답 | ○**
**해설 |** 후순위채권은 변제순위가 채권과 주식의 중간에 있는 채권을 의미한다.

### ✏ 필수 암기사항

- **발행주체에 따른 분류**
  ① 정부 ⇨ 국채
  ② 지방자치단체 ⇨ 지방채
  ③ 정부투자기관 및 공기업 ⇨ 특수채
  ④ 주식회사 ⇨ 회사채
  ⑤ 금융기관 ⇨ 금융채(은행채, 종금채, 카드채)

- **이자지급 방식**
  이표채 vs 할인채 vs 복리채

- **단기채** ⇨ **통화안정증권**
- **중기채** ⇨ **국고채권, 외국환평형기금채권**
- **장기채** ⇨ **국민주택채권, 도시철도채권**
- **정크본드** ⇨ **신용등급이 매우 낮은 채권**
- **우리나라에도 무기명채권 있음**
- **후순위채** ⇨ **변제순위가 채권과 주식의 중간에 있는 채권**

# 031 합성채권
### 전환사채, 신주인수권부사채, 교환사채 문제 1

교재 p64~65
제1장. 금융시장의 이해 ▶ 03. 채권시장의 이해 ▶ 나. 채권의 종류 ▶ (7) 합성채권

출제포인트 5.5

## 1 합성채권의 개념

일반사채를 기본성격으로 하되 별도의 기능을 부가하여 자금수요자와 투자자 간의 자금거래가 더욱 원활하게 이루어질 수 있도록 한 채권

- **전환사채(CB : Convertible Bond)** ⇨ 부채가 자본금으로 전환되어 원금상환 부담이 없어짐
  ① 미리 정해진 조건에 의해 보유채권을 일정시점에서 일정한 수의 발행기업 주식으로 추가 납입금액 없이 전환하여 취득할 수 있는 권리가 부여된 사채 문제 2 ⇨ 추가적인 자금부담 없음
  ② 확정이자를 받는 채권의 안정성과 주식의 가격상승으로 인한 자본이득을 함께 기대
  ③ 전환기간 : 통상 사채발행 후 3개월부터 만기 1개월 전까지
      ⇨ 전환기간 中 전환 가능(언제든지 전환할 수 있는 것은 아님)
  ④ 전환권이 부여되어 있어 그 옵션 프리미엄만큼 낮은 금리로 발행 가능 문제 3
  ⑤ 전환 후 실질적인 재산(자본금)이 늘어난다는 점에서 신주인수권부사채와 동일하지만, 실질적인 재산(자본금)이 늘어나지 않는 교환사채와는 다름

- **신주인수권부사채(BW : Bond with Warrant)**
  ① 미리 정해진 조건에 의해 그 회사의 주식을 인수할 수 있는 권리가 붙은 사채
  ② 신주인수권을 행사할 때 약정된 매입대금을 추가로 납입하고 신주 인수
      ⇨ 전환사채, 교환사채와의 차이점
      ⇨ 당초 정해진 행사가액(주가)으로 미리 정해진 기간 중 언제라도 주식 인수 가능
      ⇨ 전환사채와 교환사채는 권리행사시 채권효력이 상실되나, 신주인수권 행사 후에도 채권효력 유지
  ③ 신주인수권이 분리되어 있는 분리형과 비분리형으로 구분 ⇨ 신주인수권만 거래 가능 문제 4
  ④ 부여비율 : 사채액면에 대해 부여되는 신주발행총액의 비율로 사채액면 1만원에 대해 1만원의 신주인수권이 부여된 경우 100%가 됨 문제 5

- **교환사채(EB : Exchangeable Bond)**
  ① 사전에 합의된 조건으로 동 사채를 발행한 기업이 소유하고 있는 다른 회사 발행 상장유가증권과 교환을 청구할 수 있는 교환권이 부여된 사채
  ② 추가적인 자금부담이 없다는 점에서 신주인수권부사채와 다르며, 자본금(실질적인 재산)의 증가가 수반되지 않는다는 점에서 전환사채와 차이 문제 6
  ③ 보통사채보다 낮은 이율로 발행하되, 전환사채보다 높아질 수 있음

## 2 | 전환사채, 교환사채 및 신주인수권부사채 비교

| 구분 | 전환사채(CB) | 교환사채(EB) | 신주인수권부사채(BW) |
|---|---|---|---|
| 사채에 부여된 권리 | 전환권 | 교환권 | 신주인수권 |
| 대상 유가증권 | 발행회사의 주식 | 발행회사가 소유한 상장유가증권 | 발행회사의 주식 |
| 권리행사 후 사채권자의 지위 | 사채권자 지위 상실<br>발행회사 주주지위 획득 | 사채권자 지위 상실<br>대상회사 주주지위 획득 | 사채권자 지위 존속<br>발행회사 주주지위 획득 |
| 주식 취득가격 | 전환가격 | 교환가격 | 행사가격 |
| 주주가 되는 시기 | 전환 청구시 | 교환 청구시 | 신주인수 청구시 |
| 추가 자금 부담 | 없음 | 없음 | 있음 |

### 출제 예상문제

**1 다음 중 성격이 다른 것은?**
① 전환사채  ② 신주인수권부사채
③ 교환사채  ④ 자산유동화증권

정답 | ④
해설 | ①,②,③은 합성채권의 종류이고 ④ 자산유동화증권은 대출채권 등 다양한 자산(보유자산)을 기반으로 발행하는 증권이다.

**2 다음 표에서 설명하는 합성채권의 종류는 무엇인가?**

> 발행 당시에는 이자가 확정된 사채로 발행되지만 미리 정해진 일정조건이 충족되면 일정시점에서 일정한 수의 발행기업 주식으로 추가 납입금액 없이 전환할 수 있는 권리가 부여된 사채

① 신주인수권부사채  ② 전환사채
③ 교환사채  ④ 자산유동화증권

정답 | ②
해설 | 전환사채에 대한 설명이다.

**3 다음 중 전환사채와 교환사채의 공통점으로 알맞은 것은?**
① 특약(옵션)이 부가되어 보통사채에 비해 발행금리가 낮다.
② 발행회사의 주식을 취득할 수 있다.
③ 발행회사가 소유한 상장유가증권을 취득할 수 있다.
④ 채권, 부동산 등의 자산을 증권화하여 자금을 조달한다.

정답 | ①
해설 | ② 전환사채에 대한 설명이다. ③ 교환사채에 대한 설명이다. ④ 자산유동화증권에 대한 설명이다.

**4 신주인수권부사채에서 신주인수권만 따로 거래할 수는 없다.** (O, ×)

정답 | ×
해설 | 우리나라는 최근 분리형이 허용되어 신주인수권만 따로 거래가 가능하다.

**5 다음 중 신주인수권부사채에 대한 설명으로 틀린 것은?**
① 채권과 별도로 신주인수권만 따로 거래할 수 있다.
② 사채액면 10,000원에 대해 1,000원의 신주인수권이 부여된 경우 부여비율은 100%가 된다.
③ 신주인수권을 행사하더라도 채권의 효력은 만기까지 존속된다.
④ 미리 정해진 조건에 근거하여 발행회사의 주식을 인수할 수 있는 권리가 부여된 채권이다.

정답 | ②
해설 | 1,000원 → 10,000원

**6 다음 중 합성채권에 대한 설명으로 틀린 것은?**
① 전환사채는 권리를 행사한 후에는 사채권자의 지위를 상실한다.
② 신주인수권부사채는 권리행사시 추가 자금부담이 있다.
③ 교환사채는 권리행사시 추가 자금부담이 있다는 점에서 신주인수권부사채와 동일하다.
④ 교환사채는 자본금의 증가가 수반되지 않는다는 점에서 전환사채와 다르다.

정답 | ③
해설 | 교환사채는 권리행사시 추가 자금부담이 없다는 점에서 신주인수권부사채와 다르다.

# 채권시장(발행시장, 유통시장)과 매매

교재 p66
제1장. 금융시장의 이해 ▶ 03. 채권시장의 이해 ▶ 다. 채권시장 ▶ (1) 발행시장

## 1 발행시장(제1차 시장, Primary Market)

① 발행주체가 중개기관을 통해 채권을 발행하여 투자자에게 채권증서를 제공하고 투자자로부터 자금을 공급받는 시장
② 발행시장의 구성 : 발행자, 투자자, 증권회사(채권의 매각은 일반적으로 증권회사를 통해 이루어짐)
③ 주식시장과 동일하게 경제상황 및 정치적, 사회적 상황을 종합적으로 반영
　⇨ 실물경제의 변화에 따라 발행주체, 발행방법, 발행규모에 영향을 미침

## 2 유통시장(제2차 시장, Secondary Market)

① 기 발행된 채권이 매매되는 시장 ⇨ 만기 이전인 채권이 매매되는 시장
② 투자자 상호간 매매거래를 통해 채권의 유동성과 환금성 제고
③ 경쟁매매(주식거래 방식)를 통해 이루어지는 장내시장(거래소시장)과 개별적인 상대매매에 의해 이루어지는 장외시장으로 구분
④ 주식시장(장내거래)과는 달리 상대매매를 통한 장외거래가 큰 비중 차지 〔문제 1,2〕
⑤ 개인보다는 기관투자자 중심의 거래 〔문제 3〕
⑥ 한국거래소의 소매채권시장 개설로 개인도 채권을 사고 팔수 있음 〔문제 4〕

## 3 매매

① 통상 채권 액면금액 1만원당 합의된 가격으로 거래
② 거래조건이 표준화되어 있지 않고, 종목수도 많아 개인들은 소액거래는 물론 이해도 어려움 〔문제 5〕
③ 개인의 채권투자는 증권회사 창구를 통해 증권회사가 보유하고 있는 채권을 RP(환매조건부채권) 방식으로 거래하는 것이 보통
　⇨ 통장식으로 거래하긴 하지만 실제로 이자 지급시기가 되면 종목교체의 방식으로 소유권 변경
　⇨ 미리 약정된 금리에 의한 자금대차거래에 채권이 담보역할 담당
　⇨ 해당 채권이 부도가 나더라도 증권회사는 매수자에게 책임을 부담시키지 않는 것이 일반적

## 출제 예상문제

**1** 다음 중 채권거래에 대한 설명으로 맞는 것은?

① 채권의 유통시장은 개인투자자 중심으로 거래가 형성된다.
② 채권매매는 매매호가에 의한 경쟁매매방식으로 주로 거래된다.
③ 예금보다 금리가 높지만 채권의 종류가 적어 유동성이 낮은 편이다.
④ 채권의 유통시장은 장외거래가 큰 비중을 차지한다.

**정답** | ④
**해설** | ① 채권의 유통시장은 기관투자자 중심으로 형성된다.
② 채권의 매매는 주로 장외시장에서 상대매매를 통해 계약이 체결된다. ③ 채권의 종류가 다양하고 익일 또는 당일결제가 가능하여 유동성도 높은 편이다.

**2** 다음 중 채권의 매매에 대해 틀리게 설명한 것은?

① 개인투자자와 기관투자자가 모두 거래할 수 있다.
② 채권매매는 매매호가에 의한 경쟁매매방식으로 주로 거래된다.
③ 기관투자자 중심의 상대매매 거래가 큰 비중을 차지한다.
④ 채권가격은 유통수익률에 반비례한다.

**정답** | ②
**해설** | 주식은 장내시장에서 매매호가에 의한 경쟁매매방식으로, 채권은 장외시장에서 상대매매방식으로 주로 거래된다.

**3** 다음 중 채권의 매매거래에 대해 맞게 설명한 것을 모두 고른 것은?

> (가) 주로 장외거래로 매매가 이루어지는 주식시장과는 달리 채권은 상대매매를 통한 장내거래가 큰 비중을 차지한다.
> (나) 개인보다는 기관투자자 중심으로 거래가 이루어진다.
> (다) 만기 이전에도 유통시장을 통해 언제든지 현금화가 가능하다.

① (가)
② (가), (나)
③ (가), (다)
④ (나), (다)

**정답** | ④
**해설** | (가) 주식은 장내거래, 채권은 상대매매를 통한 장외거래가 큰 비중을 차지한다.

**4** 채권 유통시장에서의 매매는 기관투자자 중심으로 이루어지기 때문에 개인의 채권매매는 제한된다. (O, ×)

**정답** | ×
**해설** | 개인도 채권시장에서 자유롭게 매매할 수 있다.

**5** 다음 중 개인의 채권투자에 대한 설명으로 틀린 것은?

① 채권거래는 통상 액면금액 1만원당 합의된 가격으로 거래가 이루어진다.
② 채권거래는 주로 투자자 상호간에 개별적인 상대매매를 통해 형성된다.
③ 채권거래조건이 표준화되어 있어 개인들의 소액투자가 용이하다.
④ 증권회사를 통한 환매조건부채권 거래방식에서는 해당 채권이 부도가 나더라도 매수자에게 책임을 부담시키지 않는 것이 일반적이다.

**정답** | ③
**해설** | 채권은 거래조건의 비표준성으로 인해 개인들은 소액거래는 물론 채권시장의 이해도 어렵다.

## 필수 암기사항

- **채권의 유통시장** ⇨ 이미 발행되어 만기 이전인 채권이 매매되어 유통되는 시장

① 상대매매에 의한 장외거래가 큰 비중 차지
   ⇨ 기관투자가 중심의 거래
② 개인도 채권거래 가능(한국거래소의 소매채권시장 개설)
   ⇨ 증권회사 창구를 통해 RP방식으로 거래
   ⇨ 거래조건이 표준화되어 있지 않아 개인들의 채권투자는 어렵기 때문

# 채권투자분석과 채권수익률

교재 p67~68
제1장. 금융시장의 이해 ▶ 03. 채권시장의 이해 ▶ 라. 채권투자분석 ▶ (1) 채권투자의 매력

## 1 채권투자의 매력

① 예금보다 금리가 높고(수익성), 주식보다 투자위험이 낮고(안전성), 유동성도 확보된 자산
   ⇨ 다양한 종류가 있어 자금운용 목적에 적합한 채권 선택 가능
② 만기 보유시 확정이자 수익을 얻을 수 있고, 만기 이전에는 채권시장에서 매각하여 시세차익 획득도 가능 `문제 1`
   ⇨ 반대로 수익률이 상승하면 매각 손실이 발생할 수도 있음
③ 만기 전 현금화가 가능하며, 주식의 3일결제와 달리 익일 또는 당일결제 가능 `문제 2`
④ 종목이 많고 표준화되어 있지 않아 소액거래를 원하는 개인의 접근성이 다소 떨어지나, 환매조건부채권매매(RP)방식으로 투자가 가능하고, 증권사가 관련업무 무료 대행 `문제 2`

※ 채권투자의 매력 : 수익성 + 안전성 + 유동성 + 다양한 종목

## 2 채권수익률의 개념과 의의

① 채권투자에서 얻어지는 현금흐름의 현재가치와 채권의 시장가격을 일치시켜 주는 할인율로서, 채권의 투자수익을 투자원금으로 나누어 투자기간으로 환산한 것을 의미
② 채권수익률은 오직 채권의 가격을 나타내는 하나의 수단
③ 채권수익률은 예금이자율과 같은 개념으로, 표면이자, 잔존만기, 시장가격이 다른 채권을 비교하는 기준으로 활용

### ✤ 채권수익률 종류와 Key Word

- 표면수익률 : 채권의 표면에 기재된 수익률로 단리로 수령하는 연 이자율 `문제 3`
- 발행수익률 : 발행시 매출가액으로 매입하는 경우 매입가격으로 산출된 채권수익률
- 유통수익률 : 대표수익률(만기수익률, 시장수익률), 유통시장에서 매매되면서 시장의 여건에 따라 형성되는 수익률 `문제 4`
- 연평균수익률 : 연단위 산출 평균수익률 `문제 5`
- 실효수익률 : 실현 총이익에 대한 매입가격의 비율, 채권 원금, 채권매입비용

## 출제 예상문제

**1 다음 중 채권에 대한 설명으로 맞는 것은?**

① 주식과 비교하여 기대수익률과 안전성이 낮은 투자자산이다.
② 주로 장내시장을 통해 거래가 이루어진다.
③ 신용도가 낮은 회사는 채권을 발행할 수 없다.
④ 만기이전에 유통시장에서 매도하여 시세차익을 얻을 수도 있다.

**정답 |** ④
**해설 |** ① 채권은 주식보다 안전성이 높다. ② 주로 장외시장에서 거래 ③ 신용도가 낮은 회사도 발행가능하다.

**2 다음 중 채권투자에 대해 맞게 설명한 것을 모두 고른 것은?**

> (가) 개인의 채권투자는 증권회사가 보유하고 있는 채권을 환매조건부채권(RP) 방식으로 거래하는 것이 보통이다.
> (나) 일반적으로 주식보다 수익성이 좋고 예금에 비해 안전성이 높다.
> (다) 주식의 3일 결제와 달리 익일 또는 당일결제가 가능하다.

① (가)  ② (가), (나)
③ (가), (다)  ④ (나), (다)

**정답 |** ③
**해설 |** (나) 채권은 일반적으로 예금상품보다 금리가 높고 주식에 비해서는 투자위험이 낮다.

**3 다음 중 채권의 유통수익률에 대한 설명으로 틀린 것은?**

① 채권의 표면에 기재된 수익률을 말한다.
② 발행된 채권이 유통시장에서 계속 매매되면서 시장의 여건에 따라 형성되는 수익률이다.
③ 자본이득이나 자본손실은 물론 이자의 재투자수익까지도 감안하여 산출된다.
④ 채권시장에서 대표되는 수익률이다.

**정답 |** ①
**해설 |** 표면수익률(표면이율)에 대한 설명이다.

**4 다음 표에서 설명하는 채권수익률의 종류는 무엇인가?**

> 채권시장에서 대표되는 수익률로서 발행된 채권이 유통시장에서 계속 매매되면서 시장의 여건에 따라 형성되는 수익률이다.

① 실효수익률  ② 발행수익률
③ 유통수익률  ④ 표면수익률

**정답 |** ③
**해설 |** 유통수익률에 대한 설명이다.

**5 매출가액이 10,000원이고, 5년 복리채의 만기상환액이 15,000원인 경우 연평균수익률은 10%이다.** (○, ×)

**정답 |** ○
**해설 |** 5년간 총수익률이 50%이므로 연평균수익률은 10%이다.

**6 매출가액이 10,000원이고, 10년간 연 5% 복리로 운용하면 만기상환액은 15,000원이 된다.** (○, ×)

**정답 |** ×
**해설 |** 매출가액 10,000원인 채권을 10년간 연 5% 단리로 운용할 경우 만기상환액은 15,000원이 된다.

## 필수 암기사항

- **채권투자의 매력**
  ① 수익성(예금에 비해) + 안전성(주식에 비해) + 유동성(만기 이전 매매 가능) + 다양한 종목
  ② 만기 보유시 확정이자 + 만기 전 매매를 통한 시세차익(만기 전 유통 가능)
  ③ 당일결제 또는 익일결제
  ④ 종목이 많고, 표준화되어 있지 않음 ⇨ 개인의 접근성은 낮지만 RP 방식 거래 가능

- **유통수익률 : 대표수익률**

- **실효수익률 : 실현 총이익에 대한 매입가격의 비율**

# 채권수익률의 결정요인

교재 p69~70
제1장. 금융시장의 이해 ▶ 03. 채권시장의 이해 ▶ 라. 채권투자분석 ▶ (4) 채권수익률의 결정요인

출제포인트 4.5

## 1. 채권수익률의 결정요인

- **외적 요인 : 경제상황, 통화 및 재정정책**

| 중앙은행의 통화정책 | 정책금리 ⬆ ⇨ 단기채 수익률 ⬆ ⇨ 장기채 수익률 ⬆ |
|---|---|
| 경기상승 | 기업의 투자수요 ⬆ ⇨ 채권공급 ⬆ ⇨ 채권가격 ⬇ ⇨ 채권수익률 ⬆ 〔문제1〕 |
| 물가상승 | 실질소득 ⬇ ⇨ 채권수익률 ⬆ ⇨ 채권가격 ⬇ 〔문제1〕 |
| 시중자금사정(통화량) | 시중자금사정 ⬆(자금공급 ⬆) ⇨ 채권수요 ⬆ ⇨ 채권가격 ⬆ ⇨ 채권수익률 ⬇ 〔문제1,2,3〕 |
| 해외 채권수익률 | 미국 국채 금리 < 국내 채권 금리 ⇨ 국내 채권 수요 ⬆ ⇨ 채권수익률 ⬇ |

- **내적 요인 : 채권의 만기, 표면이자율, 상환조건, 세금 등**

  - 잔존만기가 길수록,
  - 채무불이행 위험이 높을수록,  　} 채권수익률 상승 ⇨ 이자율 기간구조
  - 유동성이 낮을수록, 〔문제4〕

  ※ 이자율 기간구조(Term Structure) ⇨ 만기가 길어질수록 채권수익률이 우상향하는 모습
  　⇨ 경기가 개선될 것으로 전망되면 장기채 금리가 더 빠르게 상승하므로 더 가파른 모습을 보임

## 2. 유통수익률 변동에 따른 채권가격 변동

- **채권가격은 유통수익률에 반비례한다.**
  ⇨ 채권의 수익률이 높다는 것은 채권 발행자의 입장에서는 돈을 빌리는 대가를 더 많이 지불해야 한다는 뜻으로 채권 자체의 가격이 낮아진다는 것을 의미한다.

- **채권의 잔존만기가 길수록 유통수익률 변동에 따른 채권가격 변동률은 확대된다.** 〔문제5〕
  ⇨ 채권의 잔존만기가 길수록 수익률 0.1%만 변해도 남아있는 만기 전체 기간에 영향을 주기 때문에 채권가격 변동률은 확대된다. 예를 들어 잔존만기 1달 채권의 경우 금리가 1%가 상승해도 1달 동안 가격 영향을 받지만 만기가 5년이라면 5년 동안 전체에 영향을 받기 때문에 잔존만기가 길수록 채권가격 변동률은 확대된다.

- **표면금리가 낮은 채권이 표면금리가 높은 채권보다 수익률 변동에 따른 가격변동폭이 크다.** 〔문제5,6〕
  ⇨ 채권의 표면금리가 2%인 채권은 금리가 1% 상승할 경우 가격은 50% 변동되지만, 표면금리가 5%인 채권은 금리가 1% 상승할 경우 가격 변동은 20%에 그치게 된다.

## 출제 예상문제

**1** 다음 중 채권수익률의 하락요인에 해당하는 것을 모두 고른 것은?

| (가) 경기하락 | (나) 시장금리 상승 |
| (다) 시중자금 증가 | (라) 물가상승 |

① (가), (나), (다)  ② (가), (다)
③ (나), (다)  ④ (가)

**정답** | ②
**해설** | 경기가 하락하고, 시중자금이 풍부하면 시장금리가 하락하기 때문에 채권수익률도 하락한다.

**2** 다음 중 자금공급의 증감에 따른 채권가격 변동에 대한 설명으로 틀린 것은?

① 자금공급이 감소하면 이자율이 상승하여 채권수익률은 상승한다.
② 시중자금이 풍부하면 이자율이 하락하여 채권수익률은 상승한다.
③ 자금공급이 증가하면 이자율은 하락한다.
④ 자금공급이 증가하면 이자율은 하락하여 채권의 가치는 상승한다.

**정답** | ②
**해설** | 시중자금이 풍부해지면(자금공급 증가) 이자율이 하락하여 채권수익률도 하락한다.(채권의 가치는 반비례로 상승)

**3** 다음 중 채권수익률과 채권가격에 대한 설명으로 틀린 것은?

① 자금공급이 감소하면 이자율이 상승하여 채권수익률은 상승한다.
② 자금공급이 증가하면 이자율이 하락하여 채권의 가치는 하락한다.
③ 시중자금이 풍부해지면 자금의 가치가 하락한다.
④ 시중자금이 풍부해지면 채권의 가격은 상승한다.

**정답** | ②
**해설** | 자금공급이 증가하면 이자율이 하락하여 채권수익률이 하락하고 채권가치는 상승한다.

**4** 다음 중 채권수익률과 채권가격에 대한 설명으로 틀린 것은?

① 채권가격은 유통수익률에 반비례한다.
② 채권의 잔존만기가 길수록 유통수익률 변동에 따른 채권가격 변동률은 확대된다.
③ 표면금리가 낮은 채권이 수익률 변동에 따른 가격변동폭이 크다.
④ 유동성이 높을수록 채권수익률이 높다.

**정답** | ④
**해설** | 유동성이 낮아질수록(쉽게 현금화하기 어려울수록) 채권수익률은 상승한다.

**5** 다음 표의 (    ) 안에 들어갈 내용을 순서대로 맞게 나열한 것은?

> 채권의 잔존만기가 ( 가 ) 유통수익률 변동에 따른 채권가격 변동률은 확대되고, 표면금리가 ( 나 ) 채권일수록 유통수익률 변동에 따른 가격변동폭이 커진다.

① (가) 짧을수록 (나) 높은  ② (가) 짧을수록 (나) 낮은
③ (가) 길수록 (나) 높은  ④ (가) 길수록 (나) 낮은

**정답** | ④
**해설** | 채권의 잔존만기가 길수록 유통수익률 변동에 따른 채권가격 변동률은 높아지며, 표면금리가 낮은 채권일수록 유통수익률 변동에 따른 가격변동폭이 크다.

**6** 다음 중 채권수익률과 채권가격에 대한 설명으로 틀린 것은?

① 표면금리가 낮으면 유통수익률 변동에 따른 채권가격의 변동률이 낮아진다.
② 만기가 길어지면 채권수익률 변동에 따른 채권가격의 변동률이 높아진다.
③ 채권수익률과 채권가격은 반비례한다.
④ 채무불이행 위험이 높으면 채권수익률은 상승한다.

**정답** | ①
**해설** | 표면금리가 낮으면 유통수익률 변동에 따른 채권가격의 변동폭이 확대된다.

## 필수 암기사항

- **채권수익률의 결정요인**
  ① 외적요인 : 경제상황(통화정책, 경기, 물가, 자금사정, 해외 채권수익률), 정부정책 ⇨ 시장 전체에 영향
  ② 내적요인 : 채권 만기가 짧을수록, 지급불능위험이 적을수록, 유동성이 높을수록 수익률은 낮아진다.

- **유통수익률 변동에 따른 채권가격 변동**
  ① 채권가격은 유통수익률에 반비례
  ② 잔존만기가 길수록 유통수익률 변동에 따른 채권가격 변동률 확대
  ③ 표면금리가 낮은 채권이 표면금리가 높은 채권보다 수익률 변동에 따른 가격변동폭이 큼

## 035 자산유동화증권시장

교재 p70~71
제1장. 금융시장의 이해 ▶ 03. 채권시장의 이해 ▶ 마. 자산유동화증권시장

출제포인트 1.5

### 1 자산유동화의 개념

① 금융기관이나 기업들이 유동성이 낮은 각종 대출채권 등 다양한 형태의 자산을 기반으로 발행하는 증권

| 구분 | 자산유동화증권 | 자산담보부기업어음 |
|---|---|---|
| 정의 | 대출채권 등 보유자산을 기초로 발행하는 증권 | 매출채권, 리스채권, 회사채 등 자산을 근거로 발행하는 기업어음 |
| 차이점 | 자산유동화에 관한 법률에 근거 | 상법에 근거 |

② 매출채권, 유가증권 등 유동성이 낮은 자산의 보유자가 자산유동화를 위한 별도의 서류상의 회사인 특수목적기구를 설립하고, 그 회사에 유동화 자산을 양도하면, 이를 기초로 증권을 발행·매각함으로써 자금 조달
③ 초기 형태 : 주택저당담보부채권
　 최근 형태 : 자동차할부금융, 신용카드대출, 리스대출 등을 대상으로 확대

### 2 자산유동화증권의 특징

① 기초자산 보유자는 자금조달 비용을 줄이고, 재무상태 개선 가능(부채비율을 높이지 않고 자금조달) 〔문제 1〕
② 자산보유자의 신용등급보다 더 유리한 조건으로 자금조달 가능
③ 자산의 매각과 이를 통한 영업 확대의 반복으로 차입투자수단으로 이용
④ 투자자의 입장에서는 신용평가기관의 평가와 신용보강을 거쳐 발행되므로 상대적으로 안전하면서도 일반 회사채보다 수익률이 상대적으로 높은 양호한 투자대상

---

**☀ 출제 예상문제**

**1** 다음 중 자산유동화의 효과에 대한 설명으로 틀린 것은?

① 기초자산 보유자는 자금조달 비용을 줄일 수 있고 재무상태를 개선할 수 있다.
② 투자자 입장에서는 일반회사채보다 수익률이 다소 높은 양호한 투자대상이 된다.
③ 기업은 손쉽게 자금을 조달할 수 있지만 부채비율은 높아진다.
④ 우량한 기초자산을 이용하여 자산보유자의 신용등급보다 더 유리한 조건으로 자금조달이 가능하다.

**정답 |** ③
**해설 |** 현금화가 어려운 보유자산을 매각하는 방식이기 때문에 기업은 부채비율을 높이지 않고 자금을 조달할 수 있다.

---

**🎓 필수 암기사항**

- **자산유동화증권의 특징**
  ① 유동성이 낮은 자산(유동성이 높은 주식은 대상이 아님)을 대상으로 발행되는 증권
  　⇨ 매출채권, 리스채권, 신용카드대출 등
  ② 보유자산을 매각하는 것이므로 부채비율을 높이지 않고 자금조달 가능
  ③ 자산보유자의 신용등급보다 더 유리한 조건으로 차입 가능
  ④ 투자자 입장에서는 상대적으로 안전하면서 수익성이 높은 투자대상 ⇨ 신용평가기관의 평가와 신용 보강

# 개인소득세 열거주의 과세

교재 p72
제1장. 금융시장의 이해 ▶ 04. 세금과 금융투자상품 ▶ 가. 세법의 종류별 과세형태 및 이론 ▶ (1) 소득세의 의미와 과세원칙

출제포인트 6.5

## 1 소득세와 법인세
① 소득세 : 자연인이 얻는 소득에 대하여 부과되는 조세(종합과세 방식) **문제 1**
② 법인소득세는 법인세라 하고, 개인소득세만을 소득세라고 정의

## 2 개인소득세 열거주의 과세

- **열거주의**
  과세대상으로 구체적으로 열거된 것만 과세하는 방식. 비열거소득은 비과세 **문제 2**

- **열거하고 있는 소득세법상 8가지 개인소득**
  이자소득, 배당소득, 사업소득, 근로소득, 연금소득, 기타소득, 퇴직소득, 양도소득

- **종합소득과세**
  - 이자소득, 배당소득, 사업소득, 근로소득, 연금소득, 기타소득 등 6가지 **문제 3**
  - 1월 1일부터 12월 31일까지 발생한 소득을 합산하여 종합소득으로 과세
  - 단, 요건 충족시 분리과세하여 종합과세 배제
    ⇨ 이자, 배당소득이 2천만원 이하인 경우 : 14%(지방소득세 별도) 원천징수로 납세종결
    ⇨ 비과세 및 분리과세 금융소득을 제외한 연간 금융소득(이자 + 배당소득) 중 2천만원 초과금액에 대해서는 근로소득, 사업소득 등과 합산하여 6~45%의 누진세율 적용 **문제 4**

- **분류과세**
  - 퇴직소득과 양도소득은 종합소득에 합산하지 않고 별도로 분류과세 **문제 5,6**
  - 퇴직소득과 양도소득은 장기간에 걸쳐 발생한 것이므로 특정시점에 일시에 과세함으로써 발생하는 세금부담을 완화하기 위해 종합과세하지 않음 **문제 7**

- **유형별 포괄주의**
  - 이자소득, 배당소득 ⇨ 금융소득 ⇨ 유형별 포괄주의로 과세 **문제 8**
  - 과세대상과 유사한 것이면 구체적으로 열거되지 않은 경우도 과세 **문제 2**
  - 법에 열거되지 않은 새로운 금융상품이 개발되어 이자지급이나 배당을 지급받은 경우에도 과세할 수 없는 문제점이 발생하게 되어 과세권 확보차원에서 시행(ELS, 파생결합증권 등)

## 출제 예상문제

**1** 다음 중 현행 소득세법에 따른 과세방식에 대한 설명으로 맞는 것은?

① 소득세는 종합과세방식을 적용한다.
② 퇴직소득은 종합과세하지 않고 양도소득과 합산하여 분류과세한다.
③ 이자소득, 배당소득에 대해서는 열거주의를 적용한다.
④ 상속세와 증여세는 순자산증가설을 적용한다.

**정답** | ①
**해설** | ② 퇴직소득과 양도소득은 각 소득별로 분류과세한다.
③ 열거주의 → 유형별 포괄주의
④ 순자산증가설 → 완전포괄주의

**2** 다음 표에서 ( ) 안에 들어갈 과세형태를 바르게 나열한 것은?

> 과세대상과 유사한 것이면 구체적으로 열거되지 않은 경우에도 과세하는 방식을 ( )(이)라 하며, 과세대상으로 구체적으로 열거된 것만을 과세하는 방식을 ( )(이)라 한다.

① 열거주의, 유형별 포괄주의  ② 순자산증가설, 열거주의
③ 완전포괄주의, 순자산증가설  ④ 유형별 포괄주의, 열거주의

**정답** | ④
**해설** | 유형별 포괄주의와 열거주의에 대한 설명이다.

**3** 다음 중 종합소득 과세에 해당하는 합산 소득금액은 얼마인가?

> • 양도소득 : 3천만원    • 사업소득 : 2천만원
> • 이자소득 및 배당소득 : 1천만원
> • 근로소득 : 1.5천만원

① 3천만원  ② 3.5천만원  ③ 6천만원  ④ 6.5천만원

**정답** | ②
**해설** | 양도소득과 퇴직소득은 종합과세하지 않고 분류과세 대상이며, 금융소득(이자 + 배당)이 2천만원 이하인 경우 분리과세가 적용되므로 종합과세 대상인 소득은 사업소득과 근로소득이다. 따라서 3.5천만원이 종합소득 과세대상이다.

**4** 다음 중 세금의 종류별 과세형태 및 이론에 대한 설명으로 틀린 것은?

① 일시적으로 발생하는 퇴직소득, 양도소득은 분류과세한다.
② 비과세 및 분리과세 소득을 제외한 금융소득이 3천만원을 초과하는 경우 금융소득 전체가 종합과세 대상이 된다.
③ 이자소득, 배당소득에 대하여는 유형별 포괄주의를, 그 이외의 소득에 대하여는 열거주의를 채택하고 있다.
④ 유형별 포괄주의란 과세대상과 유사한 것이면 구체적으로 열거되지 않은 경우에도 과세하는 방식을 말한다.

**정답** | ②
**해설** | 3천만원 → 2천만원

**5** 다음 중 분류과세하는 소득으로 알맞은 것은?

① 양도소득  ② 근로소득
③ 연금소득  ④ 사업소득

**정답** | ①
**해설** | ②, ③, ④는 종합과세 대상이다.

**6** 다음 중 분류과세하는 소득을 모두 고르시오.

> (가) 이자소득    (나) 배당소득
> (다) 퇴직소득    (라) 양도소득

① (가), (나)  ② (나), (다)  ③ (다), (라)  ④ (가), (라)

**정답** | ③
**해설** | 퇴직소득과 양도소득은 종합소득에 합산하지 않고 별도로 분류과세한다.

**7** 다음 중 분류과세에 대한 설명으로 맞는 것은?

① 장기간 누적되어 발생한 소득을 특정시점에 일시에 과세하는 것은 세금부담이 과도할 수 있기 때문에 도입되었다.
② 퇴직소득, 이자소득에 대하여 적용한다.
③ 금융소득이 2천만원 이하인 경우에 분류과세를 선택할 수 있다.
④ 개인소득세는 종합소득으로 과세하지만 일정한 요건을 충족하는 경우 분류과세하여 종합과세에서 배제한다.

**정답** | ①
**해설** | ② 이자소득은 종합과세한다. ③, ④ 분류과세 → 분리과세

**8** 다음 중 유형별 포괄주의 과세원칙이 적용되는 소득은 무엇인가?

① 사업소득  ② 기타소득  ③ 이자소득  ④ 연금소득

**정답** | ③
**해설** | 이자소득, 배당소득에 대하여는 유형별 포괄주의를 채택하고 있다.

## 필수 암기사항

- **개인소득세 열거주의 과세** ⇨ 8가지
  종류 : 이자, 배당, 사업, 근로, 연금, 기타, 퇴직, 양도소득
- **종합소득과세** : 이자, 배당, 사업, 근로, 연금, 기타소득
  ① 이자, 배당소득이 2천만원 이하 : 14%(지방소득세 별도) 원천징수로 종결
  ② 비과세, 분리과세 제외 금융자산이 2천만원 초과시 금융소득 종합과세
- **분류과세** : 퇴직소득, 양도소득
- **유형별 포괄주의** : 이자소득, 배당소득 ⇨ 금융소득
- **주식매매차익은 비열거소득으로 비과세**

# 037 법인세 순자산증가설과 상속세 및 증여세 완전포괄주의 과세

교재 p73~75
제1장. 금융시장의 이해 ▶ 04. 세금과 금융투자상품 ▶ 가. 세법의 종류별 과세형태 및 이론 ▶ (3) 법인세 : 순자산증가설

출제포인트 8.5

## 1 법인세 순자산증가설

① 법인세는 법적으로 실체가 인정되는 법인이 얻은 소득에 대하여 부과하는 조세
② 법인세는 법인이 얻은 모든 순자산의 증가액에 과세하므로, 열거되지 않은 소득도 법인의 순자산을 증가시켰다면 법인세 과세대상

※ 개인소득세와 차이점 : 소득세는 열거된 것만을 대상으로 하지만 법인세는 열거하지 않아도 순자산이 증가하였다면 과세
⇨ 상속세 및 증여세법의 완전포괄주의와 같은 개념
⇨ 법인이 계약자, 수익자이고, 피보험자를 대표이사로 하는 경우 저축성 보험의 보험차익 비과세요건을 충족한 경우에도 법인이 수익자이므로 순자산증가설에 의해 법인세 과세 문제1

③ 법인세의 세율  (지방소득세 별도)

| 과세표준 | 세율 |
|---|---|
| 2억원 이하 | 9% 문제2 |
| 2억원 초과 200억원 이하 | 19% 문제3 |
| 200억원 초과 3,000억원 이하 | 21% |
| 3,000억원 초과 | 24% 문제4 |

## 2 상속세와 증여세 완전포괄주의 과세 문제5

① 완전포괄주의 : 별도 면세 규정을 두지 않는 한 상속·증여로 볼 수 있는 모든 거래에 대해 세금을 부과할 수 있도록 하는 제도
② 상속세 및 증여세법은 완전포괄주의 과세 방식 적용  (지방소득세 별도)

| 과세표준 | 세율 문제6 |
|---|---|
| 1억원 이하 | 10% 문제7 |
| 1억원 초과 5억원 이하 | 20% 문제8 |
| 5억원 초과 10억원 이하 | 30% |
| 10억원 초과 30억원 이하 | 40% |
| 30억원 초과 | 50% 문제9 |

③ 증여의 개념 : 증여란 그 행위 또는 거래의 명칭·형식·목적 등과 관계없이 직접 또는 간접적인 방법으로 타인에게 무상으로 유형·무형의 재산 또는 이익을 이전하거나 타인의 재산가치를 증가시키는 것

## 출제 예상문제

**1** 다음 표의 경우에 적용되는 과세방법으로 알맞은 것은?

> 계약자, 수익자를 법인으로 하고 피보험자를 대표이사 또는 임원으로 하는 저축성 보험 계약을 체결하고 10년간 유지하여 보험금을 지급받았다.

① 이자소득세 비과세 ② 이자소득세 분리과세
③ 사업소득세 과세 ④ 법인세 과세

**정답 | ④**
**해설 |** 법인이 보험차익을 얻는 경우 과세하지 않는다는 비과세 조항을 법으로 열거하지 않고 있기 때문에 순자산증가설을 적용하여 법인세를 과세한다.

**2** 다음 중 세금의 종류별 적용 세율에 대한 설명으로 틀린 것은?(지방소득세 별도)

① 상속세 과세표준 1억원 이하는 10%의 세율을 적용한다.
② 종합소득세는 6%~45%의 8단계로 구분되어 있다.
③ 법인세 과세표준 2억원 이하는 8%의 세율을 적용한다.
④ 2천만원 이하의 금융소득에는 14%의 원천징수세율을 적용한다.

**정답 | ③**
**해설 |** 8% → 9%

**3** 다음 중 법인세 과세표준이 2억원 초과 200억원 이하인 경우 법인세율(지방소득세 별도)로 맞는 것은?

① 10% ② 15%
③ 19% ④ 22%

**정답 | ③**
**해설 |** 법인세 과세표준 2억원 초과 200억원 이하인 경우 법인세율(지방소득세 별도)은 19%이다.

**4** 다음 중 법인세, 상속세 및 증여세에 대해 틀리게 설명한 것은?

① 상속세와 증여세의 최고 과세표준은 30억원 초과이다.
② 상속세와 증여세의 세율은 10%~50%이다.
③ 법인세의 최고세율은 21%이다.
④ 법인세 과세표준이 2억원 이하인 경우 9%의 세율을 적용한다.

**정답 | ③**
**해설 |** 21% → 24%

**5** 다음 중 상속세와 증여세에 적용되는 과세방법은 무엇인가?

① 완전포괄주의 ② 열거주의
③ 유형별포괄주의 ④ 순자산증가설

**정답 | ①**
**해설 |** 상속세와 증여세는 완전포괄주의로 과세한다.

**6** 다음 표에서 세금의 종류에 따른 세율이 맞게 짝지어진 것은?

> (가) 법인세 : 9% ~ 20%
> (나) 소득세 : 6% ~ 40%
> (다) 상속세 : 10% ~ 50%

① (가), (나) ② (가), (다) ③ (나) ④ (다)

**정답 | ④**
**해설 |** 법인세율은 9% ~ 24%, 소득세율은 6% ~ 45%이다.

**7** 다음 중 상속받은 금액의 과세표준이 1억원인 경우 산출세액은 얼마인가?(지방소득세 별도)

① 1,000만원 ② 1,500만원 ③ 2,000만원 ④ 3,000만원

**정답 | ①**
**해설 |** 과세표준이 1억원 이하인 경우 세율이 10%(지방소득세 별도)이므로 산출세액은 1,000만원(= 1억원 × 10%)이다.

**8** 다음에서 김생명씨의 상속세 과세표준이 5억원일 경우 상속세 산출세액(지방소득세 별도)은 얼마인가?

① 8천만원 ② 9천만원 ③ 1억원 ④ 1억 1천만원

**정답 | ②**
**해설 |** (1억원×10%) + {(5억원 – 1억원)×20%} = (5억원×20%) – (1억원×10%) = 1억원 – 1천만원 = 9천만원

**9** 다음 중 소득별 과세세율(지방소득세 별도)에 대해 틀리게 설명한 것은?

① 종합소득 과세표준이 1,400만원 이하인 경우 6%의 세율을 적용한다.
② 법인세 과세표준이 2억원 이하인 경우 9%의 세율을 적용한다.
③ 상속세 과세표준이 30억을 초과하는 경우 40%의 세율을 적용한다.
④ 상속세와 증여세는 과세표준에 따라 적용되는 세율이 동일하다.

**정답 | ③**
**해설 |** 40% → 50%

## 필수 암기사항

- **법인세 순자산증가설**
  ① 열거되지 않은 소득도 법인의 순자산을 증가시켰다면 과세
  ② 상속, 증여세에 적용되는 완전포괄주의와 같은 개념
  ③ 법인이 보험차익을 얻은 경우 저축성 보험 보험차익 비과세요건을 충족한 경우에도 법인세 과세
  ④ 법인세 세율(9%~24%) : 과세표준 2억원 이하 9%, 2억~200억원 19%

- **상속, 증여세 완전포괄주의 과세**
  ① 과세표준 1억원 이하 ⇨ 10%
  ② 과세표준 1억원 초과 5억원 이하 ⇨ 20%
  ③ 과세표준 30억원 초과 ⇨ 50%

# 038 금융소득과 세금

교재 p74~76
제1장. 금융시장의 이해 ▶ 04. 세금과 금융투자상품 ▶ 나. 과세세율

출제포인트 9.5

## 1 금융소득 종합과세

① 개인별 연간 금융소득의 합계액이 2천만원 이하인 경우 해당소득세를 원천징수(분리과세)함으로써 납세의무 종결(14%, 지방소득세 별도) 문제 1,2,3,4,5
② 금융소득(이자소득과 배당소득을 총칭하는 개념)이 2천만원을 초과할 경우에는 종합소득에 해당하는 다른 소득과 합산하여 6~45%의 누진세율을 적용해 종합과세 문제 6,7
③ 금융소득 종합과세여부는 개인별 연간 금융소득의 합계액 기준 ⇨ 부부합산 아님에 유의! 문제 8
④ 종합소득세율(6%~45%, 8단계)

(지방소득세 별도)

| 종합소득 과세표준 | 세율 |
|---|---|
| 1,400만원 이하 | 6% 문제 9,10 |
| 1,400만원 초과 5,000만원 이하 | 15% 문제 11 |
| 5,000만원 초과 8,800만원 이하 | 24% |
| 8,800만원 초과 1억 5천만원 이하 | 35% |
| 1억 5천만원 초과 3억원 이하 | 38% |
| 3억원 초과 5억원 이하 | 40% |
| 5억원 초과 10억원 이하 | 42% |
| 10억원 초과 | 45% |

⑤ 비과세 및 분리과세 소득을 제외한 금융소득이 2천만원 초과시 금융소득 전체를 종합과세(종합과세방식) 문제 12
  ⇨ 2천만원을 초과하는 금융소득만 다른 종합소득과 합산, 2천만원 이하는 14% 원천징수(분리과세방식)
  ⇨ 비과세나 분리과세되는 금융소득에 해당되시 않는(비과세 요건을 충족하지 못한) 저축성 보험의 보험차익은 종합과세에 포함 문제 13
⑥ 종합과세방식과 분리과세방식에 의해 계산된 금액 중 큰 금액을 산출세액으로 함

## 2 비과세 및 분리과세 금융투자상품

| 비과세 금융투자상품 | 분리과세 금융투자상품 |
|---|---|
| • 일정요건을 충족한 저축성 보험의 보험차익 문제 14<br><br>• 65세 이상인 거주자, 장애인 등 법에 정한 자가 1명당 저축원금 5,000만원 이하인 비과세 종합저축에 법에서 정한 기한 내 가입한 경우 그 저축의 이자, 배당 ⇨ 요건 미충족시 종합과세 문제 15,16 | • 다음에 해당하는 장기채권의 이자로 분리과세를 신청한 경우<br>  ⇨ 2012.12.31까지 발행된 10년 이상의 장기채권의 이자<br>  ⇨ 2013.1.1 이후 발행된 10년 이상의 장기채권을 3년 이상 계속하여 보유한 거주자가 그 장기채권을 매입한 날부터 3년이 지난후에 발생하는 이자<br>• 2014년 12월 31일까지 가입한 세금우대종합저축에서 발생하는 이자, 배당 |

## 출제 예상문제

**1** 다음 중 금융소득의 일반적인 과세방법에 대한 맞는 설명은?

① 종합과세 기준금액 : 4천만원
② 분리과세시 원천징수세율 : 14%(지방소득세 별도)
③ 종합과세 기준 : 부부합산 금융소득 적용
④ 종합과세 소득세율 : 6~35%까지 누진세율(지방소득세 별도)

**정답** | ②
**해설** | ① 종합과세 기준금액 : 2천만원
③ 종합과세 기준 : 개인별 연간 금융소득의 합계액
④ 종합과세 소득세율 : 6~45%까지 기본세율 적용

**2** 다음 중 비과세 및 분리과세 소득을 제외한 연간 금융소득이 2천만원 이하인 경우 적용하는 분리과세 세율(지방소득세 별도)은 몇 %인가?

① 9%  ② 10%  ③ 14%  ④ 15%

**정답** | ③
**해설** | 연간 금융소득이 2천만원 이하인 경우 적용하는 분리과세 세율은 14%(지방소득세 별도) 이다.

**3** 다음 중 금융소득이 1,000만원일 때 원천징수되는 산출세액(지방소득세 별도)은 얼마인가?

① 90만원  ② 140만원  ③ 2,000만원  ④ 60만원

**정답** | ②
**해설** | 금융소득이 2천만원 이하일 경우 14%(지방소득세 별도)의 세율이 적용되어 분리과세되므로 산출세액은 140만원(1,000만원의 14%)

**4** 다음 중 금융소득 종합과세에 대한 설명으로 틀린 것은?

① 비과세 및 분리과세 소득을 제외한 금융소득이 2천만원 초과시 2천만원을 초과하는 금융소득을 다른 종합소득과 합산하여 계산하는 종합과세방식과 금융소득과 다른 종합소득을 구분하여 계산하는 분리과세방식에 의해 계산된 금액 중 큰 금액을 산출세액으로 한다.
② 분리과세되는 금융소득은 원천징수로 납세의무가 종결되어 금융소득 종합과세에서 제외된다.
③ 금융소득이 2천만원을 초과할 경우 종합소득에 해당하는 다른 소득과 합산하여 기본세율을 적용한다.
④ 개인별 연간 금융소득의 합계액이 2천만원 이하인 경우 6%(지방소득세 별도)의 세율로 원천징수한다.

**정답** | ④
**해설** | 6% → 14%

**5** 다음 표에서 ( ) 안에 들어갈 숫자를 바르게 나열한 것은?

> 근로소득자 A씨는 연간 이자소득이 1,000만원, 양도소득이 2,000만원이다. 분리과세되는 A씨의 금융소득에 대해서는 ( )%의 세율(지방소득세 별도)이 적용되어 ( )만원이 원천징수된다.

① 14, 420  ② 14, 140  ③ 15, 450  ④ 12, 120

**정답** | ②
**해설** | 금융소득(이자소득과 배당소득)은 합산금액이 2,000만원 이하일 경우 종합과세되지 않고 14% 세율로 분리과세된다. A씨의 금융소득은 1,000만원이므로 14%의 세율이 적용되어 산출된 금액인 140만원이 원천징수된다.

**6** 다음 표에서 금융소득에 대해 틀리게 설명한 것은?

> 금융소득은 (가)이자소득, 배당소득, 양도소득을 총칭하는 개념으로, (나)비과세 및 분리과세 금융소득을 제외한 연간 금융소득 중 (다)2천만원을 초과하는 금액에 대해서는 금융소득 전체를 종합과세하며 (라)개인별로 과세하는 것을 원칙으로 한다.

① (가)  ② (나)  ③ (다)  ④ (라)

**정답** | ①
**해설** | 금융소득은 이자소득, 배당소득을 총칭하는 개념이다.

**7** 다음 중 금융소득의 과세방법에 대해 맞게 설명한 것은?

① 금융소득에 이자는 포함되지만, 배당은 포함되지 않는다.
② 금융소득 종합과세가 적용되는 기준금액은 부부소득을 합산하여 계산한다.
③ 금융소득이 1천만원인 경우 종합과세한다.
④ 금융소득이 종합과세 되는 경우 다른 소득과 합산하여 소득세율을 적용한다.

**정답** | ④
**해설** | ① 금융소득은 이자소득과 배당소득을 총칭하는 개념이다.
② 부부소득을 합산 → 개인별 연간 금융소득의 합계액
③ 금융소득이 2천만원을 초과하는 경우 종합과세한다.

**8** 다음 중 금융소득과 세금에 대한 설명으로 틀린 것은?

① 분리과세되는 금융소득은 금융소득 종합과세 대상에서 제외된다.
② 금융소득은 이자소득과 배당소득을 총칭하는 개념이다.
③ 금융소득 종합과세시 다른 종합소득과 합산하여 소득세 세율을 적용한다.
④ 금융소득 종합과세여부는 부부합산 금융소득 합계액을 기준으로 한다.

**정답** | ④
**해설** | 종합과세 여부는 부부합산 기준이 아니라 개인별 연간 금융소득의 합계액 기준이다.

**9** 다음 중 종합소득 과세표준이 1,400만원일 경우 적용세율은 얼마인가?

① 6%  ② 10%  ③ 14%  ④ 20%

**정답** | ①
**해설** | 종합소득 과세표준은 1,400만원 이하부터 10억원 초과까지 6%~45%의 8단계 기본세율을 적용한다.

**10** 다음 표의 ( ) 안에 들어갈 숫자를 순서대로 맞게 나열한 것은?

> – 종합소득 과세표준이 1,400만원 이하인 경우 ( )% 세율을 적용한다.
> – 상속세 과세표준이 1억원 이하인 경우 적용세율은 ( )%이다.                    * 지방소득세 별도

① 6, 14  ② 6, 10  ③ 12, 15  ④ 12, 20

**정답** | ②
**해설** | 종합소득 과세표준 1,400만원 이하 6%, 상속세 과세표준 1억원 이하 10%를 적용한다.

## 11 다음 중 소득세의 세율이 잘못된 것은 무엇인가?

| 종합소득 과세표준 | 세율 |
|---|---|
| (가) 1,400만원 초과 5,000만원 이하 | 6% |
| (나) 5,000만원 초과 8,800만원 이하 | 24% |
| (다) 8,800만원 초과 1억5,000만원 이하 | 35% |
| (라) 1억5,000만원 초과 3억원 이하 | 38% |

① (가)  ② (나)  ③ (다)  ④ (라)

**정답** | ①
**해설** | 6% → 15%

## 12 다음 중 금융소득의 과세방법에 대해 틀리게 설명한 것은?

① 비과세 및 분리과세 소득까지 합산한 금융소득이 2천만원을 초과하는 경우 금융소득 전체가 종합과세대상이 된다.
② 금융소득 종합과세 여부는 개인별 연간 금융소득의 합계액으로 판단한다.
③ 분리과세되는 금융소득은 원천징수로 납세의무가 종결되므로 금융소득 종합과세 대상에서 제외된다.
④ 비과세 및 분리과세 소득을 제외한 금융소득이 2천만원을 초과하지 않는 경우 14%(지방소득세 제외)의 세율로 분리과세되고 종합과세 대상에서 제외된다.

**정답** | ①
**해설** | 비과세 및 분리과세 소득까지 합산한 → 비과세 및 분리과세 소득을 제외한

## 13 다음 중 금융소득에 대한 설명으로 틀린 것은?

① 금융소득이란 이자소득과 배당소득을 총칭하는 개념이다.
② 금융소득은 개인별로 과세하는 것을 원칙으로 한다.
③ 금융소득 중 비과세 및 분리과세 소득을 제외한 금융소득이 2천만원을 초과하는 경우 금융소득 전체가 종합과세 대상이 된다.
④ 비과세요건을 충족하지 못하는 저축성 보험의 보험차익에 대해서는 분류과세한다.

**정답** | ④
**해설** | 분류과세 대상이 아니라 이자소득세 14%가 원천징수되고, 다른 금융상품에서 발생한 금융소득과의 합계액이 연간 2천만원을 초과할 경우 다른 소득과 합산하여 종합과세한다.

## 14 다음 중 비과세 금융투자상품에 대한 설명으로 틀린 것은?

① 65세 이상인 거주자, 장애인을 대상으로 한다.
② 1명당 저축원금 5천만원 이하인 경우에 해당된다.
③ 요건을 미충족할 경우 이자소득세 14%가 부과되고, 다른 금융소득과 합산하여 2천만원 초과시 종합과세한다.
④ 만기환급금이 기납입보험료보다 크지 않은 경우에 적용한다.

**정답** | ④
**해설** | 일정한 요건을 충족한 저축성보험(만기환급금이 기납입보험료보다 큰 경우)의 보험차익이 비과세 금융소득에 해당한다.

## 15 다음의 비과세 종합저축 요건에 대한 설명에서 ( )에 알맞은 것은?

- 대상 : (   )세 이상인 거주자, 장애인
- 한도 : 1명당 저축원금 (   )만원 이하
- 이자 및 배당소득 비과세

① 65, 2,000  ② 60, 3,000
③ 65, 5,000  ④ 60, 4,000

**정답** | ③
**해설** | 65세 이상의 거주자 및 장애인 등을 대상으로 하는 비과세 종합저축의 한도는 1명당 저축원금 5,000만원 이하이다.

## 16 다음 표에서 맞게 설명된 것을 모두 고르시오.

(가) 보장성 보험 납입보험료에 대한 세액공제는 종합소득자를 대상으로 한다.
(나) 비과세 금융상품은 65세 이상인 거주자, 장애인 등을 대상으로 한다.
(다) 개인별 연간 금융소득이 2천만원을 초과하면 종합과세 대상이 된다.

① (가)  ② (나), (다)
③ (가), (나)  ④ (가), (나), (다)

**정답** | ②
**해설** | (가) 종합소득자 → 근로소득자

---

### 🔷 필수 암기사항

• **금융소득 종합과세**
① 개인별 연간 금융소득(이자소득+배당소득) 합계액 기준으로 2,000만원 초과시
② 종합과세시 다른 종합소득과 합산하여 소득세율 적용
③ 6%(1,400만원 이하) ~ 45%(10억원 초과) 8단계 누진세율 적용
④ 비과세 및 분리과세 소득 제외
⑤ 비과세요건을 충족하지 못한 저축성 보험의 보험차익은 종합과세에 포함
⑥ 2,000만원 이하일 경우 14%(지방소득세 별도) 원천징수로 종결

• **비과세 종합저축**
① 만 65세 이상 거주자, 장애인, 국가유공자 등
② 1인당 저축원금 5,000만원 이하
③ 이자, 배당소득 비과세

# 금융상품의 선택 기준과 요령

## 1 | 금융상품 선택 기준 : 안전성, 수익성, 유동성(환금성)

## 2 | 목적을 고려한 선택
- 어떤 목적으로 저축하고, 저축한 자금은 언제 사용하게 될 것인지를 예상하여 상품 선택
- 주택자금, 노후생활자금, 자녀교육비 마련, 생활안정성 확보, 대출을 받기 위한 저축 등

## 3 | 기간을 고려한 선택
- 예치자금을 언제 찾을 것인지 신중히 예측을 한 다음에 가입해야 높은 수익 보장
- 자금지출계획과 저축기간을 일치시키는 원칙 필요 ⇨ 만기 이전에 자금이 필요할 경우에는 중도해지수수료를 내거나 낮은 중도해지 이율 적용 ⇨ 이자손실 발생 ⇨ 단기와 장기로 나누어 가입하는 것이 원칙

## 4 | 안전성을 고려한 선택
- 안전성이란 예치자금의 원리금이 보전될 수 있는 정도를 의미
- 향후 거래 금융기관의 부실화 가능성과 예금자보호 대상 여부 확인을 위한 재무건전성지표
  ⇨ 보험회사 : 지급여력비율 / 은행 : BIS기준 자기자본비율 / 증권회사 : 영업용 순자본비율 **문제 1**
- 일반적으로 수익성이 높은 상품은 위험도가 큰 만큼 자금의 운용목적에 맞게 분산투자가 바람직

## 5 | 수익성을 고려한 선택
- 높은 이자수익이나 가격상승 또는 배당수익을 기대할 수 있는 정도를 의미
- 실효수익률 기준으로 저축상품 선택
- 금리하락 예상시 확정금리형 상품이 유리, 금리상승 예상시 변동금리형 상품이 유리

## 6 | 유동성(환금성)을 고려한 선택
- 자금이 필요한 때 언제든지 보유한 상품을 별다른 손해없이 현금화할 수 있는 정도
- 수익성이 낮은 수시입출금식 예금은 유동성이 높고
- 장기저축성 예금이나 신탁, 채권은 수익성은 높지만 중도해지나 환매에 따른 불이익이 크기 때문에 유동성이 낮음

## 7 | 금융기관을 고려한 선택
- 안전성 이외에도 자금운용능력과 운용방식, 부대서비스 내용, 점포망 등을 고려
- 하나의 금융기관을 주거래 기관으로 정해놓고 집중적으로 이용하는 것이 바람직

### 출제 예상문제

**1** 다음 중 우량금융기관 판단지표가 바르게 연결된 것은?

① 보험회사 - 지급여력비율
② 은행 - 영업용 순자본비율
③ 증권회사 - BIS기준 자기자본비율
④ 자산운용회사 - 부실여신비율

**정답** | ①
**해설** | ② 은행 - BIS기준 자기자본비율, 부실여신비율
③ 증권회사 - 영업용 순자본비율
④ 자산운용회사 - 위험대비 자기자본비율

# 생명보험의 개념 및 운영원리

교재 p84~85
제2장. 생명보험의 이해 ▶ 02. 생명보험 상품 및 보험약관 ▶ 가. 생명보험 상품의 구성 ▶ (1) 생명보험의 개념 및 운영원리

출제포인트 3.5

## 1 대수의 법칙 : 보험사고 발생 예측

- 생명보험에서 사용되고 있는 가장 기본적인 원리(보험운영의 근간)
- 다수를 대상으로 관찰해 보면 대수의 법칙에 따라 사고의 발생 가능성 예측 가능 ⇨ 보험료 산출 **문제 1,2**

## 2 수지상등의 원칙 : 적절한 보험료와 보험금 산정

보험료 총액(전체 계약자 납입보험료) = 보험금 총액 + 사업비(경비) 등

- 수입보험료의 총액과 향후 고객에게 지급될 보험금, 사업비(경비) 등 지출하는 총 금액이 같도록 하는 것
  - ⇨ 계약자 개개인 측면에서는 보험료과 보험금 사이에 차이 발생할 수 있음
  - ⇨ 가입자 수가 많을수록 수지상등의 원칙은 안정적
  - ⇨ 전체 계약자 측면에서는 동일하도록 보험료와 보험금 산정
- 보험회사가 경영을 지속적으로 유지하기 위해 필요한 조건 또는 원리

## 3 생명표

- 어떤 연령대의 사람들이 1년에 몇 명 정도 사망(또는 생존)할 것인가를 산출하여 계산한 표 **문제 3**
- 사람의 연령별 생사와 관련된 통계를 나타내며, 생명보험의 보험료 산출을 위한 기초통계로서의 역할
- 모든 국민을 대상으로 한 「국민생명표」와 생명보험사가 피보험자 집단을 대상으로 작성한 「경험생명표」로 구분
- 2024년 4월부터 제10회 경험생명표 사용

### ☀ 출제 예상문제

**1** 다음 표에서 설명하는 생명보험의 운영원리는 무엇인가?

> 동전을 10번 던져서 10번 모두 앞면이 나올 경우가 발생할 수 있지만, 동전을 10,000번 던진다면 동전의 앞면이 나올 확률은 거의 1/2에 근접한다.

① 대수의 법칙  ② 수지상등의 원칙
③ 생명표  ④ 자기책임의 원칙

**정답** | ①
**해설** | 대수의 법칙에 대한 설명이다.

**2** 다음 보기의 ( ) 안에 알맞은 생명보험의 기본원리는 무엇인가?

> 다수의 사람을 대상으로 관찰해보면 ( )에 따라 사고의 발생 가능성을 예측할 수 있고, 보험료를 산출할 수 있게 된다.

① 대수의 법칙  ② 수지상등의 원칙
③ 생명표  ④ 자기책임의 원칙

**정답** | ①
**해설** | 대수의 법칙에 대한 설명이다.

**3** 생명표는 어떤 연령대의 사람들이 10년에 몇 명 정도 사망 또는 생존할 것인지를 산출하여 계산한 표이다. (○, ×)

**정답** | ×
**해설** | 10년 → 1년

# 041

# 보험료 산출
## 3이원방식과 현금흐름방식

교재 p85~87
제2장. 생명보험의 이해 ▶ 02. 생명보험 상품 및 보험약관 ▶ 가. 생명보험 상품의 구성 ▶ (2) 3이원방식에 의한 보험료 산출

출제포인트 5.0

## 1 | 3이원방식

예정위험률, 예정이율, 예정사업비율 등 3가지 기초율(3이원)을 사용하여 보험료를 계산하는 방식

① 보험기간이 장기이므로 통계의 불확실성 등을 감안하여 기초율을 보수적(안정적)으로 보험료 산출
② 총보험료(영업보험료) = 순보험료(위험보험료 + 저축보험료) + 부가보험료

| 구분 | 위험보험료 | 저축보험료 | 부가보험료 문제1 |
|---|---|---|---|
| 적용기초율 | 예정위험률 | 예정이율<br>(중도·만기보험금의 재원) | 예정사업비율 |

③ 예정이율 : 보험료 납입시점과 보험금 지급시점의 현재가치를 일치시키는 매개체 역할

✱ **예정기초율과 보험료와의 관계**

| 구분 | 보험료와의 관계 |
|---|---|
| 예정위험률<br>(사망률의 경우) | • 예정사망률이 낮아지면 ⇨ 사망보험 보험료 하락<br>　　　　　　　　　　⇨ 생존보험 보험료 상승<br>• 예정사망률이 높아지면 ⇨ 사망보험 보험료 상승<br>　　　　　　　　　　⇨ 생존보험 보험료 하락 |
| 예정이율 | • 예정이율이 낮아지면 ⇨ 보험료 상승<br>• 예정이율이 높아지면 ⇨ 보험료 하락 |
| 예정사업비율 | • 예정사업비율이 낮아지면 ⇨ 보험료 하락<br>• 예정사업비율이 높아지면 ⇨ 보험료 상승 |

## 2 | 현금흐름방식

3가지 예정기초율 외에 계약유지율, 일정 판매량, 목표이익(일정 수익률) 등 현금흐름에 영향을 주는 다양한 요소들을 반영하여 회사별 상황에 맞는 최적가정으로 책정 문제2,3

① 도입 경과
- 2009년 12월 도입되어 2013년 3월까지는 3이원방식과 현금흐름방식을 선택적으로 사용
- 2013년 4월부터 현금흐름방식에 따라 보험료를 산출

② 기대효과
- 회사별 경험통계에 기초한 가정을 통해 상품의 기대이익 및 가격전략 등을 유연하게 반영함으로써
- 회사별 보험료를 차별화할 수 있고 다양한 옵션 및 보증이 부가된 보험상품 개발 기대 문제4
- 상품의 수익성과 민감도에 대한 사전분석 필요하고 보험료 확정 전 손익분석이 이루어지므로 예상손익을 기준으로 손익 관리 ⇨ 자율적인 보험료 조정 가능

## ✱ 보험료 산출방식의 비교

| 구분 | 3이원방식 | 현금흐름방식 |
|---|---|---|
| 가정종류 | 위험률, 이자율, 사업비율 | 3이원 포함, 해지율, 옵션, 재보험 등 |
| 가정적용 | 보수적인 표준기초율 | 회사별 최적가정 |
| 손익원천 | 이원별 이익 | 종합 이익 |
| 수익성 분석 | 선택적 | 필수적 |
| 새로운 원가요소반영 | 용이하지 않음 | 용이함 |

### 출제 예상문제

**1** 다음 중 부가보험료에 해당하는 것은?

① 예정사업비율에 의하여 산출된 보험료
② 예정위험률을 기초로 산출된 보험료
③ 중도·만기보험금 등 생존시 지급되는 보험금의 재원이 되는 보험료
④ 위험보험료와 저축보험료를 합한 것

**정답** | ①
**해설** | ② 위험보험료 ③ 저축보험료 ④ 순보험료

**2** 다음 표 내용 중 ( ) 안에 들어갈 알맞은 말은?

> (　　)은 세 가지 예정기초율 외에도 계약유지율, 판매량, 목표이익 등 현금흐름에 영향을 주는 다양한 요소들을 반영하며 변액보험의 기초율도 회사별 상황에 맞는 (　　)을 책정하여 보험료를 산출한다.

① 현금흐름방식, 보수적 가정
② 현금흐름방식, 최적가정
③ 3이원방식, 최적가정
④ 3이원방식, 보수적 가정

**정답** | ②
**해설** | 현금흐름방식, 최적가정에 대한 설명이다.

**3** 현금흐름방식은 3가지 예정기초율 외에도 계약유지율, 판매량 등 현금흐름에 영향을 주는 다양한 요소들을 반영하여 보험료를 산출한다. (O, ×)

**정답** | O
**해설** | 맞는 설명이다.

**4** 다음 중 보험료 산출방식인 현금흐름방식에 대해 맞게 설명한 것은?

① 3이원방식에 비해 보수적인 표준기초율을 적용한다.
② 새로운 원가요소 반영이 용이하지 않다.
③ 회사별 보험료를 차별화할 수 있다.
④ 예정위험률, 예정이율, 예정사업비율을 사용하여 보험료를 계산하는 방식이다.

**정답** | ③
**해설** | ① 3이원방식은 보수적으로, 현금흐름방식은 최적가정으로 책정한다.
② 새로운 원가요소 반영이 용이하다.
④ 3이원방식에 대한 설명이다.

### 필수 암기사항

- **3이원방식 vs 현금흐름방식**
  ① 3이원방식 : 3가지 기초율인 예정위험률(위험보험료), 예정이율(중도·만기보험금), 예정사업비율을 기초로 계산
  ⇨ 보수적이고 안정적으로 산출
  ② 현금흐름방식 : 3이원 외에 유지율, 판매량 등 다양한 요소 반영
  ⇨ 회사별 최적가정으로 책정
  ⇨ 회사별 보험료 차별화, 신상품 개발 가능
  ③ 예정기초율과 보험료와의 관계
  ⇨ 예정사망률이 낮아지면 : 사망보험료 하락
  ⇨ 예정이율이 낮아지면 : 보험료 상승
  ⇨ 예정사업비율이 낮아지면 : 보험료 하락

# 042. 책임준비금의 개념과 구성(IFRS17 적용 기준), 해약환급금

교재 p87~89
제2장. 생명보험의 이해 ▶ 02. 생명보험 상품 및 보험약관 ▶ 가. 생명보험 상품의 구성 ▶ (4) 책임준비금의 개념 및 구성

출제 포인트 5.0

## 1. 책임준비금의 개념

- 보험회사가 계약자 또는 보험수익자에 대하여 장래에 지급하는 보험금, 환급금, 배당금 등을 충당하기 위하여 적립해 놓은 금액

## 2. 책임준비금의 구성(IFRS17 적용 기준)

- 2023년 보험부채 시가평가 회계기준인 IFRS17 도입
  ⇨ "원가기준"에서 "시가기준"으로 보험부채 평가 방법 변경 [문제1]
- 평가시점에 실제위험률, 시장이자율을 재산출하여 적용
  ⇨ 평가시점마다 가정이 변경되어 부채도 변동
- 보험계약의 기대이익을 "보험계약마진"으로 부채에 별도 표기
- 책임준비금은 평가시점의 현재가치로 적립, 미래현금흐름에 대한 현행 추정치를 적용하여 평가 [문제2]

## 3. 보험계약부채(책임준비금) 구성 및 요소별 개념(IFRS17 적용 기준)

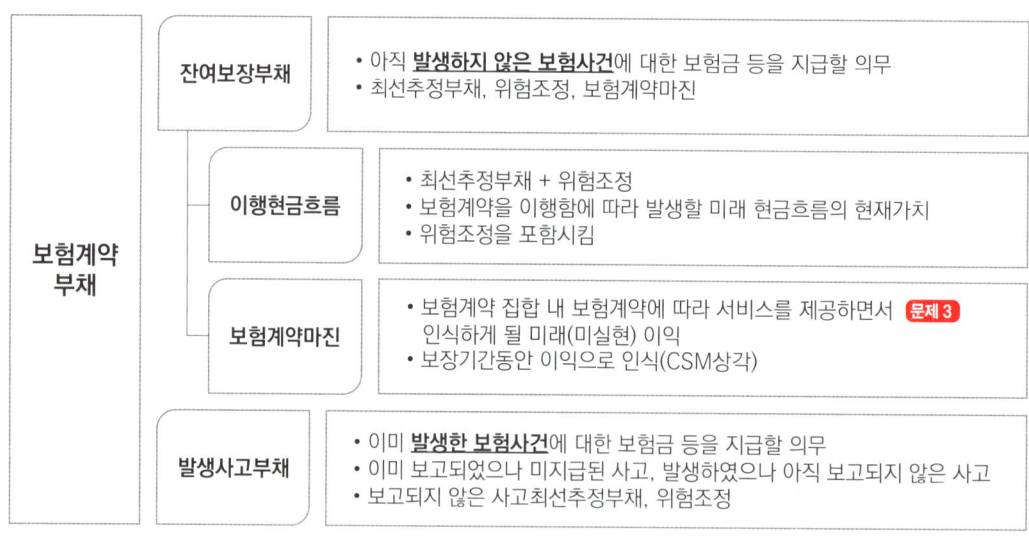

보험계약부채
- 잔여보장부채
  - 아직 **발생하지 않은 보험사건**에 대한 보험금 등을 지급할 의무
  - 최선추정부채, 위험조정, 보험계약마진
- 이행현금흐름
  - 최선추정부채 + 위험조정
  - 보험계약을 이행함에 따라 발생할 미래 현금흐름의 현재가치
  - 위험조정을 포함시킴
- 보험계약마진
  - 보험계약 집합 내 보험계약에 따라 서비스를 제공하면서 인식하게 될 미래(미실현) 이익 [문제3]
  - 보장기간동안 이익으로 인식(CSM상각)
- 발생사고부채
  - 이미 **발생한 보험사건**에 대한 보험금 등을 지급할 의무
  - 이미 보고되었으나 미지급된 사고, 발생하였으나 아직 보고되지 않은 사고
  - 보고되지 않은 사고최선추정부채, 위험조정

## 4. 해약환급금

- 해약환급금 : 보험계약의 해약, 효력상실 등이 발생할 경우 계약자에게 반환하는 금액
  ⇨ 계약자적립액에서 해약공제액을 뺀 금액
- 계약자적립액 : 고객에게 받은 보험료(평준보험료) 중 보험금 지급을 위한 위험보험료(자연보험료)와 사업비 등을 뺀 나머지를 적립한 금액
- 해약공제액 : 보험료납입기간(납입기간이 7년 이상인 경우 7년) 이내에 계약 해지시 계약자적립액에서 차감하는 금액 ⇨ 중도해지에 따른 보험회사의 손해에 대한 패널티 성격

## 5 | 자연보험료와 평준보험료

| 자연보험료 | • 매년 갱신(更新)조건부로 1년 만기 정기보험을 계약할 경우 각 연도마다 계약자가 부담하는 위험보험료 ⇨ 연령이 증가할수록 보험료도 상승 문제 4<br>• 보험료가 매년 피보험자의 위험률 변화에 따라 변경되는 것 |
|---|---|
| 평준보험료 | • 실제 계약에 자연보험료를 적용할 경우 매년 납입해야 할 보험료가 변경되고, 계약 후반에는 보험료가 지나치게 높아지는 문제점 발생<br>• 전 보험기간 동안의 자연보험료를 납입기간에 걸쳐 예정이율을 고려하여 평준화 시킨 보험료(정액) 문제 5,6 |

### 출제 예상문제

**1** 2023년 보험부채 평가 회계기준인 IFRS17이 도입됨에 따라 보험부채 평가 방법이 시가기준에서 원가기준으로 변경되었다. (O, ×)

정답 | ×
해설 | 원가기준에서 시가기준으로 변경되었다.

**2** 다음 중 책임준비금(IFRS17 적용 기준)에 대한 설명으로 틀린 것은?
① 책임준비금은 보험회사가 계약자에 대하여 장래에 지급하는 보험금, 환급금 등을 충당하기 위해서 적립해 놓은 금액이다.
② 평가시점마다 가정이 변경되어 부채도 변동한다.
③ 보험부채 평가기준이 원가기준에서 시가기준으로 변경되었다.
④ 책임준비금은 평가시점의 미래가치로 적립한다.

정답 | ④
해설 | 미래가치 → 현재가치

**3** 다음 표에서 설명하는 것은 무엇인가?

보험계약 집합 내 보험계약에 따라 보험계약서비스를 제공하면서 인식하게 될 미실현 이익

① 최선추정부채
② 위험조정
③ 보험계약마진
④ 이행현금흐름

정답 | ③
해설 | 보험계약마진에 대한 설명이다.

**4** 다음 표에서 설명하고 있는 내용은 무엇인가?

생명보험에서 피보험자가 매년 갱신조건부로 1년 정기보험을 계약할 경우 각 연도마다 계약자가 부담하는 위험보험료

① 자연보험료
② 평준보험료
③ 순보험료
④ 저축보험료

정답 | ①
해설 | 자연보험료에 대한 설명이다.

**5** 다음 중 표의 ( ) 안에 들어갈 용어를 순서대로 맞게 나열한 것은?

평준보험료란 전 보험기간 동안의 ( (가) )를 계약자가 선택한 납입기간에 걸쳐 예정이율을 고려하여 평준화 시킨 ( (나) )의 보험료를 의미한다.

① (가) 자연보험료, (나) 정액
② (가) 자연보험료, (나) 부정액
③ (가) 순보험료, (나) 정액
④ (가) 순보험료, (나) 부정액

정답 | ①
해설 | 평준보험료에 대한 설명이다.

**6** 실제 계약에 자연보험료를 적용할 경우 고객이 납입해야 하는 보험료가 매년 변경되어 불편하고 계약 후반에는 보험료가 매우 높아지는 문제가 있다. 따라서 실제 계약에서는 전 보험기간 동안의 자연보험료를 계약자가 선택한 납입기간에 걸쳐 예정이율을 고려하여 평준화시킨 보험료(평준보험료)를 적용한다. (O, ×)

정답 | O
해설 | 평준보험료에 대한 맞는 설명이다.

# IFRS17 적용 이전의 책임준비금 운영

**교재 p89~91**
제2장. 생명보험의 이해 ▶ 02. 생명보험 상품 및 보험약관 ▶ 가. 생명보험 상품의 구성 ▶ (4) 책임준비금의 개념 및 구성

## 1. 책임준비금의 개념

- 보험회사가 계약자 또는 보험수익자에 대하여 장래에 지급하는 보험금, 환급금, 배당금 등을 충당하기 위하여 계약자로부터 받은 순보험료의 일부를 적립해 놓은 금액
- 사망보험의 자연보험료는 연령이 증가하면 보험료가 상승하여 계약자 부담이 증가
- 이 문제를 해결하기 위해 생명보험 상품은 일반적으로 평준보험료를 산출
  ⇨ 계약초기 수입보험료 중 보험금을 지급하고 남은 부분을 계약후반기 보험금 지출이 보험료 수입을 초과하는 것에 대비해서 적립해 두는 것이 책임준비금
    ⇨ 즉, 평준보험료 산출로 인해 책임준비금 적립 필요
- 책임준비금은 보험회사 입장에서는 부채이며, 계약 해지시에는 해약환급금의 기준이 됨

## 2. 책임준비금의 적립방식(IFRS17 적용 이전 기준)

| 구분 | 내용 |
|---|---|
| 순보험료식 책임준비금 적립방식 | • 사업비(특히 신계약비)에 관한 것을 일체 고려하지 않고 책임준비금을 적립하는 방법<br>• 순보험료 중 위험보험료는 위험보험금의 충당, 저축보험료는 보험료적립금의 충당에 사용<br>• 장점 : 초년도에 신계약비 지출로 인한 비용부담이 크지만 책임준비금을 두텁게 적립 **문제 1**<br>• 단점 : 계약자 입장에서 볼 때는 계약자배당 규모가 축소되거나 배당시기 지연 |
| 질멜식 책임준비금 적립방식 | • 초년도의 신계약비를 순보험료 부분에서 대체하여 사용하고 차년도 이후의 부가보험료로 이를 대체하는 것 **문제 2**<br>• 순보험료식 책임준비금에 비해 계약 초기에 책임준비금 적립 규모가 작음<br>• 전기질멜식과 단기질멜식으로 구분 |
| 해약환급금식 책임준비금 적립방식 | • 해약환급금을 책임준비금으로 적립하는 방식<br>• 해약환급금은 순보험료 보험료적립금에서 일부금액(미상각신계약비 등)을 공제하고 지급하므로 일반적으로 해약환급금식 책임준비금은 순보험료식 책임준비금보다 작음 |

## 3 | 책임준비금의 구성(IFRS17 적용 이전 기준) 문제 3

| 보험료적립금 | • 매 회계연도 말 현재 유지되고 있는 계약에 대해 장래보험금 등의 지급을 위해 적립하는 금액<br>• 책임준비금의 대부분을 차지 문제 4 |
|---|---|
| 미경과보험료적립금 | • 납입기일이 당해 회계연도에 속하는 수입보험료 중에서 회계연도말 현재 위험보장기간이 경과하지 않은 보험료 |
| 지급준비금 | • 회계연도 말 보험금 등의 지급사유가 발생한 계약에 대하여 지급하여야 하거나 지급하여야 할 것으로 추정되는 금액 중 아직 지급하지 아니한 금액 |
| 계약자배당준비금 | • 법령이나 약관 등에 의하여 계약자에게 배당할 목적으로 적립하는 금액 |
| 계약자이익배당준비금 | • 장래에 계약자배당에 충당할 목적으로 계약자배당준비금 외에 추가적으로 적립하는 것으로 영업성과에 따라 총액으로 적립하는 금액 |
| 배당보험손실보전준비금 | • 배당보험계약의 손실을 보전하기 위해 적립하는 준비금 |
| 재보험료적립금 | • 보험계약을 수재한 경우 수재부분에 대한 책임준비금을 적립하는 금액 |
| 보증준비금 | • 보험금 등을 일정수준 이상 보증하기 위해 장래 예상되는 손실액 등을 고려하여 적립하는 금액 |

### ☀ 출제 예상문제

**1** 순보험료식 책임준비금 적립방식은 질멜식 책임준비금 적립방식에 비해 초기에 책임준비금을 두텁게 적립하는 장점이 있다. (O, ×)

정답 | O
해설 | 맞는 설명이다.

**2** 다음 중 질멜식 책임준비금 적립방식에 대한 설명으로 맞는 것은?

① 신계약비에 관한 것을 일체 고려하지 않는 방식이다.
② 계약자 입장에서는 배당시기가 지연될 수 있는 단점이 있다.
③ 차년도 이후의 부가보험료로 신계약비를 대체하는 방식이다.
④ 순보험료식보다 책임준비금을 두텁게 적립할 수 있다.

정답 | ③
해설 | ①, ② 순보험료식 책임준비금에 대한 설명
④ 순보험료식은 질멜식보다 책임준비금을 두텁게 적립할 수 있다.

**3** 다음 중 책임준비금의 구성 항목에 해당하지 않는 것은? (IFRS17 적용 이전 기준)

① 보험료적립금  ② 계약자배당준비금
③ 신계약비     ④ 재보험료적립금

정답 | ③
해설 | 책임준비금은 보험료적립금, 미경과보험료적립금, 지급준비금, 계약자배당준비금, 계약자이익배당준비금, 배당보험손실보전준비금, 재보험료적립금, 보증준비금으로 구성되어 있다.

**4** 다음 표에서 설명하는 것으로 알맞은 것은?

> 매 회계연도 말 현재 유지되고 있는 계약에 대해 장래의 보험금 등의 지급을 위해 적립하는 금액으로 책임준비금의 대부분을 차지한다.(IFRS17 적용 이전 기준)

① 지급준비금    ② 계약자이익배당준비금
③ 보험료적립금  ④ 미경과보험료적립금

정답 | ③
해설 | 보험료적립금에 대한 설명이다.

# 생명보험 상품의 구조와 분류

교재 p91~94
제2장. 생명보험의 이해 ▶ 02. 생명보험 상품 및 보험약관 ▶ 나. 생명보험 상품의 구조와 형태 ▶ (1) 생명보험 상품의 구조

## 1 생명보험 상품의 구조(주계약 + 특약)

① 주계약
- 보험계약에서 기본이 되는 중심적인 보장내용
- 상품의 가장 기본적인 특징을 나타내는 부분 ⇨ 계약 성립의 기본

② 특약(특별보험약관)
- 보장의 추가, 보험계약자의 편의도모를 위해 주계약 이외의 보장을 확대하거나 장래 변경되는 내용을 보완하기 위해 추가적으로 부가하는 계약
- 원칙적으로 주계약 자체만으로 계약 성립 가능 ⇨ 특약만으로는 계약 성립 불가능 문제 1
  ⇨ 주계약만으로 보험계약자들의 다양한 욕구를 충족시키기에는 한계 발생
  ⇨ 여러가지 특약을 개발하여 주계약에 부가하여 판매
- 특약의 3가지 종류 : 의무부가특약, 선택특약, 제도성 특약
- 특약은 주계약을 유지하는 조건으로만 추가하거나 해약할 수 있음
  ⇨ 주계약 해지시 특약도 자동적으로 해약 처리

## 2 보험사고 형태에 따른 분류 ⇨ 생존보험, 사망보험, 생사혼합보험 문제 2

### (1) 생존보험(연금보험과 교육보험) 문제 3
- 피보험자가 보험기간 만료일이나 일정시점까지 생존할 때 보험금이 지급되는 보험
- 피보험자가 보험기간 중 사망하면 보험금이 지급되지 않는 것이 일반적이나, 현재 우리나라에서 판매되는 대부분의 생존보험은 피보험자가 보험기간 중 사망하더라도 일정한 형태의 사망보험금 지급

| 구분 | 연금보험 | 교육보험 |
|---|---|---|
| 목적 | 불확실한 노후를 대비하기 위한 상품 | 자녀의 교육자금을 종합적으로 마련 |
| 특징 | • 제1보험기간 : 연금재원을 축적하는 기간 위험보장기간<br>• 제2보험기간 : 연금을 지급받는 기간<br>• 연금수령 형태 : 종신연금, 확정연금, 상속연금 문제 4 | • 부모 생존시 : 생존 학자금 지급<br>• 부모 사망시 : 유자녀 학자금 지급 |

## (2) 사망보험(정기보험과 종신보험)

- 보험기간이 종료될 때까지 피보험자가 생존했을 때는 원칙적으로 보험금이 지급되지 않는 보험
- 현재 우리나라에서 판매되는 사망보험은 만기 생존시에 이미 납입한 보험료 범위 내에서 보험료를 환급하는 상품(환급형)도 존재

| 구분 | 정기보험 | 종신보험 |
|---|---|---|
| 보장기간 | 10년, 20년 등 일정기간만 보장 문제 5 | 평생(보험기간 한정하지 않음) 문제 5 |
| 특징 | 보험금, 납입기간, 보험나이 등이 동일할 경우 종신보험에 비해 보험료가 저렴 | • 보험기간 중 언제 사망하더라도 보험금 지급<br>• 최초 유족보장 중심의 단순 형태에서 최근에는 맞춤설계형 상품으로 다양한 특약의 조합을 통해 종합보장이 가능하도록 진화 |

- 사망보험계약은 피보험자의 사망을 보험사고로 한다.

## (3) 생사혼합보험(양로보험)

- 사망보험(정기보험)의 보장기능과 생존보험의 저축기능이 결합된 형태의 상품

## 3 보험가입의 주목적에 따른 분류 ⇨ 보장성보험과 저축성 보험 문제 6

| 구분 | 보장성보험 | 저축성 보험 |
|---|---|---|
| 정의 | 기준연령 요건에서 생존시 지급되는 보험금의 합계액이 이미 납입한 보험료를 초과하지 않는 보험 문제 7<br><br>생존시 지급되는 보험금의 합계액 ≤ 이미 납입한 보험료 | 생존시 지급되는 보험금의 합계액이 이미 납입한 보험료를 초과하는 보험<br><br><br>생존시 지급되는 보험금의 합계액 > 이미 납입한 보험료 |
| 보장내용 | 사망, 질병, 재해 등 | 없음 |

## 4 기타

- 계약자 배당 여부에 따라 배당보험과 무배당보험 문제 8
- 일정기간 마다 보험료를 재산출하는지 여부에 따라 갱신형보험과 비갱신형보험
- 보험사고 발생시 지급하는 보험금이 계약체결 당시 확정되는지 실제 손해만큼 보장하는지 여부에 따라 정액보험과 실손보험

## 출제 예상문제

**1** 생명보험 계약은 원칙적으로 특약 자체만으로도 보험 계약이 성립될 수 있다. (O, ×)

**정답** | ×
**해설** | 특약만으로는 계약 성립이 불가능하다.

**2** 다음 표에서 생명보험 상품을 보험사고의 형태에 따라 분류한 것은?

> (가) 사망보험 (나) 보장성보험 (다) 생사혼합보험
> (라) 저축성 보험 (마) 배당보험 (바) 생존보험
> (사) 무배당보험

① (다), (마), (사)   ② (가), (라), (마)
③ (나), (라)        ④ (가), (다), (바)

**정답** | ④
**해설** | 보험사고의 형태에 따라 생존보험, 사망보험, 생사혼합보험으로 분류된다.

**3** 다음의 생명보험 상품에서 생존보험에 해당하는 것은?

① 연금보험, 양로보험   ② 연금보험, 교육보험
③ 양로보험, 정기보험   ④ 정기보험, 교육보험

**정답** | ②
**해설** | 양로보험 – 생사혼합보험, 정기보험 – 사망보험

**4** 다음 중 연금보험의 연금수령 형태에 해당하지 않는 것은?

① 상속연금        ② 종신연금
③ 확정연금        ④ 실적배당형연금

**정답** | ④
**해설** | 연금보험의 연금수령 형태는 종신연금, 확정연금, 상속연금으로 분류된다. 실적배당형연금은 연금지급 개시 후 연금재원 적립방식에 따른 분류이다.

**5** 다음 표의 ( )에 들어갈 말로 알맞게 연결된 것은?

> 사망보험은 보장기간에 따라 보험기간을 미리 정해 놓고 피보험자가 보험기간 내에 사망했을 때 보험금을 지급하는 ( )과 보험기간을 한정하지 않고 피보험자가 사망할 때까지를 보험기간으로 하여 피보험자가 어느 때 사망하더라도 보험금을 지급하는 ( )으로 구분된다.

① 종신보험 – 연금보험   ② 정기보험 – 생존보험
③ 정기보험 – 종신보험   ④ 종신보험 – 정기보험

**정답** | ③
**해설** | 사망보험인 정기보험과 종신보험에 대한 설명이다.

**6** 보험가입의 주목적에 따라 보장성 보험과 저축성 보험으로 구분할 수 있다. (O, ×)

**정답** | O
**해설** | 보장성 보험과 저축성 보험의 구분은 보험가입의 주목적이다.

**7** 다음 표에서 ( ) 안에 들어갈 내용을 바르게 나열한 것은?

> 보장성 보험이란 기준연령 요건에서 ( )시 지급되는 보험금의 합계액이 이미 납입한 보험료를 ( )하지 아니하는 보험이다.

① 생존, 미달   ② 사망, 초과
③ 생존, 초과   ④ 사망, 미달

**정답** | ③
**해설** | 보장성 보험의 정의에 대한 설명이다.

**8** 다음 중 생명보험 상품의 분류가 틀린 것은?

① 보험료 재산출 여부 : 갱신형보험, 비갱신형보험
② 보험료 적립금 운영방식에 따라 계정 분리 여부 : 일반계정, 특별계정
③ 보험사업에 따른 이익의 계약자 분배 여부 : 정액보험, 실손보험
④ 보험사고 형태 : 사망보험, 생존보험, 생사혼합보험

**정답** | ③
**해설** | 보험사업의 이익 분배여부에 따라 배당보험과 무배당보험으로 분류된다.

## 필수 암기사항

- **주계약과 특약**
  ① 주계약 : 계약성립의 기본 ⇨ 주계약만으로 계약 성립
  ② 특약 : 추가되는 계약 ⇨ 특약만으로 계약 성립 불가, 주계약 해지시 특약도 자동 해지

- **보험가입 주목적에 따른 상품 분류**
  ① 보장성 보험 : 기준연령요건에서 생존시 지급되는 보험금의 합계액이 이미 납입한 보험료를 초과하지 않는 보험
  ② 저축성 보험 : 생존시 지급되는 보험금의 합계액이 이미 납입한 보험료를 초과하는 보험

- **보험사고 형태에 따른 상품 분류**
  ① 생존보험 : 연금보험, 교육보험
  ② 사망보험 : 정기보험(일정한 기간 한정), 종신보험(기간을 한정하지 않음)
  ③ 생사혼합보험 : 양로보험

- **기타**
  ① 배당보험과 무배당보험
  ② 갱신형과 비갱신형보험

# 045 생명보험 약관
### 생명보험계약의 의의와 특성

교재 p94~95
제2장. 생명보험의 이해 ▶ 02. 생명보험 상품 및 보험약관 ▶ 다. 생명보험 약관 ▶ (1) 생명보험계약의 의의

출제 포인트 5.5

## 1 생명보험계약의 의의

- 생명보험계약 : 사람의 생존과 사망, 정액보상, 장기
- 손해보험계약 : 재산상의 손해, 실손보상, 단기

## 2 생명보험계약의 특성

| | |
|---|---|
| 유상·쌍무계약성 | • 보험계약은 보험회사와 보험계약자 사이에 이루어지는 일종의 채권계약<br>• 보험계약자는 보험료를 납부해야 할 의무를 지게 되며 보험회사는 보험사고가 발생할 때 보험금을 지급해야 할 의무 발생<br>• 이 두 채무인 '보험료 납입' 및 '보험금 지급'은 대가관계가 있으므로 쌍무계약이며 또한 유상계약임 [문제1] |
| 불요식·낙성계약성 | • 보험계약은 계약자의 청약이 있고 이를 보험회사가 승낙하면 계약 성립<br>• 즉, 당사자 쌍방의 의사합치가 있으면 성립하고, 그 계약의 성립요건으로서 특별한 요식행위를 요구하지 않음 ⇨ 불요식 [문제2]<br>• 보험계약은 보험료의 납입여부, 보험증권의 작성여부와 상관없이 당사자 사이의 의사합치만으로 성립함 ⇨ 낙성 [문제3]<br>• 정형화된 보험청약서 사용, 보험증권 교부 등은 계약관계를 증명하는 증거증권의 성격이며, 이 같은 행위가 보험계약 자체의 성립을 의미하지 않음 |
| 부합계약성 | • 보험계약은 일반적으로 보험회사에 의해 미리 작성된 보험약관을 통해 체결 [문제4]<br>• 보험계약자는 그 약관을 전체로서 승인하거나 아니면 거절해야 하는 부합계약 [문제5]<br>• 한 보험회사가 수많은 보험계약자를 상대로 개개인의 필요에 맞게 보험약관을 정하는 것이 사실상 불가능하기 때문 [문제6] |
| 사행계약성 | • 보험계약은 보험금이 장래의 우연한 사고 발생시 지급된다는 점에서 사행계약<br>• 보험 : 위험에 대비하여 경제생활의 안정을 목적으로 하는 적법한 제도<br>※ 사행행위 : 일확천금을 목적으로 하는 행위로서 사회적 효용 없음 |
| 선의계약성 | • 보험금 지급 책임이 우연한 사고의 발생에 기인(사행성)하므로 선의성이 없다면 보험원리 및 보험질서가 훼손되어 보험제도가 운영될 수 없음<br>• 선의계약은 보험계약자, 보험회사 모두에게 요구되는 상호적 원칙 |

## 출제 예상문제

**1** 다음 중 생명보험계약에 대한 설명으로 맞는 것은?
① 보험증권이 발급되면 계약이 성립된다.
② 보험료 납입과 보험금 지급은 대가관계가 성립한다.
③ 1회 보험료를 납입하면 계약이 성립된다.
④ 보험금 지급사유가 사망 등의 보험사고이므로 채권계약이 아니다.

**정답** | ②
**해설** | ①, ③ 보험계약 성립은 청약과 승낙으로 이루어진다.
④ 보험계약은 보험회사와 보험계약자 사이에 이루어지는 일종의 채권계약이다.

**2** 다음 중 생명보험계약의 특성에 대해 틀리게 설명한 것은?
① 보험계약은 계약자의 청약이 있고 이를 보험회사가 승낙하면 계약이 성립된다.
② 보험계약은 보험회사와 보험계약자 사이에 이루어지는 일종의 채권계약이다.
③ 계약 체결시 정형화된 보험청약서를 사용하는 등 요식행위가 지켜져야 한다.
④ 보험금이 장래의 우연한 사고 발생시 지급된다는 점에서 사행계약에 속한다.

**정답** | ③
**해설** | 당사자 쌍방의 의사합치가 있으면 성립하고, 그 계약의 성립 요건으로서 특별한 요식행위를 요구하지 않는 불요식계약의 특성을 가지고 있다.

**3** 다음 중 생명보험계약의 특성에 대해 틀리게 설명한 것은?
① 보험계약자가 제1회 보험료를 납입해야 계약이 성립한다.
② 계약의 양 당사자가 가지는 채무는 서로 금전적 대가관계가 있으므로 유상·쌍무계약이다.
③ 보험금이 장래의 우연한 사고 발생시 지급된다는 점에서 사행계약에 속한다.
④ 실거래에서는 보험계약 체결시 정형화된 청약서를 사용한다.

**정답** | ①
**해설** | 보험계약은 보험계약자의 청약과 보험회사의 승낙으로 계약이 성립하며, 보험료 납입은 계약성립의 요건이 아니다.

**4** 다음 표에서 설명하는 생명보험계약의 특성으로 알맞은 것은?

> 보험계약은 일반적으로 보험회사에 의해 미리 작성된 보험약관을 통해 체결되는데 보험계약자는 그 약관을 전체로서 승인하거나 아니면 거절해야 하는 계약이다.

① 유상, 쌍무계약   ② 부합계약
③ 불요식, 낙성계약   ④ 사행계약

**정답** | ②
**해설** | 부합계약에 대한 설명이다.

**5** 보험계약은 일반적으로 보험회사에 의해 미리 작성된 보험약관을 통해 체결되는데 보험계약자는 그 약관을 전체로서 승인하거나 아니면 거절해야 하는 부합계약이다. (O, ×)

**정답** | O
**해설** | 부합계약에 대한 맞는 설명이다.

**6** 다음 중 생명보험계약이 부합계약의 특성을 갖는 이유로 맞는 것은?
① 보험계약의 성립요건으로 특별한 요식행위를 요구하지 않기 때문
② 수많은 보험계약자를 상대로 개개인의 필요에 맞게 보험약관을 정하는 것이 사실상 불가능하기 때문
③ 보험금 지급책임이 우연한 사고의 발생에 기인하기 때문
④ 보험회사와 보험계약자 사이에 이루어지는 일종의 채권계약이기 때문

**정답** | ②
**해설** | ① 불요식계약성 ③ 사행계약성 ④ 유상·쌍무계약성

## 필수 암기사항

- **생명보험계약의 특성**
  ① 유상·쌍무계약성 : 계약자는 납입의무, 보험회사는 보험금 지급의무
  ② 불요식·낙성계약성 : 계약 성립에 특별한 요식행위를 요하지 않고, 당사자의 의사합치만으로 계약 성립
  ③ 부합계약성 : 보험회사가 미리 작성한 보험약관을 계약자가 전체를 승인 혹은 거절
      ⇨ 일부만 승인 또는 거절할 수 없음
  ④ 사행계약성 : 장래의 우연한 사고 발생시 보험금 지급
  ⑤ 선의계약성 : 사행성에 기반하기 때문에 선의성이 없다면 도박화될 수 있음

# 표준약관 주요 내용 Ⅰ
계약 전 알릴 의무, 계약성립, 청약철회, 약관 교부 및 설명의무, 무효, 계약 내용의 변경

교재 p97~99
제2장. 생명보험의 이해 ▶ 02. 생명보험 상품 및 보험약관 ▶ 다. 생명보험 약관 ▶ (3) 생명보험 표준약관의 주요 내용

## 1 가입자의 계약 전 알릴 의무(고지의무)

- 보험계약자 또는 피보험자는 보험계약 청약시(진단계약의 경우 건강진단시) 피보험자의 건강상태 등 위험을 측정하는데 필요한 중요한 사항을 반드시 사실대로 알려야 함
- 보험회사는 계약자 또는 피보험자가 고의 또는 중대한 과실로 중요한 사항에 대하여 사실과 다르게 알린 것을 알았을 경우 계약해지·보장제한을 할 수 있음 ⇨ 사실대로 고지하지 않거나 부실한 고지를 했을 경우 `문제 1,2`

✱ 보험회사가 계약 전 알릴 의무 위반으로 계약을 해지하거나 보장을 제한할 수 없는 경우(**1**-**2**-**3**)

- 보험회사가 계약 당시 계약 전 알릴 의무 위반사실을 알았거나, 과실로 알지 못하였을 때
- 보험회사가 그 사실을 안 날로부터 **1**개월 이상 지났거나 또는 보장개시일로부터 보험금 지급사유가 발생하지 않고 **2**년(진단계약의 경우 질병에 대해서는 1년)이 지났을 때 `문제 3`
- 계약체결일로부터 **3**년이 지났을 때 `문제 3,4`
- 보험회사가 계약의 청약시 피보험자의 건강상태를 판단할 수 있는 기초자료(건강진단서 사본 등)에 따라 승낙한 경우에 건강진단서 사본 등에 명기되어 있는 사항으로 보험금 지급사유가 발생하였을 때
  ⇨ 계약자 또는 피보험자가 회사에 제출한 기초자료의 내용 중 중요사항을 고의로 사실과 다르게 작성한 때에는 계약을 해지하거나 보장을 제한할 수 있음
- 보험설계사 등이 계약자 또는 피보험자에게 고지할 기회를 부여하지 아니하였거나 계약자 또는 피보험자가 사실대로 고지하는 것을 방해한 경우, 계약자 또는 피보험자에 대해 사실대로 고지하지 않게 하였거나 부실한 고지를 권유했을 때
  ※ 다만, 보험설계사 등의 행위가 없었다 하더라도 계약자 또는 피보험자가 사실대로 고지하지 않거나 부실한 고지를 했다고 인정되는 경우에는 계약을 해지하거나 보장을 제한할 수 있음

## 2 생명보험계약의 성립

- 보험계약은 보험계약자의 청약과 보험회사의 승낙으로 이루어짐
- 청약은 일정한 보험계약을 체결할 것을 목적으로 하는 의사표시로 청약서를 통해 이루어짐

## 3 청약철회 제도

- 청약 후 일정기간 신중하게 고려할 수 있는 냉각기간(Cooling-off System)을 부여하는 제도
- 보험증권을 받은 날부터 15일 이내(보험계약을 청약한 날로부터 30일을 초과한 경우에는 불가, 청약당일도 철회 가능하고 증권을 받지 않아도 철회할 수 있음) `문제 5,6,7,8`
  ⇨ TM을 통한 65세 이상 고령자 대상 계약은 청약을 한 날로부터 45일까지 청약철회 가능
- 진단계약, 보험기간 90일 이내인 계약, 전문금융소비자(국가, 지방자치단체, 한국은행, 금융회사, 주권상장법인 등)가 체결한 계약은 청약철회를 인정하지 않음 `문제 9,10`

## 4 | 약관의 교부 및 설명의무

- 보험회사는 계약자가 청약한 경우 계약자에게 약관을 교부하고 그 중요한 내용을 설명해야 함
  - ⇨ 중요한 내용 : 보험료와 보험금, 보장범위, 보험료 납입기간 및 보험기간, 계약의 해지·해제, 보험료 감액청구, 보험금 또는 해약환급금 손실발생 가능성, 청약철회에 관한 사항, 고지의무 위반의 효과 등

✲ 다음과 같은 경우에는 계약이 성립한 날부터 3개월 이내에 그 계약을 취소할 수 있음 **문제 11**

- 보험계약자에게 보험약관과 계약자 보관용 청약서를 전달하지 않은 경우
- 약관의 중요한 내용을 설명하지 아니한 경우
- 계약 체결시 계약자(피보험자 포함)가 자필서명(날인 및 「전자서명법」에 따른 전자서명 포함)을 하지 않은 경우 **문제 12**

## 5 | 보험계약의 무효

- 사기 등 반사회적 행위로 인해 체결된 계약, 관련 법령에서 체결할 수 없도록 하는 계약 체결시
  - ⇨ 계약의 효력이 발생하지 않음
- 무효시 이미 납입한 보험료를 돌려주고 계약은 없었던 것으로 함
- 보험계약이 무효가 되는 경우
  ① 타인의 사망을 보험금 지급사유로 하는 계약에서 계약을 체결할 때까지 피보험자의 서면동의(「상법」 및 「전자서명법」에 따른 전자서명 포함)를 얻지 않은 경우 **문제 13,14**
     - ⇨ 단체가 규약에 따라 구성원 전부 또는 일부를 피보험자로 하는 계약인 경우 적용되지 않음
  ② 만 15세 미만자, 심신상실자 또는 심신박약자를 피보험자로 하여 사망을 보험금 지급사유로 하는 계약
     - ⇨ 심신박약자가 계약을 체결하거나 소속 단체의 규약에 따라 단체보험의 피보험자가 될 때 의사능력이 있는 경우에는 유효
  ③ 계약을 체결할 때 계약에서 정한 피보험자의 나이에 미달되었거나 초과되었을 경우
     - ⇨ 회사가 나이의 착오를 발견하였을 때 이미 계약나이에 도달한 경우에는 유효, ②의 만 15세 미만자에 해당하는 경우에는 무효

## 6 | 보험계약 내용의 변경

- 보험계약자는 회사의 승낙을 얻어 보험종목, 보험기간, 보험료의 납입주기·납입방법·납입기간, 보험가입금액, 보험계약자 등의 보험계약 내용을 변경할 수 있음
- 보험수익자 변경시에는 회사의 승낙을 요하지 않음 **문제 15**
  - ⇨ 보험금 지급사유가 발생하기 전에 피보험자의 서면동의 필요
  - ⇨ 피보험자와 변액유니버설보험의 보험기간과 의무납입기간은 변경 불가 **문제 16,17**

## 출제 예상문제

**1** 보험회사는 계약자 또는 피보험자가 고의 또는 중대한 과실로 계약 전 알릴 의무를 위반한 사실을 알았을 경우 그 계약을 해지하거나 보장을 제한할 수 있다. (O, ×)

**정답** | O
**해설** | 보험회사는 계약자 또는 피보험자의 계약 전 알릴 의무 위반시 그 계약을 해지하거나 보장을 제한할 수 있다.

**2** 다음 표에서 ( ) 안에 들어갈 내용이 바르게 나열된 것은?

> 보험회사는 계약자 또는 피보험자가 고의 또는 ( )로 중요한 사항에 대하여 사실과 다르게 알린 것을 알았을 경우에는 그 계약을 ( )하거나 보장을 제한할 수 있다.

① 중대한 과실, 취소
② 업무상 과실, 해지
③ 중대한 과실, 해지
④ 업무상 과실, 취소

**정답** | ③
**해설** | 계약 전 알릴 의무(고지의무)에 대한 설명이다.

**3** 다음 표의 ( ) 안에 들어갈 내용이 바르게 나열된 것은?

> 보험회사는 가입자의 계약 전 알릴 의무 위반 사실을 안 날부터 ( ) 이상 지났거나 계약을 체결한 날로부터 ( )이 지났을 경우에는 계약을 해지할 수 없다.

① 1개월, 1년
② 1개월, 3년
③ 3개월, 1년
④ 3개월, 2년

**정답** | ②
**해설** | 보험회사가 가입자의 계약 전 알릴 의무 위반으로 계약을 해지할 수 없는 경우에 대한 설명이다.

**4** 다음 중 보험회사가 계약 전 알릴 의무 위반으로 계약을 해지할 수 없는 경우는?

① 보험회사가 그 사실을 안 날부터 1개월 이내인 경우
② 보장개시일부터 보험금 지급사유가 발생하지 않고 1년이 지났을 때
③ 계약을 체결한 날로부터 3년이 지났을 때
④ 계약자가 중요한 알릴 사항에 대해 고의로 잘못 알린 경우

**정답** | ③
**해설** | 계약을 체결한 날로부터 3년이 지났을 때에는 보험회사는 계약 전 알릴 의무 위반을 이유로 계약을 해지할 수 없다.

**5** 다음은 생명보험약관에서 정한 청약철회에 대한 내용으로 ( ) 안에 들어갈 내용을 바르게 나열한 것은?

> 보험계약자는 ( 가 )부터 15일 이내에 계약의 청약을 철회할 수 있다. 단, 보험계약의 ( 나 )로부터 30일을 초과한 경우에는 청약을 철회할 수 없다.

① (가) 증권을 받은 날  (나) 청약일
② (가) 회사 승낙일  (나) 청약일
③ (가) 회사 승낙일  (나) 최초보험료 납입일
④ (가) 증권을 받은 날  (나) 최초보험료 납입일

**정답** | ①
**해설** | 보험증권을 받은 날부터 15일 이내에 철회가 가능(단, 청약일로부터 30일을 초과할 수 없음)

**6** 보험계약자는 보험증권을 받은 날부터 3개월 이내에 계약의 청약을 철회할 수 있다. (O, ×)

**정답** | ×
**해설** | 보험증권을 받은 날부터 15일 이내, 보험계약의 청약을 한 날로부터 30일 이내에 청약을 철회할 수 있다.

**7** 다음 중 보험계약자인 A씨가 B보험회사에 청약철회를 할 수 있는 최종일은 언제인가?

> • 보험계약 청약일 : 7월 1일
> • 보험증권 받은 날 : 7월 20일

① 8월 4일
② 7월 30일
③ 7월 31일
④ 8월 3일

**정답** | ③
**해설** | 보험증권을 받은 날부터 15일 이내에 청약을 철회할 수 있지만 청약을 한 날로부터 30일을 초과할 수 없으므로 7월 31일이 청약철회가 가능한 최종일이다.

**8** 다음 중 보험계약자의 청약철회에 대해 틀리게 설명한 것은?

① 보험계약 청약일에도 청약을 철회할 수 있다.
② 보험계약자는 보험증권을 받기 전에는 청약을 철회할 수 없다.
③ 주권상장법인이 체결한 계약은 청약철회를 할 수 없다.
④ 변액보험과 일반보험의 청약철회 기간은 동일하다.

**정답** | ②
**해설** | 보험증권 수령 여부와 관계없이 정해진 조건 내에 청약철회가 가능하다.

**9** 다음 중 청약철회를 할 수 없는 계약에 해당하지 않는 것은?

① 보험기간이 1년 미만인 계약
② 지방자치단체가 체결한 계약
③ 전문금융소비자가 체결한 계약
④ 진단계약

**정답** | ①
**해설** | 보험기간이 90일 미만인 계약은 청약철회를 할 수 없다.

**10** 다음 중 전문금융소비자에 해당하지 않는 대상은?

① 한국은행
② 주권비상장법인
③ 금융회사
④ 지방자치단체

**정답** | ②
**해설** | 주권상장법인은 전문금융소비자이나, 주권비상장법인은 일반금융소비자이다.

**11** 다음 중 약관의 교부 및 설명의무에 대해 틀리게 설명한 것은?

① 보험회사는 계약자가 청약한 경우 계약자에게 약관을 교부하고 보험계약의 중요한 내용을 설명하여야 한다.
② 보험계약자에게 설명해야 할 약관의 중요한 내용은 보험종류에 따라 다르다.
③ 보험계약자는 계약체결시 보험약관을 전달받지 못한 경우, 청약일로부터 6개월 이내에 그 계약을 취소할 수 있다.
④ 보험료 감액청구, 청약철회에 관한 사항 등은 중요한 내용에 해당한다.

**정답** | ③
**해설** | 청약일로부터 6개월 이내 → 계약성립일로부터 3개월 이내

**12** 다음 중 계약이 해지되는 사유에 해당하지 않는 경우는?

① 보험계약자의 고의로 인해 보험금 지급사유가 발생한 경우
② 계약자가 제2회 이후의 보험료를 미납하고 납입최고기간이 지난 경우
③ 계약체결시 계약자가 청약서에 자필서명을 하지 않은 경우
④ 보험수익자가 보험금 청구서류를 변조한 경우

**정답** | ③
**해설** | 보험회사가 보험계약자에게 보험약관과 계약자보관용 청약서를 전달하지 않았거나 약관의 중요한 내용을 설명하지 않은 때 또는 청약서에 자필서명을 하지 않은 때에는 계약이 성립한 날부터 3개월 이내에 그 계약을 취소할 수 있다.

**13** 다음 중 생명보험계약에 대한 설명으로 알맞은 것은?

① 생명보험계약은 보험기간이 단기인 계약이다.
② 타인의 사망을 보험금 지급사유로 하는 생명보험계약은 피보험자의 동의를 얻어야 한다.
③ 생명보험계약은 보험사고 발생시 실손보상을 원칙으로 한다.
④ 생명보험계약은 보험계약자의 청약과 보험회사의 보험증권 발급으로 계약이 성립한다.

**정답** | ②
**해설** | ① 단기 → 장기 ③ 실손보상 → 정액보상
④ 보험증권 발급 → 승낙

**14** 타인의 사망을 보험금 지급사유로 하는 계약에서 계약을 체결할 때까지 피보험자의 구두동의를 얻어야 한다.(O, ×)

**정답** | ×
**해설** | 구두동의 → 서면동의(또는 전자서명)

**15** 다음 중 생명보험 표준약관상 보험계약 내용 중에서 보험회사의 승낙을 받지 않고도 변경이 가능한 것은?

① 보험가입금액   ② 보험종목
③ 보험료의 납입방법   ④ 보험수익자

**정답** | ④
**해설** | 보험수익자 변경시 보험회사의 승낙이 필요하지 않다.

**16** 다음 중 생명보험계약의 내용 변경에 대한 설명으로 틀린 것은?

① 보험가입금액은 변경할 수 있다.
② 변액유니버설보험의 보험기간은 변경할 수 있다.
③ 보험수익자를 변경할 수 있다.
④ 보험료 납입주기를 변경할 수 있다.

**정답** | ②
**해설** | 변액유니버설보험의 보험기간은 종신으로 계약자가 변경할 수 없다.

**17** 다음 중 생명보험 표준약관상 변경할 수 없는 보험계약 내용은?

① 보험료 납입주기   ② 피보험자
③ 보험기간   ④ 보험가입금액

**정답** | ②
**해설** | 생명보험계약에서 피보험자(보험대상자)는 변경할 수 없다.

---

### 📖 필수 암기사항

- **계약자가 계약 전 알릴 의무를 위반하였을 경우**
  ⇨ 보험회사는 계약을 해지하거나 보장제한 가능

- **회사가 알릴 의무 위반으로 계약을 해지할 수 없는 경우 (1-2-3)**
  ① 위반사실을 안 날로부터 1개월 이상 지난 경우
  ② 보험금 지급사유가 발생하지 않고 2년이 지난 경우
  ③ 계약체결일로부터 3년이 지난 경우

- **계약의 성립** ⇨ 계약자의 청약과 보험회사의 승낙

- **청약철회** ⇨ 보험증권을 받은 날부터 15일 이내
  ① 계약을 청약한 날부터 30일을 초과한 경우 철회 불가
  ② 진단계약, 보험기간 90일 이내인 계약, 전문금융소비자(국가, 지방자치단체, 금융회사, 주권상장법인) 계약은 철회 불가

- **계약취소** ⇨ 계약이 성립한 날로 부터 3개월 이내
  ① 약관과 보관용 청약서를 전달하지 않은 경우
  ② 약관의 중요한 내용을 설명하지 않은 경우
  ③ 계약자(피보험자)가 자필서명을 하지 않은 경우

- **계약 무효** ⇨ 사기 등 반사회적 행위로 체결된 계약 등
  ① 타인의 사망을 보험금 지급사유로 하는 계약에서 계약을 체결할 때까지 피보험자의 서면 동의를 얻지 않은 경우
    ⇨ 단체가 구성원 전부 또는 일부를 피보험자로 하는 계약인 경우 유효
  ② 만 15세 미만자, 심신상실자 또는 심신박약자를 피보험자로 하여 사망을 보험금 지급사유로 하는 계약
    ⇨ 심신박약자가 계약을 체결하거나 단체보험의 피보험자가 될 때 의사능력이 있는 경우 유효
  ③ 계약을 체결할 때 계약에서 정한 피보험자의 나이에 미달되었거나 초과되었을 경우
    ⇨ 회사가 나이의 착오를 발견하였을 때 이미 계약나이에 도달한 경우에는 유효

- **보험계약 내용변경**
  ① 수익자 변경은 회사의 승낙 없이 가능
  ② 피보험자와 변액유니버설보험의 보험기간과 의무납입기간은 변경불가

# 표준약관 주요 내용 II
**납입, 부활, 특별부활, 사기계약 취소, 분쟁, 서면동의철회권, 설명서 교부 및 보험안내자료의 효력**

교재 p99~101
제2장. 생명보험의 이해 ▶ 02. 생명보험 상품 및 보험약관 ▶ 다. 생명보험 약관 ▶ (3) 생명보험 표준약관의 주요 내용

출제포인트 3.5

## 1 보험료의 납입
- 보험계약은 제1회 보험료 납입시 회사의 책임 개시 `문제1` ⇨ 계약성립 후 지체없이 보험료 납입
- 자동이체, 신용카드로 납입하는 경우 : 자동이체신청 또는 신용카드매출승인에 필요한 정보를 제공한 때를 제1회 보험료를 받은 때로 함

## 2 보험계약의 부활(효력회복)
- 계약이 해지(실효)되었으나 해약환급금을 받지 않은 경우에 해지(실효)된 날로부터 3년 이내에 회사가 정한 절차에 따라 부활(효력회복)을 청약할 수 있음 ⇨ 이때 연체된 보험료 등을 납입해야 함 `문제2`

## 3 강제집행 등으로 인한 해지계약의 특별부활
- 해약환급금에 대한 강제집행, 담보권 실행, 국세 및 지방세 체납처분절차에 따라 계약이 해지된 경우 보험수익자는 계약자의 동의를 얻어 특별부활 청약 가능 `문제3,4`
- 회사가 채권자에게 지급한 금액을 보험수익자가 회사에 지급하고 보험계약자 명의를 보험수익자로 변경하여 회사에 특별부활(효력회복) 청약할 수 있음. 회사는 이를 승낙해야 함
- 채권자와 보험수익자의 보장적 이익을 합리적으로 조정하기 위한 제도

## 4 사기계약의 취소 및 중대사유로 인한 계약의 해지
- 사기에 의해 계약이 성립되었음을 회사가 증명하는 경우 보장개시일로부터 5년 이내, 사실을 안 날부터 1개월 이내 취소 가능 `문제2` ⇨ 대리진단, 진단서 위·변조, 암진단 확정 사실을 숨기고 가입하는 등
- 보험금을 지급받을 목적으로 고의로 보험금 지급사유 발생 혹은 보험금 청구 서류 등을 위조·변경한 경우 회사는 그 사실을 안 날부터 1개월 이내 해지 가능

## 5 분쟁의 조정
- 분쟁이 있는 경우 분쟁당사자 또는 기타 이해관계인과 보험회사는 금융감독원장에게 조정을 신청할 수 있음 `문제5,6`

## 6 피보험자의 서면동의 철회권
- 타인의 사망을 보험사고로 한 경우 피보험자의 서면동의(상법 및 전자서명법에 따른 전자서명 포함) 필요
- 피보험자는 계약이 유지되는 기간에는 언제든지 서면동의를 장래를 향하여 철회할 수 있음 `문제7`

## 7 설명서 교부 및 보험안내자료의 효력
- 일반금융소비자에게 청약을 권유하거나 일반금융소비자가 설명을 요청하는 경우 ⇨ 중요한 사항을 계약자가 이해할 수 있도록 설명하고 이해하였음을 서명, 기명날인 또는 녹취 등을 통해 확인받아야 하며, 설명서를 제공해야 함
- 보험회사가 제작한 보험안내자료 내용이 약관의 내용과 다른 경우 계약자에게 유리한 내용으로 계약이 성립된 것으로 봄 ⇨ 설명서, 약관, 보험증권 제공 사실과 관련하여 다툼이 있는 경우 보험회사가 증명해야 함

## 출제 예상문제

**1** 다음 중 보험회사의 책임개시일로 맞는 것은?

① 보험회사의 승낙이 이루어진 날
② 제1회 보험료를 납입한 날
③ 보험증권을 수령한 날
④ 청약서에 자필서명을 한 날

**정답 |** ②
**해설 |** 보험계약은 일반적으로 제1회 보험료 납입시 보험회사의 책임이 개시된다.

**2** 다음 중 ( ) 안의 기간을 순서대로 맞게 나열한 것은?

> • 제2회이후보험료를 납입하지않아 계약이 해지되었으나 해약환급금이 지급되지 않은 경우 해지된 날로부터 ( 가 ) 이내에 부활(효력회복)을 청약할 수 있다.
> • 사기에 의하여 계약이 성립되었음을 보험회사가 증명하는 경우에는 보장개시일로부터 5년 이내(사기 사실을 안 날로부터 ( 나 )이내)에 계약을 취소할 수 있다.

① (가) 1년, (나) 3개월
② (가) 2년, (나) 5개월
③ (가) 3년, (나) 1개월
④ (가) 3년, (나) 3개월

**정답 |** ③
**해설 |** 보험계약의 부활과 사기계약의 취소에 대한 설명이다.

**3** 다음 표에서 설명하는 용어로 맞는 것은?

> 해약환급금에 대한 강제집행, 담보권 실행 등으로 계약이 해지된 경우 해약환급금 청구권을 압류한 채권자와 수익자의 보장적 이익을 합리적으로 조정하기 위한 제도

① 특별부활제도
② 보험금가지급제도
③ 보험금 대리청구인 지정제도
④ 보험금선지급제도

**정답 |** ①
**해설 |** 특별부활에 대한 설명이다.

**4** 다음 중 생명보험의 특별부활에 대한 설명으로 틀린 것은?

① 청약시 보험수익자는 계약 해지로 인해 보험회사가 채권자에게 지급한 금액을 보험회사에 지급해야 한다.
② 강제집행 등으로 인하여 해지된 계약이 특별부활 대상이 된다.
③ 특별부활을 청약할 경우 보험회사는 이를 승낙해야 한다.
④ 해지 당시의 보험수익자가 피보험자의 동의를 얻어 부활을 청약할 수 있다.

**정답 |** ④
**해설 |** 피보험자가 아닌 계약자의 동의를 얻어야 특별부활을 청약할 수 있다.

**5** 보험계약에 관하여 분쟁이 있는 경우 분쟁당사자 또는 기타 이해관계인과 보험회사는 금융감독원장에게 조정을 신청할 수 있다. (○, ×)

**정답 |** ○
**해설 |** 보험계약에 관하여 분쟁이 있는 경우 분쟁당사자 또는 기타 이해관계인과 보험회사는 금융감독원장에게 조정을 신청할 수 있다.

**6** 다음 중 생명보험 표준약관에 대한 설명으로 틀린 것은?

① 고의로 보험금 지급사유를 발생시킨 경우 보험회사는 그 사실을 안 날부터 1개월 이내에 계약을 해지할 수 있다.
② 보험계약에 대한 분쟁이 있는 경우 분쟁당사자 또는 기타 이해관계인과 보험회사는 생명보험협회장에게 조정을 신청할 수 있다.
③ 피보험자는 계약의 효력이 유지되는 기간에는 언제든지 동의를 장래를 향하여 철회할 수 있다.
④ 보험회사가 제작한 보험안내자료 내용이 약관의 내용과 다른 경우에는 계약자에게 유리한 내용으로 계약이 성립된 것으로 본다.

**정답 |** ②
**해설 |** 생명보험협회장 → 금융감독원장

**7** 다음 중 타인의 사망보험에 대해 틀리게 설명한 것은?

① 보험계약자와 피보험자가 다르다.
② 보험계약 체결시까지 피보험자의 동의를 얻어야 한다.
③ 서면동의를 한 피보험자는 장래를 향하여 서면동의를 철회할 수 없다.
④ 피보험자는 전자서명으로 동의할 수 있다.

**정답 |** ③
**해설 |** 피보험자는 언제든지 장래를 향하여 철회할 수 있다.

## 필수 암기사항

• 보험회사의 보장개시일 ⇨ 1회 보험료 납입시
  ⇨ 납입최고기간 14일(2회 이후 보험료 연체시)
• 부활 ⇨ 해지된 날로부터 3년 이내 부활 가능
• 특별부활
  ⇨ 강제집행, 담보권 실행, 국세 및 지방세 체납처분절차에 의해 실효된 경우
  ⇨ 보험계약자 명의를 보험수익자로 변경하여 특별부활 청구 가능
• 사기계약의 취소
  ⇨ 대리진단, 진단서 위·변조, 암진단 확정 사실을 숨기고 가입하는 행위
  ⇨ 보장개시일로부터 5년 이내, 사실을 안 날로부터 1개월 이내
• 분쟁 ⇨ 금융감독원장에게 조정 신청
• 피보험자의 서면동의 철회권
  ⇨ 피보험자는 계약이 유지되는 기간에는 언제든지 동의를 장래를 향하여 철회할 수 있음

# 048 보험료 납입시 세제혜택 Ⅰ
### 보장성 보험료에 대한 세액공제

교재 p102~104
제2장. 생명보험의 이해 ▶ 03. 생명보험과 세금 ▶ 가. 보험료 납입시 세제혜택

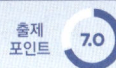

## 1 생명보험상품에 세제혜택을 부여하는 이유
미래에 발생할 수 있는 각종 위험보장과 장기간 연금지급을 통한 노후생활 보장 등 사회보장 기능을 보완하고 있기 때문에 세제혜택 부여

## 2 보험료 납입시 세제혜택 [문제 1]
보장성 보험료(소득세법), 연금계좌(소득세법)에 대한 세액공제 [문제 2]

## 3 보장성 보험료 세액공제 내용
- 만기에 환급되는 금액이 납입보험료를 초과하지 않는 보험
- 납입한 보험료(100만원 한도)의 12%(지방소득세 별도)에 해당하는 금액을 연말정산시 세액공제 [문제 3]

## 4 세액공제 대상자
- 근로소득자 대상(개인사업자, 근로소득이 없는 연금소득자, 일용근로자는 제외) [문제 4,5]
- 개인사업자에게 고용된 직원이 근로소득자일 경우는 세액공제 가능

## 5 기본공제 대상자 : 연령 및 연간소득금액 요건에 부합
- 보장성 보험료의 세액공제대상

| 납입자 | 피보험자 | 소득요건* | 나이요건** | 세액공제 |
|---|---|---|---|---|
| 본인 | 본인 | × | × | 가능 |
| 본인 | 직계존속 | ○ | 만 60세 이상 | 가능 |
| 본인 | 배우자 | ○ | × | 가능 |
| 본인 | 직계비속 (동거입양자 포함) | ○ | 만 20세 이하 | 가능 [문제 6] |
| 본인 | 형제자매 | ○ | 만 20세 이하 또는 만 60세 이상 | 가능 |

* 연간소득금액 합계액 100만원 이하 (근로소득만 있는 경우 총급여 500만원)
** 장애인의 경우 나이요건을 적용하지 않음. 소득요건만 충족하면 세액공제 가능 [문제 7]

## 6 장애인 전용 보장성 보험
- 근로소득자가 기본공제대상자 중 장애인을 피보험자(보험대상자) 또는 수익자로 하는 장애인 전용보험에 가입한 경우
- 납입한 보험료(100만원 한도)의 15%(지방소득세 별도)에 해당하는 금액 세액공제 [문제 3,8]
- 장애인 전용 보장성보험은 일반 보장성보험과 구분하여 보험료 세액공제한도 적용

## 7 | 보장성 보험을 중도에 해지한 경우의 세액공제 여부

- 해지시까지 납입한 보험료는 세액공제 받을 수 있음
- 이미 세액공제 받은 보험료에 대해서도 추징되지 않음 〔문제 9〕

## 8 | 국민건강보험료, 고용보험료 및 노인장기요양보험료 : 전액 소득공제 〔문제 10〕

## 9 | 보장성보험료 세액공제 가능여부 예시

- 근로자가 연간소득금액이 100만원을 초과하는 부양가족을 피보험자로 하여 가입한 보험의 보험료
    ⇨ 공제대상이 아님(연간소득금액이 100만원 이하인 경우 공제가능)

- 근로자가 기본공제대상자에 해당하지 않는 부양가족을 피보험자로 보장성보험에 가입하고 납입한 보험료
    ⇨ 공제대상이 아님(피보험자가 기본공제대상자 요건을 충족한 경우 공제가능)

- 근로자가 배우자(장애인)를 피보험자로 일반 보장성 보험료를 연간 100만원, 장애인전용 보장성 보험료 연간 100만원을 납부한 경우
    ⇨ 27만원 세액공제 가능(12만원 + 15만원, 지방소득세 별도)

- 장애인인 근로자가 본인을 피보험자로 장애인전용 보장성보험료를 연간 100만원 납부
    ⇨ 15만원 세액공제(지방소득세 별도), 일반 보장성 보험료 세액공제와 중복적용 불가능

- 자영업을 영위하는 자가 본인을 피보험자로 일반 보장성 보험에 가입하고 보험료를 납입한 경우
    ⇨ 공제대상이 아님(자영업자는 근로소득자에 해당하지 않음)

- 근로자가 태아를 피보험자로 하여 납부한 보장성 보험료
    ⇨ 태아는 아직 출생 전으로 기본공제대상자에 해당하지 않으므로 공제 불가능

- 근로자가 기본공제대상자를 피보험자로 하여 일시 납부한 보험료(보험계약기간이 '24년 7월부터 '25년 6월까지인 보장성 보험의 보험료를 '24년 7월에 일시에 납부한 경우)
    ⇨ 납부일이 속하는 연도의 근로소득에서 세액공제(월별로 안분계산하지 않음)

- 보장성 보험료에 대한 세액공제 요건 충족하나, 미납한 보장성 보험료
    ⇨ 보험료는 해당연도에 납입한 금액에 한하여 공제 가능하므로 납부하지 않은 보험료는 실제로 납부한 연도에 공제 가능

- 회사에서 근로자를 위해 대신 납부해 준 보장성 보험료
    ⇨ 보험료 상당액을 근로소득으로 과세하며, 해당 금액은 세액공제 가능
    ⇨ 근로소득에서 제외되는 단체 순수보장성보험료는 세액공제 불가능

---

### 필수 암기사항

- **보험료 납입시 세제혜택**
    보장성 보험료와 연금계좌 세액공제

- **보장성보험료 세액공제**
    ① 근로소득자 대상 : 개인사업자, 일용근로자는 해당되지 않음
    ② 납입한 보험료(100만원 한도)의 12%(지방소득세 별도)
    ③ 중도해지시까지 납입한 보험료는 세액공제 가능
        ⇨ 이미 세액공제 받은 보험료에 대해서도 추징되지 않음

- **기본공제 대상자의 연령 및 연간소득금액 요건**
    ① 연간소득금액 100만원 이하(근로소득만 있는 경우 총급여 500만원)
    ② 배우자 : 나이 관계 없음
    ③ 직계존속 : 만 60세 이상
    ④ 직계비속(동거입양자 포함) : 만 20세 이하
    ⑤ 형제자매 : 만 20세 이하 또는 60세 이상

- **장애인 전용 보장성 보험의 세액공제**
    납입보험료(100만원 한도)의 15%(지방소득세 별도)

- **건강보험료, 고용보험료, 노인장기요양보험료**
    ⇨ 전액 소득공제

## 출제 예상문제

**1** 다음 중 세액공제를 받을 수 있는 대상은?

① 보장성 보험료  ② 국민건강보험료
③ 고용보험료    ④ 노인장기요양보험료

**정답** | ①
**해설** | ②,③,④는 전액 해당 과세기간의 근로소득금액에서 소득공제를 받을 수 있다.

**2** 다음 보기의 내용에서 ( ) 안에 들어갈 알맞은 말은?

> 보장성 보험료에 대한 세액공제와 연금계좌에 대한 세액 공제는 (    )시 개인에 대한 대표적인 세제혜택이다.

① 보험료 납입    ② 보험금 수령
③ 퇴직연금 수령  ④ 환급금 수령

**정답** | ①
**해설** | 보장성 보험료와 연금계좌에 대한 세액공제는 보험료 납입시 세제혜택에 해당한다.

**3** 다음 표에서 ( ) 안에 들어갈 내용을 바르게 나열한 것은?

> 근로소득자가 받게 되는 보장성 보험료의 세액공제 혜택은 일반 보장성 보험료의 (    )와 장애인 전용 보장성 보험료의 (    )로 이루어진다. ※ 지방소득세 별도

① 14%, 15%    ② 15%, 12%
③ 12%, 15%    ④ 6%, 12%

**정답** | ③
**해설** | 일반 보장성보험에 납입한 보험료의 12%(지방소득세 별도)와 장애인 전용 보장성보험에 납입한 보험료의 15%(지방소득세 별도)를 세액공제 받을 수 있다.

**4** 다음 보기에서 A씨가 보장성 보험에 가입하고 받을 수 있는 세액공제금액(지방소득세 별도)은 얼마인가?

> 개인사업자인 A씨는 보장성 보험에 가입한 후 1년 동안 100만원의 보험료를 납입하였다.

① 10만원    ② 12만원
③ 15만원    ④ 세액공제금액 없음

**정답** | ④
**해설** | 근로소득이 없는 연금소득자 또는 개인사업자 등은 보장성 보험의 세액공제 대상자에 해당하지 않는다.

**5** 다음 중 보장성 보험료 세액공제에 대해 맞게 설명한 것은?

① 근로소득자인 경우 세액공제를 받을 수 있다.
② 일반 보장성보험의 세액공제율은 15%(지방소득세 별도)이다.
③ 개인사업자인 경우 세액공제를 받을 수 있다.
④ 만기에 환급되는 금액이 납입보험료를 초과하는 보험계약을 대상으로 한다.

**정답** | ①
**해설** | ② 15% → 12% ③ 개인사업자인 경우 세액공제를 받을 수 없다.
④ 만기환급금이 납입보험료를 초과하지 않는 보험계약이 대상이다.

**6** 다음 중 보장성 보험료의 세액공제대상에 해당하는 것은?

| | 납입자 | 피보험자 | 소득요건 | 나이요건 |
|---|---|---|---|---|
| (가) | 본인 | 부모 | 80만원 | 만 50세 |
| (나) | 본인 | 배우자 | 150만원 | 나이제한 없음 |
| (다) | 본인 | 자녀 | 100만원 | 만 15세 |
| (라) | 본인 | 형제자매 | 100만원 | 만 30세 |

① (가)  ② (나)  ③ (다)  ④ (라)

**정답** | ③
**해설** | 소득요건은 모두 100만원 이하이고,
나이요건은 (가) 직계존속 – 만 60세 이상,
(나) 배우자는 나이제한이 없으며, (다) 직계비속 – 만 20세 이하,
(라) 형제자매 – 만 20세 이하 또는 만 60세 이상이다.

**7** 다음 중 보장성 보험료의 세액공제에 대한 설명으로 알맞은 것은?

① 중도에 해지한 경우 해지시까지 납입한 보험료에 대해서는 세액공제를 받을 수 없다.
② 납입한 보험료의 15%에 해당하는 금액을 세액공제 받을 수 있다.
③ 만기에 환급되는 금액이 납입보험료를 초과하는 보험이 세액공제 대상이다.
④ 기본공제대상자인 장애인을 피보험자로 하는 경우 소득요건만 충족하면 세액공제를 받을 수 있다.

**정답** | ④
**해설** | ① 해지시까지 납입한 보험료도 세액공제를 받을 수 있다.
② 15% → 12% ③ 만기에 환급되는 금액이 납입보험료를 초과하지 않는 보장성 보험이 세액공제 대상이다.

**8** 다음 중 장애인 전용 보장성 보험에 대한 내용으로 틀린 것은?

① 장애인을 피보험자 또는 수익자로 하는 보험이다.
② 보험계약 또는 보험료 납입영수증에 장애인 전용보험으로 표시된 보험이다.
③ 해당연도에 납입한 보험료 100만원 한도의 15%(지방소득세 별도)에 해당하는 금액을 소득공제 받을 수 있다.
④ 만기환급금이 납입보험료를 초과하지 않는 보험이다.

**정답** | ③
**해설** | 소득공제 → 세액공제

**9** 보장성 보험을 해당연도 중에 해지한 경우에도 해지시까지 납입한 보험료는 세액공제를 받을 수 있으며, 이미 세액 공제 받은 보험료에 대해서도 추징되지 않는다. (○, ×)

**정답** | ○
**해설** | 맞는 설명이다.

**10** 다음 보기에서 ( ) 안에 들어갈 용어로 알맞지 않은 것은?

> 근로소득자가 부담하는 (    )는 전액 해당 과세기간의 근로소득금액에서 소득공제를 받을 수 있다.

① 국민건강보험료    ② 고용보험료
③ 노인장기요양보험료  ④ 보장성 보험료

**정답** | ④
**해설** | 보장성 보험료는 세액공제 대상이다.

# 049 보험료 납입시 세제혜택 II
## 연금계좌에 대한 세액공제

교재 p104~107, 114~115
제2장. 생명보험의 이해 ▶ 03. 생명보험과 세금 ▶ 가. 보험료 납입시 세제혜택, 다. (변액)연금보험과 연금저축 비교

출제포인트 4.0

### 1 연금계좌 세액공제 도입 취지
- 노후생활안정을 위한 사회보장적 기능 확충을 통해 고령화 사회 대비 목적
- 1994년 도입(비과세) → 2001년 소득공제로 변경 → 2014년 세액공제로 변경

### 2 연금계좌 개요(연금저축계좌와 퇴직연금계좌를 통칭하는 개념)
- 연금저축계좌(연금저축) : 연금저축보험(보험회사), 연금저축신탁(은행), 연금저축펀드(금융투자회사)
- 퇴직연금계좌 : 확정기여형(DC형) 퇴직연금, 확정급여형(DB형) 퇴직연금, 개인형퇴직연금(IRP)
  ⇨ 확정급여형(DB형) 퇴직연금은 개인이 추가로 납입할 수 없어 연금계좌에서 제외 **문제 1**

### 3 세액공제 대상자
- 종합소득(이자, 배당, 사업, 근로, 연금, 기타소득)이 있는 거주자( vs 보장성 보험료 세액공제는 근로소득자에 한정)
  ⇨ 근로소득자 + 근로소득 외 종합소득자 **문제 2**

### 4 연금계좌 세액공제율(2023년 1월 1일 이후 납입분부터 적용)
- 종합소득이 있는 거주자가 연금계좌에 납입한 금액의 12%(지방소득세 별도) 세액공제
- 종합소득금액 4,500만원 이하 또는 근로소득만 있는 경우로 총급여액이 5,500만원 이하인 자는 납입액의 15%(지방소득세 별도) 세액공제 **문제 3,4,5**

### 5 세액공제 대상 연금계좌 납입한도(2023년 1월 1일 이후 납입분부터 적용)
- 연금저축계좌 연 600만원
- 연금저축계좌(연 600만원 이내)와 퇴직연금계좌 합산 연 900만원
- 종합소득금액 6천만원인 소득자의 연금계좌 세액공제 적용 사례

(단위 : 만원)

| 연금저축계좌 납입액 | 퇴직연금계좌 납입액 | 세액공제 대상금액 | 세액공제액 (공제금액×12%) |
|---|---|---|---|
| 0 | 900 | 900 (= 0 + 900) | 108 |
| 200 | 700 | 900 (= 200 + 700) | 108 |
| 700 | 200 | 800 (= 600 + 200) | 96 **문제 6** |
| 900 | 0 | 600 (= 600 + 0) | 72 |

- 세액공제 대상 연금계좌 납입액 합산에서 제외되는 금액
  ⇨ 퇴직소득이 퇴직일 현재 연금계좌에 있거나 연금계좌로 지급되는 경우
  ⇨ 퇴직소득을 지급받은 날로부터 60일 이내 연금계좌로 입금하는 경우
  ⇨ 연금계좌에서 다른 연금계좌로 계약 이전시 납입되는 금액

## 6 | 연금계좌 세액공제 한도 및 세액공제율

| 종합소득금액 (총급여액*) | 세액공제 대상 연금계좌 납입한도<br>(퇴직연금 합산시 한도) | 세액공제율** |
|---|---|---|
| 4.5천만원 이하 (5.5천만원) | 600만원<br>(900만원) 문제 7 | 15% |
| 4.5천만원 초과 (5.5천만원) | | 12% |

\* 근로소득만 있는 경우 총급여 기준  \*\* 지방소득세 제외

## 7 | 개인종합자산관리계좌(ISA) 만기시 추가납입 허용 및 세액공제

- 계약기간이 만료된 개인종합자산관리계좌에서 잔액의 전부 또는 일부를 만료된 날로부터 60일 이내에 연금계좌로 납입(전환)한 경우
- 전환금액의 100분의 10 또는 300만원 중 적은 금액(300만원 한도)과 연금계좌 세액공제 한도 내에서 납입한 금액을 합산하여 적용

## 8 | 1주택 고령가구가 가격이 더 낮은 주택으로 이사한 경우 연금계좌 추가납입 허용 및 세액공제

- 국내 소유 주택(연금주택)을 양도하고 그 양도가액으로 다른 주택(축소주택)의 취득가액(취득하지 않은 경우 0)을 뺀 금액을 연금계좌로 납입할 수 있음(총 누적금액 기준 1억원 한도)
- 요건 : 거주자 또는 그 배우자 60세 이상, 부부합산 1주택 소유, 기준시가 12억원 이하, 축소주택 취득가액이 연금주택의 양도가액 미만, 연금주택 양도일로부터 6개월 이내 연금계좌 납입

## 9 | (변액)연금보험과 연금저축 비교

| 구분 | (변액)연금보험 | 연금저축 |
|---|---|---|
| 취급기관 | 생명보험회사 | 보험사, 은행, 증권사 등* |
| 세제혜택<br>적용요건 | 일시납, 월적립식 저축성 보험계약,<br>종신형 연금보험계약별 요건 충족 | 보험료 납입 및 인출요건의 충족 문제 8 |
| 보험료 납입시<br>세제혜택 | 없음 | 연금계좌 세액공제 |
| 보험료 수령시<br>세제혜택 | 저축성 보험의 보험차익 비과세<br>(요건 충족시 이자소득세 비과세) | 연금소득 분리과세 선택<br>• 사적연금소득 합계액 연 1,500만원 이하시<br>  : 3~5%의 세율 적용<br>• 사적연금소득 합계액 연 1,500만원 초과시<br>  : 15% 세율 적용 |
| 소득구분 | 이자소득 | 연금소득 문제 9 |

\* 보험사(생명보험, 손해보험), 은행, 증권사, 공제기관(우체국, 새마을금고, 수협, 신협 등)에서 취급 가능

\* 연금계좌의 세액공제 조건은 보험료 납입시에만 존재하고 인출조건은 없음 문제 10

## 출제 예상문제

**1** 다음 중 세액공제 대상이 되는 연금계좌에 해당되지 않는 것은?

① 연금저축  ② 확정급여형(DB형) 퇴직연금
③ 확정기여형(DC형) 퇴직연금  ④ 개인형 퇴직연금(IRP)

**정답 | ②**
**해설 |** 확정급여형(DB형) 퇴직연금은 소득세법에서 정의하는 연금계좌에서 제외되어 세액공제를 받을 수 없는 연금계좌이다.

**2** 다음 표에서 생명보험 세제에 대한 설명으로 틀린 것을 모두 고른 것은?

> (가) 연금계좌 세액공제는 근로소득자만을 대상으로 한다.
> (나) 확정기여형 퇴직연금은 연금계좌 세액공제 대상이다.
> (다) 사적연금소득 합계액이 연 1,500만원 이하인 경우 3~5% 분리과세를 선택할 수 있다.

① (가)  ② (가), (나)  ③ (나), (다)  ④ (가), (다)

**정답 | ①**
**해설 |** (가) 근로소득자 뿐만 아니라 종합소득이 있는 거주자이면 모두 대상이 된다.

**3** 다음 중 연금계좌 납입액의 15%(지방소득세 별도)를 세액공제 받을 수 있는 경우를 모두 고르시오.

> 가. 종합소득금액이 6,000만원인 경우
> 나. 사업소득과 근로소득의 합이 5,500만원인 경우
> 다. 근로소득만 있는 경우로 총급여액이 5,500만원인 경우
> 라. 종합소득금액이 4,500만원 이하인 경우

① 나, 라  ② 다, 라  ③ 가, 다  ④ 가, 나

**정답 | ②**
**해설 |** 종합소득금액이 4,500만원 이하 또는 근로소득만 있는 경우로 총급여액 5,500만원 이하인 자는 연금계좌 납입액의 15%(지방소득세 별도)에 해당하는 금액을 세액공제 받을 수 있다.

**4** 종합소득이 있는 거주자가 연금계좌에 납입한 금액이 있는 경우 종합소득금액과 무관하게 연금계좌 납입액의 15%(지방소득세 별도)에 해당하는 금액을 세액공제 받을 수 있다. (O, ×)

**정답 | ×**
**해설 |** 종합소득금액이 4,500만원 이하(근로소득만 있는 경우 총급여액 5,500만원 이하)인 경우에는 연금계좌 납입액의 15%, 초과인 경우에는 12%에 해당하는 금액을 세액공제 받는다.

**5** 다음 표의 (   ) 안에 들어갈 금액이 맞게 나열된 것은?

> 종합소득금액이 ( (가) ) 이하 또는 근로소득만 있는 경우로 총급여액이 ( (나) ) 이하인 자는 연금계좌 납입액의 15%(지방소득세 별도)에 해당하는 금액을 세액공제 받을 수 있다.

① (가) 5,000만원 (나) 4,000만원  ② (가) 5,500만원 (나) 4,000만원
③ (가) 4,500만원 (나) 5,500만원  ④ (가) 4,500만원 (나) 6,000만원

**정답 | ③**
**해설 |** 종합소득금액이 4,500만원 이하 또는 근로소득만 있는 경우로 총급여액 5,500만원 이하인 자는 연금계좌 납입액의 15%에 해당하는 금액을 세액공제 받을 수 있다.

**6** 다음과 같이 연금계좌에 납입한 금액이 있는 경우 세액공제 금액은 얼마인가?

※ 지방소득세 별도

> • 연금저축계좌 납입액 : 600만원
> • 퇴직연금계좌 납입액 : 200만원
> • 종합소득금액 : 6,000만원

① 96만원  ② 48만원  ③ 60만원  ④ 72만원

**정답 | ①**
**해설 |** 세액공제금액 = {연금저축계좌 납입액(600만원 한도) + 퇴직연금계좌 납입액} × 세액공제율(4천 5백만원 초과 : 12%)이므로 세액공제금액은 (600만원 + 200만원) × 12% = 96만원이 된다.

**7** 다음에서 연금계좌 세액공제에 대한 설명으로 맞는 것은?

① 종합소득금액이 4,500만원 이하인 경우 연금계좌 납입액의 12%(지방소득세 별도)에 해당하는 금액을 세액공제 받을 수 있다.
② 종합소득금액이 8,000만원인 경우 세액공제 대상 연금계좌 납입한도는 300만원이다.
③ 종합소득금액이 1억원인 경우 세액공제 대상 연금계좌 납입한도는 400만원이다.
④ 세액공제 대상 연금계좌 납입한도는 퇴직연금 합산시 900만원이다.

**정답 | ④**
**해설 |** ① 12% → 15%
②, ③ 세액공제 대상 연금계좌 납입한도는 연령과 소득에 관계없이 600만원이고, 퇴직연금과 합산하여 900만원이다.

**8** 다음 중 연금저축과 연금보험에 대한 설명으로 알맞은 것은?

① 연금보험의 보험금을 연금형태로 수령할 경우 연금소득으로 분류된다.
② 연금보험은 계약별 요건을 충족할 경우 보험료 납입시 세액공제 혜택을 받을 수 있다.
③ 연금저축은 납입요건과 인출요건을 엄격히 규정하고 있다.
④ 연금저축은 생명보험회사에서만 판매할 수 있다.

**정답 | ③**
**해설 |** ① 연금소득 → 이자소득
② 보험료 납입시 세액공제 → 보험금 수령시 보험차익 비과세
④ 연금저축 → 연금보험

**9** 연금저축은 연금수령시 이자소득으로 과세된다. (O, ×)

**정답 | ×**
**해설 |** 이자소득 → 연금소득

**10** 다음 중 연금계좌 세액공제에 대해 틀리게 설명한 것은?

① 종합소득이 있는 거주자를 대상으로 한다.
② 연금계좌의 납입한도는 연 1,800만원이다.
③ 연금저축계좌의 세액공제 한도는 연간 600만원이다. (ISA만기 전환금 제외)
④ 연금계좌 수령한도 내에서 인출해야 한다.

**정답 | ④**
**해설 |** 연금계좌 수령한도 내에서 인출 조건은 사적연금소득 수령시 저율 분리과세를 적용받을 수 있는 조건에 해당한다.

# 050

## 보험금 수령시 세제혜택 Ⅰ
### 저축성 보험과 세금

교재 p108~111
제2장. 생명보험의 이해 ▶ 03. 생명보험과 세금 ▶ 나. 보험금 수령시 세제혜택

### 1 보험금 수령시 대표적인 세제혜택 : 저축성 보험의 보험차익 비과세, 연금소득 분리과세 선택, 비과세 종합저축에 대한 과세특례

### 2 저축성 보험의 보험차익 비과세

- 저축성 보험 : 보장성보험 이외의 보험
- 보험차익 : 만기 또는 계약기간 중에 받는 보험금 또는 환급금에서 납입보험료를 차감한 금액 **문제 1**
  - ⇨ 사망, 질병, 상해, 자산의 멸실, 손괴로 받는 보험금은 환급금에서 제외
  - ⇨ 납입보험료 초과분
- 소득세법상의 소득구분에 따라 이자소득으로 분류

### 3 저축성 보험의 보험차익 비과세 요건

- **일시납 저축성 보험**
  ① 최초로 보험료를 납입한 날부터 만기일 또는 중도해지일까지 기간이 10년 이상으로 계약자 1명당 납입할 보험료 합계액이 2017년 3월 31일까지 2억원, 이후 1억원 이하인 저축성 보험 **문제 2**
  ② 2017.3.31까지 체결한 보험계약의 한도 포함
  ③ 납입한 보험료를 최초납입일부터 10년이 경과하기 전에 확정된 기간 동안 연금형태로 분할 지급받는 경우 제외

- **월적립식 저축성 보험계약**
  ① 최초로 보험료를 납입한 날부터 만기일 또는 중도해지일까지 기간이 10년 이상
  ② 납입기간 5년 이상인 월적립식 계약
  ③ 매월 납입하는 기본보험료 균등, 선납기간 6개월 이내 **문제 3**
  ④ 계약자 1명당 매월 납입하는 보험료 합계액이 150만원 이하(2017년 4월 1일부터 체결하는 계약으로 한정) **문제 4**

  - 연간 월 평균 보험료 계산 : $\dfrac{\text{해당연도의 기본보험료와 추가로 납입하는 보험료의 합계액}}{\text{보험 계약기간 중 해당연도에서 경과된 개월 수}} \leqq 150\text{만원}$

  ※ 연간 1,800만원 이내에서 추가납입하는 경우 비과세
  ※ 사망, 질병, 부상, 상해나 자산의 멸실 또는 손괴를 보장하기 위한 특약보험료와 부활보험료 제외
  ※ 저축목적이 아닌 사망, 질병, 부상 및 상해나 자산의 멸실 또는 손괴만을 보장하는 계약 제외
  ※ 만기 또는 보험 계약기간 중 특정 시점에서의 생존을 사유로 지급하는 보험금이 없을 것

- **종신형 연금보험계약** `문제5`
  ① 보험료 납입 계약기간 만료 후 55세 이후부터 사망시까지 보험금·수익을 연금으로 지급 받는 계약 `문제6`
  ② 연금 외의 형태로 보험금·수익을 지급하지 않는 계약
  ③ 사망시 보험계약 및 연금재원이 소멸할 것
  ④ 계약자와 피보험자 및 수익자가 동일한 계약으로서 최초 연금지급개시 이후 사망일 전에 계약 중도해지 불가 `문제7`
  ⑤ 매년 수령하는 연금액이 $\dfrac{\text{연금수령 개시일 현재 연금계좌 평가액}}{\text{연금수령 개시일 현재 기대여명 연수}} \times 3$ 이내일 것 `문제8,9`

## 4. 저축성 보험을 과세계약으로 선택한 경우의 처리방법

① 계약 체결 당시 과세계약으로 선택한 경우 납입한도에 미포함
② 체결 시점에서 비과세계약으로 선택하였으나, 계약유지 기간 중에 과세계약으로 변경 가능
  ⇨ 과세계약을 비과세계약으로 변경하는 것은 불가능
  ⇨ 월납 60만원 계약 3건을 1개월 단위로 가입한 경우 3번째 계약은 월납입보험료가 150만원을 초과하였으므로 과세계약에 해당. 이후 1, 2번째 계약을 해지하더라도 3번째 계약은 계속 과세계약

## 5. 비과세 요건을 충족하지 못한 경우 `문제10`

- 만기보험금(해약환급금) 지급시 이자소득세(14%, 지방소득세 별도) 원천징수
- 타 금융소득과의 합계가 2천만원을 초과하는 경우에는 다른 소득과 합산하여 금융소득 종합과세 적용

## 6. 저축성 보험의 계약기간 기산 ⇨ 변경일을 해당 보험계약의 최초납입일로 정함

- 목적 : 명의변경 등을 통한 과세 회피 사례 방지
- 계약기간 기산일 변경사유 `문제11`
  ① 계약자 명의 변경(사망에 의한 변경은 제외)
  ② 보장성보험을 저축성 보험으로 변경하는 경우
  ③ 최초 계약한 기본보험료의 1배를 초과하여 기본보험료를 증액하는 경우

---

### 필수 암기사항

- **저축성 보험의 보험차익**
  만기보험금, 환급금에서 납입보험료를 뺀 금액 ⇨ 이자소득으로 분류
- **월적립식 저축성 보험의 비과세 요건**
  ① 계약기간 10년 이상
  ② 납입기간 5년 이상
  ③ 매월 납입 기본보험료 균등
  ④ 선납기간 6개월 이내
  ⑤ 월납입 보험료 150만원 이하

- **종신형 연금보험계약의 비과세 요건**
  ① 55세 이후 사망시까지 연금으로 지급 받는 계약
  ② 연금 외의 형태로 보험금 지급하지 않는 계약
  ③ 사망시 계약 및 연금재원 소멸할 것
  ④ 최초 연금지급개시 이후 중도해지 불가
- **저축성 보험의 계약기간 기산일 변경 사유**
  ① 계약자 명의 변경
  ② 보장성보험을 저축성 보험으로 변경하는 경우
  ③ 최초 계약한 기본보험료의 1배를 초과하여 증액하는 경우

## 출제 예상문제

**1** 저축성 보험의 보험차익은 만기환급금에서 계약기간 중도에 받는 보험금을 차감한 금액을 말한다. (O,×)

**정답** | ×

**해설** | 저축성 보험의 보험차익은 보험계약에 따라 만기 또는 계약기간 중에 받는 보험금 또는 계약기간 중도에 해당 보험계약이 해지됨에 따라 받는 환급금에서 납입보험료를 차감한 금액을 말한다.

**2** 다음 표에서 저축성 보험의 보험차익 비과세 요건에 맞는 금액은?

[ 현재 판매되고 있는 일시납 저축성 보험 ]
- 최초 납입일로부터 만기일까지의 기간이 10년 이상
- 현재 계약자 1명당 납입할 보험료 합계액은 ( ) 이하

① 1억원  ② 2억원  ③ 3억원  ④ 5억원

**정답** | ①

**해설** | 현재(2017년 4월 1일 이후 체결하는 보험계약의 경우) 1억원까지 비과세혜택이 주어진다.

**3** 다음 중 월적립식 저축성 보험의 보험차익 비과세 요건으로 틀린 것은?

① 최초로 보험료를 납입한 날부터 만기일 또는 중도해지일까지의 기간이 10년 이상
② 최초납입일로부터 납입기간이 5년 이상인 월적립식 보험계약
③ 최초납입일부터 매월 납입하는 기본보험료가 균등하고, 기본보험료의 선납기간이 1년 이내
④ 계약자 1명당 매월 납입하는 보험료 합계액이 150만원 이하 (2017년 4월 1일 이후 체결한 보험계약)

**정답** | ③

**해설** | 1년 이내 → 6개월 이내

**4** 다음 중 월적립식 저축성 보험의 비과세 요건에 해당하는 매월 납입보험료 합계액은 얼마인가?

① 매월 180만원 이하  ② 매월 150만원 이하
③ 매월 100만원 이하  ④ 매월 200만원 이하

**정답** | ②

**해설** | 매월 150만원 이하

**5** 다음 중 종신형 연금보험계약의 보험차익 비과세 요건으로 틀린 것은?

① 계약자 1명당 납입할 보험료 합계액이 2억원 이하일 것
② 55세 이후부터 사망시까지 보험금 등을 연금으로 지급받을 것
③ 최초 연금지급개시 이후 사망일 전에 계약을 중도해지할 수 없을 것(계약자, 피보험자, 수익자가 동일한 계약)
④ 계약자가 사망할 경우 보험계약 및 연금재원이 소멸할 것

**정답** | ①

**해설** | 2017년 3월 31일까지 체결된 일시납 저축성 보험의 보험차익 비과세 요건에 대한 설명이다.

**6** 다음 중 종신형 연금보험의 보험차익 비과세 요건에 해당하는 연금 개시연령으로 맞는 것은?

① 50세 이후  ② 55세 이후
③ 60세 이후  ④ 65세 이후

**정답** | ②

**해설** | 보험료 납입 계약기간 만료 후 55세 이후부터 연금수령 해야 한다.

**7** 다음 중 종신형 연금보험계약의 보험차익 비과세 요건으로 맞는 것은?

① 계약자 1명당 납입할 보험료 합계액이 1억원 이하일 것
② 50세 이후부터 사망까지 보험금 등을 연금으로 지급받을 것
③ 최초납입일부터 매월 납입하는 기본보험료가 균등할 것
④ 계약자와 피보험자 및 수익자가 동일한 계약으로서 최초 연금 지급개시 이후 사망일 전에 계약을 중도 해지할 수 없을 것

**정답** | ④

**해설** | ① 2017. 4. 1. 이후의 일시납 저축성 보험의 비과세 요건
② 50세 → 55세  ③ 월적립식 저축성 보험의 비과세 요건

**8** 다음 표에서 종신형 연금보험의 보험차익 비과세 요건을 충족하여 매년 수령할 수 있는 최대 연금액은 얼마인가?

- 연금수령 개시일 현재 연금계좌 평가액 : 10억원
- 연금수령 개시일 현재 기대여명 연수 : 30년

① 3천만원  ② 5천만원
③ 1억원    ④ 1억 5천만원

**정답** | ③

**해설** | 매년 수령하는 연금액이 (연금수령 개시일 현재 연금계좌 평가액÷연금수령 개시일 현재 기대여명 연수×3) 이내이어야 하므로 10억원÷30년×3=1억원이다.

**9** 다음 표의 ( ) 안에 들어갈 알맞은 내용은?

[ 종신형 연금보험의 보험차익 비과세 요건 ]
매년 수령하는 연금액이 (연금수령 개시일 현재 연금 계좌 평가액 ÷ 연금수령 개시일 현재 기대여명 연수) × ( ) 이내일 것

① 1  ② 2
③ 3  ④ 4

**정답** | ③

**해설** | 3 이내로 되어 있다.

**10** 비과세요건을 충족하지 못한 저축성 보험의 보험차익은 분류과세한다. (O,×)

**정답** | ×

**해설** | 저축성 보험이 비과세 요건을 충족하지 못하게 된 경우에는 보험차익에 대하여 이자소득세 14%(지방소득세 별도)가 원천징수된다.

**11** 피보험자를 변경하는 경우 월적립식 저축성 보험의 계약 기간 기산일은 변경된다. (O,×)

**정답** | ×

**해설** | 피보험자 변경은 저축성 보험의 계약기간 기산일 변경 사유에 해당하지 않는다.

# 051

## 보험금 수령시 세제혜택 Ⅱ
### 연금소득 분리과세 선택

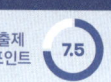

교재 p112~114
제2장. 생명보험의 이해 ▶ 03. 생명보험과 세금 ▶ 나. 보험금 수령시 세제혜택 ▶ (3) 연금소득 분리과세 선택

출제 포인트 7.5

### 1 연금소득 과세 원칙

연금 지급 시점에서 금융회사가 원천징수하고, 연금수령자는 추후 다른 종합소득과 합산하여 종합과세하는 것이 원칙

### 2 사적연금소득의 합계액이 연 1,500만원 이하인 경우 : 3~5% 저율 분리과세 선택 가능 [문제 1]

- 연금계좌 인출요건

  ① 55세 이후 수령 [문제 2]  ② 가입일부터 5년 경과후 수령  ③ 연금수령한도 내 수령

  $$\text{연간 연금수령한도} = \frac{\text{과세기간 개시일 현재 연금계좌의 평가액}}{(11 - \text{연금수령연차}^*)} \times 120\%$$

  * 55세 이상 & 가입 5년 이상 경과한 시점을 연금수령 1년차로 보며, 연금수령연차가 11년 이상인 경우 한도 미적용 [문제 3]

- 연금소득자의 나이에 따른 원천징수세율

| 나이(연금수령일 현재, 만 나이) | 세율 |
|---|---|
| 70세 미만 | 5% |
| 70세 이상 80세 미만 | 4% [문제 4] |
| 80세 이상 | 3% |

- 사망할 때까지 연금수령하는 종신계약(중도해지 불가능한 계약)에 따라 받는 연금소득 원천징수세율 : 4%
  ⇨ 연금소득자 나이에 따른 세율과 종신계약에 따라 받는 연금소득 조건이 동시에 해당될 경우에는 낮은 세율 적용
  ⇨ 65세의 경우 종신계약에 따라 받는 연금소득은 4% 세율 적용 [문제 5]

- 퇴직소득을 연금수령하는 연금소득 : 연금외 수령 원천징수세율의 60~70%
  ⇨ 연금 실제 수령연차 10년 이하 70%, 10년 초과 60% 적용

- 연금계좌에서 연금수령요건을 미충족하여 수령한 금액은 기타소득으로 보아 15%(지방소득세 별도)의 세율을 적용하여 무조건 분리과세 [문제 6]

### 3 사적연금소득의 합계액이 연 1,500만원 초과인 경우 : 종합과세 또는 15% 분리과세 선택 가능

- 2024.1.1. 이후 연금 수령분부터 적용

### 4 비과세종합저축에 대한 과세특례 ⇨ 생명보험회사를 비롯하여 모든 금융기관에서 취급 [문제 7]

① 가입한도 : 5천만원  ② 가입대상 : 만 65세 이상인 자, 장애인, 독립유공자 등
③ 세제혜택 : 이자, 배당소득 비과세(조세특례제한법)

## 출제 예상문제

**1** 다음 중 3~5% 저율 분리과세를 선택할 수 있는 사적연금소득의 기준금액으로 맞는 것은?

① 1,500만원 이하 ② 1,200만원 이하
③ 1,800만원 이하 ④ 2,000만원 이하

**정답** | ①
**해설** | 사적연금소득의 합계액이 연 1,500만원 이하인 경우 3~5% 분리과세를 선택할 수 있다.

**2** 다음 중 ISA계좌 만기에 따라 해당계좌의 잔액을 연금저축계좌로 납입한 경우 저율 분리과세를 적용받기 위한 요건으로 알맞지 않은 것은?

① 연금계좌 인출요건 충족
② 연금수령한도 내 수령
③ 50세 이후 연금계좌 취급회사에 연금지급 신청
④ 가입일로부터 5년 경과후 수령

**정답** | ③
**해설** | ISA계좌 만기시 해당 잔액을 연금저축계좌로 납입한 경우에도 연금계좌 인출요건을 충족할 경우 저율 분리과세를 적용받을 수 있고 '55세 이후 수령'의 요건을 충족해야 한다.

**3** 다음 중 연금소득의 분리과세 인출요건에 대해 틀리게 설명한 것은?

① 연금수령연차가 5년 이상인 경우 한도 미적용
② 55세 이후 연금수령
③ 가입일로부터 5년이 경과된 후에 수령
④ 연금수령한도 이내에서 수령

**정답** | ①
**해설** | 5년 → 11년

**4** 다음 표의 연금소득자의 나이에 따른 원천징수세율로 맞는 것은?

| 나이 (연금수령일 현재) | 세율 |
|---|---|
| 70세 미만 | (가) |
| 70세 이상 80세 미만 | (나) |
| 80세 이상 | (다) |

① (가) 3% ② (나) 4% ③ (다) 5% ④ 모두 4%

**정답** | ②
**해설** | 연금소득자의 나이에 따른 원천징수세율을 나타낸 표로 (가)는 5%, (다)는 3%이다.

**5** 다음 중 연금소득 분리과세시 적용되는 원천징수세율이 틀린 것은?

① 65세는 종신계약에 따라 받는 연금소득에 5%의 세율 적용
② 70세는 종신계약에 따라 받는 연금소득에 4%의 세율 적용
③ 85세는 종신계약에 따라 받는 연금소득에 3%의 세율 적용
④ 퇴직금을 연금으로 수령하는 경우 연금외 수령 원천징수세율의 60~70% 적용

**정답** | ①
**해설** | 70세 미만인 경우 원천징수세율은 5%이지만 종신계약에 따라 받는 연금소득의 경우 4% 원천징수세율이 적용되므로 둘 중 낮은 세율인 4%가 적용된다.

**6** 다음 표의 ( )에 들어갈 알맞은 말은?

> 연금계좌에서 연금수령요건을 미충족하여 수령한 금액은 연금소득이 아닌 기타소득으로 보아 ( )의 세율을 적용하여 무조건 분리과세한다.(지방소득세 별도)

① 10% ② 14% ③ 15% ④ 20%

**정답** | ③
**해설** | 15%의 세율을 적용하여 무조건 분리과세한다.

**7** 다음 중 비과세종합저축에 대한 설명으로 틀린 것은?

① 계약자 1명당 가입한도는 5천만원이다.
② 만 65세 이상인 자, 장애인, 독립유공자 등이 가입대상이다.
③ 생계형저축과 세금우대종합저축을 통합하여 재설계한 상품이다.
④ 은행, 증권사는 취급할 수 없다.

**정답** | ④
**해설** | 생명보험회사를 포함하여 모든 금융기관에서 취급한다.

## 필수 암기사항

- **연금소득 분리과세 요건**
  ⇨ 사적연금소득 합계액이 연 1,500만원 이하, 55세 이후 수령, 가입일부터 5년 경과 수령,
  ⇨ 1,500만원 초과시 종합과세 또는 분리과세(15%) 선택 가능

- **연금수령요건 미충족시**
  ⇨ 기타소득으로 보아 15%(지방소득세 별도) 적용하여 분리과세

- **연금소득자 나이에 따른 세율**
  ⇨ 70세 미만 : 5%, 70세~80세 : 4%, 80세 이상 : 3%

- **종신계약에 따라 받는 연금소득 원천징수세율 : 4%**

- **비과세종합저축(생계형저축과 세금우대종합저축을 통합하여 재설계한 상품)**
  ⇨ 모든 금융기관에서 취급, 1인당 5천만원, 만 65세 이상

# 소득세 계산구조와 금융재산 상속공제

교재 p116~117, 119
제2장. 생명보험의 이해 ▶ 03. 생명보험과 세금 ▶ 라. 소득세 개요 및 계산구조 ▶ (2) 종합소득산출세액 계산구조

## 1 종합소득금액 계산 : 해당연도 소득은 다음연도 5월 1일부터 5월 31일까지 신고 · 납부

## 2 종합소득 과세표준 구간별 세율

✱ 산출세액 = 종합소득 과세표준 × 세율

| 종합소득 과세표준 | 세율(지방소득세 별도) |
|---|---|
| 1,400만원 이하 | 6% 문제2 |
| 1,400만원 초과 5,000만원 이하 | 15% |
| 5,000만원 초과 8,800만원 이하 | 24% |
| 8,800만원 초과 1억 5,000만원 이하 | 35% |
| 1억 5,000만원 초과 3억원 이하 | 38% |
| 3억원 초과 5억원 이하 | 40% |
| 5억원 초과 10억원 이하 | 42% |
| 10억원 초과 | 45% |

## 3 금융재산 상속공제

① 상속재산 중 금융재산이 있는 경우 순금융재산의 20%(2억원 한도)를 공제해 주는 제도, 보험금에 대해서도 동일하게 적용 문제3
② 순금융재산 : 금융재산(금융기관의 예금, 적금, 부금 및 출자금, 예탁금, 보험금, 공제금, 주식, 채권, 수익증권 및 유가증권)에서 금융부채(금융기관에 대한 채무로서 입증된 것)를 공제한 것

✱ 금융재산 상속공제금액

| 순금융재산(= 금융재산 − 금융부채) | 공제금액 |
|---|---|
| 2,000만원 이하 | 전액 문제4 |
| 2,000만원 초과 ~ 1억원 이하 | 2,000만원 문제5,6,7 |
| 1억원 초과 | 순금융재산 × 20%(2억원 한도) 문제8,9 |

## 출제 예상문제

**1** 다음 중 종합소득금액 계산식이 잘못된 것은?

① 근로소득 = 총급여액 − 근로소득공제
② 사업소득 = 사업수입금액 − 필요경비
③ 연금소득 = 총연금액 − 필요경비
④ 이자소득 = 이자수입금액

**정답 |** ③
**해설 |** 연금소득 = 총연금액 − 연금소득공제

**2** 다음 중 종합소득 과세표준이 1,000만원일 때 계산되는 산출세액으로 알맞은 것은?(지방소득세 별도)

① 60만원　② 70만원
③ 90만원　④ 150만원

**정답 |** ①
**해설 |** 종합소득 과세표준이 1,400만원 이하인 경우 적용되는 세율은 6%(지방소득세 별도)이다.

**3** 종신보험의 수령보험금은 금융재산으로 분류되며 상속재산에 포함되어 일정 비율의 금액을 상속공제 받을 수 있다. (○, ×)

**정답 |** ○
**해설 |** 종신보험의 수령보험금도 상속재산으로 분류되므로 순금융재산 상속공제를 받을 수 있다.

**4** 다음 중 금융재산 상속공제에 대한 설명으로 맞는 것은?

① 변액종신보험의 보험금은 상속 금융재산에 해당하지 않는다.
② 금융부채는 금융기관에 대한 채무를 추정하여 산출한다.
③ 1천만원의 순금융재산은 전액 공제된다.
④ 순금융재산의 공제금액 한도는 1억원이다.

**정답 |** ③
**해설 |** ① 상속 금융재산이다. ② 금융부채는 금융기관에 대한 채무로 입증된 부채로 산출한다. ④ 공제금액의 한도는 2억원이다.

**5** 다음의 금융재산을 상속받을 경우 금융재산 상속공제 금액은 얼마인가?

- 보험금 5,000만원　・예금 3,000만원
- 대출 1,000만원

① 1,800만원　② 1,400만원
③ 1,600만원　④ 2,000만원

**정답 |** ④
**해설 |** 순금융재산이 2,000만원 초과 1억원 이하일 경우 공제금액은 2,000만원이다. 따라서 순금융재산(보험금 + 예금 − 대출)이 7,000만원(5,000만원 + 3,000만원 − 1,000만원)이므로 2,000만원이 공제금액이다.

**6** 다음 중 금융재산 상속공제에 대한 설명으로 맞지 않는 것은?

① 순금융재산에 대한 공제한도는 2억원이다.
② 순금융재산 2,000만원 이하는 전액 공제한다.
③ 순금융재산이 5,000만원인 경우 20%를 공제한다.
④ 순금융재산이 2억원인 경우 4,000만원을 공제한다.

**정답 |** ③
**해설 |** 순금융재산이 2,000만원 초과 1억원 이하인 경우 2,000만원을 공제한다.

**7** 다음 중 상속금융재산이 8,000만원인 경우 금융재산 상속공제액으로 알맞은 것은?

① 1,400만원　② 1,600만원
③ 2,000만원　④ 1,800만원

**정답 |** ③
**해설 |** 순금융재산이 2,000만원 이하인 경우 전액, 2,000만원 초과 1억원 이하일 경우 2,000만원, 1억원 초과일 경우 2억원을 한도로 순금융재산의 20%가 금융재산 상속공제금액이 된다.

**8** 다음은 금융재산 상속공제에 대한 내용이다. ( ) 안에 들어갈 알맞은 숫자는?

공제금액 = 순금융재산 × (　　)%[2억원 한도]

① 20　② 15　③ 10　④ 30

**정답 |** ①
**해설 |** 상속재산 중 금융재산이 있는 경우에는 순금융재산의 20%(2억원 한도)를 공제한다.

**9** 다음 중 순금융재산 상속공제 한도로 알맞은 것은?

① 4억원　② 2억원
③ 3억원　④ 1억원

**정답 |** ②
**해설 |** 순금융재산의 20%(2억원 한도)를 공제해주는 제도가 보험금에 대해서도 동일하게 적용된다.

## 필수 암기사항

- 연금소득 = 총연금액 − 연금소득공제
- 근로소득 = 총급여액 − 근로소득공제
- 사업소득 = 사업수입금액 − 필요경비
- 종합소득세율
  6%(1,400만원 이하) ~ 45%(10억원 초과)의 기본세율

- 금융재산 상속공제
  최고 한도 2억원, 금융재산의 20%, 종신보험의 수령보험금은 순금융재산으로 분류, 상속재산에 포함
  ① 2,000만원 이하 : 전액
  ② 2,000만원 초과 ~ 1억원 이하 : 2천만원
  ③ 1억원 초과 : 순금융재산(부채 공제 이후)의 20%

# 053 상속 및 증여받은 보험금에 대한 세제

교재 p117~120
제2장. 생명보험의 이해 ▶ 03. 생명보험과 세금 ▶ 마. 상속 및 증여받은 보험금에 대한 세제 ▶ (1) 상속세 및 증여세의 개요

출제포인트

## 1 상속세 및 증여세의 개요(완전포괄주의)

- 상속세 : 개인의 사망으로 상속이 개시되는 경우 재산의 무상이전에 대해 부과되는 조세
  ⇨ 상속개시일(실종선고일 포함) 현재의 상속재산에 부과
- 증여세 : 개인이 생전에 재산을 무상이전하는 경우 증여에 따른 경제적 이익의 무상이전에 대해 부과되는 조세
  ⇨ 수증자가 증여받은 재산가액에 대해 부과

## 2 상속재산으로 보는 보험금

- 상속인들에게 지급되는 보험금은 상속재산으로 보아 상속세 과세 대상에 해당
- 종신보험은 수익자와 실질납입자에 따라 세법에서의 과세방식이 결정됨

| 구분 | 계약자 | 피보험자 | 수익자 | | 실질보험료 납입자 | 보험사고 | 보험금 과세방법 |
|---|---|---|---|---|---|---|---|
| ① | 부 | 부 | 본인 | ≠ | 부 | 부 사망 | 상속세 과세 [문제1] |
| ② | 부 | 부 | 본인 | = | 본인 | 부 사망 | 과세 안됨 [문제2] |
| ③ | 본인 | 모 | 본인 | ≠ | 모 | 모 사망 | 상속세 과세 |
| ④ | 본인 | 모 | 본인 | = | 본인 | 모 사망 | 과세 안됨 |

① 실질보험료 납입자(부 또는 모)의 소득으로 보험료를 납입하고 보험사고 발생시 상속인(본인)들에게 보험금 지급(상속재산 간주)

② 피상속인이 보험료의 일부만을 납입한 경우에 상속재산으로 보는 보험금 [문제3]

$$\text{상속재산으로 보는 보험금} = \text{지급받은 보험금의 총합계} \times \frac{\text{피상속인이 부담한 보험료}}{\text{피상속인 사망시까지 납입된 보험료 총합계액}}$$

③ 민법에 규정된 상속순위

| 상속순위 | 비고 |
|---|---|
| 1순위 : 직계비속(자녀, 손자) | • 배우자는 1순위인 직계비속과 동순위의 공동상속인이 되며, 직계비속이 없는 경우 2순위의 직계존속과 공동상속인이 된다. 만약 직계비속과 직계존속이 모두 없을 경우 단독 상속인이 된다. [문제4] |
| 2순위 : 직계존속(부모, 조부모 등) | |
| 3순위 : 형제자매 | |
| 4순위 : 4촌 이내의 방계혈족 | • 태아는 이미 출생한 것으로 본다. |

※ 자녀 2명과 배우자가 공동으로 상속받는 경우 배우자의 법정상속분은 직계비속 또는 직계존속의 상속분에 5할을 가산한다.
  ⇨ 자녀 2명과 배우자가 공동으로 상속받을 경우 배우자의 법정상속지분율은 1.5/(1+1+1.5)가 됨

## 3 증여재산으로 보는 보험금

| 구분 | 계약자 | 피보험자 | 수익자 | | 실질보험료 납입자 | 보험사고 | 보험금 과세방법 |
|---|---|---|---|---|---|---|---|
| ① | 부 | 모 | 본인 | ≠ | 부 | 모 사망 | 증여세 과세 |
| ② | 부 | 모 | 본인 | = | 본인 | 모 사망 | 과세 안됨 |
| ③ | 본인 | 본인 | 본인 | ≠ | 부 | 연금지급개시 | 증여세 과세 |
| ④ | 본인 | 부 | 본인 | = | 본인 | 연금지급개시 | 과세 안됨 |
| ⑤ | 본인 | 부 | 본인 | = | 본인* | 모 사망 | 증여세 과세 |

※ 보험계약자는 본인이나, 사실상 부·모로부터 증여받은 재산으로 보험료를 납입한 경우

● 증여재산으로 보는 보험금
① 실질적인 보험료 납입자와 수익자가 다른 경우 : 보험금 상당액을 증여재산가액으로 함
② 보험수익자가 보험료 일부를 납입한 경우 **문제 5**

$$\text{보험금 상당액} \times \frac{\text{보험수익자 이외의 자가 납입한 보험료액}}{\text{납입한 보험료 총액}}$$

③ 보험수익자가 타인으로부터 증여받은 재산으로 보험료를 납부한 경우 **문제 6**

$$\text{보험금 상당액} \times \frac{\text{타인으로부터 증여받아 납입한 보험료액}}{\text{납입한 보험료 총액}} - \text{타인재산 수증분으로 납부한 보험료}$$

※ 보험계약자가 미성년자이거나 무자력자(소득이 없는 자)인 경우 보험계약시 보험료 납입액을 타인으로부터 증여받아 납입한 것으로 간주하여 보험금 전액에 증여세 부과

## 출제 예상문제

**1** 다음 표와 같이 변액종신보험에 가입한 경우 사망보험금의 과세방법으로 맞는 것은?

| 보험계약자 | 피보험자 | 보험수익자 | 보험료 납입자 |
|---|---|---|---|
| 부 | 부 | 본인(자) | 부 |

① 상속세 과세
② 증여세 과세
③ 금융소득 종합과세
④ 과세 안됨

**정답** | ①
**해설** | 보험료 납입자 ≠ 보험수익자이고, 보험사고가 보험료 납입자인 '부'의 사망이므로 상속세를 과세한다.

**2** 다음 표와 같이 변액종신보험에 가입한 경우 사망보험금의 과세방법으로 맞는 것은?

| 보험계약자 | 피보험자 | 보험수익자 | 보험료 납입자 |
|---|---|---|---|
| 부 | 부 | 본인(자) | 본인(자) |

① 상속세 과세
② 증여세 과세
③ 금융소득 종합과세
④ 과세 안됨

**정답** | ④
**해설** | 수익자와 보험료 납입자가 동일인이므로 과세되지 않는다.

**3** 다음 표에서 김생명씨의 상속재산으로 보는 보험금은 얼마인가?

- 보험계약자 : 김생명
- 피보험자 : 김생명씨의 아버지
- 납입보험료 5천만원 중 2천만원은 김생명씨가, 3천만원은 김생명씨의 아버지씨가 납입
- 김생명씨 아버지의 사망으로 김생명씨가 사망보험금 1억원 수령

① 1억원
② 8천만원
③ 4천만원
④ 6천만원

**정답** | ④
**해설** | 1억원 × $\frac{3천만원}{5천만원}$ = 6천만원

**4** 배우자는 1순위인 직계존속과 동순위의 공동상속인이 되며, 직계존속이 없는 경우에는 2순위인 직계비속과 공동상속인이 된다. (o, ×)

**정답** | ×
**해설** | 배우자는 1순위인 직계비속과 공동상속인이 되며, 직계비속이 없을 경우에는 직계존속과 공동상속인이 된다.

**5** 다음 표에서 A씨가 수령한 보험금 중 증여재산으로 보는 보험금은 얼마인가?

- A씨는 어머니를 피보험자로 하는 생명보험에 가입하여 1억원의 보험금 수령
- 총 납입보험료 5천만원 중 3천만원은 A씨가 납입하고 나머지 2천만원은 아버지 B씨가 납입

① 4천만원
② 6천만원
③ 2천만원
④ 1억원

**정답** | ①
**해설** | 1억원 × (2천만원 / 5천만원) = 4천만원

**6** 다음에서 증여재산으로 보는 보험금은 얼마인가?

- A씨는 어머니를 피보험자로 하는 생명보험에 가입하여 1억원의 보험금을 수령했다.
- 총 납입보험료 중 3천만원은 A씨가 납입했고
- 나머지 납입보험료 2천만원은 아버지로부터 증여받아 납입했다.

① 4천만원
② 6천만원
③ 2천만원
④ 1억원

**정답** | ③
**해설** | 증여재산으로 보는 보험금 = 2천만원

(1억원 × $\frac{2천만원}{5천만원}$ − 2천만원 = 2천만원)

※ 총 증여재산가액
= 증여받은 재산(2천만원) + 증여받은 재산으로 보는 보험금(2천만원)
= 4천만원

## 필수 암기사항

- **실질과세원칙에 따른 보험금 과세방법**
  ① 수익자 본인 ≠ 실질보험료 납입자 부
    보험사고 : 부 사망 ⇨ 상속세 과세
  ② 수익자 본인 ≠ 실질보험료 납입자 부
    보험사고 : 모 사망 ⇨ 증여세 과세
  ③ 수익자 본인 = 실질보험료 납입자 본인
    보험사고 : 피보험자 사망 ⇨ 과세 안됨

- **상속순위**
  ① 1순위 ⇨ 직계비속, 2순위 ⇨ 직계존속, 3순위 ⇨ 형제자매, 4순위 ⇨ 4촌 이내의 방계혈족
  ② 자녀 2명과 배우자가 공동상속인일 경우 배우자의 상속분은 5할 가산
  ③ 태아는 이미 출생한 것으로 간주

- **증여, 상속재산가액 계산 순서**
  ① 총납입보험료 가운데 수익자 이외의 사람이 납입한 보험료 금액 산정
  ② 수익자 이외의 사람이 납입한 보험료가 총납입보험료에서 차지하는 비율 계산
  ③ 수령한 보험금에서 수익자 이외의 사람이 납입한 보험료 비율에 해당하는 금액

# 변액보험의 역사와 미국과 일본의 변액보험 사례

교재 p122~127
제3장. 변액보험의 이해 ▶ 01. 변액보험의 역사

출제포인트 0.5

## 1 | 변액보험의 도입 국가 순서 : 네 – 영 – 캐 – 미 – 일

① 네덜란드(1952) ⇨ 영국(1957) ⇨ 캐나다(1967) ⇨ 미국(1976) ⇨ 일본(1986)
② 최초의 변액보험 : 1952년 네덜란드의 바르다유 회사가 최초로 판매한 '프랙션'

## 2 | 변액보험의 도입 배경

① 2차 세계대전 이후 세계 각국의 급격한 경제성장에 따른 인플레이션이 주요 문제로 대두되어 보험회사에서는 이에 대응할 수 있는 보험상품 개발의 필요성이 제기됨
② 고수익을 추구하면서 투자위험을 줄일수 있는 상품이 필요했던 보험회사의 상황에 맞춰서 변액보험이 탄생

## 3 | 미국의 변액보험 도입 배경

| 경제환경의 변화 | 고물가, 고금리 시대의 돌입 |
|---|---|
| 금융소비자의 변화 | 고금리추구성향 확대 |
| 경쟁 금융상품의 변화 | 고수익 투자형 상품의 등장 |
| 생명보험회사의 경영상 필요성 | 투자위험 회피 |

## 4 | 미국의 변액보험상품 판매 성공사유

① 금리하락과 주식시장 활황으로 변액보험의 수익률 제고(저금리 · 주가 상승)
② 뮤추얼펀드 등의 대중화로 실적배당형 보험 인지도 개선
③ 변액보험의 유연성과 다양한 투자옵션 부여 ⇨ 자유납입, 중도인출, 펀드변경
④ 세제혜택 : 노년에 자금인출시 낮은 세율 ⇨ 세금이연 효과

## 5 | 미국의 변액보험 판매자격제도 및 법적 규제 ⇨ 보험회사, 증권회사, 은행에서 판매

① 보험설계사 자격시험 외에 금융산업규제협회(FINRA)에서 주관하는 투자상품 및 변액보험 판매자격시험(Series 6)을 통과하고 등록해야 판매 가능
② 「보험업법」 관련 규제를 받게 되며, 동시에 「증권법」과 「투자회사법」의 엄격한 규제도 적용

## 6 | 일본의 변액보험 도입 배경

① 금리 자유화, 경상수지의 지속적 흑자, 금리선호의식 고조, 고금리 재테크 붐
② 높은 예정이율로 판매했던 일시납 양로보험이 1990년대 버블붕괴로 모든 생보사에 금리부담으로 작용
③ 1986년 변액보험이 도입되었지만 정액형 보험의 판매활성화로 소비자에게 큰 매력은 없었으나 에쿼타블사의 판매허용 요청과 자유화 · 국제화에 대한 대응 등이 감안되어 판매 허용

## 7 | 일본의 변액보험 도입초기 판매 실패사유

① 주식시장의 침체로 인한 수익률의 저하
② 특별계정의 펀드운용 미숙
③ 부실판매로 인한 소송 빈발 및 상품이미지 악화
④ 어려운 상품구조 및 상품의 유연성 부족

## 8 | 일본의 변액보험 판매자격제도 및 법적 규제

① 생명보험업계 자율운영 제도로서 판매자격제도 운영
② 미국과 달리 「보험업법」의 규제는 받으나 증권거래법, 투자신탁업법 등의 적용은 받지 않음

## 9 | 미국 · 일본의 변액보험 흐름

① 미국
- 금리환경 변화에 따른 소비자의 니즈를 충족시키기 위해 변액유니버설보험 및 주가지수연동형보험 등 다양한 상품 개발
- 투자형 상품에 대한 옵션 다양화

② 일본
- 1999년부터 외국계 생명보험사를 중심으로 펀드 다양화, 자산운용을 외부에 위탁
- 경쟁력과 정보의 투명성이 제고된 변액연금을 적극적으로 판매
- 변액보험에 대한 이미지 개선 중

## 10 | 미국, 일본 사례를 통한 변액보험 성공의 3대 핵심요인

① 저금리, 주식시장 상승이라는 금융시장 여건 조성
② 고객 니즈를 충족시키고 금융환경 변화에 대응할 수 있도록 다양한 옵션을 가진 상품 개발 필요
③ 불완전판매를 철저히 배제하여 긍정적인 이미지 정립

# 우리나라 변액보험 도입배경 및 법적규제

교재 p128~130
제3장. 변액보험의 이해 ▶ 01. 변액보험의 역사 ▶ 마. 우리나라의 변액보험 도입배경 및 법적 규제

출제포인트 9.5

## 1. 도입배경 및 경과

- 2000년 이후 보험가격 자유화, IMF 이후 금융시장 재편 및 급격한 금리변동 등 금융환경 변화에 대응하여 시장수익률을 반영하면서 인플레이션을 헤지하여 보험금의 실질가치를 보장할 수 있는 변액보험 상품의 도입을 본격적으로 추진 [문제1]
- 2001년 금융감독위원회 : 「보험업감독규정」 개정으로 법적근거 마련
- 2002년 「보험업법」 개정으로 변액보험계약이라는 문구가 법률에 정식 반영
- 2009년 「자본시장법」이 시행됨에 따라 변액보험의 펀드도 집합투자기구의 요건 준수
- 도입 순서 : 변액종신보험(2001) ⇨ 변액연금보험(2002) ⇨ 변액유니버설보험(2003) [문제2]
- 2008년 하반기부터 2009년 상반기까지 글로벌금융위기 여파로 인해 2009년에는 변액보험 도입 이후 최초로 수입보험료가 감소하였으나 다양한 신상품들이 출시되어 향후에도 지속적인 성장세를 이어갈 것으로 기대

### ✱ 변액보험 도입의 배경(필요성) [문제3,4,5]

| 보험소비자 측면 | 물가상승에 대응하는 보험금의 실질가치 보장 및 상품선택권 확대 |
|---|---|
| 보험회사 측면 | 역마진 등 금리리스크 적정 관리로 보험경영의 안정성 증가 [문제6] |
| 모집종사자 측면 | 소비자 욕구를 충족하는 보험시장의 확대로 수익증대 및 자격제도에 따른 전문성 제고 |
| 국가경제적 측면 | 보험시장 건전성 제고와 주식, 채권투자 증가로 보험시장 및 자본시장 발전에 기여 |

## 2. 변액보험에 대한 법적 규제

- 법률상 정의 : 「보험업법」 "보험금이 자산운용의 성과에 따라 변동하는 보험계약" [문제7,8,9]
- 적용 법률 : 보험과 펀드의 성격을 동시에 가짐 ⇨ 「보험업법」(보험 규제)과 「자본시장법」(펀드 규제)의 일부 규정이 동시에 적용 [문제10,11,12,13]
- 변액보험은 생명보험상품 중 하나이므로 손해보험회사에서는 취급할 수 없음 [문제14]
  ⇨ 명시적인 법적 근거는 보험업감독규정
- 「보험업법」에 따라 특별계정을 설정하여 운용 [문제15] ⇨ 변액보험 특별계정에는 회계처리나 자산운용방법, 자산의 평가방법 등에 있어서 일반계정과 다른 규제와 제한이 적용

## 3. 변액보험 판매자격제도

- 2003년 8월 27일 「보험업법시행령」, 9월 26일 「보험업감독규정」에 법적 근거 마련 [문제16]
  ⇨ 자율규정으로 시작되었다가 변액보험 판매자격시험 제도는 일종의 법정 자격시험의 성격 가짐
- 보험설계사와 보험대리점 소속 설계사 외에 보험회사의 임원, 보험대리점, 보험중개사 등 모든 모집종사자는 생명보험협회의 자격시험에 합격하여야 변액보험 모집 가능 [문제17]
- 모집종사자가 모집자격이 없는 상태에서 변액보험을 모집하는 경우에는 법령 위반에 해당되어 모집자격이 박탈되거나 영업정지, 관리책임이 있는 보험회사 및 직원도 금융감독당국의 행정적 처벌 [문제16]

## 출제 예상문제

**1** 다음 중 우리나라의 변액보험 도입 및 경과에 대해 맞게 설명한 것은?

① 2009년 금융위기시에도 변액보험의 판매는 지속적으로 증가하였다.
② 2009년 자본시장법이 시행되면서 변액보험의 법적 근거가 마련되었다.
③ 2000년 이후 금융환경 변화에 대응하여 시장수익률을 반영하면서 인플레이션을 헤지하여 보험금의 실질가치를 보장하기 위해 도입을 추진하였다.
④ 변액연금보험이 가장 먼저 도입되었다.

**정답** | ③
**해설** | ① 증가 → 감소 ② 2001년 4월 27일 금융감독위원회가 「보험업감독규정」을 개정하여 법적 근거가 마련되었다. ④ 변액종신보험이 가장 먼저 도입되었다.

**2** 우리나라의 경우 2001년 변액종신보험이 최초로 도입되었다. (O, ×)

**정답** | O
**해설** | 변액종신(2001년) → 변액연금(2002년) → 변액유니버설(2003년)

**3** 다음 중 변액보험 도입배경 및 필요성에 대한 설명으로 틀린 것은?

① 금리리스크의 적정 관리로 보험회사의 보험경영 안정성 증가
② 자산 운용을 통해 수익성보다는 안전성을 더 선호하는 소비자의 욕구 충족
③ 물가상승에 대응하는 보험금의 실질가치 보장, 상품선택권 확대
④ 보험시장 건전성 제고와 주식·채권투자 증가로 보험시장 및 자본시장 발전에 기여

**정답** | ②
**해설** | 변액보험은 자산운용의 성과에 따라 보험금이 변동하는 보험계약으로 안전한 자산운용보다는 수익성을 추구하는 위험도가 높은 상품이다.

**4** 다음 중 변액보험 도입배경 및 필요성에 대한 설명으로 틀린 것은?

① 금리리스크의 적정 관리로 보험회사의 보험경영 안정성 증가
② 방카슈랑스 판매 확대를 위한 선진상품 도입
③ 물가상승에 대응하는 보험금의 실질가치 보장, 상품선택권 확대
④ 보험시장 건전성 제고와 주식·채권투자 증가로 보험시장 및 자본시장 발전에 기여

**정답** | ②
**해설** | 방카슈랑스 도입과 변액보험의 필요성은 연관성이 없다.

**5** 다음 중 변액보험의 도입배경에 대한 설명으로 옳지 않은 것은?

① 보험소비자 측면에서 물가상승에 따른 보험금의 실질가치 보장
② 보험회사의 금리리스크 적정 관리로 보험경영의 안정성 증가
③ 보험시장 건전성 제고와 주식, 채권투자 증가로 보험시장 및 자본시장 발전에 기여
④ 금융당국의 보험가격 개입 필요성 강화

**정답** | ④
**해설** | 2000년 이후 보험가격 자유화 등 금융환경 변화에 대응하여 도입이 추진되었고, 금융당국의 보험가격 개입 필요성 강화와는 관련이 없다.

**6** 다음 중 변액보험의 도입배경 및 필요성이 잘못 연결된 것은?

① 보험소비자 – 보험금의 실질가치 보장 및 상품선택권 확대
② 보험회사 – 낮은 리스크에 대한 공격적 운영으로 보험경영의 안정성 증가
③ 모집종사자 – 보험시장의 확대로 수입증대 및 전문성 제고
④ 국가경제 – 보험시장 건전성 제고와 주식·채권투자 증가로 보험시장 및 자본시장 발전에 기여

**정답** | ②
**해설** | 보험회사 측면에서는 역마진 등 금리리스크 적정 관리로 보험경영의 안정성 증가

**7** 다음 중 우리나라의 변액보험에 적용되는 법적 규제에 대한 설명으로 알맞은 것은?

① 변액보험의 정의는 「보험업법」에 명시되어 있다.
② 「자본시장법」은 적용되지만 「보험업법」은 적용되지 않는다.
③ 변액보험은 생명보험사와 손해보험사는 판매할 수 있지만 공제조합은 판매할 수 없다.
④ 「보험업법」에 따라 특별계정과 일반계정에 동일한 규제와 제한이 적용된다.

**정답** | ①
**해설** | ② 「보험업법」도 적용된다. ③ 변액보험은 생명보험사만 판매할 수 있다. ④ 동일한 → 다른

**8** 변액보험의 법률상 정의는 "보험금이 자산운용의 성과에 따라 변동하는 보험계약"이다. (O, ×)

**정답** | O
**해설** | 변액보험의 법률상 정의에 대한 맞는 설명이다.

**9** 다음 표에서 ( ) 안에 들어갈 내용으로 맞는 것은?

> 변액보험의 법률상 정의는 '보험금이 (    )에 따라 변동하는 보험계약'이다.

① 평균공시이율
② 예정이율
③ 자산운용의 성과
④ 자산평가의 방법

**정답** | ③
**해설** | 변액보험의 법률상 정의는 "보험금이 자산운용의 성과에 따라 변동하는 보험계약"이다.

**10** 다음 중 우리나라의 변액보험과 관련한 법적 규제에 대해 맞게 설명한 것은?

① 손해보험회사는 변액보험을 판매할 수 있다.
② 변액보험의 정의는 자본시장법에 명시되어 있다.
③ 생명보험과 집합투자의 성격을 동시에 가진다.
④ 특별계정의 자산평가방법은 일반계정과 동일하다.

**정답** | ③
**해설** | ① 손해보험회사는 변액보험을 판매할 수 없다. ② 자본시장법 → 보험업법 ④ 변액보험 특별계정에는 회계처리나 자산운용방법, 자산의 평가방법 등에 있어서 일반계정과 다른 규제와 제한이 적용된다.

**11** 변액보험은「보험업법」의 법적규제를 받으므로「자본시장법」의 규정은 적용받지 않는다. (○, ×)

**정답** | ×
**해설** | 변액보험은「보험업법」과「자본시장법」의 일부 규정이 동시에 적용된다.

**12** 다음 중 변액보험과 관련이 없는 법규는 무엇인가?

① 자본시장법
② 보험업법
③ 보험업감독규정
④ 생명보험경영공시

**정답** | ④
**해설** | 생명보험경영공시는 보험회사 경영현황 전반을 보험소비자 등에게 공개하는 규정이다.

**13** 다음 중 변액보험의 법적 규제에 대한 설명으로 틀린 것은?

① 변액보험은 손해보험회사에서 판매할 수 없다.
② 변액보험은「보험업법」에 정의되어 있어 변액보험의 펀드는 자본시장법에 따른 집합투자기구의 요건적용이 제외되는 특례가 인정된다.
③ 보험업법에 따라 특별계정을 설정하여 운용하여야 한다.
④ 보험회사의 임직원은 자격시험 합격시 변액보험을 판매할 수 있다.

**정답** | ②
**해설** | 변액보험은 집합투자의 성격을 가지고 있어「자본시장법」에 따른 집합투자기구의 요건을 적용받는다.

**14** 다음 중 변액보험에 대한 설명으로 알맞지 않은 것은?

①「보험업법」과「자본시장법」의 일부 규정이 동시에 적용된다.
② 도입 초기에는 변액보험 판매자격제도를 자율제도로 운영했다.
③ 손해보험회사도 취급할 수 있다.
④ 종합자산관리사 시험에 합격한 자는 변액보험을 판매할 수 있다.

**정답** | ③
**해설** | 변액보험은 생명보험 상품으로 손해보험회사에서는 취급할 수 없다.

**15** 다음 중 변액보험과 관련한 법적 규제에 대해 틀리게 설명한 것은?

①「자본시장법」규정에 따라 특별계정을 설정하여 운용해야 한다.
② 변액보험의 법률적 정의는「보험업법」에 규정되어 있다.
③ 변액보험 특별계정 펀드는「자본시장법」상 집합투자기구 요건을 준수해야 한다.
④ 손해보험회사는 변액보험을 판매하지 못한다.

**정답** | ①
**해설** |「자본시장법」→「보험업법」

**16** 다음 중 변액보험 판매자격제도에 대한 설명으로 맞는 것을 모두 고르시오.

> (가) 법률적 근거는「보험업법시행령」과「보험업감독규정」이다.
> (나) 보험회사 임직원은 관련 업무에 2년 이상 종사한 경우 변액보험 판매자격시험에 합격하지 않아도 변액보험을 판매할 수 있다.
> (다) 모집종사자가 모집자격이 없는 상태에서 변액보험을 모집하는 경우에는 관리책임이 있는 보험회사도 금융감독당국의 행정적 처벌을 받을 수 있다.

① (가), (나)
② (나), (다)
③ (가), (다)
④ (가), (나), (다)

**정답** | ③
**해설** | (나) 보험회사의 임직원은 생명보험협회가 주관하는 변액보험 판매자격시험에 합격하여야 변액보험을 판매할 수 있다.

**17** 다음 중 변액보험에 대한 설명으로 틀린 것은?

① 생명보험설계사 자격시험에 합격하면 변액보험을 판매할 수 있다.
② 변액보험은 생명보험회사만 판매할 수 있다.
③ 변액보험을 판매하기 위해서는 생명보험협회가 주관하는 자격시험에 합격해야 한다.
④ 모집자격이 없는 상태에서 변액보험을 모집하는 경우에는 관리책임이 있는 보험회사도 금융감독당국의 행정처벌을 받을 수 있다.

**정답** | ①
**해설** | 생명보험설계사도 변액보험 판매자격시험에 합격해야 변액보험을 판매할 수 있다.

---

## 🎓 필수 암기사항

- **도입배경과 경과**
  2000년 이후 금융환경 변화에 대응하여 인플레이션을 헤지하여 보험금의 실질가치 보장을 위해 도입
  ⇨ 2009년에는 금융위기 이후 변액보험 수입보험료 감소

- **변액보험 도입 순서**
  변액종신보험(최초 도입) ⇨ 변액연금보험 ⇨ 변액유니버설보험

- **변액보험 도입 필요성**
  ① 물가상승에 대응하는 보험금의 실질가치 보장
  ② 금리리스크 적정 관리로 보험경영의 안정성 증가
  ③ 수입증대 및 자격제도에 따른 전문성 제고
  ④ 주식, 채권 투자 증가로 자본시장 발전에 기여

- **법적 규제**
  ① 법률상 정의 : 보험업법(보험금이 자산운용 성과에 따라 변동하는 보험계약)
  ② 적용 법률 : 보험업법과 자본시장법의 일부 규정 동시 적용
  ③ 보험업감독규정 : 손해보험회사는 취급할 수 없음
  ④ 보험업법 : 특별계정을 설정하여 운용(일반계정과는 다른 규제와 제한 적용)

- **변액보험 판매자격제도의 법적 근거 ⇨ 보험업감독규정**
  ① 생명보험협회에서 주관하는 자격시험에 합격해야 변액보험 판매 가능
  ② 무자격 상태에서 변액보험 모집시 법령 위반에 해당되어 모집자격 박탈, 영업정지, 보험회사 및 직원의 행정적 처벌 가능

# 056 변액보험과 금융투자회사 상품 비교

교재 p131~132
제3장. 변액보험의 이해 ▶ 02. 변액보험의 상품내용 ▶ 가. 변액보험

출제포인트 7.5

## 1 변액보험

- 계약자가 납입한 보험료의 일부를 주식이나 채권 등 펀드에 투자하고 투자실적에 따라 발생한 이익을 계약자에게 배분하여 주는 실적배당형 보험 문제1
- 변액보험의 종류

| 변액연금보험 | 노후생활자금 확보가 주목적. 펀드의 운용실적에 따라 적립된 금액을 연금으로 지급받는 상품 문제2 |
|---|---|
| 변액종신보험 | 사망보장이 주목적. 펀드의 운용실적에 따라 보험금이 변동되는 상품 문제3 |
| 변액유니버설보험(보장형) | 사망보장이 주목적. 수시입출금 기능이 있고 펀드의 운용실적에 따라 보험금이 변동되는 상품 문제3 |
| 변액유니버설보험(적립형) | 장기투자가 주목적. 펀드의 운영실적에 따라 적립금 변동, 투자기능과 수시입출금 기능이 결합된 상품 |

- 특징 ⇨ 투자실적에 따라 보험금과 해약환급금 등이 변동
  ① 투자결과에 대한 책임을 계약자가 부담하는 「자기책임의 원칙」이 적용되는 보험 문제4
     ⇨ 투자실적 악화시 해약환급금이 원금에도 미치지 못할 수 있는 투자형 상품 문제5,6
  ② 보험고유의 기능인 보장을 제공하기 위해 보험금에 대해 보증 설계 : 보증비용 추가 부담 문제7
     ⇨ 펀드의 실적과 관계없이 보험금은 최저보장(수익률이 낮아져도 최저보증금액은 낮아지지 않음) 문제8

## 2 변액보험과 금융투자회사(펀드) 상품 비교

- 공통점 : 주식, 채권과 같은 유가증권에 투자하는 실적배당형 상품

| 구분 | 변액보험 | 투자신탁(수익증권), 투자회사(뮤추얼펀드) |
|---|---|---|
| 가입목적 | 장기 인플레이션 헤지를 통해 실질가치가 보전된 보장 제공 | 간접투자를 통한 수익 추구 |
| 운용형태 | 보험료의 일부(사업비 및 위험보험료 등을 차감한 금액)를 유가증권 등에 투자하여 자산운용 실적에 따른 보험금 지급, 최저보증 있음 | 투자금액 대부분을 유가증권 등에 투자하여 수익을 투자자에게 지급하며 수수료는 적립금에서 차감, 최저보증 없음 |
| 투자자의 지위 | 계약자 | 수익자 또는 주주 |
| 비용 | 사업비, 특별계정 운용보수, 보증비용 등 | 판매보수, 자산운용보수, 수탁보수 등 |
| 세제혜택 | 10년 이상 유지되고 관련 요건 충족시 보험차익 비과세 문제9 | 국내주식 매매차익 비과세 |

## 출제 예상문제

**1 다음 중 변액보험에 대한 설명으로 알맞지 않은 것은?**

① 투자신탁의 수익증권과 유사한 자산운용 구조를 갖는다.
② 변액보험 판매자격자만 모집할 수 있다.
③ 납입보험료의 일부를 유가증권 등에 투자한다.
④ 투자실적이 좋을 경우 산출이율과의 차이로 발생한 이익을 보험회사에 배분한다.

**정답** | ④
**해설** | 투자 결과에 대한 책임을 전적으로 계약자가 부담하는 자기책임의 원칙이 적용되는 보험으로 투자이익/손실이 발생할 경우 계약자에게 배분된다.

**2 다음 중 변액보험에 대한 설명으로 맞는 것은?**

① 변액연금보험은 변액종신보험이나 변액유니버설보험(보장형) 등과 비교하면 사망보험금이 상대적으로 적은 저축성 변액보험이다.
② 미보증형 변액연금보험과 보증형 변액연금보험의 투자수익률은 동일하다.
③ 변액유니버설보험은 의무납입기간 이내에는 추가납입이 불가하다.
④ 변액유니버설보험은 보험기간이 보험료 납입기간보다 짧다.

**정답** | ①
**해설** | ② 미보증형 변액연금보험은 특별계정에서 운용되는 보험료가 더 크기 때문에 투자수익률이 상대적으로 더 높을 수 있다.
③ 의무납입기간 여부와 관계없이 언제라도 추가납입이 가능하다.
④ 변액유니버설보험은 보험기간이 종신이고, 보험료 납입은 적립형의 경우 전기납인 상품이다.

**3 다음 중 사망보장을 주목적으로 하는 변액보험을 모두 고른 것은?**

(가) 변액연금보험
(나) 변액종신보험
(다) 변액유니버설보험(보장형)
(라) 변액유니버설보험(적립형)

① 가, 나   ② 나, 다   ③ 다, 라   ④ 가, 라

**정답** | ②
**해설** | 사망보장을 주목적으로 하는 변액보험은 변액종신보험과 변액유니버설보험(보장형)이다.

**4 다음 표의 ( ) 안에 들어갈 내용으로 알맞은 것은?**

> 변액보험은 금융투자회사 상품처럼 투자결과에 대한 책임을 전적으로 ( )가 부담하는 자기책임의 원칙이 적용되는 보험이다.

① 보험회사   ② 피보험자
③ 보험계약자   ④ 보험설계사

**정답** | ③
**해설** | 투자결과에 대한 책임은 보험계약자가 부담한다.

**5 다음 중 변액보험의 상품구조에 대한 설명으로 틀린 것은?**

① 특별계정 운용실적이 저조할 경우라도 해약환급금은 일정하다.
② 선택특약은 일반계정에서 해당 특약의 산출이율로 적립된다.
③ 기본보험계약은 보험료 산출의 기초가 되는 계약이다.
④ 변동보험계약은 특별계정의 운용실적에 따라 추가로 계산되는 계약이다.

**정답** | ①
**해설** | 해약환급금에 대한 최저보증이 없으므로 특별계정의 운용실적이 저조하면 해약환급금이 감소된다.

**6 변액보험에서 특별계정의 투자실적이 악화될 경우 (−)수익률이 발생할 수 있다.** (O, ×)

**정답** | O
**해설** | 맞는 설명이다.

**7 변액보험은 보험고유의 기능인 보장을 제공하기 위해 펀드의 실적이 악화되더라도 지급되는 보험금이 보증될 수 있도록 설계되어 있으며, 보증비용은 부과되지 않는다.** (O, ×)

**정답** | ×
**해설** | 계약자는 최저보증을 위한 보증비용을 추가로 부담해야 한다.

**8 변동보험계약의 운용실적이 저조할 경우 최저보증금액은 계속해서 낮아진다.** (O, ×)

**정답** | ×
**해설** | 투자실적이 저조하더라도 최저보중액은 변동되지 않는다.

**9 변액보험은 실적배당형 상품이므로 일반보험에 적용되는 세제혜택을 받을 수 없다.** (O, ×)

**정답** | ×
**해설** | 저축성 변액보험은 10년 이상 유지되고 관련 요건 충족시 보험차익 비과세 혜택을 받을 수 있고, 보장성 변액보험은 납입시 세액공제 혜택을 받을 수 있다.

## 필수 암기사항

- **변액보험의 종류**
  ① 보장성 : 변액종신, 변액유니버설보험(보장형)
  ② 저축성 : 변액연금, 변액유니버설보험(적립형)

- **변액보험의 특징**
  ① 투자실적에 따라 보험금과 해약환급금 등이 변동하는 실적배당형 보험 ⇨ 투자실적 악화시 해약환급금이 원금에도 미치지 못할 수 있는 상품 ⇨ 자기책임의 원칙
  ② 보험금 최저보증 제도 ⇨ 보증비용 부담

- **변액보험과 펀드 상품 비교 : 두 상품 모두 유가증권에 투자하는 실적배당형, 투자형 상품**
  ① 변액보험 : 장기적인 인플레이션 헤지 목적, 최저보증, 보험차익비과세, 보험료 납입시 세액공제
  ② 펀드 : 수익 추구, 수익자 또는 주주의 권리 보유, 국내주식 매매차익 비과세

# 057 특별계정에 의한 자산운용
## 일반계정과 특별계정

교재 p132
제3장. 변액보험의 이해 ▶ 02. 변액보험의 상품내용 ▶ 나. 상품특징 ▶ (2) 특별계정에 의한 자산운용

## 1. 특별계정에 의한 자산운용

- 실적배당형 상품으로 투자결과로 발생하는 손익은 전부 계약자에게 귀속, 일반계정은 보험회사가 부담 **문제1**
- 효율적인 자산운용과 계약자별 자산의 공정한 투자손익 배분을 위해 특별계정을 설정하여 자산운용
- 변액보험은 수익성을 추구하는 반면에 위험도 커서 투자수익률이 일반보험에 적용되는 이율보다 낮은 경우 수익률이 일반보험보다 낮아지게 됨 ⇨ 유가증권 가치의 변동성에 기인

✱ 일반계정과 특별계정(변액보험)의 비교

| 구분 | 일반계정 | 특별계정(변액보험) |
|---|---|---|
| 리스크 부담 | 회사 부담 | 계약자 부담 |
| 최저보증이율 | 있음 | 없음 |
| 자산운용목적 | 안정성 위주 | 수익성 위주 |
| 자산평가시기 | 매월 | 매일 **문제 2,3,4** |
| 결산시기 | 매년 | 매일 |

### 출제 예상문제

**1** 다음 중 변액보험에 대한 설명으로 맞는 것은?
① 일반계정의 모든 리스크 부담은 보험회사가 책임진다.
② 투자실적이 악화되더라도 해약환급금에 대해서는 원금이 보장된다.
③ 투자결과에 대한 책임은 보험회사와 계약자의 상호책임의 원칙이 적용된다.
④ 변액보험의 자산평가 시기는 매월 실시된다.

정답 | ①
해설 | ② 해약환급금은 원금이 보장되지 않는다.
③ 투자에 대한 책임은 전적으로 계약자가 진다. ④ 매월 → 매일

**2** 특별계정의 자산평가 및 결산은 매월 시가로 이루어진다.
(O, ×)

정답 | ×
해설 | 매월 → 매일

**3** 변액보험을 특별계정에 의해 관리하는 이유로 알맞지 않은 것은?
① 실적배당형 상품으로 투자결과로 발생하는 손익이 전부 계약자에게 귀속된다.
② 효율적인 자산운용과 계약자의 자산에 비례한 공정한 투자 손익을 배분해야 한다.
③ 일반보험과 달리 수익성 위주의 자산운용을 위해 별도로 관리해야 한다.
④ 자산평가를 매월 시가로 평가하기 때문이다.

정답 | ④
해설 | 특별계정의 자산평가와 결산은 매일 시가로 평가한다.

**4** 다음 중 변액보험에 대한 설명으로 맞는 것은?
① 납입한 보험료의 전부를 주식이나 채권 등에 투자한다.
② 최저보증비용을 일반계정에서 특별계정으로 차감한다.
③ 특별계정 적립금을 최저보증한다.
④ 특별계정 자산의 시가평가와 결산이 매일 이루어진다.

정답 | ④
해설 | ① 전부 → 일부 ② 특별계정에서 일반계정으로 차감한다.
③ 특별계정 적립금은 최저보증하지 않는다.

# 058 변액보험의 사망보험금과 상품구조

교재 p133~134
제3장. 변액보험의 이해 ▶ 02. 변액보험의 상품내용 ▶ 다. 상품구조

출제포인트 8.5

## 1 변액보험의 사망보험금 : 보험 성격 유지를 위해 사망보험금에 대한 최저보장 설정

① 변액종신보험과 변액유니버설보험(보장형) : 기본보험금 + 변동보험금으로 구성 〔문제 1〕
  ※ 변액유니버설보험(보장형) : 변동보험금 없이 사망보험금으로 보험가입금액, 계약자적립금의 일정비율, 기납입보험료 중 가장 큰 금액으로 운영할 수 있음 ⇨ 최근에는 변동보험금 없는 형태로 주로 판매 〔문제 2〕
② 변액연금보험(연금개시전 보험기간 중 사망시), 변액유니버설보험(적립형) : 기본사망보험금 + 사망 당시 계약자적립금

## 2 상품별 사망보험금에 대한 최저보장 설정

| 구분 | 변액종신보험 · 변액유니버설보험(보장형) | 변액연금보험 · 변액유니버설보험(적립형) |
|---|---|---|
| 최저보장 | 기본보험금 | 기납입보험료 〔문제 3〕 |

※ 해약환급금에 대한 최저보증은 없음
※ 운용실적이 저조해지더라도 최저보증금액은 일정수준 이상으로 보증 〔문제 4〕

## 3 변액연금보험의 경우 연금개시시 최저연금재원으로 기납입보험료를 최저보장 〔문제 5〕

## 4 변액보험의 상품구조

**기본보험계약**
- 보험료 산출의 기초가 되는 계약
- 최저보증금액 산정 기초 〔문제 6〕

+

**변동보험계약**
- 특별계정의 운용실적에 따라 추가로 계산되는 계약 (투자실적 반영) 〔문제 7〕
- 추가보험료 부담 없음 〔문제 8〕

+

**선택특약**
- 일반계정에서 운용 〔문제 9〕
- 현금흐름에 따른 보험료 산출
- 예금자보호 대상 〔문제 10〕

### 🎓 필수 암기사항

- **변액보험의 사망보험금**
  ① 변액종신과 변액유니버설(보장형) : 기본보험금 + 변동보험금
  ② 변액연금과 변액유니버설(적립형) : 기본사망보험금 + 사망 당시 계약자적립금

- **보험 상품별 사망보험금에 대한 최저보증**
  ① 변액종신, 변액유니버설(보장형) : 기본보험금
  ② 변액연금, 변액유니버설(적립형) : 기납입보험료

- **변액연금 : 연금개시시점의 연금재원으로 기납입보험료 최저보증**

- **변액보험의 상품구조**
  ① 기본보험계약 : 보험료 산출의 기초 + 최저보증금액 산정 기초
  ② 변동보험계약 : 운용실적에 따라 추가로 계산 + 추가보험료 부담 없음
  ③ 특약 : 일반계정에서 운용 + 예금자보호에 해당

## 출제 예상문제

**1** 다음 표의 ( ) 안에 들어갈 용어를 순서대로 알맞게 나열한 것은?

> 변액종신보험 및 변액유니버셜보험(보장형)의 사망보험금은 최초 계약한 기본보험계약의 ( )과 투자실적에 따라 증감하는 ( )으로 구성된다.

① 기본보험금, 변동보험금
② 기본보험금, 추가납입보험료
③ 추가납입보험료, 계약자적립금
④ 변동보험금, 계약자적립금

**정답 |** ①
**해설 |** 변액종신보험 및 변액유니버셜보험(보장형)의 사망보험금에 대한 설명이다.

**2** 다음 중 변액보험의 상품구조에 대한 설명으로 틀린 것은?

① 변액종신보험의 사망보험금은 기본보험금과 변동보험금을 합한 금액이 지급된다.
② 최근 변액유니버셜보험(보장형)에서 변동보험금이 없는 형태는 판매가 중단되었다.
③ 사망보험금을 최저보증하고 있다.
④ 변액연금보험은 최저연금적립금 보증을 선택한 경우 연금개시시 최저연금재원을 기납입보험료로 보증하고 있다.

**정답 |** ②
**해설 |** 현재 판매되고 있는 변액유니버셜보험(보장형)은 변동보험금이 없는 형태가 종신보험으로 주로 판매되고 있다.

**3** 다음 중 변액보험의 상품구조에 대한 설명으로 틀린 것은?

① 변액종신보험의 사망보험금은 기본보험금과 변동보험금을 합한 금액이 지급된다.
② 현재 판매되고 있는 변액유니버셜보험(보장형)은 기본보험금만 있는 형태가 대부분이다.
③ 변액연금보험은 최저사망보험금으로 기본보험금을 보증하고 있다.
④ 운용실적이 나쁠 경우 (-)변동보험금이 발생할 수 있다.

**정답 |** ③
**해설 |** 기본보험금 → 기납입보험료

**4** 변액보험에서 해약환급금이 낮아지면 최저보증 사망보험금도 낮아진다.                       (O, ×)

**정답 |** ×
**해설 |** 해약환급금과는 상관없이 사망보험금은 일정금액 이상으로 최저보증한다.

**5** 다음 중 변액보험의 상품구조에 대한 설명으로 맞는 것은?

① 변액유니버셜보험(적립형)은 변동보험금을 최저사망보험금으로 보장한다.
② 변액연금보험은 최저연금적립금 보증을 선택한 경우 연금개시시 최저연금적립금으로 기납입보험료를 보장한다.
③ 변동보험계약은 특별계정의 운용실적에 따라 추가로 계산되는 계약으로 추가보험료 부담이 발생할 수 있다.
④ 변액연금보험의 계약자적립금은 일반계정에서 운용한다.

**정답 |** ②
**해설 |** ① 변동보험금 → 기납입보험료 ③ 변동보험계약은 추가보험료 부담이 없다. ④ 특별계정에서 운용한다.

**6** 다음 중 변액보험의 상품구조에 대한 설명으로 맞는 것은?

① 변동보험계약은 기본보험료 산출의 기초가 된다.
② 최저보증비용은 매일 또는 매월 동일한 금액이 특별계정에서 차감된다.
③ 변액유니버셜보험은 보장기간이 보험료 납입기간보다 짧다.
④ 기본보험계약은 최저보증금액 산정의 기초가 된다.

**정답 |** ④
**해설 |** ① 변동보험계약 → 기본보험계약 ② 최저보증비용은 적립금에 일정비율로 부과되므로 적립금 변동에 따라 매번 달라진다.
③ 변액유니버셜보험(적립형)은 보험기간과 보험료 납입기간이 종신이다.

**7** 다음 중 변액보험의 변동보험계약에 대한 설명으로 맞는 것은?

① 특별계정의 운용실적에 따라 변동보험금이 변동하며 해약환급금도 변동된다.
② 변동보험계약은 특별계정의 운용실적이 저조하면 추가보험료 부담이 발생할 수 있다.
③ 특별계정의 운용실적이 저조하면 최저보증금액은 계속해서 낮아진다.
④ 변동보험계약은 매월 재계산되어 누적된다.

**정답 |** ①
**해설 |** ② 변동보험계약은 추가보험료 부담이 발생하지 않는다.
③ 최저보증금액은 특별계정 운용실적이 반영되는 변동보험계약과 무관하며 일정수준 이상으로 보증된다.
④ 보장성 변액보험의 경우 변동보험계약은 매월 새로이 재계산되어 누적되지 않는다.

**8** 다음 중 변액보험의 상품구조에 대한 설명으로 틀린 것은?

① 변동보험계약은 운용실적에 따라 추가로 계산되는 계약으로 추가보험료 부담이 발생할 수 있다.
② 변액보험은 상품을 설계하는 방법에 따라 다양한 구조로 운영될 수 있다.
③ 선택특약은 일반계정에서 운용된다.
④ 기본보험계약은 최저보증금액 산정의 기초가 되는 계약이다.

**정답 |** ①
**해설 |** 추가보험료 부담은 없다.

**9** 변액보험은 투자형 상품이므로 주계약과 선택특약은 모두 특별계정에서 운용된다.                       (O, ×)

**정답 |** ×
**해설 |** 선택특약은 일반계정에서 운용된다.

**10** 다음 중 변액보험에 대한 설명으로 맞는 것은?

① 납입하는 보험료 전액을 유가증권 등에 투자하여 운용된다.
② 자산평가와 결산은 매년 1회 이루어진다.
③ 변액보험의 특약은 예금자보호법에 의해 보호받는다.
④ 변동보험계약은 최저보증금액 산정의 기초가 된다.

**정답 |** ③
**해설 |** ① 납입보험료 중 일부가 유가증권 등에 투자된다.
② 매년 1회 → 매일
④ 기본보험계약이 최저보증금액 산정의 기초가 된다.

# 최저보증옵션의 이해

교재 p135~138
제3장. 변액보험의 이해 ▶ 02. 변액보험의 상품내용 ▶ 라. 최저보증옵션의 이해

### 1 최저보증옵션
- 펀드에서 보증비용을 차감하여 일정수준 이상의 사망보험금과 연금재원 보증 `문제 1`
- 보증내용과 보증비용은 회사별로 상이 ⇨ 별도의 보증비용 부담 `문제 2`

### 2 변액종신·변액유니버설(보장형)의 사망보험금 최저보증옵션 ⇨ 기본보험금
- 사망보험금의 지급을 위해 계약자적립금에서 위험보험료 차감
- 특별계정 펀드수익률이 악화되어 위험보험료를 계약자적립금에서 공제하지 못할 때
  ⇨ 최소한 보험가입금액 수준의 사망보장을 위해 보증비용을 차감하여 위험보험료 부족분 보전 `문제 3`
- 변액유니버설(보장형) : 최저사망보험금의 보증기간은 납입최고(독촉)기간이 끝나는 날의 다음날부터 예정해약환급금이 '0'이 될 때까지의 기간 `문제 4`
  ⇨ 최저사망보험금 보증기간이 끝나면 계약 효력이 없어짐
  ⇨ 과도한 중도인출 등은 최저사망보험금 보증기간을 단축시키는 요인
- 최저사망보험금의 보증을 위해 매일(또는 매월) 특별계정 적립금에서 보증비용을 차감하고 계약자적립금에서 가입금액에 해당하는 위험보험료를 공제할 수 없는 경우에 차감한 보증비용에서 부족분 보전
  ⇨ 최근 일정기간 동안 보험가입금액의 일부를 예정적립금의 일정수준으로 최저보증하는 상품 출시
- 계약자는 사망보험금에 대한 최저보증옵션을 선택할 수 없음 `문제 5`

### 3 변액연금보험·변액유니버설보험(적립형)의 최저보증옵션 ⇨ 기납입보험료 `문제 6`
- 최저사망보험금보증(GMDB) ⇨ 모든 변액보험에 공통적으로 적용
  ① 변액연금보험의 사망보험금 = 기본사망보험금 + 사망 당시 계약자적립금
    ⇨ 기본사망보험금이 0인 상품은 사망 당시 계약자적립금이 사망보험금이 된다.
  ② 연금개시 전 보험기간 중 사망시 특별계정의 펀드수익률과 상관없이 사망보험금으로 최소한 기납입보험료 수준을 보증해주는 옵션
  ③ 최저사망보험금 보증을 위해 매일(또는 매월) 특별계정 적립금에서 보증비용을 차감하여 사망보험금이 기납입보험료보다 적은 계약 발생시 부족분 보전하는데 사용
  ④ 변액연금의 최저사망보험금 보증은 연금개시 전 보험기간을 대상으로 하고, 변액유니버설(적립형)은 보험기간 전체를 대상으로 보증
- 최저연금적립금 보증(GMAB)
  ① 연금개시시점에서 생존하였을 경우 특별계정의 펀드수익률과 상관없이 연금개시 시점의 연금재원으로 최소한 기납입보험료 이상으로 설정된 일정수준을 보증해주는 옵션
  ② 매일(또는 매월) 특별계정 적립금에서 보증비용을 차감하여 연금재원이 보증수준보다 적은 계약 발생시 그 부족분을 보전해 주는데 사용
  ③ 변액연금은 계약자가 최저연금적립금 보증 여부를 선택할 수 있음 `문제 7`
- 변액유니버설보험(적립형)은 변액연금보험의 최저사망보험금 보증과 유사한 옵션

## 출제 예상문제

**1** 다음 중 변액보험의 최저보증옵션에 대한 설명으로 맞는 것은?

① 변액종신보험은 계약자가 최저사망보험금 보증여부를 선택할 수 있다.
② 변액상품은 일정수준 이상의 사망보험금과 연금재원을 보증해 주고 있다.
③ 보증내용과 보증비용이 회사별로 동일하다.
④ 변액유니버설보험(보장형)은 기납입보험료로 최저사망보험금을 보증한다.

**정답 |** ②
**해설 |** ① 최저사망보험금보증(GMDB)은 모든 변액보험상품에 기본적으로 적용되므로 보증여부를 선택할 수 없다.
③ 보증내용과 보증비용이 회사별로 상이하다.
④ 기납입보험료 → 기본보험금

**2** 변액보험에는 최저사망보험금 보증을 위한 보증비용은 부과되지 않는다. (O, ×)

**정답 |** ×
**해설 |** 최저사망보험금 보증비용이 추가로 부과되며 상품 및 보증내용에 따라 회사별로 상이하게 적용한다.

**3** 다음 표의 ( ) 안에 들어갈 내용이 알맞게 연결된 것은?

> 변액종신보험은 특별계정 펀드수익률이 악화되어
> ( (가) )을/를 계약자적립금에서 공제하지 못할 때
> ( (나) )을 차감하여 ( (가) ) 부족분을 보전한다.

① (가) 예정적립금 – (나) 초기투자금
② (가) 해약환급금 – (나) 월대체보험료
③ (가) 보험가입금액 – (나) 미상각신계약비
④ (가) 위험보험료 – (나) 보증비용

**정답 |** ④
**해설 |** 계약자적립금에서 위험보험료를 공제하지 못할 때 보증비용을 차감하여 위험보험료 부족분을 보전한다.

**4** 다음 표의 ( ) 안에 들어갈 말이 올바르게 짝지어진 것은?

> ( (가) ) 보증기간은 납입최고(독촉)기간이 끝나는 날의 다음날부터 ( (나) )이 0이 될 때까지의 기간을 말하며 ( (가) ) 보증기간이 끝나는 경우 계약은 효력이 없어진다.

① (가) 최저사망보험금, (나) 예정해약환급금
② (가) 계약자적립금, (나) 예정해약환급금
③ (가) 최저사망보험금, (나) 계약체결비용
④ (가) 계약자적립금, (나) 계약체결비용

**정답 |** ①
**해설 |** 최저사망보험금 보증기간에 대한 설명이다.

**5** 다음 중 변액보험의 최저보증옵션에 대한 설명으로 틀린 것은?

① 변액종신보험은 최저사망보험금 보증옵션 적용여부를 선택할 수 있다.
② 변액유니버설보험(적립형)은 일정시점에 지정적립금을 보증하는 지정적립금 보증제도를 통해 최저적립금을 보장하는 옵션이 있다.
③ 변액연금보험은 최저사망보험금을 기납입보험료로 보장한다.
④ 변액유니버설보험(보장형)은 최저사망보험금을 기본사망보험금으로 보장한다.

**정답 |** ①
**해설 |** 모든 변액보험은 최저사망보험금 보증옵션이 적용되므로 보증옵션의 적용여부를 선택할 수 없다.

**6** 변액유니버설보험(적립형)은 최저사망보험금으로 기본사망보험금을 최저보증한다. (O, ×)

**정답 |** ×
**해설 |** 기본사망보험금 → 기납입보험료

**7** 다음 중 변액보험의 최저보증옵션에 대한 설명으로 틀린 것은?

① 변액연금보험에는 최저사망보험금 보증옵션과 최저연금적립금 보증옵션이 기본적으로 적용된다.
② 최저사망보험금 보증은 모든 변액보험 상품에 적용되는 보증옵션이다.
③ 보증내용과 보증비용이 회사별로 상이하다.
④ 최저보증내용과 보증비용은 상품별·회사별로 상이하다.

**정답 |** ①
**해설 |** 최저사망보험금 보증옵션은 기본적으로 변액종신보험과 변액연금보험 그리고 변액유니버설보험에 모두 적용되고 최저연금적립금 보증옵션은 변액연금보험에서 적용 여부를 선택할 수 있다.

## 필수 암기사항

- **최저보증옵션**
  ① 펀드(특별계정)에서 보증비용 차감
  ② 일정수준 이상의 사망보험금과 연금재원 보증 목적
  ③ 보증내용과 비용은 회사별로 상이
  ④ 별도의 보증비용 부담

- **변액종신, 변액유니버설(보장형) : 사망보험금으로 기본보험금을 최저보증**
  ① 적립금에서 위험보험료 공제하지 못할 경우
   ⇨ 특별계정 적립금에서 보증비용을 차감하여 위험보험료 부족분 보전
  ② 계약자는 최저사망보험금보증옵션을 선택할 수 없음

- **변액연금, 변액유니버설(적립형) : 사망보험금, 연금재원으로 기납입보험료를 최저보증**
  ① 사망보험금 = 기본사망보험금 + 사망 당시 계약자 적립금
   ⇨ 기납입보험료가 더 클 경우에는 기납입보험료 지급을 최저보증
  ② 변액연금은 최저연금적립금 보증 여부를 선택할 수 있음

# 변액연금보험의 Step-Up 보증

교재 p137~138
제3장. 변액보험의 이해 ▶ 02. 변액보험의 상품내용 ▶ 라. 최저보증옵션의 이해 ▶ (2) 변액연금보험

## 1 특별계정 성과와 연동되는 Step-Up 보증

- 연금개시 전 보험기간 중 계약자적립금이 특별계정 성과에 의해 미리 약정한 수준을 달성하는 경우
  (예 : 기납입보험료의 120%, 140%, 160% 등)
- 그 이후 특별계정 성과에 관계없이 연금개시시점 적립금은 달성된 수준으로 최저보증
  ⇨ 안정적인 운용을 위해 채권형 펀드의 운용 비율을 의무적으로 상향조정

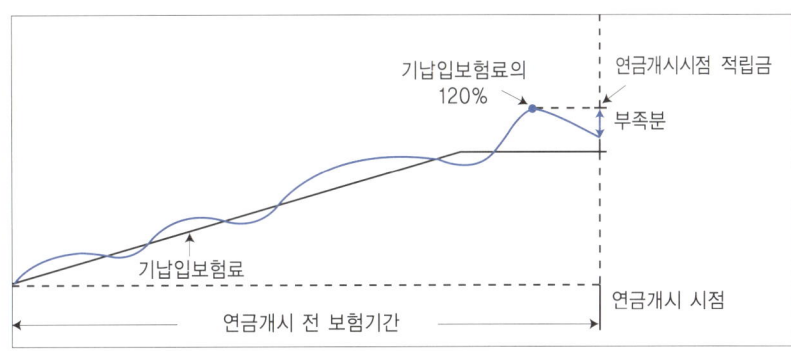

## 2 특별계정 성과에 관계없는 Step-Up 보증(또는 Roll-Up 보증)

- 연금개시 전 보험기간 중 계약을 일정기간 유지하는 경우 일정시점에 특별계정 성과에 관계없이 기납입보험료 100% 보증(예 : 10년 또는 납입기간 종료시점)
- 이후 일정주기(예 : 3년)마다 일정수준(예 : 6%)씩 체증된 금액으로 적립금을 최저보증하는 형태
- 보험기간 내내 보증이 아니며, 해당시점에만 적립금 보증
- 이런 변액연금은 선택가능한 펀드 수가 적게 구성될 수 있으며, 해당 펀드는 특수한 형태로 운용
  ⇨ 다른 펀드로 변경 불가능하므로 정확한 안내 필요

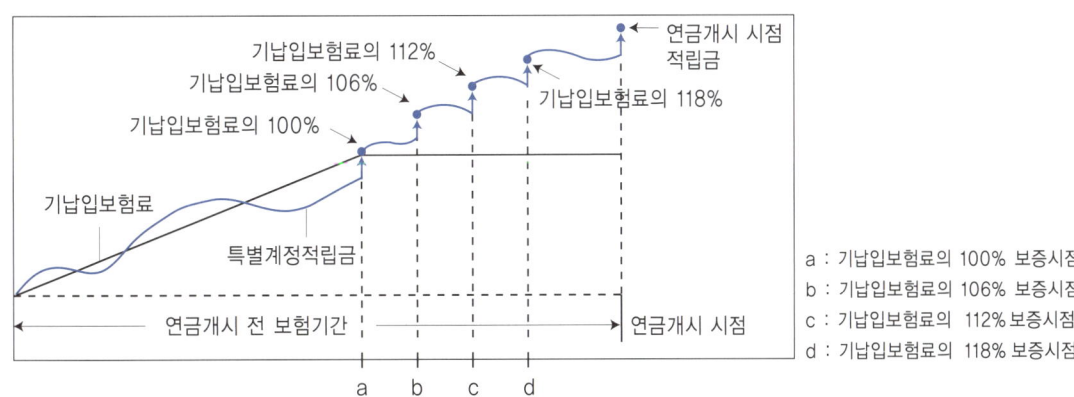

## 3 최저종신중도인출금 보증(GLWB : Guaranteed Lifetime Withdrawal Benefit)

- 연금개시 이후에도 펀드에서 운용하는 상품에 대한 보증옵션
- 연금개시시점 적립금에 일정비율(예:0.5%)을 종신토록 지급하는 것을 최저보증하는 형태
- 연금개시 이후 종신까지 보증이 이루어지는 것이 특징 ⇨ 다른 보증은 해당시점(연금개시시점)에만 보증하는 형태
    ⇨ 연금개시 이후에도 보증비용 공제

# 변액보험 보증옵션의 종류

교재 p138
제3장. 변액보험의 이해 ▶ 02. 변액보험의 상품내용 ▶ 라. 최저보증옵션의 이해 ▶ 변액보험 보증옵션의 종류

## 1 | 변액보험 보증옵션의 종류

| | | |
|---|---|---|
| 변액종신, 변액유니버설 (보장형) | GMDB | 최저사망보험금 보증(D = Death) *Death(사망)<br>투자실적에 상관없이 기본사망보험금(보험가입금액)을 보증하는 옵션 문제1 |
| 변액연금 | GMDB | 최저사망보험금 보증(D = Death)<br>연금개시 전 보험기간 중 사망보험금이 기납입보험료보다 적을 경우 기납입보험료 등 약정된 보증금액을 사망보험금으로 보증하는 옵션 |
| | GMAB | 최저연금적립금 보증(A = Accumulation) *Accumulation(축적, 쌓기)<br>기납입보험료 등 약정된 보증금액을 연금개시시점의 계약자적립금(연금재원)으로 보증하는 옵션 문제2 |
| | GMWB | 최저중도인출금 보증(W = Withdrawal) *Withdrawal(인출)<br>보험기간 중 일정기간 동안 보험가입금액의 일부비율을 특별계정의 투자성과에 관계없이 연금기준금액의 일정수준 이상을 인출할 수 있도록 보증하는 옵션 |
| | GLWB | 최저종신중도인출금 보증(L = Lifetime, W = Withdrawal) *Lifetime(평생)<br>연금개시 후 보험기간 중 연금재원을 특별계정에서 운용할 경우 특별계정의 투자성과에 관계없이 연금재원의 일정수준을 종신토록 인출할 수 있도록 보증하는 옵션 문제3 |
| | GMIB | 최저연금액 보증(I = Income) *Income(소득, 수입)<br>연금개시 후 보험기간 중 지급될 연금액(적립금 × 연금지급률)을 보증, 통상 계약체결시점에 결정 문제4 |
| 변액유니버설 (적립형) | GMDB | 최저사망보험금 보증(D = Death)<br>투자실적에 상관없이 사망보험금이 기납입보험료보다 적을 경우 기납입보험료를 사망보험금으로 보증하는 옵션 |

※ 모든 변액보험에 적용되는 최저보증 옵션 : 최저사망보험금 보증(GMDB) 문제5,6

## 출제 예상문제

**1** 다음 중 변액보험에서 기납입보험료를 보장하는 옵션이 아닌 것은?

① 변액유니버설보험(적립형) – GMDB
② 변액연금보험 – GMAB
③ 변액종신보험 – GMDB
④ 변액연금보험 – GMDB

**정답 | ③**
**해설 |** 변액종신보험과 변액유니버설보험(보장형)의 최저사망보험금 보증(GMDB)은 기본보험금을 최저보장한다.

**2** 다음 표에서 설명하는 변액보험의 보증옵션은 무엇인가?

> 변액연금보험에서 연금개시시점의 연금재원으로 최소한 기납입보험료 등 약정된 보증금액을 보증하는 옵션

① GLWB  ② GMAB  ③ GMDB  ④ GMIB

**정답 | ②**
**해설 |** GMAB(최저연금적립금 보증)에 대한 설명이다.

**3** 다음 표에서 설명하는 변액보험의 보증옵션은 무엇인가?

> 연금개시 후 보험기간 중 연금재원을 특별계정에서 운용할 경우 특별계정의 투자성과에 관계없이 연금재원의 일정수준 이상을 종신토록 인출할 수 있도록 보증하는 옵션

① GMDB  ② GMAB  ③ GLWB  ④ GMIB

**정답 | ③**
**해설 |** 최저종신중도인출금 보증(GLWB)에 대한 설명이다.

**4** 다음 표에서 설명하는 변액보험 보증옵션은 무엇인가?

> 변액연금보험에서 연금개시 후 보험기간 중 지급될 연금액(적립금×연금지급률)을 보증하는 옵션

① GMDB  ② GMAB
③ GMIB  ④ GMWB

**정답 | ③**
**해설 |** 최저연금액 보증(I = Income)에 대한 설명이다.

**5** 다음 중 모든 변액보험에 적용되는 최저보증옵션은 무엇인가?

① GLWB  ② GMWB
③ GMDB  ④ GMAB

**정답 | ③**
**해설 |** GMDB는 모든 변액보험에 의무적용되는 옵션이고 GLWB, GMWB, GMAB는 변액연금보험에 적용되는 옵션이다.

**6** 다음 중 변액보험의 최저보증옵션에 대한 설명으로 맞는 것은?

① 변액종신보험은 계약자가 최저사망보험금 보증여부를 선택할 수 있다.
② 최저사망보험금 보증은 모든 변액보험상품에 적용되는 보증옵션이다.
③ 보증내용과 보증비용이 회사별로 동일하다.
④ 변액연금보험은 최저사망보험금 보증을 하지 않는다.

**정답 | ②**
**해설 |** ①, ④ 최저사망보험금보증(GMDB)은 모든 변액보험상품에 기본적으로 적용되므로 보증여부를 선택할 수 없다.
③ 보증내용과 보증비용이 회사별로 상이하다.

## 필수 암기사항

- **GMDB(최저사망보험금 보증)**
  모든 변액보험에 공통적 적용

- **GMAB(최저연금적립금 보증)**
  기납입보험료 등을 연금재원으로 보증

- **변액연금 : 모든 보증 옵션 적용 가능**

- **GMIB(최저연금액 보증)**
  연금개시 후 보험기간 중 지급될 연금액을 보증하는 옵션

- **GMWB(최저중도인출금 보증)**
  특정계정의 투자성과에 관계없이 연금기준금액의 일정수준 이상을 인출할 수 있도록 보증

- **GLWB(최저종신중도인출금 보증)**
  연금개시 후 연금재원을 특별계정에서 운용할 경우 연금재원의 일정수준을 종신토록 인출할 수 있도록 보증

# 변액종신보험의 특징

교재 p139, 141
제3장. 변액보험의 이해 ▶ 02. 변액보험의 상품내용 ▶ 마. 상품종류 ▶ (1) 변액종신보험

## 1 | 펀드의 운용실적에 따라 사망보험금과 해약환급금 변동
- 인플레이션을 일정부분 헤지할 수 있는 기능을 갖추고 있음
- 해약환급금은 투자실적에 따라 원금에도 미치지 못할 수도 있음 [문제 1]

## 2 | 사망보험금 최저보증
- 펀드의 운용실적이 악화되더라도 계약 체결시 정한 기본사망보험금은 최저보증 [문제 1]
- 해약환급금은 최저보증이 없기 때문에 원금손실 발생 가능 ⇨ 계약자 책임의 원칙 [문제 2]

## 3 | 고객의 투자성향에 따라 자산운용 형태를 직접 선택
- 여러 개의 펀드 중에서 원하는 자산운용 형태를 직접 선택 가능 [문제 1]
- 보험기간 중 수시로 펀드를 변경할 수도 있음 ⇨ 펀드변경 횟수는 회사별로 차이가 있는데 연간 4회 내지 12회 정도까지 허용 (대부분 무료로 제공하지만, 수수료가 부과될 수 있음) [문제 3]

## 4 | 변액유니버설보험(보장형)과의 차이점
- 최저보증금액 이상의 사망보험금이 지급되고 해약환급금 계산방식은 동일
- 입출금이 제한되고, 보험료 납입기간 동안 보험료를 의무적으로 계속 납입해야 한다는 점은 차이점
- 변액유니버설보험(보장형)은 중도인출 및 보험료 납입중지시 최저사망보증기간(예정해약환급금이 0이 될 때까지의 기간) 동안만 최저사망보험금을 보장하지만 변액종신보험은 보험료를 계속 납입한 계약은 종신토록 최저사망보험금 보장

### ☀ 출제 예상문제

**1** 다음 중 변액종신보험의 특징에 대한 설명으로 맞는 것을 모두 고르시오.

> (가) 해약환급금은 자산운용성과에 따라 변동하며 원금에도 미치지 못할 수 있다.
> (나) 펀드변경 기능을 통해 자산운용 형태를 직접 선택할 수 있다.
> (다) 펀드의 운용실적이 악화되더라도 계약체결시 정한 기본사망보험금은 최저보증된다.

① (다)  ② (가), (나)  ③ (나), (다)  ④ (가), (나), (다)

정답 | ④
해설 | (가), (나), (다) 모두 변액종신보험의 특징에 해당한다.

**2** 다음 중 변액종신보험에 대해 틀리게 설명한 것은?

① 피보험자 사망시 기본보험금 이상으로 사망보험금을 지급한다.
② 사망보험금과 해약환급금을 최저보증한다.
③ 고객의 투자성향에 따라 운용할 펀드를 직접 선택할 수 있다.
④ 해약환급금과 사망보험금의 계산 주기는 서로 다르다.

정답 | ②
해설 | 사망보험금은 최저보증되지만 해약환급금은 최저보증이 없어 투자실적이 악화될 경우에는 원금손실 발생이 가능하다.

**3** 다음 중 변액종신보험의 특징에 대한 설명으로 맞지 않는 것은?

① 펀드변경 횟수는 제한이 없다.
② 펀드변경시 약관상 수수료가 부과될 수 있다.
③ 펀드운용실적에 따라 사망보험금과 해약환급금이 변동한다.
④ 상품판매시 충분한 설명을 통해 완전판매가 될 수 있도록 각별한 주의가 필요하다.

정답 | ①
해설 | 펀드변경 횟수는 회사마다 차이가 있지만 4회~12회 정도까지 허용하고 있다.

# 063 변액종신·변액유니버설보험(보장형)의 변동보험금 계산방법

교재 p140
제3장. 변액보험의 이해 ▶ 02. 변액보험의 상품내용 ▶ 마. 상품종류 ▶ (1) 변액종신보험

출제포인트 7.5

## 1. 변액종신보험과 변액유니버설보험(보장형)의 변동보험금 계산방법 〈문제 1,2,3,4〉
⇨ 일시납보험 추가가입 방법

- 기본보험계약의 예정적립금을 초과하는 금액(초과적립금)을 일시납 보험료로 하여 잔여기간에 해당하는 보험을 추가가입(증액)하는 방법 ⇨ 누적되어 쌓이지 않고 매월 새롭게 가입하는 형태 〈문제 5〉
- 사망보험금 : 기본보험금 + 사망 시점의 변동보험금
- 변동보험금의 변동시기 : 월 1회(매월 계약해당일마다 재계산), 연 1회 등 ⇨ 현재 우리나라는 월 1회 〈문제 6〉
- 장점
  ① 투자수익률이 좋을 경우 사망보험금의 증가규모가 큼
  ② 사망보험금이 기본보험계약의 사망보험금 이하로는 감액되지 않아 안정적인 사망보장 가능
- 단점
  ① 새로운 보장을 추가 구입하는 형태로 계산방법이 복잡하여 고객이 이해하기 어려움
    ⇨ 판매시 충분한 설명으로 완전판매가 되도록 주의
  ② 초과적립금 중 일부가 당해연도(또는 당월)의 위험보험료로 소비되고 재투자되지 않기 때문에 수익률이 낮아질 가능성이 있음 〈문제 7〉

[일시납보험 추가가입(증액) 방법] 〈문제 8〉

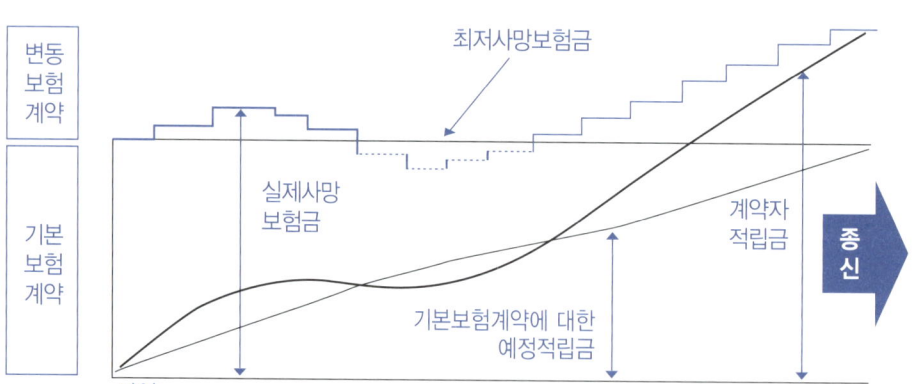

## 2. 변액유니버설보험(보장형)의 초과적립금 활용

- 최근 변액유니버설보험(보장형)에서 초과적립금 발생시 보험금을 변동시키는 대신 위험보험료를 변동시켜주는 방식으로 판매 〈문제 9〉
- 변동보험금 없이 기본보험금을 사망보험금으로 하여 초과적립금 발생시 위험보험료를 적게 차감함으로써 수익률이 보다 상승
- 종신보험의 사망보장 기능뿐만 아니라 수익률 상승을 통해 연금전환, 적립계약전환 등 생존시 활용 가능

## 출제 예상문제

**1** 다음 중 변동보험금 계산방식으로 일시납보험 추가가입 방법이 적용되는 것으로 맞게 짝지어진 것은?

① 변액종신보험 － 변액유니버설보험(적립형)
② 변액연금보험 － 변액유니버설보험(적립형)
③ 변액종신보험 － 변액유니버설보험(보장형)
④ 변액유니버설보험(보장형) － 변액유니버설보험(적립형)

**정답 |** ③
**해설 |** 일시납보험 추가가입 방법으로 변동보험금을 계산하는 변액보험 상품은 변액종신보험과 변액유니버설보험(보장형)이다.

**2** 다음 중 변액보험의 보장구조에 대한 설명으로 맞는 것은?

① 보험의 본질적인 기능을 보장하기 위해 최저사망보험금 보증료를 부과하지 않는다.
② 변액유니버설보험(보장형)의 변동보험금은 일시납보험 추가가입 방법으로 계산한다.
③ 변액유니버설보험(적립형)은 최저사망보험금으로 변동보험금을 최저보증한다.
④ 최저사망보험금 보증비용은 일반계정에서 특별계정으로 차감한다.

**정답 |** ②
**해설 |** ① 펀드의 실적이 악화되더라도 사망보험금이 보증되도록 설계되어 있으며 보증비용을 추가로 부담하게 된다.
③ 변동보험금 → 기납입보험료
④ 특별계정에서 일반계정으로 차감

**3** 변액유니버설보험(적립형)과 변액종신보험의 변동보험금 계산방법은 동일하다. (O, ×)

**정답 |** ×
**해설 |** 변액유니버설보험(보장형)과 변액종신보험의 변동보험금 계산방법은 일시납보험 추가가입 방법으로 동일하며 매월 변동된다.

**4** 변액연금보험의 변동보험금은 일시납보험 추가가입 방법으로 계산한다. (O, ×)

**정답 |** ×
**해설 |** 일시납보험 추가가입 방법은 변액종신보험과 변액유니버설보험(보장형)의 변동보험금 계산 방법이다.

**5** 다음 중 일시납보험 추가가입 방법에 대한 설명으로 틀린 것은?

① 투자수익률이 좋을 경우 사망보험금의 크기가 크게 증가할 수 있다.
② 우리나라에서는 변동보험금 계산주기를 월 1회로 하고 있다.
③ 계산된 변동보험금은 이전 금액에 누적되어 계속 쌓인다.
④ 변액유니버설보험(보장형)에서 사용하는 방법이다.

**정답 |** ③
**해설 |** 지난 달에 계산된 변동보험금은 이번 달에 누적되어 계속 쌓이는 것이 아니라 한 달이 지나면 소멸되고 새로 계산된다.

**6** 변액종신보험의 사망보험금은 매월 계약해당일마다 재계산되어 매월 1회 변동한다. (O, ×)

**정답 |** ○
**해설 |** 변액종신보험의 변동보험금은 일시납보험 추가가입 방법으로 계산되어 월 1회 계산된다.

**7** 일시납보험 추가가입 방법은 초과적립금 중 일부재원이 재투자되어 수익률이 높아질 가능성이 크다. (O, ×)

**정답 |** ×
**해설 |** 초과적립금 중 일부재원이 재투자되지 않아 수익률이 낮아질 수 있다.

**8** 다음 그림의 방식으로 변동보험금을 계산하는 변액보험은 무엇인가?

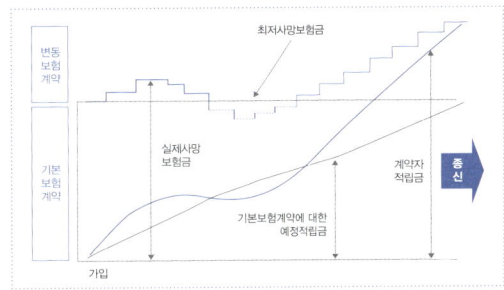

① 변액연금보험, 변액유니버설보험(적립형)
② 변액연금보험, 변액유니버설보험(보장형)
③ 변액종신보험, 변액유니버설보험(보장형)
④ 변액종신보험, 변액유니버설보험(적립형)

**정답 |** ③
**해설 |** 일시납보험 추가가입 방법에 대한 그림이며 변액종신보험, 변액유니버설보험(보장형)에서 사용한다.

**9** 다음 표의 ( ) 안에 공통으로 들어갈 용어로 맞는 것은?

> 최근에는 변액유니버설보험(보장형)에서 초과적립금 발생시 보험금을 변동시키는 대신 ( )을/를 변동시켜주는 방식으로 대부분 판매되고 있다. ( )을/를 적게 차감함으로써 수익률을 보다 상승시킬 수 있다.

① 펀드의 운용보수
② 계약체결비용
③ 계약관리비용
④ 위험보험료

**정답 |** ④
**해설 |** 최근 변액유니버설보험(보장형)에서는 초과적립금 발생시 위험보험료를 변동시켜 기본보험금을 통한 사망보장뿐만 아니라 수익률 상승을 통해 연금전환, 적립계약전환 등 생존시 활용할 수 있도록 판매되고 있다.

## 필수 암기사항

- **변액종신과 변액유니버설(보장형)의 변동보험금 계산방법** ⇨ 일시납보험 추가가입 방법
  ① 사망보험금 : 기본보험금 + 변동보험금
  ② 변동시기 : 월 1회 ⇨ 매월 새로운 보장을 추가하는 개념 ⇨ 사망보험금이 누적되어 쌓이는 것이 아님
- **변액유니버설(보장형)에서 초과적립금 발생시 위험보험료를 변동시켜 주는 방식으로 판매**

# 064 변액종신보험 vs 일반종신보험 비교

교재 p141~142
제3장. 변액보험의 이해 ▶ 02. 변액보험의 상품내용 ▶ 마. 상품종류 ▶ (1) 변액종신보험

출제포인트 4.5

## 1 | 변액종신보험과 일반종신보험의 공통점

① 다양한 선택특약 자유조립 가능 [문제 1]
② 일반종신보험과 동일한 다양한 세제혜택(상속시 금융재산공제 + 보험료 납입시 세액공제) [문제 2]
③ 비흡연자 및 건강상태가 양호할 경우 우량체 할인특약을 통한 보험료 할인혜택
④ 연금전환특약 활용 가능 [문제 3]

## 2 | 변액종신보험과 일반종신보험의 비교

| 구분 | 변액종신보험 | 일반종신보험 |
|---|---|---|
| 사망보험금 | • 기본보험금 + 변동보험금<br>• 보험금 : 투자실적에 연동되어 매월 변동<br>• 최저보증 있음 [문제 4] | • 보험가입금액<br>• 보험금 : 확정 또는 공시이율 연동 |
| 적용이율 | 투자수익률 : 최저보증이율 없음 [문제 5] | 산출이율(또는 공시이율) : 최저보증이율 있음 |
| 자산운용 | • 특별계정(펀드)<br>• 변액보험 자산만 별도운용<br>• 펀드변경 가능 | • 일반계정<br>• 다른 보험자산과 통합 운용 |
| 투자책임 | 계약자 부담 : 자기책임의 원칙 | 회사 부담 : 산출이율 초과시 회사 이익, 손실 발생시 회사 책임 [문제 6] |
| 판매설계사 | 전문설계사 : 변액보험 판매자격시험 합격자 | 일반 설계사 |
| 예금자보호 | 「예금자보호법」 적용 제외 | 「예금자보호법」 적용 |
| 해약환급금 | 표준형 상품만 설계 가능<br>• 표준형 상품 : 해지시 해약환급금 100% 지급 | 표준형 상품 및 저무해지환급금 구조 설계 가능<br>• 표준형 상품 : 해지시 해약환급금 100% 지급<br>• 저무해지환급금 상품 : 해지시 해약환급금의 일부만 지급하는 대신 보험료 저렴 |
| 기타 | 부가되는 보장성 선택특약은 동일 | |

※ 2016년 6월부터 변액보험의 예금자보호법과 관련된 내용 변경
  ⇨ 최저보증보험금에 한해 1인당 최고 5천만원까지 보호 [문제 7]
  ⇨ 이 경우 보호한도는 해당 보험회사에 있는 모든 예금보호 대상 금융상품의 해약환급금(또는 만기시 보험금이나 사고보험금)에 기타 지급금을 합하여 1인당 최고 5천만원

## 출제 예상문제

**1** 다음 중 변액종신보험과 일반종신보험의 공통점에 대한 설명으로 맞지 않는 것은?

① 다양한 세제혜택이 있다.
② 다양한 선택특약의 조합이 가능하다.
③ 유니버설기능이 추가될 경우 가입할 수 있는 특약이 제한된다.
④ 연금전환 특약을 활용할 수 있다.

**정답** | ③
**해설** | 유니버설기능 추가여부와 관계없이 다양한 선택특약을 자유롭게 조립할 수 있다.

**2** 변액종신보험은 투자형 상품이므로 보장성 보험료 세액공제를 받을 수 없다. (O, ×)

**정답** | ×
**해설** | 변액종신보험에 가입하는 경우 연간 100만원까지 보장성 보험료 세액공제 혜택을 받을 수 있다.

**3** 다음 중 변액종신보험 상품의 특징으로 알맞은 것은?

① 변액종신보험은 연금전환특약을 활용할 수 있다.
② 변액종신보험은 일시납으로 보험료를 납입할 수 없다.
③ 변액종신보험의 변동보험금은 매월 누적되어 계산된다.
④ 변액종신보험은 저축성보험으로 보험료 납입시 세액공제가 되지 않는다.

**정답** | ①
**해설** | ② 일시납으로 보험료를 납입할 수 있다.
③ 매월 누적되지 않고 한 달이 지나면 소멸되고 새로이 계산된다.
④ 보장성 보험으로 보험료 납입시 세액공제를 받을 수 있다.

**4** 다음 중 일반종신보험과 변액종신보험의 공통점이 아닌 것은?

① 사망보험금 상속시 금융재산 공제혜택을 받을 수 있다.
② 건강상태가 양호할 경우 회사의 우량체 할인특약을 통해 보험료 할인혜택을 받을 수 있다.
③ 선택특약을 자유 조립하여 질병 및 재해관련 보장을 받을 수 있다.
④ 사망보험금을 최저보증한다.

**정답** | ④
**해설** | 최저보증은 투자실적에 따라 사망보험금이 변동하는 변액보험에만 적용된다.

**5** 다음 중 변액종신보험에 대한 설명으로 맞는 것은?

① 계약자적립금에 대한 최저보증이율이 없다.
② 펀드의 운용실적에 따라 해약환급금은 매월 변동한다.
③ 장해지급률이 80%인 장해상태가 되었을 경우 사망보험금을 지급하고 계약은 소멸한다.
④ (−)변동보험금이 발생할 경우 사망보험금은 기본보험금보다 더 낮아질 수 있다.

**정답** | ①
**해설** | ② 해약환급금은 투자수익률에 따라 매일 변동한다.
③ 사망보험금의 지급사유는 피보험자가 사망할 경우로 제한되어 있다.
④ 변액종신보험은 기본보험금으로 사망보험금을 최저보장한다.

**6** 다음 표의 변액종신보험과 일반종신보험의 비교 내용 중 틀린 것은?

| 구분 | | 변액종신보험 | 일반종신보험 |
|---|---|---|---|
| (가) | 투자책임 | 회사 부담 | 계약자 부담 |
| (나) | 자산운용 | 특별계정 | 일반계정 |
| (다) | 사망보험금 | 기본보험금 + 변동보험금 | 보험가입금액 |
| (라) | 예금자보호 | 예금자보호법 적용 제외 | 예금자보호법 적용 |

① (다)  ② (가)  ③ (나)  ④ (라)

**정답** | ②
**해설** | 변액종신보험의 투자책임은 계약자(자기책임의 원칙)가 부담하고, 일반종신보험의 경우 회사가 부담한다.

**7** 다음 중 변액종신보험과 일반종신보험의 공통점으로 알맞지 않은 것은?

① 연간 100만원까지 보장성 보험료 세액공제 혜택을 받을 수 있다.
② 건강상태가 양호할 경우 우량체 할인특약을 적용받을 수 있다.
③ 연금전환특약을 활용할 수 있다.
④ 주계약은 예금자보호법의 적용대상에 해당한다.

**정답** | ④
**해설** | 변액종신보험의 경우 보장성 선택특약은 예금자보호에 해당하지만 주계약은 보호대상이 아니다.

## 필수 암기사항

- **변액종신과 일반종신의 공통점** ⇨ 종신보험으로서의 특징은 동일
  ① 다양한 선택특약 자유조립
  ② 다양한 세제혜택(상속시 금융재산공제 + 세액공제)
  ③ 우량체 할인특약을 통한 보험료 할인
  ④ 연금전환특약

- **변액종신과 일반종신의 차이점** ⇨ 특별계정과 일반계정의 차이
  ① 최저보증이율 유무(변액보험은 투자수익률 적용, 일반종신은 최저보증이율)
  ② 변액보험 자산만 별도 운용 vs 다른 보험자산과 통합 운용
  ③ 사망보험금 변동 vs 확정
  ④ 계약자 책임 vs 회사책임
  ⑤ 변액보험의 최저보증보험금에 대해서는 예금자보호법에 해당됨

# 065 변액종신보험의 보장구조

교재 p143, 146
제3장. 변액보험의 이해 ▶ 02. 변액보험의 상품내용 ▶ 마. 상품종류 ▶ (1) 변액종신보험

## 1 변액종신보험의 보장구조

- 투자수익률이 아무리 악화되더라도 기본보험금액을 최저보증 ⇨ 종신보험으로서의 기능을 충실히 수행하는 상품

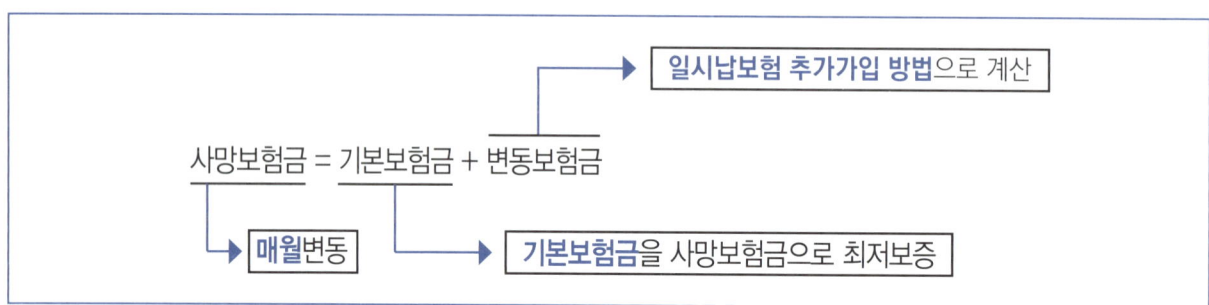

| 사망보험금 | 기본보험금 + 변동보험금 ⇨ 매월 변동 문제1<br>사망시에는 사망보험금이 지급되고 계약은 소멸 |
|---|---|
| 기본보험금 | 사망보험금으로 최저보증 |
| 변동보험금 | ① 매월 계약해당일마다 일시납보험 추가가입(증액) 방법에 의해 재계산<br>② 지난 달에 계산된 변동보험금은 이번 달에 누적되는 것이 아니라 소멸되고 새로 계산 문제2<br>　⇨ 매월 계약해당일마다 다시 계산해서 1개월간 확정·적용 ⇨ 월 1회 변동 문제3<br>③ 계약자적립금과 예정적립금과의 차액인 초과적립금으로 계산 문제4,5<br>　⇨ 투자수익률이 산출이율을 초과할 경우에는 (+) 변동보험금이 발생하고, 산출이율보다 낮으면 (−)변동보험금 발생 문제6<br>　⇨ (−)변동보험금이 발생하더라도 실제 사망보험금은 기본보험금을 최저보증하므로 기본보험금 이하로 감소하지 않음 ⇨ 기본보험금 이상의 사망보험금을 받을 수 있음 문제7 |
| 해약환급금 | 투자수익률에 따라 매일 변동<br>　⇨ 최저보증이율이 없고 투자실적이 악화될 경우에는 원금손실 발생 가능 문제8 |

- 일반종신보험과 마찬가지로 「동일한 재해 또는 재해 이외의 동일한 원인으로 여러 신체부위의 합산장해지급률이 50% 이상 장해」시에는 보험료 납입면제

## 2 사망과 고도장해의 분리

- 과거에는 합산 장해지급률 80% 이상 장해시 사망보험금을 지급하고 계약이 소멸되는 형태로 구성되었으나,
- 계약 소멸시 통원비, 의료비 등의 보장을 받을 수 없게 되어 2011년 4월부터 사망보험금의 지급사유를 피보험자가 사망할 경우로 제한
- 고도장해로 인해 사망보험금을 지급하고 계약소멸 금지

## 출제 예상문제

**1** 다음 중 변액종신보험에 대해 틀리게 설명한 것은?

① 피보험자 사망시 기본보험금 이상으로 사망보험금을 지급한다.
② 펀드의 운용실적에 따라 사망보험금은 매일 변동한다.
③ 고객의 투자성향에 따라 운용할 펀드를 직접 선택할 수 있다.
④ 일반종신보험과 동일하게 우량체할인특약 혜택을 받을 수 있다.

**정답 |** ②
**해설 |** 사망보험금은 매월, 해약환급금은 매일 변동한다.

**2** 변액종신보험의 변동보험금은 매월 계약해당일에 재계산하여 지난 달에 계산된 변동보험금에 누적된다. (O, ×)

**정답 |** ×
**해설 |** 지난 달에 계산된 변동보험금은 이번 달에 누적되는 것이 아니라 소멸되고 새로 계산된다.

**3** 다음 중 변액종신보험에 대한 설명으로 맞는 것은?

① 일반종신보험과 통합하여 특별계정에서 운용된다.
② 일반종신보험과 달리 우량체할인특약 혜택을 받을 수 없다.
③ 보험기간이 종신이므로 연금전환특약은 활용할 수 없다.
④ 사망보험금은 매월 재계산되어 다음 달 계약해당일까지 1개월간 확정·적용한다.

**정답 |** ④
**해설 |** ① 변액보험은 별도의 계정인 특별계정에서 운용된다.
② 일반종신보험과 동일하게 우량체할인특약 혜택을 받을 수 있다.
③ 연금전환특약 활용이 가능하다.

**4** 다음 중 변액종신보험의 특징에 대한 설명으로 맞는 것은?

① 변동보험금을 활용하면 투자성과가 좋을 경우 사망보험금이 크게 증가할 수 있으며 수익률도 높아질 수 있다.
② 변동보험금은 실제 계약자적립금과 예정적립금의 차액으로 계산된다.
③ 사망보험금과 해약환급금을 최저보증한다.
④ 고객의 투자성향에 따라 자산운용 방법을 직접 지시할 수 있다.

**정답 |** ②
**해설 |** ① 초과적립금 중 일부 재원이 당해연도의 위험보험료로 소비되고, 재투자되지 않아 수익률이 낮아질 수 있다.
③ 해약환급금은 최저보증하지 않는다.
④ 자산운용 형태를 선택할 수 있지만, 운용방법 지시를 직접 할 수는 없다.

**5** 다음 표의 ( ) 안에 들어갈 용어를 순서대로 맞게 나열한 것은?

> 변액종신보험의 변동보험금은 ((가))과 해당 보험계약의 산출이율로 계산된 기본보험계약의 ((나))과의 차액, 즉 ((다))을 가지고 계산된다.

① (가) 실제 계약자적립금, (나) 예정적립금, (다) 초과적립금
② (가) 초과적립금, (나) 기본보험금, (다) 실제 계약자적립금
③ (가) 예정적립금, (나) 실제 계약자적립금, (다) 초과적립금
④ (가) 실제 계약자적립금, (나) 기본보험금, (다) 초과적립금

**정답 |** ①
**해설 |** 변동보험금은 실제 계약자적립금과 해당 보험계약의 산출이율로 계산된 기본보험계약의 예정적립금과의 차액, 즉 초과적립금을 가지고 계산된다.

**6** 다음 중 변액종신보험의 보장구조에 대해 알맞게 설명한 것은?

① 합산 장해지급률이 40% 이상인 경우 사망보험금을 지급하고 계약은 소멸한다.
② 보험료를 연납으로 납입할 수 있다.
③ 투자수익률이 저조할 경우 (-)변동보험금이 발생할 수 있다.
④ 투자수익률이 (-)가 되어도 해약환급금은 최저보증된다.

**정답 |** ③
**해설 |** ① 합산 장해지급률이 50% 이상인 경우 보험료 납입을 면제하는 상품이 있다.
② 월납, 일시납만 가능하다. ④ 해약환급금 → 사망보험금

**7** 변액종신보험은 투자실적이 악화되어도 기본보험금 이상의 사망보험금을 받을 수 있다. (O, ×)

**정답 |** O
**해설 |** 변액종신보험은 사망보험금으로 기본보험금을 최저보장하므로 최소 기본보험금 이상의 사망보험금을 받을 수 있다.

**8** 다음 중 변액종신보험에 대한 설명으로 맞는 것은?

① 사망보험금은 보험 가입시 결정된다.
② 변동보험금은 가산지급방식으로 계산한다.
③ 여러 개의 펀드 중에서 원하는 자산운용 형태를 선택할 수 없다.
④ 해약환급금은 매일 변동하고 투자실적에 따라 원금손실도 가능하다.

**정답 |** ④
**해설 |** ① 사망보험금은 기본보험금과 변동보험금의 합으로 구성되며 매월 그 금액이 변동한다.
② 일시납보험 추가가입 방법으로 계산한다.
③ 자산운용 형태를 직접 선택할 수 있으며 보험기간 중 연간 변경허용 횟수 이내에서 수시로 펀드를 변경할 수도 있다.

## 필수 암기사항

- **변액종신보험의 보장구조**
  ① 기본보험금을 사망보험금으로 최저보증 ⇨ 변액유니버설(보장형)과 동일
  ② 일시납보험 추가가입 방법으로 계산 ⇨ 월 1회, 누적되지 않음 ⇨ 1개월간 확정 적용
  ③ 사망보험금 : 기본보험금 + 변동보험금(매월 변동, 계약자적립금과 예정적립금과의 차액인 초과적립금으로 계산)
     ⇨ (-)변동보험금이 발생해도 기본보험금 수준 이상으로 최저보증
  ④ 해약환급금 : 매일 변동 ⇨ 투자실적 악화시 원금손실 발생 가능
  ⑤ 보험료 납입 면제 : 합산장해지급률 50% 이상 장해시 ⇨ 일반종신과 동일

# 변액연금보험의 정의 및 특징

교재 p146~149
제3장. 변액보험의 이해 ▶ 02. 변액보험의 상품내용 ▶ 마. 상품종류 ▶ (2) 변액연금보험

## 1 변액연금보험의 정의

- 연금개시 전 사망시에는 '기본사망보험금 + 사망 당시 계약자적립금(계약자적립금은 투자실적에 따라 변동)'을 지급
  ⇨ 기납입보험료가 더 많을 경우 기납입보험료 지급(사망보험금으로 기납입보험료 최저보증) 문제 1,2,3
- 생존시에는 특별계정에서 계약자적립금을 투자실적에 따라 적립한 후 연금개시 연령이 되면 그동안 적립된 금액을 재원으로 하여 계약자가 선택한 연금지급 방식에 따라 연금 지급
  ⇨ 계약자적립금이 기납입보험료보다 적을 경우 기납입보험료를 연금재원으로 지급(연금재원으로 기납입보험료 최저보증) 문제 4,5 ⇨ 최저연금적립금 보증 선택시
  ⇨ 더 많은 적립금 재원 확보를 위해 최근 위험보험료가 적은 재해장해보험금을 사망보험금 대신 지급하는 형태로 많이 판매

## 2 연금개시 이후 적립금 운용방법 ⇨ 계약자가 선택 가능 문제 6

| 구분 | 공시이율적용 연금형(정액형) | 변액연금형(실적배당형) |
|---|---|---|
| 운용계정 | 일반계정 | 특별계정 문제 7 |
| 연금지급 | • 연금지급개시 시점의 준비금을 공시이율로 계산하여 해당 연금 지급<br>• 종신연금형, 확정연금형, 상속연금형 | • 연금지급준비금을 계속 실적배당으로 운영하여 발생한 수익에 기초한 연금 지급<br>• 투자실적 악화시 연금지급액이 줄어들 수 있음 문제 8 |

※ 회사에 따라 일부는 공시이율로 나머지는 실적배당으로 운영하여 안정성과 수익성을 동시에 추구하는 상품도 있고, 모두 실적배당으로 운영하더라도 최저연금액을 보증해 주는 상품도 있음

## 3 2가지 최저보증기능 : 수익성 보다는 안정성을 선호하는 경향을 감안하여 최소한의 안정성 부여

| 최저사망보험금 보증(GMDB) | 최저연금적립금 보증(GMAB) |
|---|---|
| 연금개시 전 보험기간 중 사망시 투자실적이 아무리 악화되더라도 사망보험금은 기납입보험료 등으로 최저보증 | 변액연금은 생존시에도 노후의 안정적인 연금지급을 위해 투자실적이 아무리 악화되어도 연금개시 시점에서 일정수준 이상이 되도록 최저보증<br>(예 : 기납입보험료, Step-Up 금액 등) |

## 4 | 2016년 4월부터 최저연금적립금 보증을 설정하지 않은 미보증형 변액연금보험에 가입(선택) 가능 문제9 ⇨ 최저사망보험금 보증은 선택할 수 없음 문제10

- 최저보증 유무를 계약자가 선택 가능, 미보증형의 경우 연금개시 시점의 적립금은 실제 계약자적립금
  ⇨ 변액연금의 원금손실은 중도 해지시 또는 최저연금적립금 보증을 선택하지 않고 연금개시 시점까지 계약을 유지한 경우에만 발생 문제11
- 해약환급금에 대한 최저보증은 없음

## 5 | 변액연금보험의 특징

① 연금개시시점까지 유지시 기납입보험료 등 일정수준의 재원을 최저연금적립금으로 보장
  ⇨ 계약자가 최저연금적립금 보증을 선택한 경우(보증비용 부과) 문제12,13
② 대부분의 변액연금상품은 연금개시 이후 일반계정의 공시이율을 반영하여 계산
  ⇨ 상대적으로 안정적인 연금 수령
③ 최근 판매되는 일부 변액연금은 제한적인 추가납입과 인출기능도 부여됨
④ 펀드 운용실적에 따라 계약자적립금, 사망보험금과 해약환급금은 매일 변동 문제14,15,16
⑤ 펀드의 실적이 악화될 경우에도 최저사망보험금 보장
⑥ 고객의 투자성향에 따라 자산운용 형태 선택 가능
⑦ 펀드변경 가능
⑧ 다양한 선택특약 조립 가능
⑨ 10년 이상 유지되고 관련요건에 부합할 경우 비과세 혜택

## 6 | 연금의 수령형태 문제17

① 종신연금형 ⇨ 피보험자 생존시 종신토록 수령, 해지 불가능
② 확정연금형 ⇨ 일정기간을 확정하여 나누어 수령
③ 상속연금형 ⇨ 적립금은 일정수준 유지하면서 공시이율 적용으로 증가되는 금액만 수령
④ 실적배당형 ⇨ 연금개시 후에도 연금재원을 특별계정에서 운용

## 출제 예상문제

**1** 다음 중 변액연금보험의 연금개시 전 사망시 지급하는 사망보험금에 대한 설명으로 맞는 것은?

① 기납입보험료, 계약자적립금 + 기본사망보험금 중 큰 금액
② 기납입보험료, 계약자적립금 + 변동보험금 중 큰 금액
③ 기납입보험료, 계약자적립금 + 기본사망보험금 중 적은 금액
④ 기납입보험료, 계약자적립금 + 변동보험금 중 적은 금액

**정답 | ①**
**해설 |** 변액연금보험의 사망보험금에 대한 설명이다.

**2** 연금개시 전 보험기간 중 피보험자 사망시 투자실적이 악화될 경우 사망보험금은 기납입보험료 이하로 떨어질 수 있다. (○, ×)

**정답 | ×**
**해설 |** 최저사망보험금 보증을 통해 기납입보험료를 최저보증한다.

**3** 다음 중 변액연금보험에 대해 맞게 설명한 것은?

① 변동보험금은 일시납보험 추가가입 방법으로 계산한다.
② 투자실적이 악화되어도 사망보험금은 기납입보험료 등으로 최저보증한다.
③ 장해지급률이 80% 이상인 상황 발생시 사망보험금을 지급하고 계약이 소멸된다.
④ 기납입보험료로 해약환급금을 최저보증한다.

**정답 | ②**
**해설 |** ① 변액종신보험 및 변액유니버설보험(보장형)에서 일시납보험 추가가입(증액) 방법을 사용한다.
③ 변액보험에서는 사망보험금의 지급사유를 피보험자가 사망할 경우로 제한하여 고도장해로 인해 사망보험금을 지급하고 계약을 소멸시키지 못하도록 하고 있다.
④ 어떤 변액보험도 해약환급금에 대한 최저보증은 없다.

**4** 변액연금보험에서 최저연금적립금 보증이 설정되어 있는 경우 연금개시시점에 연금지급을 위한 재원은 얼마인가?

* 기납입보험료 : 2,000만원
* 연금지급시 계약자적립금 : 3,000만원

① 2,000만원  ② 3,000만원
③ 5,000만원  ④ 6,000만원

**정답 | ②**
**해설 |** 연금개시시점에 연금지급을 위한 재원은 기납입보험료 보다 금액이 더 큰 계약자적립금에 해당하는 금액(3,000만원)이다.

**5** 다음 표와 같은 변액연금보험에서 연금개시시점에 연금지급을 위한 재원은 얼마인가?

35세의 남성, 20년납, 60세 연금개시
* 월납 기본보험료 : 20만원(최저연금 적립금 보증)
* 연금개시시점의 계약자적립금 : 4,000만원

① 4,000만원  ② 4,800만원
③ 4,500만원  ④ 3,000만원

**정답 | ②**
**해설 |** 최저연금적립금 보증액인 기납입보험료(20만원×12개월×20년=4,800만원)가 계약자적립금(4,000만원)보다 많으므로 기납입보험료가 연금개시시점의 연금지급 재원이 된다.

**6** 다음 중 변액연금보험에 대해 틀리게 설명한 것은?

① 보험업감독규정에 따라 3가지 투자수익률로 사망보험금을 예시할 수 있다.
② 계약자적립금은 투자실적에 따라 매일 변동한다.
③ 펀드의 운용실적에 따라 해약환급금이 매일 변동한다.
④ 안정적인 연금지급을 위해 연금개시 이후에는 적립금을 실적배당형으로 운영할 수 없다.

**정답 | ④**
**해설 |** 연금개시 이후의 적립금은 공시이율적용 연금형 또는 변액연금형(실적배당형)으로 계약자가 선택하여 운영할 수 있다.

**7** 다음 중 변액연금보험의 연금개시 이후의 적립금 운용방식이 다른 것은?

① 확정연금형  ② 상속연금형
③ 종신연금형  ④ 실적배당형

**정답 | ④**
**해설 |** ①, ②, ③은 공시이율적용 연금형으로 일반계정에서 운용하고 ④는 변액연금형으로 특별계정에서 운용한다.

**8** 연금개시 이후의 적립금 운용방법으로 변액연금형을 선택할 경우 투자실적이 악화되어도 연금지급액이 줄어들지 않는다. (○, ×)

**정답 | ×**
**해설 |** 변액연금형은 연금개시 이후의 적립금을 특별계정에서 운용하는 실적배당형으로 투자실적이 악화될 경우 연금지급액이 줄어들 수도 있다.

**9** 다음 중 변액연금보험에 대해 틀리게 설명한 것은?

① 펀드의 운용실적에 따라 해약환급금이 매일 변동한다.
② 연금개시 이후의 적립금 운용방법은 계약자의 선택에 따라 운영할 수 있다.
③ 변액연금보험은 기납입보험료로 사망보험금을 최저보증한다.
④ 모든 변액연금보험은 최저사망보험금 보증과 최저연금적립금 보증이 적용된다.

**정답 | ④**
**해설 |** 변액연금보험의 최저연금적립금 보증은 선택할 수 있다.

**10** 최저사망보험금 보증을 설정하지 않은 미보증형 변액연금보험이 판매되어 최저보증 여부를 계약자가 선택할 수 있다. (○, ×)

**정답 | ×**
**해설 |** 변액연금보험은 최저사망보험금 보증을 의무적으로 적용하며, 최저연금적립금 보증을 설정하지 않은 미보증형 변액연금보험에 가입 가능하다.

**11** 변액연금보험은 다양한 최저보증기능으로 인하여 원금손실이 발생하지 않는다. (○, ×)

**정답 | ×**
**해설 |** 중도에 해지하거나 최저연금적립금(GMAB)보증을 선택하지 않고 연금개시시점까지 계약을 유지한 경우 원금손실이 발생할 수 있다.

**12** 다음 중 변액연금보험에 대해 맞게 설명한 것은?

① 최저연금적립금 보증형의 경우 최저연금적립금 보증비용이 부과된다.
② 투자수익률과 순수익률 중 하나를 선택하여 연금액을 예시하고 있다.
③ 변액연금보험은 기본보험금으로 사망보험금을 최저보증한다.
④ 모든 변액연금보험은 최저사망보험금 보증과 최저연금적립금 보증이 적용된다.

**정답** | ①
**해설** | ② 투자수익률과 순수익률을 모두 함께 예시하도록 하고 있다.
③ 기본보험금 → 기납입보험료 ④ 최저연금적립금 보증은 계약자가 적용여부를 선택할 수 있다.

**13** 다음 중 변액연금보험에서 기납입보험료로 연금지급액을 보장받기 위한 조건은 무엇인가?

① 보험료를 10년 이상 납입한 후 계약을 해지한 경우
② 보험계약을 10년 이상 유지한 후 연금을 지급받는 경우
③ 연금을 60세 이후부터 지급받는 경우
④ 최저연금적립금 보증을 선택하고 연금개시시점까지 보험계약을 유지하는 경우

**정답** | ④
**해설** | 보증형 변액연금보험은 연금개시시점까지 유지시 기납입보험료 등 일정수준의 재원을 최저연금적립금으로 보장받을 수 있다.

**14** 다음 중 변액보험의 변동보험금 계산방법에 대해 맞게 설명한 것은?

① 변액연금보험의 사망보험금은 매일 변동한다.
② 변액종신보험의 변동보험금은 매월 재계산되어 누적된다.
③ 변액연금보험은 일시납보험 추가가입 방법을 사용한다.
④ 변액유니버설보험(보장형)은 변동보험금이 발생하지 않는다.

**정답** | ①
**해설** | ② 누적되지 않고 한 달이 지나가면 소멸되고 새로 계산된다.
③ 변액종신보험과 변액유니버설보험(보장형)이 일시납보험 추가가입 방법을 사용한다. ④ 변액유니버설보험(보장형)은 일시납보험 추가가입 방법을 사용하여 변동보험금을 발생시키는 형태가 존재한다.

**15** 다음 중 변액연금보험에 대해 맞게 설명한 것은?

① 다양한 최저보증옵션으로 인해 중도해지시에도 원금손실은 발생하지 않는다.
② 변액종신보험과 달리 특정 장해상태시 납입면제기능이 있는 것이 일반적이다.
③ 펀드의 운용실적에 따라 해약환급금이 매일 변동한다.
④ 저축성 보험이므로 최저사망보험금 보증은 적용되지 않는다.

**정답** | ③
**해설** | ① 변액보험은 중도해지시 원금손실이 발생할 수 있다.
② 특정 장해상태시 납입면제기능이 없는 것이 일반적이다.
④ 최저사망보험금 보증은 모든 변액보험에 적용된다.

**16** 변액연금보험의 사망보험금과 해약환급금의 계산주기는 서로 다르다. (○, ×)

**정답** | ×
**해설** | 변액연금보험의 사망보험금과 해약환급금은 매일 계산되므로 계산주기는 동일하다.

**17** 다음 표에서 ( ) 안에 들어갈 단어가 알맞게 짝지어진 것은?

> 연금의 수령형태는 피보험자 생존시 종신토록 수령하는 ( (가) ), 일정기간을 확정하여 나누어 수령하는 확정연금형, 계약자적립금은 일정수준 유지하면서 공시이율 적용으로 증가되는 금액만 수령하는 ( (나) ) 등이 있다.

① (가) 종신연금형, (나) 상속연금형
② (가) 종신연금형, (나) 실적배당형
③ (가) 상속연금형, (나) 실적배당형
④ (가) 상속연금형, (나) 종신연금형

**정답** | ①
**해설** | 연금수령형태인 종신연금형과 확정연금형, 상속연금형에 대한 설명이다.

---

### 🔑 필수 암기사항

- **변액연금보험 연금개시 전 사망시**
  기본사망보험금 + 사망 당시 계약자적립금(기납입보험료가 더 클 경우 기납입보험료 최저보증)

- **연금개시 이후 적립금 운용 방법 : 선택 가능**
  ① 공시이율적용 연금형 : 일반계정, 공시이율로 계산
  ② 변액연금형 : 특별계정, 실적배당

- **변액연금의 2가지 최저 보증**
  최저사망보험금 보증 + 최저연금적립금 보증(연금개시 시점 기준)

- **해약환급금, 계약자적립금, 사망보험금은 매일 변동**

- **미보증형 변액연금보험 가입 가능**
  최저보증 유무를 계약자가 선택, 연금개시 시점의 적립금은 실제 계약자적립금

- **변액연금의 원금 손실**
  ① 중도해지시
  ② 최저연금적립금 미보증 상품 선택하고 연금개시 시점까지 계약을 유지한 경우

- **연금 수령형태**
  종신연금형, 확정연금형, 상속연금형, 실적배당형

# 변액연금보험의 보장구조 및 예시

교재 p148~152
제3장. 변액보험의 이해 ▶ 02. 변액보험의 상품내용 ▶ 마. 상품종류 ▶ (2) 변액연금보험

## 1 변액연금보험의 구조

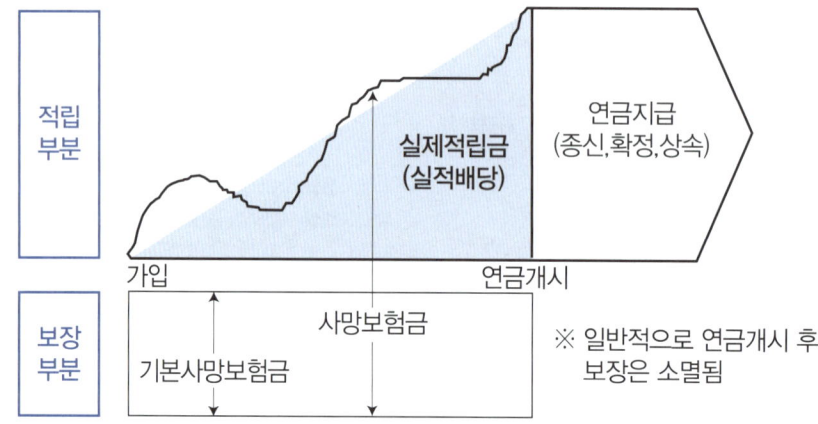

※ 실제사망보험금(기본사망보험금+계약자적립금)이 기납입보험료보다 적은 경우에 기납입보험료를 사망보험금으로 지급

## 2 변액연금보험의 보장구조

- 사망보험금 = 기본사망보험금 + 사망시점까지 적립된 계약자적립금
  └▶ 투자실적에 따라 매일 변동함
- ※ 기본사망보험금은 보험료에 비례하거나 구좌당 일정액을 지급하는 형태로 설계.
  최근 환급률 제고를 위해 기본사망보험금 대신 장해보험금을 지급하는 형태의 상품 많음
  ⇨ 연금개시 전 사망시 계약자적립금을 지급하며, 이 경우에도 기납입보험료 최저보증
- 연금 = 연금개시시점까지 적립된 계약자적립금(기납입보험료 등을 최저보증)을 기준으로 계산하여 지급
- 최저연금적립금 보증을 선택하지 않은 경우는 실제 계약자적립금을 기준으로 연금 지급

---

- 연금개시 전 피보험자 사망시 사망보험금 지급(기본보험금 + 사망 시점 계약자적립금)
- 투자수익률이 악화되어 사망보험금이 기납입보험료보다 적을 경우 기납입보험료 최저보증 `문제 1,2`
  ⇨ 특별계정 수익률이 (-)가 생겨도 최저사망 보증금액은 일정수준 이상으로 보증 `문제 3`
- 연금개시 전 사망시 사망보험금을 지급하고 계약 소멸
- 변액연금보험의 사망보험금은 변액종신보험과는 달리 매일 계산되어 변동 `문제 4`
- 연금개시 시점에 연금재원으로 계약자적립금이 기납입보험료보다 적을 경우 기납입보험료 최저보증 `문제 5`
- 보장성보험과 달리 일반적으로 특정 장해시 납입면제 기능은 없음(일부 회사는 납입면제 기능 제공) `문제 6`

## 3 | 변액연금보험의 경과기간별 사망보험금, 해약환급금, 연금액 예시

- 타 금융기관의 실적배당형 상품은 투자수익률을 가정하여 미래환급률 등을 예시할 수 없도록 법으로 규정
- 변액보험은 예외적으로 보험업감독규정에 따라 3가지 투자수익률을 가정하여 예시 가능 `문제 7`
- 3가지 투자수익률 예시 : 평균공시이율보다 낮은 수익률(-1%), 평균공시이율(2.75%), 평균공시이율의 1.5배(4.125%) `문제 8,9` ⇨ 2024년 적용되는 평균공시이율은 2.75%
  ⇨ 평균공시이율은 전년도 9월말 기준 직전 12개월간 보험회사 평균공시이율 기준 `문제 10`
- 최저연금적립금을 미보증하는 상품 : 해약환급금 예시 제외 또는 '(-) 평균공시이율' 가정을 포함하여 3개 이상의 수익률로 가정
- 저축성 변액보험의 경우 투자수익률과 함께 순수익률을 반드시 표시 `문제 11`
  ※ 순수익률 = 투자수익률 - (최저보증 관련비용 + 펀드 관련비용) `문제 12,13,14`

### 출제 예상문제

**1** 다음 중 변액연금보험의 보장구조에 대해 틀리게 설명한 것은?

① 사망보험금은 기본사망보험금과 사망시점까지 적립된 계약자적립금의 합계 금액이다.
② 기본사망보험금은 보험료에 비례하거나 구좌당 확정되는 경우가 대부분이다.
③ 기본사망보험금을 사망보험금으로 최저보증한다.
④ 최저연금적립금 보증이 없는 경우 연금지급시점까지 적립된 계약자적립금을 기준으로 연금을 지급한다.

**정답** | ③
**해설** | 기본사망보험금 → 기납입보험료

**2** 다음 표의 변액연금보험에서 최저사망보험금 보증 (GMDB)시 사망보험금은 얼마인가?

- 사망보험금 = Max(기납입보험료, 계약자적립금 + 기본사망보험금)
- 기납입보험료 : 2,000만원
- 계약자적립금 : 500만원
- 기본사망보험금 : 1,000만원

① 1,500만원  ② 2,000만원
③ 2,500만원  ④ 3,000만원

**정답** | ②
**해설** | 기납입보험료 = 2,000만원, 계약자적립금+기본사망보험금 (500만원 + 1,000만원) = 1,500만원, 기납입보험료가 더 크기 때문에 2,000만원이 사망보험금이 된다.

**3** 변액연금보험에서 특별계정 수익률이 (-)인 경우 보험료 납입이 종료된 이후 최저사망보험금 금액은 줄어든다.
(O, ×)

**정답** | ×
**해설** | 변액연금보험은 특별계정 수익률과 관계없이 기납입보험료를 최저사망보험금으로 보장하고 있다.

**4** 다음 중 변액연금보험에 대한 설명으로 틀린 것은?

① 변동보험금은 일시납보험 추가가입 방법으로 매일 계산되어 변동한다.
② 투자실적이 악화되어도 사망보험금은 기납입보험료 등을 최저보증한다.
③ 변액종신보험과 비교하여 사망보험금이 상대적으로 적은 저축성 보험이다.
④ 특정 장해상태시 납입면제 기능이 없는 것이 일반적이다.

**정답** | ①
**해설** | 일시납보험 추가가입 방법은 변액종신보험 및 변액유니버설 보험(보장형)에서 사용되는 방법이며 매월 새로이 계산된다.

**5** 다음 중 아래 변액연금보험의 투자수익률 예시표에 대해 맞게 설명한 것은?

| 경과기간 | 투자수익률: -1% (순수익률 -1.2%) | |
|---|---|---|
| | 사망보험금 | 해지환급률 |
| 1년 | 618만원 | 43.6% |
| 5년 | 2,055만원 | 63.4% |
| 10년 | 3,600만원 | 74.8% |
| 20년 | 7,200만원 | 84.7% |
| 30년 | 7,200만원 | 71.2% |

- 가입자는 남자 30세, 60세 연금개시
- 20년 납입, 월보험료 30만원
- 연금개시시점의 연금재원은 기납입보험료를 최저보증

① 20년 경과시점의 사망보험금과 계약자적립금은 동일하다.
② 20년 경과시점에 계약해지시 해약환급금은 7,200만원이다.
③ 연금개시시점의 연금재원은 7,200만원이다.
④ 기간경과에 따라 해지환급율도 계속 증가한다.

**정답** | ③
**해설** | ① 사망보험금은 7,200만원이지만 순수익률이 (-)이므로 계약자적립금은 기납입보험료인 7,200만원에 미치지 못한다. ② 20년 경과시점의 해지환급률은 84.7%이므로 7,200만원에 미치지 못한다. ④ 해당 표를 확인하면 30년이 경과한 경우 20년일 때보다 해지환급률이 떨어진 것을 확인할 수 있다.

**6** 다음 중 변액연금보험에 대한 설명으로 맞지 않는 것은?

① 사망보험금으로 기납입보험료를 최저보증한다.
② 연금개시 이후 운용방법을 계약자가 선택할 수 있다.
③ 펀드의 운용실적에 따라 사망보험금과 해약환급금이 매일 변동한다.
④ 특정 장해상태시 제공되는 납입면제기능이 있는 것이 일반적이다.

정답 | ④
해설 | 변액종신보험 등 보장성 보험에는 특정 장해상태시 보험료납입 면제기능이 있지만 변액연금의 경우에는 납입면제 기능이 없는 것이 일반적이다.

**7** 변액연금보험의 사망보험금, 해지환급률 및 연금액은 보험회사의 과거 투자수익률을 기준으로 예시하므로 회사별로 예시 기준이 다르다. (O, X)

정답 | ×
해설 | 변액연금보험의 경우 보험업감독규정에 따라 세 가지의 투자수익률(-1%, 평균공시이율, 평균공시이율의 1.5배)을 가정하여 미래환급금 등을 예시한다.

**8** 다음 중 변액보험에서 해지환급률을 예시하기 위해 적용하는 투자수익률이 아닌 것은?

① 평균공시이율의 2배　② -1%
③ 평균공시이율의 1.5배　④ 평균공시이율

정답 | ①
해설 | 세 가지 투자수익률(-1%, 평균공시이율, 평균공시이율의 1.5배)을 적용한다.

**9** 다음 중 변액연금보험에 대한 설명으로 틀린 것은?

① 해약환급금은 매일 변동된다.
② 사망보험금은 기납입보험료를 최저보증한다.
③ 0%, 3.5%, -3.5%의 투자수익률을 가정하여 미래환급금 등을 예시하고 있다.
④ 최저연금적립금 보증을 선택할 수 있다.

정답 | ③
해설 | -1%, 평균공시이율, 평균공시이율의 1.5배(-1%, 2.75%, 4.125%)의 투자수익률을 가정하여 예시하고 있다.

**10** 변액연금보험의 해약환급금 예시에 적용되는 평균공시이율은 매년 동일하다. (O, X)

정답 | ×
해설 | 평균공시이율은 금융감독원장이 정하는 바에 따라 선정된 전체 보험회사 공시이율의 평균으로 매년 변동한다.

**11** 변액연금보험은 투자수익률과 순수익률 중 하나를 선택하여 연금액을 예시하고 있다. (O, X)

정답 | ×
해설 | 변액연금보험과 같은 저축성 변액보험의 경우 투자수익률과 순수익률을 모두 함께 예시하도록 하고 있다.

**12** 다음 중 저축성 변액보험의 투자수익률과 순수익률이 차이나는 이유에 해당하지 않는 것은?

① 예정이율　② 운용보수
③ 최저연금적립금 보증비용　④ 최저사망보험금 보증비용

정답 | ①
해설 | 순수익률은 투자수익률에서 최저보증 관련비용과 펀드 관련 비용 등이 차감된 후의 수익률을 말한다.

**13** 다음 중 변액연금보험에 대한 설명으로 맞는 것은?

① 투자수익률은 순수익률보다 크다.
② 투자수익률과 순수익률 중 하나를 선택하여 연금액을 예시하고 있다.
③ 두 가지의 투자수익률을 가정하여 사망보험금, 해지환급률 및 연금액을 예시하고 있다.
④ 80% 이상 장해상태시 보험금을 지급하고 계약은 소멸한다.

정답 | ①
해설 | ② 저축성 변액보험의 경우 투자수익률과 순수익률을 모두 함께 예시하도록 하고 있다.
　　　③ 두 가지 → 세 가지(-1%, 평균공시이율, 평균공시이율의 1.5배)
　　　④ 80% 이상 특정장해 상태시는 변액연금의 보험금 지급 사유에는 해당되지 않으며, 일반적으로 납입면제 기능도 없다.(사망시 사망보험금을 지급하고 계약은 소멸)

**14** 변액연금보험에서 예시하는 순수익률은 평균공시이율이다. (O, X)

정답 | ×
해설 | 순수익률은 투자수익률에서 최저보증관련 비용 등이 차감된 후의 수익률을 말한다.

---

### 📚 필수 암기사항

- **변액연금보험의 보장구조**
  ① 사망보험금 = 기본보험금 + 사망시점까지 적립된 계약자 적립금 ⇨ 기납입보험료로 최저보증
  ② 연금개시 전 사망시 : 사망보험금을 지급하고 계약은 소멸
  ③ 사망보험금 계산 방식
  　⇨ 변액유니버설(적립형)과 동일 ⇨ 매일 변동
  ④ 연금개시 시점에 연금재원으로 기납입보험료 최저보증
  　⇨ Max [ 계약자적립금, 기납입보험료 ]
  ⑤ 특정 장해시 납입면제 기능 없음

- **경과기간별 사망보험금, 해약환급금, 연금액 예시**
  ① 보험업감독규정에 따라 3가지 투자수익률로 예시
  　⇨ -1%, 평균공시이율, 평균공시이율의 1.5배
  　⇨ 현재 -1%, 2.75%, 4.125%
  ② 저축성 변액보험의 경우 투자수익률과 순수익률을 반드시 표기
  　⇨ 순수익률은 투자수익률에서 최저보증관련 비용(최저사망보험금, 최저연금적립금)과 펀드관련 비용을 차감한 수익률

# 068 변액유니버설보험의 정의와 특징

교재 p153~154
제3장. 변액보험의 이해 ▶ 02. 변액보험의 상품내용 ▶ 마. 상품종류 ▶ (3) 변액유니버설보험

출제포인트 8.5

## 1 변액유니버설보험 : One-Stop Service 종합금융형 보험

- 변액보험의 장점인 실적배당과 유니버설보험의 장점인 자유입출금 기능을 결합하여 만든 종합금융형 보험 `문제 1,2`
  ⇨ 입출금기능(자금이체나 결제기능이 있는 것은 아님), 실적배당기능, 보장기능을 하나의 상품으로 제공 `문제 3`

## 2 상품형태

| 적립형 | ① 투자실적에 따라 사망보험금이 매일 변동되는 형태<br>② 장기투자가 주목적<br>③ 사망보험금으로 기납입보험료 최저보증 `문제 4,5` |
|---|---|
| 보장형<br>(2가지 형태) | ① 일시납보험 추가가입(증액) 방법을 사용하는 변액종신보험과 유사한 형태와<br>② 변동보험금이 없는 대신 보험가입금액, 계약자적립금의 일정비율, 기납입보험료 중 가장 큰 금액을 사망보험금으로 지급하는 형태<br>③ 사망보장이 주목적<br>④ 기본보험금으로 사망보험금 최저보증 |

## 3 특징

① 중도인출 가능(해약환급금 범위 내, 중도인출 시 계약자적립금과 보유좌수 감소) `문제 6,7,8`
  ⇨ 보험계약대출과 달리 상환의무가 없고, 감액으로 인한 해지에 따른 손실이 없다는 점에서 차이가 있음 `문제 9`
  ⇨ 인출 수수료 발생 ⇨ 중도인출도 할 수 있고, 보험계약대출도 가능 `문제 10`
② 보험료 납입기간의 자율성(일정기간 기본보험료 의무납입기간 이후 납입중단, 추가납입은 수시 가능) `문제 11`
③ 기본적으로 납입기간은 전기납(적립형, 보장형은 5~30년)이나 의무납입기간(보장형 2년, 적립형 5~12년 등) 이후 언제든지 중지할 수 있음 `문제 12,13`
  ⇨ 납입중지시 계약자적립금에서 매월 계약해당일에 월대체보험료 차감 `문제 14,15`
    단, 해약환급금에서 계약유지를 위한 비용 충당이 불가능하면 납입최고를 통해 해지처리 `문제 16`
④ 다양한 선택특약을 자유조립할 수 있으며, 보험차익 비과세혜택, 연금전환 특약을 활용할 수 있음 `문제 17,18`
⑤ 변액유니버설보험의 보험료 납입형태를 '수시 자유납', '종신 자유납'이라 부르기도 함
⑥ 변액유니버설보험(보장형)의 가입나이, 가입한도 등 기본적인 가입사항은 변액종신보험과 거의 유사
⑦ 변액종신보험과의 변액유니버설보험(보장형) 차이점
  ⇨ 일정기간 의무납입기간 이후 자유납입 가능
  ⇨ 중도인출과 추가납입 가능

## 출제 예상문제

**1** 다음 표의 ( ) 안에 들어갈 용어를 순서대로 맞게 나열한 것은?

> 변액유니버설보험은 변액보험의 장점인 ( (가) )과 유니버설보험의 장점인 ( (나) )을 결합하여 만든 상품이다.

① (가) 실적배당, (나) 입출금기능
② (가) 입출금기능, (나) 보장기능
③ (가) 보장기능, (나) 실적배당
④ (가) 실적배당, (나) 보장기능

**정답** | ①
**해설** | 변액유니버설보험은 변액보험의 장점인 실적배당과 유니버설보험의 장점인 입출금기능을 결합하여 만든 상품이다.

**2** 다음 중 변액유니버설보험에 대한 설명으로 틀린 것은?

① 보험기간 중 언제든지 보험료를 추가납입할 수 있다.
② 적립형은 기납입보험료로 사망보험금을 최저보증한다.
③ 보험료 추가납입기능이 있어 다양한 부가기능 설정이 불가하다.
④ 적립형은 기본적인 보험기간이 종신이고 의무납입기간을 설정하고 있다.

**정답** | ③
**해설** | 변액종신보험에 유니버설기능을 추가한 종합금융형 상품으로 다양한 부가기능 설정이 가능하다.

**3** 다음 중 변액유니버설보험의 종합금융기능에 해당하지 않는 것은?

① 자유입출기능
② 간접투자 상품의 실적배당기능
③ 보험의 보장기능
④ 자금이체기능

**정답** | ④
**해설** | 자금이체기능은 해당하지 않는다.

**4** 변액유니버설보험(적립형)의 투자수익률이 악화되면 사망보험금은 기납입보험료보다 낮아질 수 있다. (ㅇ, ×)

**정답** | ×
**해설** | 변액유니버설보험(적립형)은 사망보험금으로 기납입보험료를 최저보증한다.

**5** 변액유니버설보험(적립형)의 경우 계약자 사망시 기납입보험료를 최저사망보험금으로 보장하고 있다. (ㅇ, ×)

**정답** | ×
**해설** | 계약자 → 피보험자

**6** 변액유니버설보험의 계약자는 해약환급금의 일정 범위 내에서 적립금의 중도인출이 가능하다. (ㅇ, ×)

**정답** | ㅇ
**해설** | 맞는 설명이다.

**7** 변액유니버설보험은 중도인출이 가능하며 인출시 계약자 적립금이 줄어든다. (ㅇ, ×)

**정답** | ㅇ
**해설** | 중도인출시 계약자적립금과 보유좌수는 줄어든다.

**8** 다음 중 변액유니버설보험에 대해 틀리게 설명한 것은?

① 중도인출시 적립금 및 계약자 보유좌수는 변동하지 않는다.
② 의무납입기간에도 수시로 보험료를 추가납입할 수 있다.
③ 해약환급금의 일정 범위 내에서 적립금의 중도인출이 가능하다.
④ 적립형의 기본적인 보험료 납입기간은 전기납으로 설정되어 있다.

**정답** | ①
**해설** | 중도인출시 적립금 및 계약자 보유좌수는 감소한다.

**9** 다음 중 변액유니버설보험의 중도인출에 대한 설명으로 틀린 것은?

① 원리금 상환에 대한 의무를 갖는다.
② 변액유니버설보험은 중도인출이 가능하다.
③ 보험기간 중 해약환급금의 범위 내에서 보험회사가 정한 기준에 따라 인출이 가능하다.
④ 인출금액을 특별계정에서 일반계정으로 이체한다.

**정답** | ①
**해설** | 중도인출은 대출이 아니므로 상환의무를 가지지 않는다.

**10** 다음 중 변액유니버설보험에 대한 설명으로 틀린 것은?

① 실적배당과 자유입출금을 결합하여 만든 종합금융형 보험이다.
② 적립형은 기납입보험료로 사망보험금을 최저보증한다.
③ 중도인출은 해약환급금 범위 내에서 보험계약대출을 통해 이루어진다.
④ 적립형의 기본적인 보험기간은 종신이고 의무납입기간을 설정하고 있다.

**정답** | ③
**해설** | 변액유니버설보험의 중도인출은 대출과는 관련이 없다.

**11** 다음 중 변액유니버설보험에 대한 설명으로 맞는 것은?

① 보험기간 중 언제든지 보험료를 추가납입할 수 있다.
② 적립형의 경우 사망보험금으로 기본보험금을 최저보증한다.
③ 특별계정 운용보수는 매일 일반계정에서 특별계정으로 차감되어 진다.
④ 중도인출의 경우 보험계약대출로 여겨지기 때문에 반드시 상환해야 한다.

**정답** | ①
**해설** | ② 적립형은 기납입보험료로, 보장형은 기본보험금으로 사망보험금을 최저보증한다. ③ 특별계정에서 일반계정으로 차감된다. ④ 중도인출은 대출이 아니므로 상환의무를 가지지 않는다.

### 12 다음 중 변액유니버설보험에 대한 설명으로 맞는 것은?

① 의무납입기간 이후에는 보험료 납입을 일시중지할 수 있다.
② 보험료 납입기간이 보험기간보다 길다.
③ 적립형의 경우 기본보험료의 3배 이내에서 추가보험료를 납입할 수 있다.
④ 기납입보험료 범위 내에서 적립금의 중도인출이 가능하다.

**정답 |** ①
**해설 |** ② 적립형의 경우 보험료 납입기간은 전기납이므로 보험료 납입기간과 보험기간은 동일하다.
③ 3배 → 2배(단, 보장성은 1배) 이내
④ 기납입보험료 → 해약환급금

### 13 다음 중 변액유니버설보험에 대해 틀리게 설명한 것은?

① 중도인출시 적립금 및 계약자 보유좌수는 감소한다.
② 의무납입기간에도 기본보험료 납입을 중지할 수 있다.
③ 보험기간 중 해약환급금의 범위 내에서 보험회사가 정한 기준에 따라 인출이 가능하다.
④ 실적배당과 자유입출금을 결합하여 만든 종합금융형 보험이다.

**정답 |** ②
**해설 |** 의무납입기간에는 기본보험료 납입을 중지할 수 없다.

### 14 다음 중 변액유니버설보험에 대한 설명으로 맞는 것은?

① 적립형의 경우 기본보험금을 사망보험금으로 보장한다.
② 의무납입기간 이후 매월 계약해당일에 월대체보험료가 차감된다.
③ 수시입출금이 자유로운 상품이기 때문에 다양한 특약부가는 어렵다.
④ 중도인출은 보험대출로 간주되어 상환의무를 가진다.

**정답 |** ②
**해설 |** ① 기본보험금 → 기납입보험료
③ 다양한 특약부가가 가능한 상품이다.
④ 대출이 아니므로 상환의무를 가지지 않는다.

### 15 다음 중 변액유니버설보험에 대해 맞게 설명한 것은?

① 기납입보험료를 최대한도로 하여 중도인출이 가능하다.
② 일반적으로 중도인출시 인출수수료는 부과하지 않는다.
③ 보험료를 납입중지할 경우 사업비 및 수수료는 계약자적립금에서 공제한다.
④ 보장형의 경우 기납입보험료로 최저사망보험금을 보장받을 수 있다.

**정답 |** ③
**해설 |** ① 기납입보험료 → 해약환급금
② 중도인출시 수수료가 발생한다. ④ 보장형 → 적립형

### 16 다음 중 변액유니버설보험에 대해 틀리게 설명한 것은?

① 적립형의 기본적인 납입기간은 전기납으로 설정되어 있다.
② 의무납입기간이 지난 이후에는 보험료 미납으로 인한 해지는 발생하지 않는다.
③ 보험기간 중 해약환급금의 범위 내에서 보험회사가 정한 기준에 따라 인출이 가능하다.
④ 연금전환 특약을 활용하여 연금으로 전환할 수도 있다.

**정답 |** ②
**해설 |** 의무납입기간 이후 위험보험료 및 제반사업비, 수수료는 계약자적립금에서 공제되는데 만약 해약환급금에서 이러한 비용을 충당할 수 없게 되면 보험계약은 보험료 미납에 따른 납입최고 절차를 거쳐 해지 처리될 수 있다.

### 17 다음 중 변액유니버설보험에 대한 설명으로 틀린 것은?

① 해약환급금 범위 내에서 중도인출이 가능하다.
② 의무납입기간 이후에 납입중지시 해약환급금에서 월대체 보험료를 차감한다.
③ 수시입출금이 자유로운 상품이기 때문에 다양한 특약부가는 어렵다.
④ 의무납입기간 동안 보험료 미납시 납입최고 절차를 거쳐 해지처리된다.

**정답 |** ③
**해설 |** 다양한 특약을 자유조립할 수 있다.

### 18 다음 중 변액유니버설보험에 대한 설명으로 맞는 것은?

① 보험료 납입방식으로 월납, 연납만 있다.
② 보험료 납입기간을 자유로이 설정할 수 있다.
③ 10년 이상 유지되고 관련 요건에 부합되는 경우 보험차익 비과세 혜택을 받을 수 있다.
④ 기납입보험료의 일정범위 이내에서 중도인출이 가능하다.

**정답 |** ③
**해설 |** ① 월납이 원칙이며 의무납입기간 이후에는 종신자유납이다.
② 기본적으로 변액유니버설보험(적립형)의 보험료 납입기간은 전기납이고 의무납입기간 이후 수시 자유납이 가능하다.
④ 해약환급금 범위내에서 적립금의 중도인출이 가능하다.

## 필수 암기사항

- **변액유니버설보험 : One-Stop Service 종합금융형 보험, 자유입출금 기능 결합 특징, 자금이체 및 결제는 불가능**
  ① 최저보증 : 적립형(기납입보험료, 변액연금과 동일), 보장형(일시납보험 추가가입방법, 기본보험금, 변액종신과 동일)
  ② 중도인출 : 해약환급금 범위 이내, 상환의무 없고 수수료 부과, 적립금과 좌수 감소, 대출도 가능
  ③ 의무납입기간 이후 납입중단, 추가납입은 수시로 가능
  ④ 선택특약, 연금전환, 펀드변경, 보험차익 비과세 혜택 등 가능
  ⑤ 종신자유납 : 의무납입기간 이후 해약환급금이 월대체보험료를 충당하지 못할 경우 납입최고 통해 해지
  ⑥ 변액종신보험과의 차이점 : 납입기간은 항상 전기납(적립형), 일정기간 의무납입기간 이후 자유납입 가능, 중도인출과 추가납입 가능

# 변액유니버설보험의 보장구조 및 예시

## 1. 변액유니버설보험의 보장구조

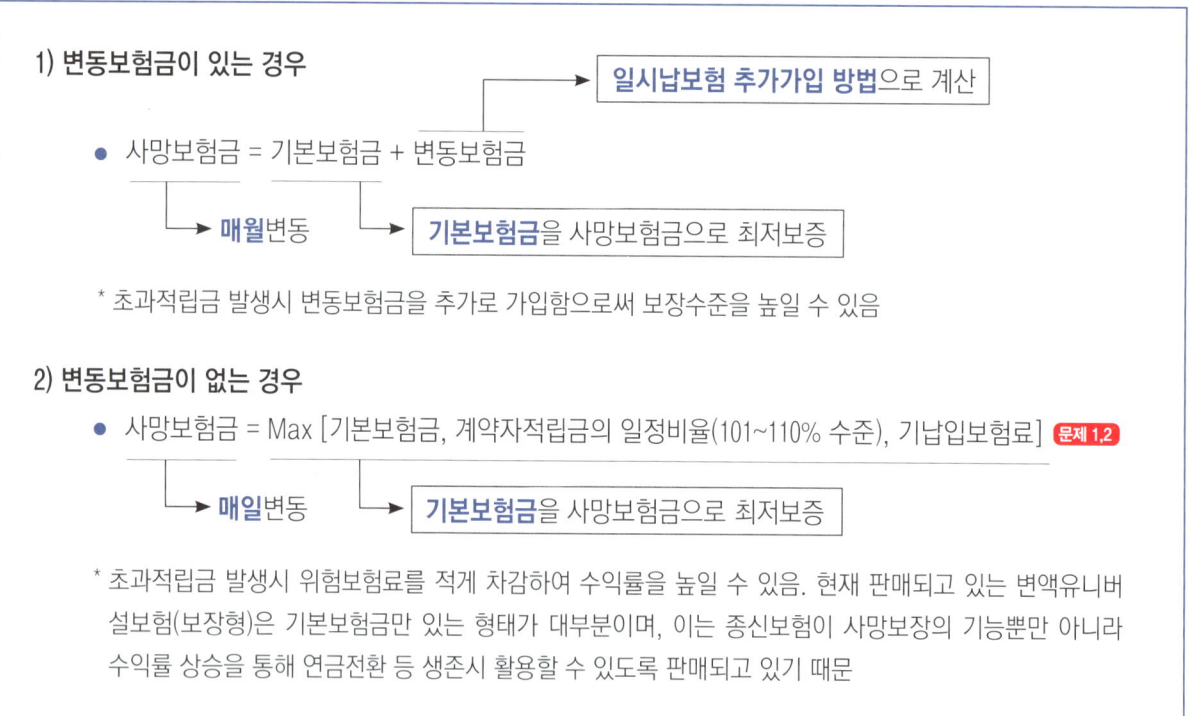

① 보장형은 일시납보험 추가가입 방법으로 변동보험금 계산 [문제3]
  ▷ 적립형과 보장형의 변동보험금 계산방식은 서로 다름 [문제4]
  ▷ 적립형은 기납입보험료를 최저보장하고, 보장형은 기본보험금을 최저보장 [문제5]
② 적립형의 사망보험금 계산주기는 매일, 보장형은 월 1회 [문제6]
③ 해약환급금은 투자수익률에 따라 매일 변동되며, 최저보증이율이 없고 투자실적 악화시 원금손실 발생 가능
④ 보장형은 50% 이상 장해상태가 되면 보험료 납입면제, 적립형은 대부분 면제되지 않음

## 2 변액유니버설보험(적립형)의 경과기간별 사망보험금, 해약환급금 예시

- 3가지 투자수익률(2024년 1월 이후 현재 판매되는 상품 기준 -1%, 2.75%, 4.125%)을 가정하여 사망보험금과 해지환급률 예시
- 투자수익률이 낮을 경우 특별계정수익이 위험보험료와 펀드 관련비용보다 적어 해지환급률도 계속 낮아질 수 있음

### 출제 예상문제

**1** 다음 표에서 ( ) 안에 들어갈 단어에 해당하지 않는 것은?

> 변동보험금이 없는 변액유니버설보험(보장형)의 사망보험금은 ( ), ( ), ( ) 중 가장 큰 금액을 지급한다.
>
> ① 기납입보험료  ② 해약환급금
> ③ 보험가입금액  ④ 계약자적립금의 일정비율

**정답 |** ②
**해설 |** 해약환급금은 해당되지 않는다.

**2** 다음 중 변액유니버설보험(보장형) 계약에서 10년 경과 후 받게 되는 사망보험금은 얼마인가?

> 사망보험금 = Max[기본보험금,
>   계약자적립금 × 110%,
>   기납입보험료]
> - 기본보험금 = 4,500만원
> - 계약자적립금 = 4,000만원
> - 매월 30만원 10년 동안 납입

① 4,500만원  ② 4,300만원
③ 3,600만원  ④ 5,000만원

**정답 |** ①
**해설 |** 기본보험금(4,500만원), 계약자적립금 × 110%(4,400만원), 기납입보험료(3,600만원) 중 가장 큰 금액은 기본보험금이므로 4,500만원이 사망보험금으로 지급된다.

**3** 변액유니버설보험(적립형)은 일시납보험 추가가입 방법으로 변동보험금을 계산한다. (O, ×)

**정답 |** ×
**해설 |** 변액유니버설보험(적립형) → 변액유니버설보험(보장형)

**4** 변액유니버설보험에서 보장형과 적립형은 변동보험금 계산방법이 동일하다. (O, ×)

**정답 |** ×
**해설 |** 보장형은 일시납보험 추가가입 방법으로 계산하고, 적립형은 가산지급방식으로 계산한다.

**5** 다음 표의 변액유니버설(적립형)에 가입 후 20년 경과 시점에서 피보험자 사망시 사망보험금은 얼마인가?

| 가입기간 | 납입보험료 | 특별계정 투입보험료 | 기본보험금과 계약자적립금의 합계액 |
|---|---|---|---|
| 1년 | 360만원 | 325만원 | 804만원 |
| 5년 | 1,800만원 | 1,636만원 | 1,980만원 |
| 10년 | 3,600만원 | 3,270만원 | 3,444만원 |
| 20년 | 7,200만원 | 6,657만원 | 5,998만원 |
| 30년 | 10,800만원 | 10,057만원 | 8,118만원 |

- 가입조건 : 남자 35세, 기본보험료 30만원(전기납)
- 기본사망보험금 : 500만원

① 7,200만원  ② 8,118만원
③ 5,998만원  ④ 500만원

**정답 |** ①
**해설 |** 변액유니버설보험(적립형)의 사망보험금인 기본보험금과 계약자적립금의 합계액(5,998만원)보다 최저사망보험금인 기납입보험료(7,200만원)가 더 크기 때문에 7,200만원이 지급된다.

**6** 다음 중 변액유니버설보험에 대해 틀리게 설명한 것은?

① 보험기간 중 수시로 보험료 추가납입이 가능하다.
② 적립형의 사망보험금은 매월 변동한다.
③ 다양한 선택특약을 자유롭게 조립할 수 있다.
④ 보장형은 일시납보험 추가가입 방법으로 변동보험금을 계산한다.

**정답 |** ②
**해설 |** 매월 → 매일

### 필수 암기사항

- **변액유니버설보험의 보장구조**
  - 적립형 : 기본보험금 + 사망 시점까지 적립된 계약자 적립금 ⇨ 매일 변동, 기납입보험료 최저보장
  - 보장형 : ① 기본보험금 + 변동보험금 ⇨ 매월 변동, 일시납보험 추가가입 방식, 기본보험금 최저보장
    ② Max [ 기본보험금, 계약자적립금의 일정비율, 기납입보험료 ] ⇨ 매일 변동, 기본보험금 최저보장

- **해약환급금은 매일 변동, 원금손실 발생 가능**

- **3가지 투자수익률을 가정하여 사망보험금과 해지환급률 예시 가능**

# 070 특별계정의 필요성 [문제 1,2]

교재 p158
제3장. 변액보험의 이해 ▶ 03. 변액보험의 자산운용 ▶ 가. 특별계정 ▶ (1) 특별계정의 필요성

출제포인트 5.0

## 1 일반보험과 변액보험은 자산운용 실적에 대한 투자위험의 부담자가 상이

- 투자성과에 대한 기여도를 명확히 구별 ⇨ 변액보험은 투자상의 실적과 위험을 모두 계약자가 부담하므로 투자상 대부분의 위험을 보험회사가 부담하는 일반보험과는 구별
- 일반계정과 특별계정의 자산을 분리·운용하여 각 계정간의 독립성 유지

## 2 자산운용의 평가방법이 서로 상이

| 특별계정 | 일반계정 |
|---|---|
| 매일, 시가평가 | 결산시 자산별 평가 |

## 3 자산운용의 목적이 상이

| 특별계정 | 일반계정 |
|---|---|
| 실적배당형 상품 ⇨ 수익성 [문제 3] | • 장기간에 걸쳐 보험금 지급 보증<br>• 자산운용 수익을 지속적으로 배당 ⇨ 안정성 [문제 3] |

### ☀ 출제 예상문제

**1** 다음 중 변액보험에서 특별계정 운용이 필요한 이유가 아닌 것은?

① 자산운용의 실적에 대한 투자위험의 부담자가 상이하기 때문
② 자산운용의 평가방법이 서로 상이하기 때문
③ 자산운용의 목적이 상이하기 때문
④ 자산운용의 규모가 크기 때문

**정답** | ④
**해설** | 자산운용의 규모와는 관계 없다.

**2** 다음 중 변액보험에서 특별계정 운용이 필요한 이유가 아닌 것은?

① 자산운용의 실적에 대한 투자위험의 부담자가 상이하기 때문
② 자산운용의 평가방법이 서로 상이하기 때문
③ 자산운용의 목적이 상이하기 때문
④ 장기간에 걸쳐 보험금 지급을 보증하고 자산운용에 의한 수익을 지속적으로 배당하기 때문

**정답** | ④
**해설** | 안정성을 중시하는 일반계정 운용에 대한 설명이다.

**3** 다음 표의 (    ) 안에 들어갈 내용을 바르게 나열한 것은?

> 변액보험은 실적배당형 상품이므로 자산운용에서 중시되는 것은 (    )이나, 일반보험은 장기간에 걸쳐 보험금 지급을 보증하고 자산운용에 의한 수익을 지속적으로 배당하기 위해 (    )이 중요시된다.

① 수익성, 안정성   ② 안정성, 공공성
③ 수익성, 공공성   ④ 안정성, 수익성

**정답** | ①
**해설** | 변액보험과 일반보험에 대한 설명이다.

# 071 변액보험의 현금흐름
## Cash Flow

교재 p158~159
제3장. 변액보험의 이해 ▶ 03. 변액보험의 자산운용 ▶ 가. 특별계정 ▶ (2) 변액보험의 현금흐름

출제포인트 4.5

## 1 | 변액보험의 현금흐름

- 특별계정에서 운용되는 보험료는 고객이 납입한 보험료 전액이 아님
- 특별계정으로 투입되는 보험료는 순보험료와 미래에 사용해야 할 납입 후 계약유지비용을 합한 금액
  (순보험료 + 납입 후 계약유지비용) 문제 1,2,3,4

## 2 | 납입보험료

- 순보험료(저축보험료 + 위험보험료)와 계약체결 및 계약관리비용으로 구성
  ⇨ 계약관리비용은 계약유지비용과 기타비용으로 구분
- 계약관리비용

| | |
|---|---|
| 계약유지비용 | 계약이 유지되는 전 기간 동안 계약유지를 위해 사용하는 사업비 문제 5<br>① 납입 중 유지관련 비용 : 보험료 납입기간 동안 사용<br>② 납입 후 유지관련 비용 : 보험료 완납 이후 계약 유지기간 동안 사용<br>   ⇨ 보험료 완납 이후 사용하기 위해 보험료를 납입하는 전 기간에 걸쳐 미리 특별계정에 적립하였다가 납입 완료 이후 차감하여 사용 문제 6 |
| 기타비용(수금비) | 보험료를 납입하는 기간 이내에만 사용하는 사업비 문제 5 |

## 출제 예상문제

**1** 변액보험의 납입보험료 중 순보험료와 납입 중 계약유지비용이 특별계정으로 투입된다. (O, ×)

**정답** | ×
**해설** | 순보험료와 납입 후 계약유지비용이 투입된다.

**2** 다음 중 변액종신보험의 납입보험료 중 특별계정으로 투입되는 금액은?

① 순보험료 – 납입 중 계약유지비용
② 순보험료
③ 순보험료 + 납입 후 계약유지비용
④ 순보험료 + 납입 중 계약유지비용

**정답** | ③
**해설** | 특별계정으로 투입되는 보험료는 순보험료와 미래에 사용해야 할 유지비인 납입 후 계약유지비용을 합한 금액이다.

**3** 다음 중 특별계정으로 투입되는 보험료에 해당하지 않는 것은?

① 위험보험료　　② 계약체결비용
③ 납입 후 계약유지비용　　④ 저축보험료

**정답** | ②
**해설** | 특별계정에 투입되는 보험료는 순보험료(위험보험료 + 저축보험료)와 납입 후 계약유지비용이다.

**4** 다음 표의 변액보험 보험료 중에서 특별계정으로 투입되는 보험료의 비율은?

| 순보험료 | 계약체결비용 | 계약유지비용 | | 기타비용 | 영업보험료 |
|---|---|---|---|---|---|
| | | 납입 중 | 납입 후 | | |
| 89,000원 | 5,000원 | 2,000원 | 3,000원 | 1,000원 | 100,000원 |

① 92.0%　　② 94.0%　　③ 90.0%　　④ 91.0%

**정답** | ①
**해설** | 특별계정으로 투입되는 보험료는 순보험료와 납입 후 계약유지비용이므로 89,000 + 3,000 = 92,000원이 특별계정으로 투입된다. 따라서 영업보험료가 100,000원이므로 투입되는 보험료의 비율은 92%이다.

**5** 다음 중 변액보험의 현금흐름에 대한 설명으로 틀린 것은?

① 변액보험은 수익성을 중요시하기 때문에 특별계정을 필요로 한다.
② 계약유지비용과 기타비용은 계약이 유지되는 전 기간동안 사용되는 비용이다.
③ 특별계정에 투입되는 보험료는 순보험료와 미래에 사용할 유지비인 납입 후 계약유지비용을 합한 금액이다.
④ 완납 이후에 납입 후 계약유지비용은 계약자적립금에서 차감하여 사용한다.

**정답** | ②
**해설** | 계약유지비용은 전 기간 동안 사용하는 사업비이고, 기타비용(수금비)은 보험료 납입기간 이내에 사용되는 사업비이다.

**6** 다음 중 변액보험의 현금흐름에 대한 설명으로 알맞은 것은?

① 납입기간 이후에는 월계약해당일에 자연식 위험보험료와 납입 후 계약유지비용이 일반계정에서 차감된다.
② 자연식 위험보험료는 연령이 증가할수록 증가하므로 특별계정 투입보험료는 연령이 증가함에 따라 늘어난다.
③ 납입 후 계약유지비용은 보험료를 납입하는 전 기간에 걸쳐 미리 적립해 둔다.
④ 납입보험료 중 순보험료는 일반계정에서 운용된다.

**정답** | ③
**해설** | ① 일반계정 → 특별계정
② 특별계정에서 운용되는 투입보험료는 감소한다.
④ 일반계정 → 특별계정

## 필수 암기사항

- **납입보험료**
  순보험료(저축보험료 + 위험보험료)와 계약체결 및 계약관리비용(계약유지비용 + 기타비용)

- **기타비용(수금비)**
  보험료를 납입하는 기간 이내에만 사용하는 사업비

- **특별계정 투입보험료 : 고객이 납입한 보험료 전액이 아님**
  순보험료 + 납입 후 계약유지비용

- **특별계정에서 일반계정으로 차감하는 비용**
  위험보험료, 최저보증비용, 납입 후 계약유지비용, 운용수수료

# 특별계정 투입보험료의 계산방법

교재 p159~161
제3장. 변액보험의 이해 ▶ 03. 변액보험의 자산운용 ▶ 가. 특별계정 ▶ (2) 변액보험의 현금흐름

## 1 특별계정 투입보험료

특별계정 투입보험료 = 납입보험료 − (계약체결비용 + 납입 중 계약유지비용 + 기타비용) **문제 1,2**

= 순보험료 + 납입 후 계약유지비용 **문제 2,3**

= (위험보험료 + 저축보험료) + 납입 후 계약유지비용

- 계약체결비용, 납입 중 계약유지비용, 기타비용은 보험료 납입시 차감 **문제 4**
- 특별계정에서 채권, 주식 등 유가증권에 투자되어 매일 투자수익률로 적립 **문제 5**
- 매월 계약해당일에 해당월의 자연식 위험보험료와 납입 후 계약 유지비용을 특별계정에서 일반계정으로 차감 **문제 6**
- 자연식 위험보험료는 연령이 증가할수록 증가하므로 실제 운용되는 특별계정 투입보험료(위험보험료를 차감한 금액)는 연령이 증가함에 따라 약간씩 감소 **문제 7,8,9**
  ⇨ 납입기간 종료 이후에는 적립금에서 자연식 위험보험료와 납입 후 계약유지비용 차감

## 2 상품별 특징

| 변액종신보험 | • 나이가 증가함에 따라 위험보험료 증가<br>• 투입보험료 중 위험보험료 비중 증가로 특별계정 투입비율 감소 **문제 10** |
|---|---|
| 변액연금보험 | • 위험보장이 작아 위험보험료가 증가해도 그 비중이 매우 미미함<br>• 15년납 및 20년납의 경우 10년 경과 후 계약체결비용 차감이 완료되면 펀드 투입보험료 증가 **문제 10** |

※ 특별계정 투입보험료는 보험기간 경과, 피보험자 연령, 변액보험 상품종류, 감액에 따라 변동됨 **문제 11**

### 필수 암기사항

- **특별계정 투입보험료 계산식 ①**
  납입보험료 − (계약체결비용 + 납입 중 계약유지비용 + 기타비용)
- **특별계정 투입보험료 계산식 ②**
  순보험료 + 납입 후 계약유지비용
- **특별계정 투입보험료 계산식 ③**
  위험보험료 + 저축보험료 + 납입 후 계약유지비용

- **변액종신보험** : 나이가 많아질수록 위험보험료 증가
  ⇨ 특별계정 투입금액 감소
- **특별계정 투입보험료 변동 요인**
  보험기간 경과, 피보험자 연령, 감액, 각종 비용, 변액상품 종류 등

## 출제 예상문제

**1. 다음의 특별계정 투입보험료 계산식에서 틀린 것은?**

> 특별계정 투입보험료 = ㈎순보험료 − ㈏계약체결비용 + ㈐납입 중 계약유지비용 + ㈑기타비용

① (나)  ② (라)  ③ (다)  ④ (가)

**정답 | ④**
**해설 |** 순보험료 → 납입보험료

**2. 다음 표에서 ( ) 안에 들어갈 용어가 알맞게 연결된 것은?**

> 특별계정 투입보험료
> = 납입보험료 − (계약체결비용 + (가) + 기타비용)
> = 순보험료 + (나)

① (가) 납입 중 계약유지비용, (나) 납입 후 계약유지비용
② (가) 특별계정 운용보수, (나) 납입 후 계약유지비용
③ (가) 위험보험료, (나) 특별계정 운용보수
④ (가) 납입 후 계약유지비용, (나) 납입 중 계약유지비용

**정답 | ①**
**해설 |** 특별계정 투입보험료 구성에 대한 설명이다.

**3. 변액보험의 납입보험료 중 순보험료는 일반계정에서 운용된다.** (O, ×)

**정답 | ×**
**해설 |** 순보험료는 특별계정에 투입되어 운용된다.

**4. 변액종신보험의 계약체결비용은 납입기간 이후에도 매월 계약해당일에 특별계정(펀드)에서 일반계정으로 차감된다.** (O, ×)

**정답 | ×**
**해설 |** 계약체결비용은 보험료 납입시 차감하므로 특별계정에서 일반계정으로 차감하는 비용이 아니다.

**5. 다음 표에서 ( ) 안에 들어갈 내용으로 맞는 것은?**

> 특별계정 투입보험료는 특별계정에서 채권, 주식 등 유가증권에 투자되어 매일 ( )로 적립되며, 매월 계약해당일에 해당월의 자연식 위험보험료와 납입 후 계약유지비용을 특별계정에서 일반계정으로 차감한다.

① 평균공시이율  ② 예정이율
③ 투자수익률  ④ 보험계약대출이율

**정답 | ③**
**해설 |** 특별계정에 투입되는 보험료는 유가증권에 투자되어 매일 투자수익률로 적립된다.

**6. 다음 표에서 ( )에 알맞은 것으로 짝지어진 것은?**

> 변액종신보험계약의 납입기간이 종료되면 매월 계약해당일에 해당 월의 ( )와/과 ( )을/를 특별계정에서 일반계정으로 차감한다.

① 납입 후 계약유지비용, 평준식 위험보험료
② 선택특약 보험료, 납입 후 계약유지비용
③ 납입 후 계약유지비용, 자연식 위험보험료
④ 납입 중 계약유지비용, 기타비용(수금비)

**정답 | ③**
**해설 |** 변액보험의 보험료 납입기간 종료 후 특별계정에서 차감되는 항목에 대한 설명이다.

**7. 다음 중 변액보험의 현금흐름에 대한 설명으로 틀린 것은?**

① 계약유지비용은 계약 전 기간동안, 기타비용은 보험료 납입기간 이내에 사용된다.
② 특별계정으로 투입된 보험료는 채권, 주식 등 유가증권에 투자되어 매일 투자수익률로 적립된다.
③ 납입기간 이후에는 월계약해당일에 자연식 위험보험료와 납입 후 계약유지비용이 특별계정에서 차감된다.
④ 연령이 증가할수록 자연식 위험보험료가 증가하기 때문에 특별계정에서 운용되는 투입보험료는 점점 늘어난다.

**정답 | ④**
**해설 |** 연령이 많아질수록 차감해야 하는 위험보험료가 늘어나기 때문에 특별계정에서 운용되는 투입보험료는 줄어들게 된다.

**8. 다음 중 특별계정 투입보험료에 대한 설명으로 맞는 것은?**

① 위험보험료가 증가하면 특별계정에 투입되어 운용되는 보험료가 감소한다.
② 대출수수료 전액이 특별계정에 투입된다.
③ 채권, 주식 등 유가증권에 투자되어 매일 평균이율로 적립한다.
④ 매월 계약해당일에 해당 월의 자연식 위험보험료와 납입 후 계약유지비를 일반계정에서 특별계정으로 차감한다.

**정답 | ①**
**해설 |** ② 대출이자에서 대출수수료를 제외한 금액이 특별계정에 투입된다. ③ 평균이율 → 투자수익률 ④ 특별계정에서 일반계정으로 차감한다.

**9. 다음 중 변액종신보험의 납입기간 경과시 특별계정에서 운용되는 투입보험료가 감소하는 이유로 알맞은 것은?**

① 연령이 증가할수록 자연식 위험보험료가 증가하기 때문
② 계약체결 10년 후부터 예정신계약비 상각이 감소하기 때문
③ 선택특약 보험료가 감소하기 때문
④ 납입 중 계약유지비용이 증가하기 때문

**정답 | ①**
**해설 |** ②, ③, ④는 변액종신보험의 특별계정에서 운용되는 투입보험료 감소와는 관련이 없다.

**10. 변액연금보험과 변액종신보험은 연령이 증가할수록 자연식 위험보험료가 증가하기 때문에 특별계정 투입보험료는 점점 줄어든다.** (O, ×)

**정답 | ×**
**해설 |** 변액연금보험은 위험보장이 작아 위험보험료가 증가하더라도 그 비중이 매우 미미하고, 15년납 및 20년납의 경우 10년 경과 이후 계약체결비용 차감이 완료되면 특별계정 투입보험료는 더 커지게 된다.

**11. 다음 중 변액종신보험 특별계정(펀드)으로 투입되어 운용되는 보험료가 변동하는 경우가 아닌 것은?**

① 특별계정 수익률의 증가  ② 위험보험료의 증가
③ 보험료 납입기간의 종료  ④ 보험가입금액의 감액

**정답 | ①**
**해설 |** 특별계정 수익률의 증가는 특별계정으로 투입되어 운용되는 보험료의 증감과 상관이 없다.

# 073 특별계정 운용보수와 최저보증비용의 차감

2025 변액보험의 이해와 판매 核心 100選

교재 p161~162
제3장. 변액보험의 이해 ▶ 03. 변액보험의 자산운용 ▶ 가. 특별계정 ▶ (2) 변액보험의 현금흐름

출제포인트 7.0

## 1 특별계정 운용보수 문제1

- 변액보험에는 일반보험의 사업비 외에 특별계정 운용보수와 최저사망보험금 보증비용 또는 최저연금적립금 보증비용 등 보증옵션 비용이 추가로 부과되어 특별계정 적립금에서 차감한다.

| 운영보수 | 특별계정에 속한 재산의 운용 및 관리 등을 위해 보험회사가 수취하는 보수 문제2 |
|---|---|
| 투자일임보수 | 특별계정에 속한 재산의 투자일임을 위해 자산운용사 등 투자일임업자에게 지급하는 보수 |
| 수탁보수 | 특별계정에 속한 재산의 보관 및 관리, 자산운용 지시의 이행, 운용업무의 위규 여부 등을 감시하기 위해 신탁업자에게 지급하는 보수 문제3 |
| 사무관리보수 | 특별계정에 속한 재산의 회계업무 및 기준가격 산정업무 등을 수행하기 위해 일반사무관리회사에게 지급하는 보수 문제3 |

## 2 특별계정 운용보수와 최저보증비용

| 구분 | 특별계정 운용보수 | 최저보증비용 |
|---|---|---|
| 목적 | 특별계정을 운용하고 관리하는데 필요한 비용을 충당하기 위해 부과 | 특별계정의 투자실적과 관계없이 보험고유의 기능인 보장 또는 연금을 제공하기 위해 부과 |
| 부과시기 | 매일 | 매일 또는 매월 |
| 부과방법 | 특별계성 적립금에 대해 일정률 부과 문제4 | • GMDB 비용 : 특별계정 적립금(또는 보험가입금액)에 대해 일정률 부과 문제5<br>• GMAB 비용 : 특별계정 적립금(또는 납입하는 보험료)에 대해 일정률 부과 |
| | 특별계정에서 일반계정으로 차감 문제6,7 ||
| 보수율 | 선택한 펀드의 종류와 펀드의 리스크 정도에 따라 차등 적용 | 상품 및 보증내용에 따라 차등 적용 문제8 |
| 기타 | 특별계정 적립금에 연간 보수율을 日기준으로 환산하여 부과<br>⇨ 매일 차감되는 금액은 다름 문제9 | • 모든 변액보험 : 최저사망보험금 보증비용<br>• 변액연금보험 : 최저연금적립금 보증비용<br>• 일반계정에 적립, 매일 차감되는 금액은 다름 문제10 |

### 필수 암기사항

- **특별계정 운용보수 종류**
  운영보수, 투자일임보수, 수탁보수(신탁업자), 사무관리보수(일반사무관리회사)

- **보수율**
  ⇨ 운용보수는 펀드의 리스크 정도에 따라 차등 부과
  ⇨ 최저보증비용은 상품 및 보증내용에 따라 차등 적용

- **부과방법**
  ⇨ 특별계정 적립금에 연간보수율을 日기준으로 환산하여 부과(매일)

- **적립금이 매일 변동하므로 부과되는 운용보수와 최저보증비용 역시 매일 금액이 달라짐**
  ⇨ 특별계정에서 일반계정으로 차감

153

## 출제 예상문제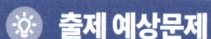

**1** 다음 중 특별계정(펀드) 운용보수의 종류에 해당하지 않는 것은?

① 투자일임보수　② 사무관리보수
③ 신탁운용보수　④ 수탁보수

**정답** | ③
**해설** | 특별계정 운용보수에는 운영보수, 투자일임보수, 수탁보수, 사무관리보수가 있다.

**2** 특별계정의 운영보수는 특별계정에 속한 재산의 운용 및 관리 등을 위해 보험회사가 수취하는 보수이다. (O, ×)

**정답** | O
**해설** | 특별계정 운용보수 중 하나인 운영보수에 대한 설명이다.

**3** 다음 표에서 (가)와 (나)의 설명에 알맞은 특별계정 운용보수는 무엇인가?

> (가) : 특별계정에 속한 재산의 보관 및 관리, 자산운용 지시의 이행, 운용업무의 위규여부 등을 감시하기 위해 신탁업자에게 지급하는 보수
> (나) : 특별계정에 속한 재산의 회계업무 및 기준가격 산정업무 등을 수행하기 위해 일반사무 관리회사에게 지급하는 보수

① (가) : 투자일임보수　(나) : 운영보수
② (가) : 수탁보수　　　(나) : 사무관리보수
③ (가) : 운영보수　　　(나) : 수탁보수
④ (가) : 사무관리보수　(나) : 투자일임보수

**정답** | ②
**해설** | 수탁보수와 사무관리보수에 대한 설명이다.

**4** 다음 중 변액종신보험의 현금흐름에 대해 틀리게 설명한 것은?

① 매월 계약해당일에 위험보험료를 특별계정(펀드)에서 차감한다.
② 특별계정 운용보수는 보험가입금액에 대해 일정률을 부과한다.
③ 해약환급금 지급사유 발생시 해지시점의 적립금에서 해지공제 금액을 차감한다.
④ 적립금에서 위험보험료를 차감할 수 없는 경우 차감해둔 보증비용에서 위험보험료 부족분을 보전한다.

**정답** | ②
**해설** | 보험가입금액 → 특별계정 적립금

**5** 다음 중 특별계정에서 차감하는 항목에 대한 설명으로 옳은 것은?

① 특별계정 운용보수는 모든 펀드가 동일하다.
② 최저사망보험금 보증비용은 특별계정의 적립금에 대해 일정률로 부과한다.
③ 특별계정 운용보수는 매월 특별계정에서 일반계정으로 차감된다.
④ 최저연금적립금 보증비용은 동일한 금액으로 부과한다.

**정답** | ②
**해설** | ① 선택한 펀드에 따라 그 부과율이 다른 것이 일반적이다.
③ 매일 특별계정에서 일반계정으로 차감된다.
④ 특별계정의 적립금에 일정률을 부과하기 때문에 보증비용은 매일 변동한다.

**6** 변액보험의 특별계정 운용보수와 최저사망보험금·최저연금적립금 보증비용 등은 특별계정의 적립금에 대해 일정률로 부과하며 매일 일반계정에서 특별계정으로 차감한다. (O, ×)

**정답** | ×
**해설** | 특별계정 운용보수와 보증비용은 매일 특별계정에서 일반계정으로 차감한다.

**7** 보증형 변액연금보험은 매일 또는 매월 보증비용을 특별계정에서 일반계정으로 차감한다. (O, ×)

**정답** | O
**해설** | 맞는 설명이다.

**8** 최저보증비용은 특별계정에서 차감하여 일반계정에 적립하며, 부과율은 상품 및 보증내용에 따라 차등 적용한다. (O, ×)

**정답** | O
**해설** | 최저보증비용은 매일 특별계정에서 일반계정으로 차감하며, 보증내용과 비용은 회사별, 상품별로 상이하다.

**9** 다음 중 변액보험의 현금흐름에 대한 설명으로 틀린 것은?

① 특별계정 운영보수와 수탁보수는 매월 동일한 금액이 차감된다.
② 위험보험료를 특별계정에서 차감하여 일반계정으로 이체한다.
③ 기타비용(수금비)은 보험료를 납입하는 기간 이내에만 사용하는 사업비이다.
④ 보험료 납입기간이 종료되면 특별계정에 투입되는 보험료가 변동된다.

**정답** | ①
**해설** | 특별계정 적립금에 대해 매일 일정비율로 부과하므로 차감되는 금액이 매일 달라진다.

**10** 최저사망보험금 보증(GMDB)의 보증비용은 매일 동일한 금액을 특별계정에서 차감한다. (O, ×)

**정답** | ×
**해설** | 특별계정의 적립금에 대해 일정률을 부과하기 때문에 매일 차감되는 금액은 다르다.

# 074. 변액보험의 현금흐름과 수수료 차감방식

## 1. 변액보험의 현금흐름과 수수료 차감 방식

| 구분 | 변액연금, 변액종신, 변액유니버셜보험(의무납입기간 중) | 변액유니버셜보험(자유납입기간 중) |
|---|---|---|
| 납입보험료 | – 정액 정기납(일부 추가납입 가능)<br>• 계약체결 및 계약관리비용 차감<br>• 선택특약 보험료 차감 | – 자유납<br>• 계약관리비용(기타 비용) 차감 |
| 특별계정 투입보험료 | 지정한 특별계정에 투입 후 운용 | |
| | – 월공제액 차감(매월 계약해당일)<br>• 자연식 위험보험료 [문제 1]<br>  (나이가 증가함에 따라 점차 증가)<br>• 납입 후 계약 관리비용<br>  (변액연금, 변액종신의 납입종료 후) | – 월대체보험료 차감(매월 계약해당일) [문제 2]<br>• 자연식 위험보험료<br>• 계약체결 및 계약관리 비용<br>  (기타비용 제외)<br>• 선택특약 보험료 [문제 3] |
| | – 특별계정 운용보수 차감(매일)<br>• 특별계정 적립금에 연간 보수율을 日기준으로 환산하여 부과하며, [문제 4]<br>  보수율은 운용형태, 주식편입비중, 리스크에 따라 펀드별로 차등 적용 | |
| | – 최저보증비용 차감(매일 또는 매월)<br>• 최저사망보험금 보증비용(전 변액상품), 최저연금적립금 보증비용(변액연금) 등<br>• 특별계정 적립금에 일정률을 부과하며, 상품 및 보증내용에 따라 차등 적용 | |
| 계약자 적립금 | 제반비용을 차감하고 특별계정 운용실적을 반영하여 매일 변동 | |
| 보험금 / 환급금 | – 지급사유 발생시 특별계정 적립금을 일반계정으로 이체 후 지급(사망보험금, 연금적립금) [문제 5]<br>• 해약환급금의 경우 해지시점의 적립금에서 해지공제액<br>  (미상각신계약비, Min[납입기간, 7년]까지 적용)을 차감한 후 지급 [문제 6] | |

● 보험료 납입 시 차감하는 비용 : 계약체결비용, 납입 중 계약유지비용, 기타비용 등
● 보험료 납입 후 특별계정 적립금에서 차감하는 비용 : 위험보험료, 납입 후 계약유지비용, 운용보수, 최저보증비용 등 [문제 7]

## 출제 예상문제

**1** 변액보험에서 특별계정에서 일반계정으로 차감하는 항목과 주기가 맞게 짝지어진 것은?
① 계약체결비용 – 매일
② 납입 중 계약유지비용 – 매일
③ 최저보증비용 – 매년
④ 위험보험료 – 매월

**정답** | ④
**해설** | 계약체결비용, 납입 중 계약유지비용, 기타비용은 특별계정으로 투입되지 않고, 최저보증비용은 매일 또는 매월 특별계정에서 일반계정으로 차감된다.

**2** 변액유니버설보험의 자유납입기간 중 특별계정 적립금에서 차감하는 비용이 아닌 것은?
① 저축보험료
② 최저보증비용
③ 운용수수료
④ 수탁보수

**정답** | ①
**해설** | 저축보험료는 차감하는 비용이 아니라 특별계정에서 운용되는 항목이며, ②, ③, ④는 변액유니버설보험의 전기간 동안 특별계정에서 차감되는 비용이다.

**3** 변액유니버설보험의 자유납입기간 중에는 선택특약 보험료를 월대체보험료로 차감한다. (O, ×)

**정답** | O
**해설** | 자유납입기간 중에 특약보험료는 월대체보험료로 특별계정에서 차감한다.

**4** 다음 중 변액보험의 현금흐름에 대한 설명으로 맞는 것은?
① 특별계정 운용보수는 특별계정 적립금에 연간 보수율을 日기준으로 환산하여 부과한다.
② 최저사망보험금 보증비용은 매일 일반계정에서 특별계정으로 차감한다.
③ 변액상품의 종류에 상관없이 실제 투입되는 투입보험료의 계산방법은 동일하다.
④ 변액보험의 최저사망보험금 보증비용은 특별계정에 적립해 둔다.

**정답** | ①
**해설** | ② 특별계정에서 일반계정으로 차감한다. ③ 변액상품의 종류에 따라 실제 투입되는 투입보험료의 계산방법은 약간씩 다르다. ④ 최저사망보험금 보증비용은 매일 특별계정(펀드)에서 일반계정으로 차감한다.

**5** 다음 중 변액보험의 현금흐름에 대한 설명으로 맞는 것은?
① 운영보수는 매월 동일한 금액이 차감된다.
② 자연식 위험보험료는 일반계정에서 차감된다.
③ 보험금 지급사유 발생시 특별계정 적립금을 일반계정으로 이체 후 지급한다.
④ 최저사망보험금 보증비용은 기납입보험료에 대해 일정률을 부과하여 적립한다.

**정답** | ③
**해설** | ① 운영보수는 매일 차감되며, 특별계정 적립금에 일정률을 부과하므로 매일 시가평가에 의해 적립금액이 달라져 운영보수도 매일 다른 금액이 차감된다. ② 특별계정에서 일반계정으로 차감 ④ 기납입보험료 → 특별계정 적립금

**6** 다음 표에서 ( ) 안에 들어갈 내용이 아닌 것은?

> 변액보험을 해지할 경우 특별계정 적립금에서 ( )을/를 차감한 금액을 해약환급금으로 지급한다.

① 미상각신계약비
② 보험계약대출원리금
③ 해지공제금액
④ 보험가입금액

**정답** | ④
**해설** | 해지공제금액에는 보험가입금액(기본보험금)은 포함되지 않는다.

**7** 다음 중 변액종신보험에서 납입기간 후 특별계정 적립금에서 차감하는 비용으로 바르게 묶은 것은?
① 특별계정 운용보수, 자연식 위험보험료
② 납입 중 계약유지비용, 저축보험료
③ 계약체결비용, 평준식 위험보험료
④ 납입 후 계약유지비용, 선택특약 보험료

**정답** | ①
**해설** | 위험보험료, 납입 후 계약유지비용, 운용보수, 최저보증비용 등이 특별계정 적립금에서 차감된다.

## 필수 암기사항

- **변액보험의 현금흐름과 수수료 차감 방식**
  ⇨ 보험료 납입시 : 계약체결비용, 납입 중 계약유지비용, 기타비용 차감 ⇨ 납입기간 후 특별계정 적립금에서 차감 : 위험보험료와 납입 후 계약유지비용(매월 계약해당일), 운용보수(매일), 최저보증비용(매일 또는 매월) 차감

- **운용보수와 최저보증비용은 특별계정에서 매일 차감**
  ⇨ 운용보수는 운용형태, 주식편입비중, 리스크에 따라 차등 적용
  ⇨ 최저보증비용은 상품 및 보증내용에 따라 차등 적용

- **보험금과 환급금 지급절차**
  ① 특별계정 적립금을 일반계정으로 이체 후 지급
  ② 해약환급금은 해지시점의 적립금에서 해지공제액 (미상각신계약비, Min[납입기간, 7년] 적용)을 차감한 후 지급

# 특별계정의 종류 Ⅰ
### 채권형과 혼합형, 주식형 펀드의 비교

교재 p163~165
제3장. 변액보험의 이해 ▶ 03. 변액보험의 자산운용 ▶ 가. 특별계정 ▶ (3) 특별계정의 종류

출제포인트 7.5

## 1 | 주식형 펀드, 채권형 펀드와 혼합형 펀드의 비교
⇨ **투자자산 유형(주식편입비율)에 따라 구분** 문제 1

| 구분 | 주식형 펀드 | 채권형 펀드 | 혼합형 펀드 |
|---|---|---|---|
| 운용대상 | • 주로 주식(60% 이상)에 투자<br>• 일부 채권, 유동성 투자 | • 주로 채권(60% 이상)에 투자<br>• 주식에 투자 안함 문제 2 | • 주로 채권(40% 이상), 주식(60% 미만) 등에 분산투자 문제 3 |
| 장점 | • 수익성 추구<br>• 주식시장 활황시 고수익 획득 가능 | • 장기 안정적인 수익 확보 및 원금보전 가능성 높음<br>• 주식에 투자하지 않기 때문에 급격한 수익률 등락은 거의 없음 | • 안정성과 수익성의 동시추구 가능<br>• 주식편입비율에 따라 주식혼합형, 채권혼합형으로 구분 |
| 단점 | • 주식시장 폭락시 원금손실<br>• 펀드운용보수가 상대적으로 높음 | • 고수익 기대 곤란 | • 주식시장 활황시 주식형에 비해 상대적으로 수익률 저조 문제 4 |
| 투자스타일 | • 고위험/고수익 | • 저위험/저수익 | • 중위험/중수익 |

## 2 | 채권형 펀드
⇨ **원금손실의 위험이 거의 없는 펀드(가능성은 적지만 원금손실 가능)**

- 주식편입 불가, 장기안정적 수익목표 문제 5
- 고금리 안정화기에 적합 ⇨ 저금리 시대에는 고수익 기대 곤란
- 단기채권형 펀드 ⇨ 리스크 헤지용 펀드와 유사함

## 3 | 주식형 펀드, 혼합형 펀드
⇨ **원금 손실이 가능한 펀드, 주식과 채권에 모두 투자할 수 있는 펀드**

- 주식편입비율에 따라서 다양하게 구분, 일반적으로 주식의 편입비율이 높을수록 수수료도 높아짐 문제 6
- 액티브 운용(적극적 종목선택)과 패시브 운용(주가지수 연동)으로도 구분 가능

## 4 | 인덱스주식형 펀드
- 전체적인 주식시장의 흐름에 따른 수익률을 추구하기 위해 종합주가지수에 연동하여 운용
  ⇨ 개별종목에 대한 투자를 신뢰하지 못하는 고객에게 적합
- 펀드의 수익률이 목표지수(KOSPI200, 시장대표성, 유동성, 업종대표성 등을 고려한 상위 200개 회사)와 비슷하게 움직이도록 포트폴리오를 구성하여 운용 문제 7

## 5 해외투자펀드(투자지역 및 국가 등에 따라 분류)

- 글로벌 자산배분형 : 특정자산, 특정지역·국가 등 투자대상을 한정하지 않고 글로벌 자산배분 전략을 통해 장기적으로 안정적인 수익 달성 추구
  ⇨ 환율 변동 리스크를 막기 위한 환헤지 비용 추가 발생 + 상대적으로 높은 보수

### 출제 예상문제

**1** 다음 중 변액보험 특별계정(펀드)을 주식형, 채권형, 혼합형 펀드 등으로 구분하는 기준은 무엇인가?

① 채권의 편입비율
② 주식의 편입비율(투자자산 유형)
③ 펀드 운용회사의 과거수익률
④ 펀드 자산운용의 위탁여부

**정답 | ②**
**해설 |** 특별계정(펀드)은 주식의 편입비율에 따라 구분된다.

**2** 다음 중 특별계정의 종류에 대한 설명으로 틀린 것은?

① 채권형 펀드는 원금손실의 위험이 거의 없는 펀드이다.
② 주식형 펀드는 채권에 투자할 수 있다.
③ 주식형 펀드, 혼합형 펀드, 채권형 펀드는 주식에 투자할 수 있다.
④ 혼합형 펀드는 주식과 채권에 모두 투자할 수 있다.

**정답 | ③**
**해설 |** 채권형 펀드는 주식에 투자할 수 없다.

**3** 다음 중 특별계정 투자자산 유형별 펀드에 대한 설명으로 틀린 것은?

① 채권형 펀드는 원금손실 발생가능성이 거의 없는 펀드이다.
② 혼합형 펀드는 채권에 투자하지 않는다.
③ 채권형 펀드는 주식에 투자할 수 없다.
④ 주식형 펀드와 혼합형 펀드는 원금손실이 가능한 펀드이다.

**정답 | ②**
**해설 |** 혼합형 펀드는 채권(40% 이상)과 주식(60% 미만) 등에 분산 투자하는 펀드이다.

**4** 다음 중 특별계정의 종류에 대한 설명으로 틀린 것은?

① 단기채권형 펀드는 콜, CD, CP 등에 주로 투자하는 펀드이다.
② 혼합형 펀드는 주식시장 활황시 주식형 펀드에 비해 상대적으로 수익률이 높다.
③ 주식형 펀드, 혼합형 펀드 등의 구분 외에 액티브운용과 패시브운용으로 구분하기도 한다.
④ 해외투자 펀드의 경우 환율 변동리스크를 막기 위한 환헤지 비용이 추가로 발생한다.

**정답 | ②**
**해설 |** 주식시장 활황시 주식형 펀드가 혼합형 펀드에 비해 상대적으로 수익률이 높다.

**5** 다음 중 채권형 펀드에 대한 설명으로 맞는 것은?

① 채권형 펀드는 주식형 펀드에 비해 운용수수료가 높은 편이다.
② 채권관련 파생상품에는 투자하지 않는다.
③ 장기 안정적인 수익 확보 및 원금보전 가능성이 높은 펀드이다.
④ 채권형 펀드는 상장주식에 투자할 수 있다.

**정답 | ③**
**해설 |** ① 채권형 펀드는 주식형 펀드에 비해 운용수수료가 저렴한 편이다.
② 채권관련 파생상품인 CD금리선물, 국채선물에 투자 가능하다.
④ 채권형 펀드는 주식에 투자할 수 없다.

**6** 다음 중 특별계정의 종류에 대한 설명으로 알맞지 않은 것은?

① 채권형 펀드는 원금손실의 위험이 거의 없는 펀드이다.
② 주식형 펀드는 채권형 펀드보다 펀드운용보수가 더 낮다.
③ 채권형 펀드는 주식에 투자하지 않는다.
④ 혼합형 펀드는 주식편입비율에 따라 주식혼합형 펀드와 채권혼합형 펀드로 구분된다.

**정답 | ②**
**해설 |** 주식형 펀드는 채권형 펀드보다 펀드의 운용보수가 상대적으로 높다.

**7** 다음 표에서 설명하는 변액보험 특별계정(펀드)의 유형은?

> 주로 KOSPI200에 연동하여 포트폴리오를 구성하여 펀드 수익률이 목표지수와 비슷하게 움직이도록 포트폴리오를 구성하여 운용하는 펀드

① 인덱스주식형     ② 혼합형
③ 채권형           ④ 장기채권형

**정답 | ①**
**해설 |** 인덱스주식형 펀드에 대한 설명이다.

### 필수 암기사항

- **투자자산 유형(주식편입비율)에 따른 펀드 분류**
  ① 채권형 : 채권 60% 이상, 주식 투자 불가
  ② 주식형 : 주식 60% 이상, 채권 투자 가능
  ③ 혼합형 : 주식(60% 미만)과 채권(40% 이상)에 분산 투자

- **각 펀드별 특징**
  ① 채권형 : 장기 안정적인 수익확보, 고수익 곤란, 원금손실 위험은 거의 없지만 발생할 수는 있음
  ② 주식형 : 수익성 추구, 주식 활황시 고수익 가능, 주식 폭락시 원금손실 발생
  ③ 혼합형 : 안정성과 수익성 동시 추구, 원금손실 발생 가능
  ④ 인덱스주식형 : 전체적인 주식시장의 흐름에 따른 수익률 추구, 펀드수익률이 목표지수와 비슷하게 포트폴리오 구성
  ⑤ 글로벌 자산배분형 : 글로벌 자산배분 전략을 통해 안정적 수익 추구(환헤지 비용 + 높은 보수)

# 특별계정의 종류 II
### 주요 투자대상 (예시)

교재 p166~168
제3장. 변액보험의 이해 ▶ 03. 변액보험의 자산운용 ▶ 가. 특별계정 ▶ (3) 특별계정의 종류

출제포인트 3.0

## 1 채권형 펀드의 주요 투자대상 : 주식 0% 문제1,2

| 투자대상 | 세부 내용 |
|---|---|
| 채권 및<br>채권관련 파생상품 | 1. 채권<br> (1) 국채, 통안채, 지방채, 특수채, 금융채, 회사채 등<br> (2) 주식관련 사채 : 전환사채, 교환사채, 신주인수권부사채<br> (3) 사모사채, 자산유동화증권, 수익증권 등<br>2. 채권관련 파생상품 : CD 금리선물 및 국채선물 등 문제3 |
| 유동성자산 | 단기채권, 예금, CD, CP, MMF 등 |

## 2 혼합형 펀드 : 주식에 60% 미만으로 투자 문제4,5

| 투자대상 | 세부 내용 |
|---|---|
| 채권 및<br>채권관련 파생상품 | 1. 채권<br> (1) 국채, 통안채, 지방채, 특수채, 금융채, 회사채 등<br> (2) 주식관련 사채 : 전환사채, 교환사채, 신주인수권부사채<br> (3) 사모사채, 자산유동화증권, 수익증권 등<br>2. 채권관련 파생상품 : CD, 금리선물 및 국채선물 등 |
| 주식 및<br>주식관련 파생상품 | 1. 상장주식, 수익증권(ETF 포함) 등<br>2. 주식관련 파생상품 : KOSPI200 주가지수선물옵션, KOSDAQ50 주가지수선물옵션 등 |
| 유동성자산 | 단기채권, 예금, CD, CP, MMF 등 |

※ 채권형과 혼합형에서 투자하는 채권은 자본시장법 등 관계법령이 허용하는 채권을 투자대상으로 하며, 보험회사 신용리스크 관리규정상 투자적격 채권에 한정하여 운용한다. 문제6

## 출제 예상문제

**1** 다음 중 변액보험 특별계정(펀드)에 대해 틀리게 설명한 것은?
① 주식형 펀드는 주식시장 하락시 원금손실이 발생할 수 있다.
② 채권형 펀드는 10% 한도 내에서 주식에 투자할 수 있다.
③ 혼합형 펀드는 주식과 채권에 모두 투자할 수 있다.
④ 단기채권형 펀드는 원금손실 가능성이 거의 없다.

**정답** | ②
**해설** | 채권형 펀드는 주식에 투자할 수 없다.

**2** 다음 중 특별계정의 종류에 대한 설명으로 틀린 것은?
① 계약자의 투자성향에 따라 혼합형 펀드를 선택할 수 있다.
② 채권형 펀드는 30% 이하의 비율로 주식에 투자할 수 있다.
③ 채권형 펀드는 안정적인 수익을 추구할 수 있는 유가증권 등에 투자한다.
④ 인덱스주식형 펀드는 펀드의 수익률이 목표지수와 비슷하게 움직이도록 포트폴리오를 구성하여 운용하는 펀드이다.

**정답** | ②
**해설** | 채권형 펀드는 주식에 투자할 수 없다.

**3** 다음 중 채권형 펀드에 대한 설명으로 틀린 것은?
① 단기채권형 펀드는 유동성 확보를 중시하여 고수익을 기대하기는 어려운 대신 원금손실 발생가능성은 거의 없는 펀드이다.
② 교환사채 등 주식관련 사채에 투자할 수 있다.
③ 채권관련 파생상품에는 투자하지 않는다.
④ 채권형 펀드는 주식에 투자하지 않는다.

**정답** | ③
**해설** | 채권관련 파생상품인 CD금리선물 및 국채선물 등에도 투자한다.

**4** 다음 중 변액보험 특별계정(펀드)에 대한 설명으로 맞는 것은?
① 채권형 펀드는 상장주식에 투자할 수 있다.
② 혼합형 펀드는 채권과 주식에 모두 투자할 수 있다.
③ 채권형 펀드는 원금 손실이 발생할 가능성이 없다.
④ 주식형 펀드는 채권에 투자할 수 없다.

**정답** | ②
**해설** | ① 채권형펀드는 주식에 투자할 수 없다. ③ 원금 손실이 발생할 가능성이 있다. ④ 주식형펀드는 채권에 투자할 수 있다.

**5** 다음 중 특별계정의 종류에 대해 알맞게 설명한 것은?
① 주식형 펀드는 채권에 투자할 수 없다.
② 혼합형 펀드는 주식에 투자할 수 있다.
③ 주식형, 혼합형, 채권형 펀드는 주식에 투자할 수 있다.
④ 채권형 펀드는 원금손실이 발생하지 않는다.

**정답** | ②
**해설** | ① 주식형 펀드는 채권에 투자할 수 있다.
③ 채권형 펀드는 주식에 투자할 수 없다.
④ 채권형 펀드는 가능성이 적지만 원금손실이 발생할 수 있다.

**6** 다음 중 혼합형 펀드에 대한 설명으로 맞는 것은?
① 원금손실 가능성은 없는 펀드이다.
② 자본시장법 등 관계법령에서 허용하는 채권을 투자대상으로 하며 투자적격 채권에 한정하여 운용한다.
③ 거시경제 지표의 변화에 따라 주식에는 최대 70%까지 운용이 가능하다.
④ 수익성을 목표로 공격적으로 운용하는 펀드이다.

**정답** | ②
**해설** | ① 주식에 일부 투자하므로 원금손실 가능성이 있다. ③ 60% 미만 ④ 주식과 채권에 나누어 투자하여 수익성과 안정성을 동시에 추구하는 펀드이다.

## 필수 암기사항

- 펀드 종류별 주요 투자대상
  ① 채권형 펀드 : 주요 채권, 주식관련 사채(전환사채, 교환사채, 신주인수권부사채), 채권 관련 파생상품, 주식 0%
  ② 혼합형 펀드 : 채권, 상장주식, 주식관련 사채(전환사채, 교환사채, 신주인수권부사채), 주식관련 파생상품
- 채권형과 혼합형에서 투자하는 채권은 자본시장법 등 관계법령이 허용하는 채권 또는 보험회사 규정상 투자적격 채권에 한정

# 변액보험 VS 타업권 실적배당상품 비교

교재 p165
제3장. 변액보험의 이해 ▶ 03. 변액보험의 자산운용 ▶ 가. 특별계정 ▶ (3) 특별계정의 종류

출제포인트 0.5

## 1 | 변액보험과 타업권 실적배당상품의 비교

| 구분 | 변액보험(생보사) | 실적배당상품(금융투자회사 등) |
|---|---|---|
| 자산<br>운용상<br>차이점 | • 10년 이상 장기운용<br>• Middle risk Middle return(중위험 중수익)<br>• 위험자산 편입비중 제한 있음<br>• 장기저축 및 인플레이션에 따른 보험금의 실질가치 하락방지가 주목적 | • 주로 3년 내외 중·단기운용<br>• High Risk High Return(고위험 고수익)<br>• 위험자산 편입 비중 제한 없음<br>• 유가증권 시장의 단기 실적호전에 따른 시세차익 획득 주목적 |
| 상품상<br>차이점 | • 사망 / 연금 / 질병 등의 보장 제공<br>• 부가기능 있음(분할투자, 자동재배분 등)<br><br>• 적립금에 대한 최저보증 선택 가능<br>  – 연금개시시 기납입보험료 등을 최저보증<br>   (단, 최저보증비용 부담)<br>• 고객은 자산운용 리스크 부담<br>  – 회사는 연금개시 및 사망 등의 경우 보험 고유의 리스크 부담, 투자실적이 아무리 악화되더라도 사망보험금 최저보증<br><br>• 펀드변경 기능<br>• 자금필요시 인출(인출수수료 부담) | • 보장기능 없음<br>• 부가기능 없음<br><br>• 적립액에 대한 최저보증 없음<br>  – 만기라 하더라도 원금손실 가능<br><br>• 고객이 자산운용 리스크 전액 부담<br>  – 회사의 자산운용 리스크 없음<br><br><br>• 대부분 펀드변경 기능 없음<br>  (엄브렐라펀드에 한해 펀드변경 기능 있음)<br>• 자금필요시 환매(경우에 따라 환매 수수료 부담) |

### 필수 암기사항

• 변액보험
① Middle Risk Middle Return
② 보험금의 실질가치 하락 방지
③ 보장 제공
④ 최저보증 있음
⑤ 고객이 리스크 부담
⑥ 펀드변경 기능 있음

• 다른 실적배당상품
① High Risk High Return
② 시세 차익 획득 목적
③ 보장 없음
④ 최저보증 없음
⑤ 고객이 리스크 부담
⑥ 펀드변경 기능 없음

# 078 자산운용의 기본원칙, 운용대상, 평가방법

교재 p166, 169
제3장. 변액보험의 이해 ▶ 03. 변액보험의 자산운용 ▶ 나. 자산운용 ▶ (1) 기본원칙

출제포인트 4.5

## 1 자산운용의 기본원칙과 운용대상

### ✤ 특별계정의 자산운용 기본원칙

| 구분 | 내용 |
|---|---|
| 수익성 추구 | 특별계정의 자산운용은 장기적 수익성 추구를 원칙으로 함 |
| 자기책임의 원칙 | 운용의 성과와 위험은 직접 계약자에게 귀속되는 성격을 가지고 있기 때문에 안정성, 수익성, 유동성에 주의하여 운용하여야 함 문제1 |
| 각 계정은 독립적으로 운용 | 특별계정과 일반계정은 각각 독립해 운용하며 각 계정에 속하는 자산을 다른 계정과 상호 매매·교환하는 것은 불가능 문제2,3 |
| 개설 초기 특별계정의 높은 유동성 확보 | 특별계정 개설 초기에는 자산규모가 적고 해지율 등의 예측이 곤란하므로 이에 대비하기 위해 일반계정보다 높은 수준의 유동성을 확보해야 함 |
| 규모의 이익 실현 | 변액보험의 특별계정은 효율적이고 안정적 운용을 도모할 뿐만 아니라, 규모의 이익을 실현하고 투자위험이 분산될 수 있도록 투자·운용 |
| 자산운용방법에 대한 지시 불가 | 보험계약자는 펀드변경을 통해 특별계정 자산의 운용형태는 직접 선택할 수 있지만(간접선택권) 운용방법에 대한 지시 등은 할 수 없음 문제4,5,6 |

① 변액보험의 자산운용에 대해서는 「자본시장법 및 시행령」에 근거하여 자산운용
② 주로 국내·외 주식 및 채권 등을 대상으로 함

## 2 자산 평가방법(매일, 시가평가 원칙) 문제7

- 매일 투자수익률을 산출하여 그 성과를 매일 계약자 적립금에 반영

| 운용대상 | 평가방법 |
|---|---|
| 국내·외 상장주식 | 시가평가 |
| 국내·외 공·사채 | 시가평가 |
| 대출 (객관적 시가가 형성되지 않은 경우) | 취득원가(장부가)에 해당일의 수입이자를 더한 금액을 해당일의 평가금액으로 봄 |

## 출제 예상문제

**1** 다음 표에서 ( ) 안에 들어갈 내용으로 알맞은 것은?

> 변액보험은 장기적 수익성 추구를 원칙으로 하고 있으며 운용의 성과와 위험은 ( )에게 귀속되는 성격을 가지고 있기 때문에 안정성 등에 주의하여 운용하여야 한다.

① 보험회사
② 피보험자
③ 보험계약자
④ 보험수익자

**정답 |** ③
**해설 |** 변액보험은 운용의 성과와 위험이 계약자에게 귀속되는 성격(자기책임의 원칙)을 가진다.

**2** 다음 중 변액보험의 자산운용에 대한 설명으로 맞는 것은?

① 일반계정과 특별계정의 자산을 서로 매매 · 교환할 수 없다.
② 특별계정(펀드)은 안정성 위주로 자산을 운용한다.
③ 특별계정 개설 초기에는 일반계정보다는 낮은 수준의 유동성을 확보하여야 한다.
④ 계약자는 특별계정 자산의 운용방법에 대한 지시를 할 수 있다.

**정답 |** ①
**해설 |** ② 안정성 위주 → 장기적 수익성 추구
③ 낮은 수준 → 높은 수준
④ 계약자는 특별계정 자산의 운용방법에 대한 지시 등은 할 수 없다.

**3** 다음 중 변액보험의 자산운용에 대한 설명으로 틀린 것은?

① 특별계정의 자산운용은 장기적 수익성 추구를 원칙으로 한다.
② 일반계정과 특별계정의 자산을 서로 매매 · 교환할 수 있다.
③ 특별계정의 운용실적을 적립금에 반영시키기 위해 좌당기준가격 방법을 사용한다.
④ 펀드변경을 통해 자산운용에 대한 고객의 간접선택권을 제공한다.

**정답 |** ②
**해설 |** 특별계정과 일반계정은 각각 독립적으로 운용하며 각 계정에 속하는 자산을 다른 계정과 상호 매매 · 교환하는 것은 불가능하다.

**4** 다음 중 변액보험의 자산운용에 대해 맞게 설명한 것은?

① 특별계정(펀드)은 안정성 위주로 자산을 운용한다.
② 보험계약자는 펀드변경을 통해 자산운용에 대한 간접선택권을 가진다.
③ 일반계정과 특별계정의 자산을 서로 매매 · 교환할 수 있다.
④ 매일 공시이율을 산출하고 그 성과를 계약자적립금에 반영한다.

**정답 |** ②
**해설 |** ① 안정성 위주 → 장기적 수익성 추구
③ 특별계정(펀드)과 일반계정 자산간 상호 매매 · 교환이 불가능하다.
④ 공시이율 → 투자수익률

**5** 변액종신보험은 보험계약자의 투자성향에 따라 자산운용 형태를 직접 선택할 수 있다. (O, ×)

**정답 |** ○
**해설 |** 보험계약자의 투자성향에 맞춰 펀드를 선택하는 방법으로 직접 자산운용형태를 선택할 수 있다.

**6** 다음 중 변액보험의 자산운용에 대한 설명으로 틀린 것은?

① 일반계정과 특별계정의 자산을 서로 매매 · 교환할 수 없다.
② 특별계정 자산운용의 성과와 위험은 계약자에게 귀속된다.
③ 특별계정 개설 초기에는 일반계정보다는 높은 수준의 유동성을 확보하여야 한다.
④ 계약자는 특별계정 자산의 운용방법에 대한 지시를 할 수 있다.

**정답 |** ④
**해설 |** 계약자는 특별계정 자산의 운용방법에 대한 지시 등은 할 수 없다.

**7** 다음 중 특별계정(펀드)의 자산평가 방법에 대한 설명으로 맞는 것은?

① 해당일 기준가격은 특별계정 전체의 좌수를 전일말 특별계정의 전체 순자산으로 나누어 산출한다.
② 주식, 채권 등의 자산평가는 시가평가를 실시한다.
③ 일정 금액이 특별계정으로 투입되면 계약자가 보유한 좌수는 감소한다.
④ 특별계정 최초 설정시 기준가격은 1좌당 1,000.00원으로 시작한다.

**정답 |** ②
**해설 |** ① 해당일 기준가격은 전일말 특별계정의 전체 순자산을 특별계정 전체의 좌수로 나누어 산출한다. ③ 감소 → 증가
④ 1,000좌당 1,000.00원으로 시작한다.

## 필수 암기사항

- **특별계정의 자산운용 원칙**
  ① 장기수익성 추구
  ② 운용 성과와 위험은 계약자에게 귀속(자기책임의 원칙)
  ③ 특별계정 자산을 일반계정과 상호 매매 · 교환하는 것은 불가능, 자금이체는 가능 ⇨ 일반계정과 독립적 운용
  ④ 개설 초기 특별계정이 일반계정보다 높은 수준의 유동성 확보 필요
  ⑤ 펀드변경을 통해 자산운용형태는 선택할 수 있지만 운용방법에 대한 지시는 불가

- **자산평가방법**
  ① 매일, 시가평가 원칙
  ② 객관적 시가가 형성되지 않은 대출의 경우 장부가 평가

# 079 자산운용 실적의 적립금 반영방법

교재 p169~171
제3장. 변액보험의 이해 ▶ 03. 변액보험의 자산운용 ▶ 나. 자산운용 ▶ (3) 자산 평가방법

출제 포인트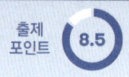

## 1. 좌당 기준가격 방법 사용 `문제1`

- 기준가격과 좌수로 적립금을 산출하는 방법 `문제2`
- 좌수 : 1원은 1좌의 개념
- 납입하는 보험료는 특별계정 투입일의 좌당 기준가격에 따라 보유좌수로 환산

## 2. 특별계정 최초 설정시 1,000좌당 기준가격 1,000.00원으로 시작 `문제3,4`

- 계약자 보유좌수 = $\dfrac{\text{특별계정 투입보험료}}{\text{투입일 기준가격}} \times 1,000$

- 계약자적립금 = 해당일 기준가격 × $\dfrac{\text{계약자 보유좌수}}{1,000}$ `문제5,6`

- 해당일 기준가격 = $\dfrac{\text{전일말 특별계정 순자산가치}}{\text{특별계정 총좌수}} \times 1,000$

- 해당일의 기준가격은 전일말 특별계정의 전체 순자산을 특별계정 전체의 좌수 합계로 나누어 산출 `문제7`
  ⇨ 당일만 적용하고 특별계정 전체의 순자산 및 총좌수의 변동에 따라 매일 변동
- 기준가격이 1,000원 미만일 경우 : (−) 수익률, 기준가격이 1,000원 이상일 경우 : (+) 수익률
- 동일한 보험료라도 기준가격이 높을 경우 환산되는 보유좌수는 기준가격이 낮을 경우의 환산되는 보유좌수보다 적다 ⇨ 비싸게 사기 때문에 적어지는 이치 `문제8,9`

## 3. 예시(특별계정의 보유좌수, 계약자적립금 계산)

계약자가 납입한 보험료 중 특별계정으로 투입되는 보험료가 1,000만원이고, 해당일자의 펀드 기준가격이 1,250원이라고 가정했을 때 계약자의 보유좌수는 아래와 같다.

- 계약자 보유좌수 = $\dfrac{\text{특별계정 투입보험료(1,000만원)}}{\text{투입일 기준가격 1,250원}} \times 1,000 = 800\text{만 좌수}$ `문제10,11`

① 기준가격이 1,400원으로 상승하였다면

- 계약자적립금 = $\dfrac{\text{해당일 기준가격} \times \text{계약자 보유좌수}}{1,000} = \dfrac{1,400 \times 800\text{만 좌수}}{1,000} = 1,120\text{만원}$ `문제12,13`

② 기준가격이 1,100으로 하락하였다면

- 계약자적립금 = $\dfrac{\text{해당일 기준가격} \times \text{계약자 보유좌수}}{1,000} = \dfrac{1,100 \times 800\text{만 좌수}}{1,000} = 880\text{만원}$

## 출제 예상문제

**1** 다음 중 변액보험 자산운용에 대해 맞게 설명한 것은?

① 자산 평가방법 기본원칙 : 원가평가
② 자산운용 실적의 적립금 반영방법 : 좌당기준가격 방법
③ 특별계정(펀드)과 일반계정 자산의 상호 교환 : 가능
④ 특별계정의 개별 주식종목에 대한 계약자의 운용지시 : 가능

**정답** | ②
**해설** | ① 자산평가방법 기본원칙 : 시가평가 ③ 특별계정(펀드)과 일반계정 자산의 상호 교환은 불가능하다. ④ 특별계정(펀드)의 개별 주식종목에 대한 계약자의 운용지시는 불가능하다.

**2** 다음 중 변액보험 자산운용 실적의 적립금 반영방법에 대한 설명으로 옳은 것은?

① 대출원리금을 상환할 경우 계약자가 보유한 좌수는 감소한다.
② 최초 펀드 설정시 기준가격은 1,000원이며, 그 이하로는 하락하지 않는다.
③ 좌당 기준가격 방법은 기준가격과 보유좌수를 곱하여 계약자 적립금을 산출하는 방식이다.
④ 기준가격은 특별계정의 자산운용실적이 호전되면 하락한다.

**정답** | ③
**해설** | ① 감소한다. → 증가한다. ② 투자실적이 나빠질 경우 1,000원 이하로 하락할 수 있다. ④ 하락한다. → 상승한다.

**3** 특별계정 최초 설정시 기준가격은 1좌당 1,000.00원으로 시작한다. (O, ×)

**정답** | ×
**해설** | 기준가격은 1,000좌당 1,000.00원으로 시작한다.

**4** 다음 중 변액보험의 자산 평가방법에 대해 틀리게 설명한 것은?

① 당일의 기준가격은 전일말 특별계정의 전체 순자산을 특별계정의 총좌수로 나누어 산출한다.
② 보험계약대출이 이루어질 경우 계약자가 보유한 좌수는 감소한다.
③ 특별계정의 자산운용은 장기적 수익성 추구를 원칙으로 한다.
④ 특별계정 최초 설정시 기준가격은 1좌당 1,000.00원으로 시작한다.

**정답** | ④
**해설** | 1좌당 → 1,000좌당

**5** 다음 중 변액보험 특별계정(펀드)의 자산평가방법에 대해 맞게 설명한 것은?

① 채권은 장부가평가를 원칙으로 한다.
② 특별계정(펀드)의 기준가격은 1,000.00원 이하로 하락할 수 없다.
③ 특별계정(펀드)의 기준가격이 일정할 경우, 계약자적립금은 계약자 보유좌수에 비례한다.
④ 보험료를 추가납입할 경우 기준가격은 상승한다.

**정답** | ③
**해설** | ① 장부가평가 → 시가평가
② 기준가격은 1,000.00원 이하로 하락할 수 있다.
④ 보험료를 추가납입시 기준가격에는 변동이 없다.

**6** 다음 인터넷 변액보험공시실의 조회내용에 대해 맞게 설명한 것은?

| 기준가격 | 전일대비 | 누적수익률 | 연환산수익률 |
|---|---|---|---|
| 1,045.00 | ▲3.00 | 4.5% | 3.0% |

① 전일 기준가격은 1,048.00원이다.
② 특별계정의 계약자적립금은 해당일 기준가격과 계약자가 보유한 좌수를 곱하여 산출한다.
③ 최초 펀드 개설일로부터 3년 이상 경과하였다.
④ 누적수익률은 전일보다 하락하였다.

**정답** | ②
**해설** | ① 전일의 기준가격은 1,042.00원
③ 해당 펀드는 1.5년 경과한 펀드(4.5%÷3.0%)
④ 기준가격이 상승했으므로 누적수익률은 상승했다.

**7** 다음 중 특별계정(펀드)의 자산 평가방법에 대한 설명으로 맞는 것은?

① 해당일 기준가격은 전일말 특별계정의 전체 순자산을 특별계정 전체의 좌수로 나누어 산출한다.
② 주식, 채권 등의 자산에 대해서는 매월 평가를 실시한다.
③ 중도인출이 발생하면 계약자가 보유한 좌수는 증가한다.
④ 기준가격은 특별계정의 자산운용 실적이 호전되면 하락한다.

**정답** | ①
**해설** | ② 매월 → 매일 ③ 증가 → 감소 ④ 하락 → 상승

**8** 다음 중 변액보험의 자산평가방법에 대해 틀리게 설명한 것은?

① 좌당 기준가격방법을 사용하여 특별계정(펀드) 적립금을 산출한다.
② 당일의 기준가격은 전일말 특별계정의 전체 순자산을 특별계정의 총좌수로 나누어 산출한다.
③ 매월 동일한 금액이 특별계정(펀드)으로 투입되면 증가하는 보유좌수도 동일하다.
④ 특별계정(펀드)의 자산운용실적이 호전되면 기준가격이 상승한다.

**정답** | ③
**해설** | 투입일 기준가격이 매일 달라지기 때문에 특별계정 투입보험료가 동일하게 투입되더라도 계약자 보유좌수는 달라진다.

**9** 동일한 변액보험에서 동등한 보험료가 투입될 때, 특별계정의 기준가격이 낮을 경우에 환산되는 보유좌수는 기준가격이 높을 경우에 환산되는 보유좌수보다 크다. (O, ×)

**정답** | O
**해설** | 계약자 보유좌수는 특별계정 투입보험료에 투입일 기준가격을 나누어서 산출되므로 투입보험료가 동일하다면 기준가격이 낮을 경우 환산되는 보유좌수가 더 크다.

**10** 다음 중 변액보험의 자산운용 현황이 아래와 같을 때 계약자 보유좌수는 얼마인가?

> • 특별계정 투입보험료 : 2,000만원
> • 투입일 기준가격 : 2,000.00원

① 100만좌   ② 200만좌
③ 1,000만좌  ④ 2,000만좌

**정답** | ③

**해설** | 계약자 보유좌수 = $\dfrac{\text{특별계정 투입보험료}}{\text{투입일 기준가격}} \times 1,000$

**11** 다음 중 특별계정(펀드)의 자산 평가에 대한 설명으로 틀린 것은?

| 보험료 투입일 | 기준가격 | 투입보험료 | 계약자 보유좌수 |
|---|---|---|---|
| 2017.1.1.<br>(최초 보험료 투입일) | 1,000.00 | 10만원 | 100,000 |
| 2017.2.1. | 2,000.00 | 10만원 | (가) |
| 2017.3.1. | 4,000.00 | 20만원 | (나) |
| 2017.4.1. | 2,000.00 | 10만원 | (다) |

① 2017.2.1 보험료 투입 이후 계약자 보유좌수는 150,000이다.
② 2017.1.1 보험료 투입 이후 계약자적립금은 10만원이다.
③ 2017.3.1 보험료 투입 이후 계약자 보유좌수는 200,000이다.
④ 2017.4.1 보험료 투입 이후 계약자 보유좌수는 400,000이다.

**정답** | ④

**해설** | (다)는 2017.1.1~2017.4.1에 투입된 보험료에 대한 전체 계약자 보유좌수를 말한다. 2월에 추가된 좌수는 50,000이므로 (가)는 150,000좌(= 100,000 + 50,000)이고 3월에 추가된 좌수도 50,000좌이므로 (나)는 200,000좌(= 150,000 + 50,000)이다. 따라서 4월에 추가된 좌수는 50,000좌이므로 (다)는 250,000좌(= 200,000 + 50,000)이다.

**12** 다음 표의 변액연금보험 특별계정 적립금에 대해 맞게 설명한 것은?

| 일자 | 보유좌수 | 기준가격 |
|---|---|---|
| '21.4.1(가입일) | 1,000좌 | 1,000.00원 |
| '21.5.1 | 2,000좌 | 1,200.00원 |
| '21.7.1 | 4,000좌 | 900.00원 |
| '21.12.1 | 9,000좌 | 200.00원 |

① 매월 차감되는 최저사망보험금 보증비용은 지속적으로 감소하는 추세이다.
② 최저연금적립금 보증비용은 매월 동일한 금액이 차감되고 있다.
③ '21.12.1. 특별계정의 계약자 적립금은 '21.4.1.의 계약자 적립금보다 작다.
④ 가입일 이후 '21.7.1.의 특별계정 자산 평가금액이 가장 크다.

**정답** | ④

**해설** | ① 최저사망보험금 보증비용은 계약자적립금에 비례하므로 '21.7.1.(계약자적립금 3,600원)까지 증가하다가 '21.12.1.(계약자적립금 1,800원)에는 감소되었다. ② 최저연금적립금 보증비용은 특별계정의 적립금에 일정률을 부과하기 때문에 매일 다르다. ③ '21.12.1. 특별계정 자산 평가금은 1,800원으로 '21.4.1.(1,000원)보다 크다.

**13** 다음 보기의 변액보험계약에서 현재 계약자적립금은 얼마인가?

> • 특별계정 투입보험료 : 1,000만원
> • 특별계정투입 일자의 펀드 기준가격 : 1,000.00원
> • 자산운용 이후 현재 펀드 기준가격 : 1,400.00원

① 800만원   ② 1,000만원
③ 1,100만원  ④ 1,400만원

**정답** | ④

**해설** | $1,400.00 \times \dfrac{1,000\text{만좌}}{1,000} = 1,400\text{만원}$

### 🎓 필수 암기사항

- 자산운용 실적의 적립금 운용 방법 : 좌당 기준가격 방법
- 적립금 산출 방법 : 기준가격(단가)과 좌수(수량)로 산출
- 좌수(거래단위) : 1원 = 1좌
- 특별계정 설정시 기준가격 : 1,000좌당 1,000원으로 시작
- 계약자 보유좌수 = 특별계정투입 보험료 ÷ 투입일 기준가격 ×1,000
- 해당일 기준가격 = 전일말 특별계정 순자산가치 ÷ 특별계정의 총 좌수 × 1,000
- 동일한 보험료라도 기준가격이 높을 때(단가가 비쌀 때) 환산되는 보유좌수가 기준가격이 낮을 때(단가가 쌀 때) 환산되는 보유좌수보다 적음

# 계약자 보유좌수의 증감

교재 p171
제3장. 변액보험의 이해 ▶ 03. 변액보험의 자산운용 ▶ 나. 자산운용 ▶ (3) 자산 평가방법

출제포인트 4.0

## 1 | 계약자 보유좌수 증감 원인

① 특별계정으로 자금이 투입되면 계약자 보유좌수가 증가하고, 반대로 특별계정에서 일반계정으로 자금이체가 발생하면 계약자 보유좌수는 감소 〔문제 1〕

| 구분 | 보유좌수 증가(자금유입) | 보유좌수 감소(자금감소) |
|---|---|---|
| 원인 | 보험료 납입 | 보험계약대출 발생 |
| | 보험료 추가납입 | 적립금 중도인출 |
| | 보험계약대출 원리금 상환 | 월대체보험료 차감 |

② 계약자 보유좌수가 증가하면 특별계정 자산이 증가하고 계약자 보유좌수가 감소하면 특별계정 자산은 감소
③ 기준가격 변동에 따라 환산되는 보유좌수는 달라짐(환산과 증감은 구별 필요)
　⇨ 매월 같은 금액의 보험료가 납입되더라도 증가하는 보유좌수는 동일하지 않다. 〔문제 2〕
④ 보유좌수 증감과 기준가격 변동(자산운용 실적)과는 무관 〔문제 3〕

## 2 | 기준가격의 증감원인

| 특별계정 자산운용 실적 | |
|---|---|
| 호전 | 악화 |
| 기준가격 상승 ⬆ | 기준가격 하락 ⬇ |

① 기준가격은 자산운용 실적에만 영향을 받음
② 기준가격의 변동과 보유좌수의 변동은 관련이 없음 〔문제 4,5,6,7〕

## 출제 예상문제

**1** 다음 중 변액유니버설보험에서 자산운용 실적의 적립금 반영방법에 대해 틀리게 설명한 것은?

① 특별계정 투입보험료가 증가하면 계약자 보유좌수는 감소한다.
② 기준가격이 하락하면 계약자적립금도 감소한다.
③ 특별계정 자산운용 실적이 호전되면 기준가격이 상승한다.
④ 월대체보험료가 차감되면 계약자 보유좌수는 감소한다.

**정답** | ①
**해설** | 특별계정 투입보험료가 증가하면 계약자 보유좌수도 증가한다.

**2** 변액보험이 월납계약인 경우, 매월 계약해당일마다 특별계정 계약자 보유좌수는 동일하게 증가한다. (○, ×)

**정답** | ×
**해설** | 매월 납입되는 보험료가 동일하더라도 보험료 납입일마다 기준가격이 달라지기 때문에 매월 증가하는 보유좌수도 다르다. 기준가격이 높을 경우에 환산되는 보유좌수는 기준가격이 낮을 경우에 환산되는 보유좌수보다 적다.

**3** 다음 중 변액보험 특별계정(펀드)의 계약자 보유좌수가 변동하는 경우가 아닌 것은?

① 보험계약자가 보험료를 추가로 납입하였다.
② 보험계약자가 보험계약대출 원리금을 상환하였다.
③ 자산운용 실적이 호전되었다.
④ 월대체보험료가 차감되었다.

**정답** | ③
**해설** | 자산운용 실적의 호전은 계약자 보유좌수에 영향을 미치지 않는다.

**4** 다음 중 변액보험 특별계정에서 계약자의 보유좌수가 변동하는 경우에 해당하지 않는 것은?

① 보험료의 납입
② 보험계약대출원리금 상환
③ 보험계약대출 실행
④ 기준가격 하락

**정답** | ④
**해설** | 보유좌수의 변동은 특별계정으로 자금이 투입되거나 차감될 경우에 변동하므로 기준가격 하락은 보유좌수에 영향을 미치지 않는다.

**5** 다음 중 변액보험의 자산운용에 대해 틀리게 설명한 것은?

① 보험료를 추가납입하면 보유좌수는 증가한다.
② 기준가격이 상승하면 계약자 보유좌수는 증가한다.
③ 특별계정의 투자실적이 호전되면 기준가격이 상승한다.
④ 중도인출을 하면 계약자 보유좌수는 감소한다.

**정답** | ②
**해설** | 기준가격의 변동은 계약자 보유좌수와는 관련이 없다.

**6** 다음 중 변액보험 자산운용 실적의 적립금 반영방법에 대한 설명으로 틀린 것은?

① 보험료가 투입되면 보유좌수가 증가한다.
② 특별계정 운용실적이 호전되면 적립금이 증가한다.
③ 기준가격이 상승하면 보유좌수가 감소한다.
④ 월대체보험료가 차감되면 보유좌수가 감소한다.

**정답** | ③
**해설** | 보유좌수는 기준가격 상승, 하락과 상관이 없다.

**7** 다음 중 변액보험의 자산운용에 대해 틀리게 설명한 것은?

① 보험료가 납입되면 계약자의 보유좌수가 증가한다.
② 중도인출이 이루어지면 계약자의 보유좌수가 감소한다.
③ 자산운용 실적이 호전되면 계약자의 보유좌수가 증가한다.
④ 보험료 추가납입이 있으면 계약자의 보유좌수가 증가한다.

**정답** | ③
**해설** | 자산운용 실적이 호전되면 기준가격은 상승하지만 계약자의 보유좌수는 변동 없다.

## 필수 암기사항

- **특별계정으로 자금의 유입 ⇨ 보유좌수 증가**
  보험료 납입, 추가납입, 대출원리금 상환

- **특별계정에서 자금의 유출 ⇨ 보유좌수 감소**
  대출 발생, 중도인출, 월대체보험료 차감

- **자산운용 실적호전 ⇨ 주가 상승 ⇨ 기준가격 상승**

- **자산운용 실적악화 ⇨ 주가 하락 ⇨ 기준가격 하락**

- **기준가격의 하락과 상승은 보유좌수의 증감과는 관련 없음**

# 회사별 변액보험공시 확인 방법

교재 p172~173
제3장. 변액보험의 이해 ▶ 03. 변액보험의 자산운용 ▶ 나. 자산운용 ▶ (3) 자산 평가방법

출제포인트 8.5

## 1 회사별 변액보험공시 확인 방법

- 변액보험을 판매하는 회사는 관련 법 규정에 의하여 매일 특별계정(펀드)의 자산운용 실적을 인터넷상에 공시하도록 되어 있음. 각 회사의 홈페이지 '상품공시실' 내에 있는 '변액보험공시실'에 공시

- 보험회사는 변액보험공시실에 다음의 사항을 공시하도록 규정되어 있음
  ① 변액보험 운용설명서 : 변액보험의 주요 특징, 주의사항, 자산운용방법, 가입안내 등에 대한 자세한 내용 설명
  ② 변액보험 특별계정 운용현황 : 각 특별계정(펀드)별 전월말 기준 자산구성내역, 기준가격, 수익률, 순자산가치, 특별계정 운영관련 수수료 등 공시
  ③ 계약자별 계약관리내용 조회(본인 인증시) : 보유좌수, 좌당 기준가격, 해약환급금, 계약자적립금 등
  ④ 수수료안내표 제공 : 저축성 변액보험의 경우 계약자별 계약관리내용 조회시

- 운용설명서와 변액보험 특별계정 운용현황은 생명보험협회 홈페이지에 접속하면 변액보험을 판매하는 모든 회사의 내용을 일괄적으로 비교, 조회해 볼 수 있음

## 2 변액보험 특별계정에 대한 운용 현황 〈2022년 12월 29일 인터넷 변액보험 공시실 조회 사례〉

| 기준가격 | 전일대비 | 누적수익률 | 연환산수익률 | 순자산액 |
|---|---|---|---|---|
| 1,892.87원 | ▲1.74 | 89.29% | 6.76% | 5,427.47억원 |

- 기준가격 : 해당 조회일에 적용되는 펀드 기준가격 ➡ 2022년 12월 29일 기준가격
  ➡ 최초 1,000원에서 시작하였으므로 현재 (+)수익률 달성 중 〔문제 1〕
  ➡ 특별계정 운용수익율이 (-)가 발생할 경우 기준가격이 1,000원 아래로 하락할 수 있음

- 전일대비 : 전날 기준가격 대비 상승 또는 하락한 가격 ➡ 기준가격이 1.74원 상승 〔문제 2〕
  ➡ 즉, 전일의 기준가격은 1,892.87 - 1.74 = 1,891.13원 ➡ 당일 (+), 계약자적립금 증가 〔문제 3〕
  ➡ 동일한 보험료가 투입되었다면 전일 대비 당일의 환산좌수는 적음

- 누적수익률 : 펀드 최초 개설일 대비 해당 조회일까지의 특별계정 누적수익률
  ➡ 최초 설정일 이후 기준가격이 1,000원에서 892.87원이 상승하였으므로, 89.29% 수익률 달성 〔문제 4,5〕
  ➡ 5년 누적수익률이 20%일 경우 연환산수익률은 4% 〔문제 6〕

- 연환산수익률 : 현재수익률을 연으로 환산한 수익률로 펀드 개설 후 1년 이상 경과하지 않은 경우 연환산수익률을 공시하지 않음 〔문제 7〕
  ➡ 누적 89.29%인데 연환산수익률이 6.76% 이므로 13년 이상 경과된 펀드 〔문제 8〕
  ➡ 연환산수익률도 특별계정 운용실적이 나쁠 경우 (-)수익률 가능 〔문제 9〕

- 순자산액 : 해당 조회일 현재 특별계정에 있는 자산 총액 ➡ 매일매일 자산운용 실적에 따라 증감(변경)

- 경과일수 : 누적수익률 = 365일 : 연환산수익률

## 출제 예상문제

**1** 다음의 특별계정(펀드) 자산운용표에 대한 설명으로 맞는 것은?

| 기준가격 | 전일대비 | 연환산수익률 | 순자산가치 |
|---|---|---|---|
| 1,300.00원 | ▲2.00 | 6.0% | 300억원 |

① 최초 개설일보다 기준가격이 상승하였다.
② 전일의 기준가격은 1,302.00원이다.
③ 특별계정(펀드)의 누적수익률은 130%이다.
④ 상기자료를 통해 최근 1년간의 연환산수익률을 알 수 있다.

**정답** | ①
**해설** | ② 전일의 기준가격은 1,298.00원이다. ③ 특별계정(펀드)의 누적수익률은 30%이다. ④ 최근 1년간의 연환산수익률은 알 수 없다.

**2** 다음 인터넷 변액보험공시실의 조회내용에 대해 틀리게 설명한 것은?

| 기준가격 | 전일대비 | 연환산수익률 | 순자산가치 |
|---|---|---|---|
| 1,892.87원 | ▲1.74 | 10.89% | 500억원 |

① 전일대비 1.74%가 상승했다.
② 특별계정은 (+)수익률을 달성하고 있다.
③ 특별계정 누적수익률이 89.29%이다.
④ 연환산수익률은 현재수익률을 연으로 환산했을 경우 수익률을 의미한다.

**정답** | ①
**해설** | 1.74% 상승이 아니라 1.74원이 상승했다는 뜻이다.

**3** 다음 인터넷 변액보험공시실의 조회내용에 대한 설명으로 알맞은 것은?

| 기준가격 | 전일대비 | 연환산수익률 | 순자산가치 |
|---|---|---|---|
| 1,300.00원 | ▲2.00 | 5.00% | 500억원 |

① 전일 기준가격은 1,302.00원이다.
② 펀드설정일 대비 투자수익률이 상승하여 계약자적립액이 증가하였다.
③ 누적수익률이 130%이다.
④ 최근 1년간의 연수익률을 계산할 수 있다.

**정답** | ②
**해설** | ① 전일 기준가격은 1,298.00원(=1,300.00-2.00)이다.
③ 누적수익률은 30%이다.
 = ((1,300.00-1,000.00)÷1,000.00)×100
④ 최근 1년간의 연수익률은 계산할 수 없다.

**4** 다음 인터넷 변액보험공시실의 조회내용에서 누적수익률로 알맞은 것은?

| 기준가격 | 전일대비 | 누적수익률 | 연환산수익률 |
|---|---|---|---|
| 1,600.00원 | +3.00 | ( ) | 20% |

① 17%  ② 60%  ③ 23%  ④ 160%

**정답** | ②
**해설** | 최초 설정시 기준가격이 1,000.00원, 조회일 현재의 기준가격이 1,600.00원이므로 누적수익률은 60%이다.

**5** 다음 인터넷 변액보험공시실의 조회내용에 대해 알맞게 설명한 것은?

| 기준가격 | 전일대비 | 연환산수익률 | 순자산액 |
|---|---|---|---|
| 1,250.00원 | ▲2.50 | 6% | 500억원 |

① 전일 기준가격은 1,252.50원이다.
② 특별계정의 누적수익률은 25%이다.
③ 최초개설일보다 기준가격이 하락했다.
④ 최근 1년 동안의 운용수익률을 알 수 있다.

**정답** | ②
**해설** | ① 1,252.50원 → 1,247.50원 ③ 하락 → 상승
④ 연환산수익률은 알 수 있지만 최근 1년간의 수익률은 알 수 없다.

**6** 다음 표에서 변액보험 특별계정(펀드)이 최초 개설일 후 3년이 지났다면 이 시점의 연환산수익률은 얼마인가?

특별계정(펀드) 수익률
· 1년차 누적수익률 : 5%  · 2년차 누적수익률 : 3%
· 3년차 누적수익률 : 18%

① 3%  ② 5%  ③ 6%  ④ 18%

**정답** | ③
**해설** | 3년차의 누적수익률이 18%이므로 연환산수익률은 6%(18% ÷ 3년)이다.

**7** 변액보험은 펀드설정 후 1년 이상 경과하지 않은 펀드도 연환산수익률을 공시해야 한다.  (○, ×)

**정답** | ×
**해설** | 펀드설정 후 1년 이상 경과하지 않은 펀드의 경우에는 수익률 왜곡으로 인한 오해를 최소화하기 위해 연환산수익률을 공시하지 않고 있다.

**8** 다음 보기의 펀드는 최초 개설일 이후 몇 년이 경과한 펀드인가?

| 기준가격 | 전일대비 | 연환산수익률 | 순자산액 |
|---|---|---|---|
| 1,200.00원 | ▲2.00 | 5.00% | 500억원 |

① 3년  ② 4년  ③ 5년  ④ 6년

**정답** | ②
**해설** | 해당 펀드는 누적수익률이 20%이고 연환산수익률이 5%이므로 4년(20% ÷ 5%) 경과한 펀드이다.

**9** 다음 중 변액보험공시에 대한 설명으로 알맞은 것은?

① 펀드설정 후 1년 이상 경과하지 않은 펀드도 연환산수익률을 공시한다.
② 연환산수익률은 투자실적이 악화될 경우 (-)수익률이 가능하다.
③ 최초 펀드설정일 가격 대비 현재의 기준가격 비율을 연환산수익률이라 한다.
④ 최초 펀드설정일 가격 대비 현재의 수익률을 1년(365일)으로 환산했을 경우의 수익률을 누적수익률이라 한다.

**정답** | ②
**해설** | ① 수익률 왜곡으로 인한 오해를 최소화하기 위해 공시하지 않는다.
③ 연환산수익률 → 누적수익률 ④ 누적수익률 → 연환산수익률

# 082

## 자산운용 옵션
펀드변경, 펀드별 편입비율 설정, 펀드 자동재배분, 보험료 평균분할투자 `문제 1`

교재 p174~177
제3장. 변액보험의 이해 ··· 03. 변액보험의 자산운용 ··· 나. 자산운용 ··· (4) 자산운용 옵션

출제포인트 9.5

### 1 펀드변경 기능 ➡ 변경횟수와 수수료는 회사별로 차이가 있을 수 있음

| 기능 | 펀드변경이란 하나의 펀드에서 운용되고 있는 적립금의 전부 또는 일부를 계약자의 요청에 의해 다른 펀드로 변경시키는 것 |
|---|---|
| 장점 | 자산운용에 대한 고객의 간접선택권 제공으로 계약자에게 효율적인 포트폴리오 관리 기회 제공, 회사로서는 해지 방지를 통한 유지율 제고 |
| 활용 | • 위험이 서로 다른 채권형 펀드에서 주식형 펀드로, 주식형 펀드를 혼합형 펀드로 변경 가능 `문제 2`<br>• 적립액 전액 또는 일부금액 이동 가능<br>• 채권형 펀드의 최소편입비율이 설정된 상품의 경우 펀드변경이 제한될 수 있음에 유의<br>• 최대 변경횟수는 연간 12회로 회사마다 상이하며, 수수료가 발생할 수 있으나 일반적으로 서비스차원에서 무료로 제공<br>• 각 회사 홈페이지, 콜센터, 고객플라자, 모바일창구(앱) 등을 통해 신청 가능 `문제 3` |

### 2 펀드별 편입비율 설정 기능

| 기능 | 보험계약자가 보험 가입시 청약서상에 납입보험료의 펀드별 편입비율을 선택하여 표기하고, 회사는 계약자가 선택한 대로 포트폴리오를 구성하여 자산운용 실시 `문제 4` |
|---|---|
| 장점 | 계약자는 보험가입시 선택한 납입보험료 투입펀드 및 펀드별 편입비율 변경을 신청할 수 있어 리스크의 분산을 도모할 수 있으며, 향후 금융시장의 추세에 따라 펀드변경을 활용하여 효율적인 자산운용을 간접적으로 할 수 있음 |
| 특징 | 특별계정 펀드의 투입보험료를 1,000만원으로 가정. 채권형펀느 50%, 주식형1 펀드에 30%, 주식형2 펀드에 20%를 선택하면 투입보험료 1,000만원을 해당 비율대로 투자하고 이후 주식시장 호전 예상시 채권형 펀드 적립금을 주식형2로 변경하고, 주식형1 펀드의 적립금 절반을 주식형2로 이동하는 방법으로 자산운용 간접 선택권 행사 |

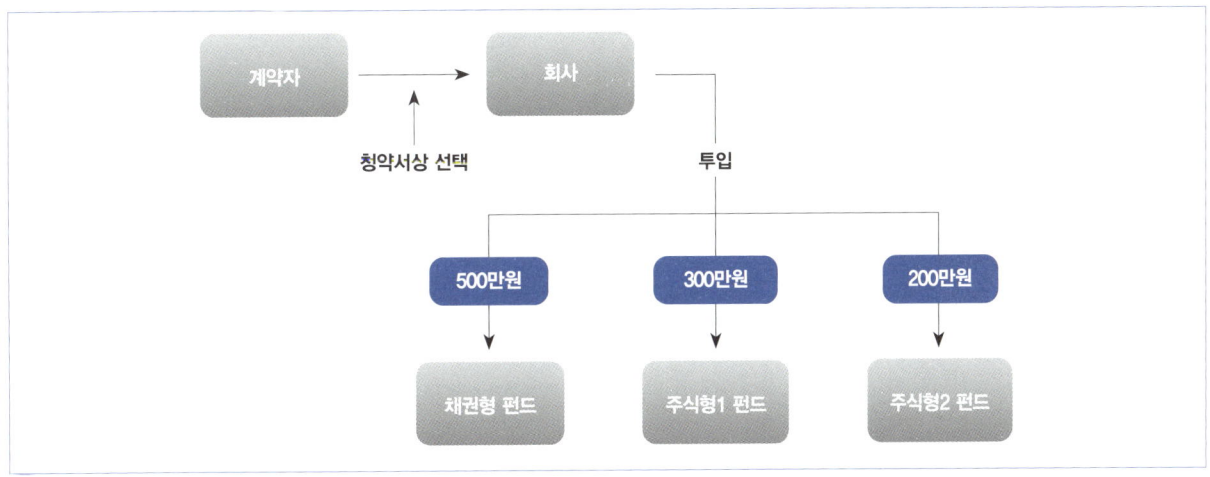

## 3 | 펀드 자동재배분(Auto-Rebalancing) 기능 문제 5

| 기능 | 투자성과에 따라 변동된 펀드의 적립금 비율을 고객이 설정한 비율로 자동재배분하는 것으로 안정적인 투자전략을 유지할 수 있는 기능 문제 6 |
|---|---|
| 장점 | • 보험계약 체결시 또는 보험계약기간 중에 이 기능의 적용 여부 선택 가능 문제 7<br>• 가입 후 일정기간(매 3개월, 6개월, 1년 등) 마다 적용되며 고객이 자신의 투자성향에 맞게 정한 최초의 포트폴리오를 지속적으로 이어갈 수 있으며 각 기간별로 수익실현 가능 |

※ 순수주식형 펀드의 주식형적립금 자동이전 기능(New Auto Rebalancing)
  ① 순수주식형 펀드의 계약자적립금이 주식형 최대편입비율 초과시 초과하는 금액을 연계약 해당일 기준가격을 적용하여 채권형으로 자동이전하는 기능 문제 9
  ② 펀드자동재배분 기능과 유사한 효과

## 4 | 보험료 평균분할투자(DCA : Dollar Cost Averaging) 기능

| 기능 | 주로 고액자금을 일시에 납입한 경우 펀드로 자금을 한 번에 투입시 그 시점의 주식 등 시장의 흐름에 수익률이 크게 좌우되는 불안정성을 해결하기 위해 개발 |
|---|---|
| 장점 | 일시납 보험료를 안전한 단기채권형 펀드 등에 투입한 후 12로 나누어 매월 계약해당일에 미리 설정된 펀드별 편입비율로 자동 투입 문제 10 |
| 특징 | 월납계약은 그 자체로 이미 매월 평균분할투자가 적용되어 있어 이 기능이 불필요 문제 11,12<br>⇨ 매월 납입하는 보험료는 매월 펀드로 투입되므로 자연히 연평균 기준가격으로 투입되는 것과 같음 |

## 출제 예상문제

**1** 다음 중 변액보험 자산운용 옵션의 종류에 해당하지 않는 것은?

① 보험료 자동인출 기능  ② 펀드변경 기능
③ 보험료 평균분할투자 기능  ④ 펀드 자동재배분 기능

**정답 |** ①
**해설 |** 보험료 자동인출 기능은 자산운용 옵션에 해당하지 않는다.

**2** 다음 중 특별계정 자산운용 옵션의 하나인 펀드변경 기능에 대한 설명으로 틀린 것은?

① 계약자는 언제든지 펀드변경을 요청할 수 있다.
② 변경할 수 있는 횟수가 제한되어 있다.
③ 보험회사는 펀드변경 수수료를 청구할 수 있다.
④ 위험이 서로 다른 펀드로의 변경이 불가능하다.

**정답 |** ④
**해설 |** 위험이 서로 다른 펀드로 변경이 가능하다.

**3** 다음 중 변액보험의 펀드변경 기능에 대한 설명으로 틀린 것은?

① 자산운용에 대한 고객의 간접선택권을 제공한다.
② 계약자에게 효율적인 포트폴리오 관리 기회를 제공할 수 있다.
③ 각 회사에 직접 방문하는 방법으로만 펀드변경을 신청할 수 있다.
④ 현재 판매중인 변액보험의 최대 펀드변경 횟수는 12회이다.

**정답 |** ③
**해설 |** 각 회사 홈페이지, 콜센터, 고객플라자, 모바일창구(앱) 등을 통해 펀드변경을 신청할 수 있다.

**4** 다음 표에서 설명하는 변액보험 특별계정(펀드)의 자산운용 옵션은 무엇인가?

> 보험계약자는 보험가입시 청약서상에 납입보험료의 펀드별 편입비율을 선택하여 표기하고, 회사는 선택된 대로 포트폴리오를 구성하여 자산운용을 실시하는 기능

① 펀드변경 기능
② 펀드별 편입비율 설정 기능
③ 펀드 자동재배분 기능
④ 보험료 평균분할투자 기능

**정답 |** ②
**해설 |** 펀드별 편입비율 설정 기능에 대한 설명이다.

**5** 다음 중 변액보험 특별계정(펀드)의 펀드 자동재배분 기능에 대해 틀리게 설명한 것은?

① 투자성과에 따라 변동된 펀드의 적립금 비율을 보험계약자가 미리 설정한 펀드별 배분비율로 자동재배분하는 기능이다.
② 펀드별 배분비율은 보험기간 중에 변경 할 수 있다.
③ 보험료 일시납에 따른 변동성을 최소화하기 위하여 특별계정 투입시점을 분할하여 차례로 납입한다.
④ 투자성향에 맞게 설정한 포트폴리오를 지속적으로 유지할 수 있다.

**정답 |** ③
**해설 |** 보험료 평균분할투자 기능에 대한 설명이다.

**6** 다음 표에서 설명하는 변액보험 자산운용 옵션은 무엇인가?

> 투자성과에 따라 변동된 펀드의 적립금 비율을 정기적으로 고객이 설정한 비율로 자동재배분하는 기능

① 펀드별 편입비율 설정 기능  ② 펀드 자동재배분 기능
③ 펀드변경 기능  ④ 보험료 평균분할투자 기능

**정답 |** ②
**해설 |** 펀드 자동재배분 기능에 대한 설명이다.

**7** 다음 중 변액보험 특별계정(펀드)의 자산운용 옵션에 대해 틀리게 설명한 것은?

① 펀드 자동재배분 기능에서 펀드별 투자비율은 계약체결시에만 설정할 수 있다.
② 보험료 평균분할투자 기능은 주로 고액자금을 일시에 납입할 경우 유용한 기능이다.
③ 펀드별 편입비율 설정 기능을 이용해 보험계약자는 리스크의 분산을 도모할 수 있다.
④ 펀드변경을 통해 보험회사는 보험계약자에게 자산운용에 대한 간접선택권을 부여한다.

**정답 |** ①
**해설 |** 보험계약 체결시 또는 보험기간 중에 펀드 자동재배분 기능의 적용여부를 설정할 수 있다.

**8** 다음 표의 A기능을 설명하는 변액보험의 자산운용 옵션은 무엇인가?

| | 최초 투입 비율 | 최초 투입 | 투자실적 반영 | A기능 적용 |
|---|---|---|---|---|
| (가)펀드 | 20% | 200만원 | 300만원 | 300만원 |
| (나)펀드 | 30% | 300만원 | 400만원 | 450만원 |
| (다)펀드 | 10% | 100만원 | 200만원 | 150만원 |
| (라)펀드 | 40% | 400만원 | 600만원 | 600만원 |

① 펀드변경 기능
② 보험료 평균분할투자 기능
③ 펀드 자동재배분 기능
④ 펀드별 편입비율 설정 기능

**정답 |** ③
**해설 |** 펀드 자동재배분 기능에 대한 예시이다.

**9** 다음 표의 설명으로 알맞은 것은?

> 순수주식형 펀드의 계약자적립금이 주식형 최대편입비율을 초과시 초과하는 금액을 연계약 해당일의 기준가격을 적용하여 채권형으로 자동이전하는 기능으로, 펀드 자동재분배 기능과 유사한 효과를 얻을 수 있다.

① 펀드 자동재배분 기능
② 보험료 평균분할투자 기능
③ 주식형적립금 자동이전 기능
④ 펀드별 편입비율 설정 기능

**정답 |** ③
**해설 |** 주식형적립금 자동이전 기능에 대한 설명이다.

### 10 다음 표에서 설명하는 변액보험 자산운용 옵션은 무엇인가?

> 일시납보험료를 안전한 단기채권형 펀드 등에 먼저 투입한 후 12로 나누어 매월 계약해당일에 미리 설정된 펀드별 편입비율로 자동투입하는 기능

① 펀드별 편입비율 설정 기능
② 펀드 자동재배분 기능
③ 펀드변경 기능
④ 보험료 평균분할투자 기능

**정답 |** ④
**해설 |** 보험료 평균분할투자 기능에 대한 설명이다.

### 11 다음 중 변액보험 특별계정(펀드)의 자산운용 옵션에 대해 틀리게 설명한 것은?

① 보험계약자는 보험가입시 납입보험료를 펀드별로 분산하여 투자할 수 있다.
② 보험계약자는 펀드 자동재배분 기능의 적용 여부를 선택할 수 있다.
③ 펀드별 편입비율 설정 기능을 이용해 보험계약자는 리스크의 분산을 도모할 수 있다.
④ 보험료 평균분할투자 기능(DCA)은 고액의 일시납계약보다 월납계약에서 활용될 때 안정성 효과가 극대화된다.

**정답 |** ④
**해설 |** 보험료 평균분할투자 기능은 일시납 보험료 또는 추가납입 보험료 등 주로 고액자금을 일시에 납입할 경우 효과적으로 활용할 수 있는 기능이고 월납계약은 그 자체로 평균분할투자 기능이 적용되므로 평균분할투자 기능이 불필요하다.

### 12 다음 중 변액보험 특별계정(펀드)의 자산운용 옵션에 대해 틀리게 설명한 것은?

① 펀드 자동재배분 기능은 안정적인 투자전략을 유지할 수 있고 각 기간별로 수익을 실현할 수 있다.
② 일시납계약은 그 자체로 이미 평균분할투자가 적용되어 있어 보험료 평균분할투자 기능이 불필요하다.
③ 계약자는 보험가입시 선택한 납입보험료 투입펀드 및 펀드별 편입비율 변경을 신청할 수 있다.
④ 보험료 평균분할투자 기능은 고액자금을 일시에 납입할 경우에 주식시장 변동에 따른 리스크를 분산할 수 있다.

**정답 |** ②
**해설 |** 일시납계약 → 월납계약

---

### 🎓 필수 암기사항

- **펀드변경**
  최대 연간 12회 가능, 수수료 발생(회사마다 상이), 자산운용에 대한 고객의 간접선택권 제공, 리스크가 다른 펀드로 변경 가능, 인터넷 신청가능

- **펀드별 편입비율 설정**
  보험가입시 펀드별 편입비율 선택, 리스크 분산 도모 가능

- **펀드 자동재배분**
  투자성과에 따라 변동된 펀드의 적립금 비율을 고객이 설정한 비율로 자동재배분, 계약체결시 또는 보험계약기간 중 적용 여부 선택

- **보험료 평균분할투자**
  고객자금을 일시에 납입한 경우(일시납 보험료) 정액으로 분할투자, 월납에는 불필요

# 083 보험료 납입

교재 p179~180
제3장. 변액보험의 이해 ▶ 04. 변액보험약관 주요내용 ▶ 가. 보험료 납입 ▶ (1) 변액종신보험

## 1. 변액보험의 보험료 납입방법

| | |
|---|---|
| **변액종신보험** | • 월납(매월 납입) 또는 일시납(단기납, 초회 납입) 방법만 선택 가능 문제 1,2,3<br>• 최적기초율을 적용한 현금흐름을 통해 계약의 수익성을 분석하고 수익성 가이드 라인을 고려하여 보험료 산출 |
| **변액연금보험** | • 금리연동형 연금보험과 동일한 형태로 계약자가 납입보험료 수준, 납입기간, 납입방법 선택<br>• 월납 또는 일시납(초회 납입) 방법만 선택 가능 문제 4<br>• 비월납은 운용하지 않는 것이 일반적이나, 일부 회사는 3개월납, 6개월납, 연납을 운영하기도 함 |
| **변액유니버설보험** | • 적립형 : 기본적으로 보험기간과 납입기간이 종신<br>• 계약자가 매월 납입하고자 하는 보험료를 선택하고 보험료 납입은 별도로 정해진 납입기간 없이 보험기간 중 계약자가 원하는 때에 보험료 납입<br>⇨ 보험료 자유납입기능<br>• 의무납입기간 이후 계약이 해지되지 않는 한도 내에서 원하는 기간만큼 납입을 하지 않을 수도 있음(납입중지 가능)<br>⇨ 보장형 상품의 경우 위험보험료가 크기 때문에 효력상실 가능성이 매우 높음 문제 5<br>• 의무납입기간 이전·이후 언제라도 수시로 추가납입 가능 문제 6 |

## 2. 변액종신보험과 변액유니버설보험(보장형)의 보험료 납입 비교

| 변액종신보험 | 변액유니버설보험(보장형) |
|---|---|
| • 월납 또는 일시납만 가능<br>• 추가납입할 수 없음 | • 계약자가 원하는 때에 납입하거나 의무납입기간 이후 계약이 해지되지 않는 한도 내에서 납입하지 않을 수 있음<br>• 계약초기 자유납입으로 인한 계약의 조기 효력상실을 방지하기 위하여 대부분의 보험사들이 일정 기간 동안 보험료 납입을 의무화하는 의무납입기간을 설정하여 적용 문제 7<br>• 추가납입, 납입중지 가능, 납입기간 종신(적립형) |

※ 보험료 비산출형(종가형) 상품의 현금흐름방식의 보험료 산출

2013년 4월 현금흐름방식 보험료산출제도의 도입으로 변액연금, 변액유니버설(적립형)의 경우 계약 속성(납입보험료, 납입기간, 납입방법 등)에 대해 최적기초율을 적용한 현금흐름에 의한 수익성을 분석하고 그 결과가 수익성 가이드라인을 충족해야 함

## 출제 예상문제

**1** 다음 중 변액종신보험에 대한 설명으로 틀린 것은?

① 보험료 납입은 일시납이 가능하며, 단기납으로는 운영되지 않는다.
② 기본보험금 이상으로 사망보험금을 받을 수 있다.
③ 해약환급금과 사망보험금의 계산주기는 다르다.
④ 납입보험료에 대한 세액공제를 받을 수 있다.

**정답 |** ①
**해설 |** 일시납이 가능한 변액종신보험은 단기납으로 운용할 수 있다.

**2** 다음 중 변액보험의 보험료 납입에 대한 설명으로 맞는 것은?

① 변액종신보험은 월납 또는 일시납만 선택 가능하다.
② 변액유니버설보험은 월납과 일시납만 선택 가능하다.
③ 변액유니버설보험은 의무납입기간 이내에 납입을 중지할 수 있다.
④ 선납보험료는 「납입일+제2영업일」에 특별계정에 투입된다.

**정답 |** ①
**해설 |** ② 변액유니버설보험(적립형)은 자유납입을 할 수 있는 보험상품이다.
③ 의무납입기간 이후에 납입중지를 할 수 있다.
④ 선납보험료는 월계약해당일에 특별계정으로 투입된다.

**3** 다음 중 변액보험의 보험료 납입에 대한 설명으로 맞는 것은?

① 변액종신보험은 일시납이 가능하다.
② 추가납입보험료는 매월 계약해당일마다 특별계정으로 투입된다.
③ 납입한 보험료는 특별계정 투입 전까지 일반계정에서 특별계정 운용수익률로 적립한다.
④ 선납보험료는 「납입일+제2영업일」에 특별계정에 투입된다.

**정답 |** ①
**해설 |** ② 추가납입보험료의 특별계정 투입일은 「추가납입일 + 2영업일」
③ 특별계정 운용수익률 → 평균공시이율
④ 선납보험료는 월계약해당일에 특별계정으로 투입된다.

**4** 다음 중 변액보험의 보험료 납입에 대한 설명으로 알맞은 것은?

① 변액종신보험은 월납, 2개월납, 3개월납, 연납, 일시납 등이 있다.
② 변액연금보험은 월납, 일시납만 가능하다.
③ 변액유니버설보험(보장형)은 기본보험료의 2배 이내에서 추가보험료를 납입할 수 있다.
④ 변액연금보험은 기본보험료의 3배 이내로 추가납입보험료를 납입할 수 있다.

**정답 |** ②
**해설 |** ① 월납, 일시납만 가능하다. ③ 2배 → 1배 ④ 3배 → 2배

**5** 변액유니버설보험은 수시자유납이기 때문에 효력상실 가능성이 없다. (O, ×)

**정답 |** ×
**해설 |** 변액유니버설보험은 수시자유납으로 인해 발생할 수 있는 조기 효력상실을 방지하기 위해 의무납입기간을 설정한다.

**6** 다음 중 변액유니버설보험의 보험료 납입에 대해 틀리게 설명한 것은?

① 적립형의 기본적인 보험기간과 보험료 납입기간은 종신이다.
② 의무납입기간 이내에는 보험료를 추가납입할 수 없다.
③ 의무납입기간 이내에는 납입을 중지할 수 없다.
④ 자유납입기능에도 불구하고 장기간 납입을 중지할 경우 효력상실 가능성이 크다.

**정답 |** ②
**해설 |** 의무납입기간 이내에도 보험료를 추가납입할 수 있다.

**7** 다음 표에서 ( ) 안에 들어갈 내용이 바르게 나열된 것은?

> 변액유니버설보험(보장형)은 보험료 ( (가) )기능에도 불구하고 계약 초기 ( (가) )으로 인한 계약의 조기 효력상실을 방지하기 위하여 대부분의 보험사들이 일정기간 동안 보험료 납입을 의무화하는 ( (나) )을 설정하여 적용하고 있다.

① (가) 정기납입, (나) 납입유예기간
② (가) 자유납입, (나) 의무납입기간
③ (가) 정기납입, (나) 의무납입기간
④ (가) 자유납입, (나) 납입유예기간

**정답 |** ②
**해설 |** 변액유니버설보험(보장형)의 보험료는 자유납입이고, 의무납입기간을 설정하고 있다.

## 필수 암기사항

- **변액종신보험, 변액연금보험** ⇨ 월납과 일시납만 가능

- **변액유니버설보험** ⇨ 보험료 자유납입
  ⇨ 적립형의 보험기간과 납입기간은 종신, 효력상실 방지를 위해 의무납입기간 설정
  ⇨ 의무납입기간 이전·이후 언제라도 추가납입 가능
  ⇨ 의무납입기간 이내 납입중지 불가 ⇨ 의무납입기간 이후에만 가능

# 보험료 추가납입, 선납보험료

교재 p180~181
제3장. 변액보험의 이해 ▶ 04. 변액보험약관 주요내용 ▶ 나. 보험료 추가납입, 다. 선납보험료

## 1 변액연금보험과 변액유니버설보험의 보험료 추가납입 방법

| 추가납입 가능 한도 | • 기본보험료의 2배 이내(보장성은 1배 이내) 문제1,2 |
|---|---|
| 추가납입 가능 기간 | • 변액연금보험은 연금개시 전 보험기간 중 납입 가능 문제3<br>• 변액유니버설보험은 보험기간 중 수시로 납입 가능 |
| 추가납입보험료 특별계정 투입일 | • 추가납입일 + 제2영업일 문제4 |

## 2 보험료 추가납입 기능

① 계약자가 더 많은 수익을 얻을 수 있는 기회 제공
② 적립금의 일부를 인출하였을 경우, 향후 보험료 추가납입을 통해 인출금액 보충 가능

## 3 선납보험료의 특징

| 상품별 운영 방법 | • 보장성 상품 : 평균공시이율로 할인<br>• 저축성 상품 : 할인하지 않고 보험료의 배수로 납입 문제5 |
|---|---|
| 운영 상품 | 변액연금보험, 변액유니버설보험(의무납입기간 내)에 한하여 운영하는 경우가 있음 |

- 기본적으로 대부분의 회사가 이를 운영하지 않음 ⇨ 실적배당형 상품의 본래 특성 약화 및 불완전판매 가능성 증가때문
- 선납보험료는 일반계정에서 운용하다가 보장성 상품의 경우 평균공시이율로 할인하기 전 기준으로 계산한 특별계정 투입보험료를, 저축성 상품의 경우 보험료 납입일부터 평균공시이율로 적립한 당월 특별계정 투입 보험료(당월보험료를 평균공시이율로 계산한 이자 포함)를 월계약해당일에 특별계정으로 투입 문제6

## 4 추가납입보험료와 선납보험료의 특별계정 투입일 비교

| 추가납입보험료 | 선납보험료 |
|---|---|
| 납입일 + 제2영업일 | 매월 계약해당일 문제7,8,9 |

### 🎓 필수 암기사항

- **추가납입보험료 한도** : 기본보험료의 2배(저축성 보험)
- **추가납입기간**
  ① 변액연금보험 ⇨ 연금개시 전 보험기간
  ② 변액유니버설보험 ⇨ 보험기간 중 수시로 가능
- **추가납입보험료 특별계정 투입일** : **추가납입일 + 2영업일**

- **선납보험료**
  ① 보장성보험 ⇨ 평균공시이율로 할인
  ② 저축성 보험 ⇨ 할인하지 않고 보험료 배수로 납입
- **선납보험료 특별계정 투입일 : 월계약해당일**
  납입일부터 투입일까지 평균공시이율로 적립

### 출제 예상문제

**1** 다음 중 변액보험의 보험료 납입에 대한 설명으로 틀린 것은?

① 변액연금보험은 연금개시 전 보험기간 중에 추가납입할 수 있다.
② 변액유니버셜보험은 보험기간 중 수시로 납입가능하다.
③ 변액연금보험은 기납입보험료의 3배 이내로 추가납입할 수 있다.
④ 추가납입보험료의 특별계정 투입일은 「추가납입일 + 제2영업일」이다.

**정답** | ③
**해설** | 기납입보험료의 3배 → 기본보험료의 2배

**2** 보장성 변액보험의 추가납입보험료는 기본보험료의 2배 이내에서 납입할 수 있다. (O, ×)

**정답** | ×
**해설** | 보장형 상품은 기본보험료의 1배 이내, 저축성 상품은 2배 이내에서 추가납입보험료를 납입할 수 있다.

**3** 다음 중 변액보험의 보험료 추가납입에 대한 설명으로 맞는 것은?

① 변액연금보험은 연금개시 전 보험기간 중에 수시로 추가납입을 할 수 있다.
② 변액연금보험 및 변액유니버셜보험, 변액종신보험은 보험료 추가납입을 할 수 있다.
③ 추가납입일에 즉시 특별계정으로 투입한다.
④ 변액연금보험은 기납입보험료의 2배 이내로 추가납입보험료를 납입할 수 있다.

**정답** | ①
**해설** | ② 변액종신보험은 보험료 추가납입 기능이 없다.
③ 「납입일 + 제2영업일」을 이체사유가 발생한 날로 하여 특별계정에 투입한다.
④ 기본보험료의 2배(보장성보험은 1배)이내에서 추가보험료를 납입할 수 있다.

**4** 다음 중 보험료 추가납입에 대한 설명으로 맞는 것은?

① 추가납입한 보험료는 특별계정에 적립 후 일반계정으로 차감한다.
② 추가납입보험료는 계약관리비용의 차감없이 특별계정으로 전액이 투입된다.
③ 「납입일 + 제2영업일」을 이체사유가 발생한 날로 하여 특별계정에 투입한다.
④ 변액연금보험은 기본보험료의 3배 이내로 추가납입보험료를 납입할 수 있다.

**정답** | ③
**해설** | ① 추가납입보험료는 일반계정에서 이체사유가 발생한 날에 특별계정으로 투입된다.
② 추가납입보험료에 해당하는 계약관리비용을 차감한 후 특별계정에 투입한다. ④ 3배 이내 → 2배 이내

**5** 다음 중 변액보험의 보험료 납입에 대한 설명으로 알맞은 것은?

① 추가납입보험료는 매월 계약해당일에 특별계정에 투입된다.
② 변액연금보험의 선납보험료는 할인하지 않고 보험료의 배수로 납입한다.
③ 납입한 보험료는 특별계정 투입 전까지 일반계정에서 특별계정 투자수익률로 적립된다.
④ 변액연금보험의 선납보험료는 납입 즉시 특별계정에 투입된다.

**정답** | ②
**해설** | ① 추가납입보험료 → 선납보험료 ③ 특별계정 투자수익률 → 평균 공시이율 ④ 납입 즉시 → 매월 계약해당일

**6** 변액유니버셜보험(적립형)의 선납보험료는 일반계정에 적립 후 특별계정으로 차감한다. (O, ×)

**정답** | O
**해설** | 선납보험료는 일반계정에 적립 후 당월 특별계정 투입보험료를 월계약해당일에 특별계정으로 투입한다.

**7** 다음 중 보험료의 특별계정 투입시점이 맞는 것은?

① 선납보험료 : 「월계약해당일」
② 제2회 보험료 : 월계약해당일 이후에 납입한 경우 「납입일 + 제1영업일」
③ 제1회 보험료 : 청약철회 종료일 이후 승낙된 경우 「청약철회 종료일 + 1일」
④ 추가납입보험료 : 「납입일 + 제1영업일」

**정답** | ①
**해설** | ② 「납입일 + 제2영업일」에 투입 ③ 「승낙일」에 투입 ④ 「납입일 + 제2영업일」에 투입

**8** 다음 중 변액보험의 보험료 납입에 대한 설명으로 알맞은 것은?

① 변액연금보험은 월납, 2개월납, 3개월납, 연납, 일시납 등으로 납입할 수 있다.
② 변액유니버셜보험은 의무납입기간 이후에는 계약이 해지될 가능성이 없다.
③ 변액종신보험은 기본보험료의 2배 이내에서 추가보험료를 납입할 수 있다.
④ 선납보험료는 매월 계약해당일에 특별계정으로 투입된다.

**정답** | ④
**해설** | ① 일반적으로 월납, 일시납만 가능하다.
② 의무납입기간 이후에 해약환급금에서 월대체보험료를 차감할 수 없을 때에는 계약이 해지될 수 있다. ③ 2배 → 1배

**9** 다음 중 변액보험의 보험료 납입에 대한 설명으로 맞는 것은?

① 변액연금보험은 연금개시 후 기본보험료의 2배 이내에서 추가납입이 가능하다.
② 선납보험료와 추가납입보험료의 특별계정 투입시점은 동일하다.
③ 특별계정으로 투입되기 전까지 선납보험료는 예정이율로 이자를 계산한다.
④ 변액연금보험의 선납보험료는 특별계정으로 바로 투입되지 않으며 매월 계약해당일마다 투입된다.

**정답** | ④
**해설** | ① 연금개시 전에 추가납입이 가능하다.
② 선납보험료는 월계약해당일, 추가납입보험료는 「납입일 + 2영업일」
③ 예정이율 → 평균공시이율

# 특별계정 투입보험료와 투입시기

교재 p181~184
제3장. 변액보험의 이해 ▶ 04. 변액보험약관 주요내용 ▶ 라. 특별계정 투입보험료, 마. 보험료의 특별계정 투입

출제포인트 6.5

## 1 특별계정 투입보험료

| 구분 | 특별계정 투입보험료 |
|---|---|
| 변액종신보험, 변액연금보험,<br>변액유니버설보험(의무납입기간 이내) | 납입보험료<br>- 계약체결 및 계약관리비용<br>　(계약체결비용, 납입 중 계약유지비용, 기타비용)<br>- 선택특약 보험료 |
| 변액유니버설보험(의무납입기간 이후) | 납입보험료(특약보험료 포함) - 기타비용 |

※ 특별계정에서 운용되는 보험료 : 특별계정 투입보험료 - 위험보험료
※ 특약보험료는 전액 일반계정에서 운용 문제1

## 2 제1회 보험료의 특별계정 투입 시기 문제2

| 구분 | 제1회 보험료 특별계정 투입일(이체사유가 발생한 날) |
|---|---|
| 청약한 날부터 30일 이내에 승낙된 경우 | 청약한 날로부터 30일이 지난 날의 다음 날 문제3,4,5 |
| 청약한 날부터 30일이 지난 후 승낙된 경우 | 승낙일 문제6 |

① 특별계정 투입보험료를 납입일부터 특별계정 이체사유가 발생한 날까지 평균공시이율로 적립하고
② 그 이후 기간에 대해서는 특별계정 투자수익률로 계산한 금액을 적립금에 반영

✱ 제1회 보험료의 특별계정 투입(청약철회 종료일 前 승낙된 경우)

## 3 | 제1회 보험료를 즉시 특별계정으로 투입하지 않는 이유

① 변액보험 계약심사를 위한 일정 소요기간 필요
② 청약철회기간 동안 투자실적 악화시, 계약자가 청약철회를 통하여 이미 납입한 보험료를 환급해가는 역선택을 방지하여 보험회사가 이미 납입한 보험료와 실제 적립금의 차액만큼 부당한 손실을 떠안게 되는 것을 막기 위함

## 4 | 제2회 이후 보험료의 특별계정 투입 시기

| 납입일 | 투입일 | 이체금액 |
| --- | --- | --- |
| 「월계약해당일 - 제2영업일」 이전 | 「월계약해당일」 | 납입일로부터 「월계약해당일」까지 평균공시이율로 적립한 금액에서 계약체결비용 및 계약관리비용을 차감한 금액 |
| 「월계약해당일 - 제1영업일」 | 「월계약해당일 + 제1영업일」 | 납입일로부터 「월계약해당일」까지 평균공시이율로 적립한 금액에서 계약체결비용 및 계약관리비용을 차감한 후 「월계약해당일」부터 「월계약해당일 + 제1영업일」까지 평균공시이율로 적립한 금액 |
| 「월계약해당일」 이후 | 「납입일 + 제2영업일」 [문제 7] | 보험료에서 계약체결비용 및 계약관리비용을 차감한 후 납입일부터 「납입일 + 제2영업일」까지 평균공시이율로 적립한 금액 |

※ 변액유니버설보험의 의무납입기간 이후 특별계정 투입일 : 「납입일 + 제2영업일」

## 5 | 추가납입보험료 특별계정 투입일

① 이체사유 발생일 : 추가납입보험료 납입일 + 제2영업일 [문제 1]
② 이체 금액 : 추가납입보험료에 해당하는 계약관리비용 차감 후 특별계정 투입 [문제 8]

---

### 🎓 필수 암기사항

- **변액종신, 변액연금 특별계정 투입보험료**
  = 납입보험료 - 계약체결 및 계약관리비용(계약체결비용 + 납입 중 계약유지비용 + 기타비용) - 선택특약 보험료
  = 순보험료 + 납입 후 계약유지비용

- **변액유니버설 특별계정 투입보험료**
  = 납입보험료(특약 포함) - 기타비용

- **선택특약** : 전액 일반계정에서 운용, 예금자보호에 해당

- **제1회 보험료 특별계정 투입시기**
  ① 청약한 날부터 30일 이내에 승낙된 경우
    ⇒ 30일이 지난 날의 다음날
  ② 청약한 날부터 30일이 지난 후 승낙된 경우
    ⇒ 승낙일

- **제2회 이후 보험료의 특별계정 투입시기**
  ① 월계약해당일 - 제2영업일 이전 : 월계약해당일
  ② 월계약해당일 - 제1영업일 : 월계약해당일 + 제1영업일
  ③ 월계약해당일 이후 : 납입일 + 제2영업일

- **추가납입보험료 특별계정 투입일**
  ⇒ 추가납입 보험료 납입일 + 제2영업일
    추가납입보험료에 해당하는 계약관리비용 차감후 특별계정 투입

## 출제 예상문제

**1** 다음 표의 내용 중에서 맞게 설명한 것을 모두 나열한 것은?

> (가) 변액보험의 제1회 보험료는 납입 즉시 특별계정에 투입한다.
> (나) 변액보험의 선택특약은 전액 일반계정에서 운용된다.
> (다) 변액보험의 추가납입보험료는 「납입일+제2영업일」에 특별계정으로 투입된다.

① (가)   ② (가), (나)   ③ (나), (다)   ④ (가), (다)

**정답** | ③

**해설** | (가) 청약을 한 날부터 30일 이내에 승낙된 경우에 제1회 보험료는 청약을 한 날부터 30일이 지난날의 다음 날, 청약을 한 날부터 30일이 지난 후 승낙된 경우에는 승낙일에 특별계정으로 투입한다.

**2** 다음 중 보험료의 특별계정 투입시점으로 틀린 것은?

① 선납보험료 : 「월계약해당일」
② 제2회 보험료 : 월계약해당일 이후에 납입한 경우 「납입일 + 제2영업일」
③ 제1회 보험료 : 「납입일 + 제2영업일」
④ 추가납입보험료 : 「납입일 + 제2영업일」

**정답** | ③

**해설** | 청약철회 종료일 이후 승낙된 경우 「승낙일」에 투입하고, 청약철회 종료일 이전에 승낙된 경우에는 청약철회 종료일의 다음날에 투입한다.

**3** 다음 중 청약철회 기간 내에 계약이 승낙된 경우 제1회 보험료가 특별계정으로 투입되는 시기는 언제인가?

① 청약철회 종료일
② 청약철회 종료일 + 제1영업일
③ 승낙일
④ 승낙일 + 제1영업일

**정답** | ②

**해설** | 청약철회 기간 내에 승낙된 경우 청약철회 종료일의 다음날에 일반계정에서 특별계정으로 이체한다.

**4** 다음 중 청약일로부터 30일 이내에 계약이 승낙된 경우 제1회 보험료의 특별계정 투입일에 대한 설명으로 틀린 것은?

① 이체사유가 발생한 날 이후에는 투자수익률로 적립한다.
② 이체사유가 발생한 날까지는 평균공시이율로 적립한다.
③ 이체사유 발생일은 승낙일이다.
④ 승낙일 이후에도 청약을 철회할 수 있다.

**정답** | ③

**해설** | 이체사유 발생일은 청약철회 종료일의 다음날이다.

**5** 다음 표의 변액보험에서 제1회 보험료 특별계정 투입일로 알맞은 것은?

> • 청약일 : 11월 1일
> • 제1회 보험료 납입일 : 11월 2일
> • 보험회사 승낙일 : 11월 10일
> • 청약철회 종료일 : 12월 1일

① 11월 1일   ② 11월 10일
③ 12월 1일   ④ 12월 2일

**정답** | ④

**해설** | 청약철회 기간 내에 승낙된 경우 제1회 보험료는 청약을 한 날부터 30일이 지난날의 다음날에 특별계정으로 투입된다.

**6** 다음 중 보험료의 특별계정 투입시점으로 맞는 것은?

① 제1회 보험료 : 청약을 한 날부터 30일이 지난 후 승낙된 경우 「승낙일」
② 제2회 보험료 : 「납입일」
③ 추가납입보험료 : 「납입일 + 제1영업일」
④ 선납보험료 : 「납입일 + 제2영업일」

**정답** | ①

**해설** | ② 「월계약해당일 − 제2영업일」 이전에 납입시 「월계약해당일」, 「월계약해당일 − 제1영업일」에 납입시 「월계약해당일 + 제1영업일」, 「월계약해당일」 이후에 납입시 「납입일 + 제2영업일」에 투입
③ 「납입일 + 제2영업일」에 투입 ④ 「월계약해당일」에 투입

**7** 다음 표에서 (   ) 안에 들어갈 알맞은 시기는 언제인가?

> 제2회 이후 보험료를 월계약해당일 이후에 납입하였다면 특별계정으로의 투입은 (   )을 이체사유가 발생한 날로 한다.

① 계약해당일 − 제2영업일   ② 납입일 + 제2영업일
③ 계약해당일 + 제1영업일   ④ 납입일

**정답** | ②

**해설** | 계약해당일 이후에 납입한 경우 「납입일 + 제2영업일」을 이체사유가 발생한 날로 한다.

**8** 다음 중 보험료 추가납입에 대한 설명으로 틀린 것은?

① 추가납입한 보험료는 일반계정에 적립 후 특별계정으로 투입된다.
② 추가납입보험료는 계약관리비용의 차감없이 특별계정으로 전액이 투입된다.
③ 「납입일 + 제2영업일」을 이체사유가 발생한 날로 하여 특별계정에 투입한다.
④ 변액연금보험은 기본보험료의 2배 이내로 추가납입보험료를 납입할 수 있다.

**정답** | ②

**해설** | 추가납입보험료에 해당하는 계약관리비용을 차감한 후 특별계정에 투입한다.

# 월대체보험료

교재 p184~185
제3장. 변액보험의 이해 ▶ 04. 변액보험약관 주요내용 ▶ 바. 월대체보험료

출제 포인트 4.0

## 1 월대체보험료의 개념

| 필요성 | 변액유니버설보험의 가장 큰 특징인 보험료 자유납입기능으로 인하여 계약자는 보험료 납입의 편의성을 갖는 반면 보험회사는 계약자가 보험료를 납입하지 않을 경우에 사업비와 특약보험료를 확보할 수 없음 |
|---|---|
| 정의 | 의무납입기간 이후 보험료 납입시에 기타비용만 공제하고 특약보험료와 계약체결 및 계약관리비용(계약체결비용 및 계약유지비용)은 보험료 납입시에 공제하지 않고 매월 계약해당일에 당월 위험보험료와 함께 차감하는 것 문제 1,2 |

## 2 월대체보험료의 구성 및 공제

| 구성 | 해당월의 위험보험료, 계약체결비용 및 계약관리비용(계약유지비용), 특약이 부가된 경우 특약보험료 및 보증비용의 합계액 문제 3 |
|---|---|
| 공제 | • 월계약해당일에 해약환급금에서 공제 문제 4<br>• 기타비용은 보험료 납입시에 공제 문제 5 |

※ 해약환급금에서 월대체보험료를 공제하지 못하는 계약 중 해당월까지의 보험료를 납입한 경우
⇨ 계약자적립액에서 공제
⇨ 계약 초기 해약공제액으로 인해 해약환급금이 적기 때문에 해약공제액이 차감되지 않은 계약자적립금 기준으로 계산하기 위함

## 출제 예상문제

**1** 다음 표의 ( )에 들어갈 알맞은 용어는 무엇인가?

> 변액유니버설보험은 특약보험료와 계약체결 및 계약관리비용, 보증비용을 보험료 납입시에 공제하지 않고, 매월 계약해당일에 당월 위험보험료와 함께 차감하는데 이를 ( )(이)라고 한다.

① 월대체보험료  ② 최저사망보험금 보증준비금
③ 해지공제금액  ④ 선납보험료

**정답** | ①
**해설** | 월대체보험료에 대한 설명이다.

**2** 다음 표의 ( ) 안에 들어갈 용어를 순서대로 맞게 나열한 것은?

> 변액유니버설보험의 경우 의무납입기간 이후 납입보험료에서 ( (가) )만 차감하여 특별계정(펀드)으로 투입하는 것은 계약체결비용과 계약유지비용이 위험보험료와 함께 매월 ( (나) )로 차감되기 때문이다.

① (가) 기타비용,  (나) 선납보험료
② (가) 신계약비,  (나) 선납보험료
③ (가) 기타비용,  (나) 월대체보험료
④ (가) 신계약비,  (나) 월대체보험료

**정답** | ③
**해설** | 변액유니버설보험에서 의무납입기간 이후에 납입보험료에서 기타비용만 차감하여 특별계정(펀드)으로 투입하는 것은 계약체결비용과 계약유지비용이 위험보험료와 함께 매월 월대체보험료로 차감되기 때문이다.

**3** 다음 중 변액유니버설보험의 월대체보험료에 포함되는 항목이 아닌 것은?

① 계약체결비용  ② 특약보험료
③ 위험보험료  ④ 보험계약대출이자

**정답** | ④
**해설** | 월대체보험료는 해당월의 위험보험료와 계약체결비용 및 계약관리비용(계약유지비용) 그리고 특약이 부가된 경우 특약보험료와 보증비용의 합계액이다.

**4** 다음 표에서 ( ) 안에 들어갈 내용은 무엇인가?

> 월대체보험료는 해당월의 위험보험료와 계약체결비용 및 계약관리비용과 특약보험료와 보증비용의 합계액으로 월계약해당일에 ( )에서 공제한다.

① 미상각신계약비  ② 해약환급금
③ 최저사망보험금  ④ 예정적립금

**정답** | ②
**해설** | 변액유니버설보험은 해약환급금에서 월대체보험료를 차감한다.

**5** 다음 중 변액보험의 보험료 납입에 대한 설명으로 맞는 것은?

① 변액종신보험의 보험료 납입은 월납과 연납이 가능하다.
② 변액유니버설보험에서 기타비용(수금비)은 보험료 납입시에 공제한다.
③ 변액연금보험은 기납입보험료의 3배 이내에서 추가납입보험료를 납입할 수 있다.
④ 변액유니버설보험은 의무납입기간 중에는 보험료를 추가납입할 수 없다.

**정답** | ②
**해설** | ① 변액종신보험의 납입방법은 월납과 일시납만이 가능
③ 기본보험료의 2배 이내에서 추가납입 가능
④ 의무납입기간 중에도 보험료를 추가납입할 수 있다.

## 필수 암기사항

- **월대체보험료의 구성**
  위험보험료, 계약체결비용 및 계약관리비용, 특약보험료, 보증비용의 합계액

- **월대체보험료 공제**
  월계약해당일에 해약환급금에서 공제

- **기타비용은 납입시 공제**

# 087 특별계정 적립금의 중도인출, 청약철회, 사망보험금

교재 p185~186
제3장. 변액보험의 이해 ▶ 04. 변액보험약관 주요내용 ▶ 사. 특별계정 적립금의 중도인출, 아. 청약철회, 자. 사망보험금

## 1 특별계정 적립금의 중도인출

| 가능 상품 | 변액연금보험, 변액유니버설보험 |
|---|---|
| 가능 한도 | 해약환급금(보험계약대출 원리금을 차감한 금액 기준)의 범위 내 [문제 1] |
| 특징 | • 인출금액을 특별계정에서 일반계정으로 이체함에 따라 특별계정 자산은 감소<br>• 대출과는 달리 상환부담이 없고 감액도 되지 않음<br>• 인출시에는 소정의 인출수수료 부과 [문제 2]<br>  ⇨ 연 4회에 한하여 인출수수료 면제하거나 일부 회사는 부과하지 않음 |

## 2 청약철회 ⇨ 일반보험과 동일

- 보험증권을 받은 날부터 15일 이내(계약 당일에도 철회가능)
- 청약철회가 불가능한 경우
    - ① 청약을 한 날부터 30일을 초과한 경우
    - ② 진단계약
    - ③ 보험기간이 90일 이내인 계약 [문제 3]
    - ④ 전문금융소비자가 체결한 계약
- 청약시점에 만 65세 이상인 계약자가 전화를 이용하여 계약을 체결한 경우
    - ⇨ 청약을 한 날로부터 45일을 초과한 경우 청약철회 불가

## 3 상품별 사망보험금 지급 형태

| 변액종신보험 | • 사망보험금으로 「기본보험금 + 변동보험금」 지급<br>• 기본보험금 : 보험가입금액<br>• 변동보험금 : 특별계정의 계약자적립금이 예정적립금보다 많을 경우<br>               그 차액을 기준으로 산출한 보험금 |
|---|---|
| 변액연금보험<br>변액유니버설보험(적립형) | • 변동보험금을 계산하지 않고,<br>  가입시 정한 「보험가입금액 + 특별계정 계약자적립금」을 사망보험금으로 지급 [문제 4] |
| 변액유니버설보험(보장형) | • 「기본보험금 + 변동보험금」을 지급하거나<br>  「적립금의 일정 비율, 기본보험금, 기납입보험료」 중 큰 금액을 지급하는 형태 등 |

## 4 기준시점에 따른 변액종신보험 사망보험금 구분

| 기준시점 | 사망보험금 적용 |
|---|---|
| 사망일 | • 실제 지급하는 사망보험금은 사망일 기준<br>• 청구일을 기준으로 사망보험금을 산출하면 보험수익자는 자신에게 유리한, 즉 수익률이 높은 날까지 기다리는 등 많은 문제점이 발생한다고 봄 |
| 청구일 | • 청구일 현재 적립금을 일반계정으로 이체하여 지급하면 되므로 보험회사 입장에서는 사망일과 청구일 사이의 기준가격 변동에 따른 리스크 회피 가능 〈문제 5〉 |

### 출제 예상문제

**1** 다음 중 변액유니버설보험의 중도인출에 대한 설명으로 맞는 것은?

① 해약환급금 범위 내에서 중도인출을 할 수 있다.
② 보험금 등을 지급할 때 차감할 수 있다.
③ 중도인출시 인출수수료를 부과하지 않는다.
④ 중도인출한 금액에 대해 원리금 상환의무가 있다.

**정답 |** ①
**해설 |** ② 대출금이 아니므로 상환의무가 없어 보험금 지급시 차감할 수 없다. ③ 소정의 인출수수료를 부과한다. ④ 중도인출 금액에 대하여 원리금 상환의무는 없다.

**2** 다음 중 특별계정 적립금의 중도인출에 대한 설명으로 틀린 것은?

① 인출금액을 특별계정에서 일반계정으로 이체함에 따라 특별계정 자산은 감소한다.
② 대출과 달리 상환의무가 없다.
③ 변액연금보험, 변액유니버설보험에서 보험기간 중 해약환급금 범위 내에서 중도인출이 가능하다.
④ 중도인출 수수료를 부과할 수 없다.

**정답 |** ④
**해설 |** 약관에 따라 중도인출 수수료를 부과한다.(연 4회에 한하여 인출수수료 면제 또는 별도의 수수료를 부과하지 않는 경우도 있다.)

**3** 다음 중 변액보험 청약철회에 대한 설명으로 틀린 것은?

① 진단계약은 청약을 철회할 수 없다.
② 일반보험과 청약철회 기간이 동일하다.
③ 보험기간이 1년 이내인 계약은 철회가 불가능하다.
④ 보험계약을 체결한 날에도 청약철회가 가능하다.

**정답 |** ③
**해설 |** 1년 → 90일

**4** 다음 중 변액보험의 사망보험금 지급 형태에 대한 설명으로 틀린 것은?

① 변액종신보험은 기본보험금과 변동보험금을 합산하여 지급한다.
② 변액유니버설보험(보장형)은 적립금의 일정비율, 기본보험금, 기납입보험료 중 큰 금액을 지급한다.
③ 변액연금보험은 보험가입금액과 특별계정 계약자적립금을 합산하여 지급한다.
④ 변액유니버설보험(적립형)은 기본보험금과 변동보험금을 합산하여 지급한다.

**정답 |** ④
**해설 |** 변액유니버설보험(적립형)은 기본보험금과 특별계정 계약자 적립금을 합산하여 지급한다.

**5** 다음 표에서 변액종신보험의 보험금 청구일자의 사망보험금은 얼마인가?

| 상품가입 및 사고현황 | 일자별 변동보험금 |
|---|---|
| – 가입상품 : 변액종신보험<br>– 사망보험금 : 1억원 + 청구시점의 변동보험금<br>– 사망일자 : '22.3.10.<br>– 보험금 청구일자 : '22.5.10. | ('22.3.10) 3,000만원<br>('22.4.10) 3,500만원<br>('22.5.10) 2,900만원 |

① 1억 2천 9백만원
② 1억 3천 5백만원
③ 1억 3천만원
④ 1억원

**정답 |** ①
**해설 |** 청구시점('22.5.10)의 변동보험금이 2,900만원이므로 사망보험금은 1억원 + 2,900만원 = 1억 2천 9백만원이 된다.

### 필수 암기사항

• **중도인출의 특징(변액연금, 변액유니버설)**
보험기간 중 해약환급금 범위 이내에서 가능
⇨ 수수료 부과
⇨ 특별계정 자산 감소
⇨ 상환의무 없고, 감액되지 않음

• **청약철회 : 일반보험과 동일**
① 보험증권을 받은 날부터 15일 이내
② 계약 당일에도 철회 가능

# 해약환급금, 납입최고기간, 미납 해지

교재 p186~188
제3장. 변액보험의 이해 ▶ 04. 변액보험약관 주요내용 ▶ 차. 해약환급금, 타. 보험료 납입최고기간, 파. 보험료 미납 해지

## 1 해약환급금

| 기준가 적용일 | 해지신청일 + 제2영업일 [문제 1] |
|---|---|
| 해약환급금 | 특별계정 적립금 − 해지공제금액(미상각신계약비, 보험계약대출원리금 등) [문제 2] |
| 특징 | • 해약환급금은 피보험자의 나이, 성별, 보험가입금액, 납입기간, 납입경과기간(보험료 납입 횟수), 특별계정 운용실적에 따라 달라짐 [문제 3]<br>• 최저보증이 없고 납입한 보험료보다 적을 수 있음<br>• 단기간 내에 해지할 경우에는 해지공제금액 때문에 해약환급금이 전혀 없거나 매우 적을 수도 있음 ⇨ 기납입보험료를 초과할 수도 있음 [문제 4] |

## 2 변액보험의 보험료 납입최고기간과 미납 해지

| | |
|---|---|
| 변액보험<br>(변액유니버설보험<br>− 의무납입기간 이내) | • 일반보험과 동일한 기준으로 적용 [문제 5]<br>• 계약자가 제2회 이후의 기본보험료를 납입기일까지 납입하지 않아 보험료 납입이 연체중인 경우에 회사는 14일(보험기간 1년 미만일 경우 7일) 이상의 기간을 납입최고(독촉)기간으로 함(납입최고기간의 마지막 날이 영업일이 아닌 때에는 익일) [문제 6]<br>⇨ 납입최고기간 이후 해지<br>⇨ 해지이후에는 특별계정에서 일반계정으로 이체 후 관리 [문제 7]<br>⇨ 해지기간 동안의 특별계정 운용실적과는 관련 없음 |
| 변액유니버설보험 | • 보험료 자유납입이 원칙이므로 의무납입기간 이후에는 보험료 미납에 따른 납입최고는 하지 않음<br>• 의무납입기간 이후 해약환급금(보험계약대출 원리금을 차감한 금액 기준)에서 월대체보험료를 충당할 수 없게 된 경우 월계약해당일의 다음날을 기준으로 납입최고기간 적용 [문제 8]<br>• 변액유니버설보험(보장형)은 최저사망보험금 보증기간 동안에는 계약을 해지하지 않음 |

## 출제 예상문제

**1 다음 중 변액보험의 해약환급금에 대한 설명으로 틀린 것은?**

① 변액보험 계약을 해지할 경우 「해지신청일 + 제1영업일」의 기준가를 적용한다.
② 특별계정 적립금에서 해지공제금액을 차감하여 해약환급금을 지급한다.
③ 보험료 납입기간 중에는 해약환급금이 기납입보험료를 초과할 수 있다.
④ 중도해지시 해약환급금에서 보험계약대출금을 차감할 수 있다.

**정답 |** ①
**해설 |** 제1영업일 → 제2영업일

**2 다음 표에서 ( ) 안에 들어갈 내용이 아닌 것은?**

> 변액보험을 해지할 경우 특별계정 적립금에서 ( )을/를 차감한 금액을 해약환급금으로 지급한다.

① 미상각신계약비
② 보험계약대출원리금
③ 해지공제금액
④ 기본보험금

**정답 |** ④
**해설 |** 해지공제금액에 기본보험금은 포함되지 않는다.

**3 다음 중 변액보험의 해약환급금에 대해 맞게 설명한 것은?**

① 중도해지시 해약환급금에서 보험계약대출금을 차감할 수 없다.
② 보험료 납입기간 중에는 해약환급금이 기납입보험료를 초과할 수 없다.
③ 보험가입금액, 납입경과기간 등에 따라 해약환급금이 달라질 수 있다.
④ 기납입보험료에서 해지공제금액을 차감하여 해약환급금을 지급한다.

**정답 |** ③
**해설 |** ① 중도해지시 해약환급금에서 보험계약대출금을 차감할 수 있다. ② 보험료 납입기간 중 해약환급금이 기납입보험료를 초과할 수 있다. ④ 기납입보험료 → 특별계정 적립금

**4 변액보험은 계약 후 단기간 내에 해지할 경우에는 해지공제금액으로 인하여 해약환급금이 없을 수도 있다. (O, ×)**

**정답 |** O
**해설 |** 매우 적거나 없을 수도 있다.

**5 다음 중 변액유니버설보험의 보험료 납입최고기간과 미납 해지에 대한 설명으로 알맞은 것은?**

① 의무납입기간 이내의 납입최고는 일반보험과 동일한 기준을 적용한다.
② 미납 해지된 계약의 계약자적립금은 특별계정에서 관리한다.
③ 의무납입기간 이후에 해약환급금에서 월대체보험료를 충당할 수 없게 된 경우 월계약해당일의 다음달을 기준으로 납입최고기간을 적용한다.
④ 의무납입기간 이후에 보험료가 미납된 경우 납입최고를 한다.

**정답 |** ①
**해설 |** ② 특별계정 → 일반계정 ③ 다음달 → 다음날
④ 의무납입기간 이후에 해약환급금에서 월대체보험료를 충당할 수 있는 기간동안에는 납입최고를 하지 않는다.

**6 다음 표의 ( ) 안에 들어갈 내용을 바르게 나열한 것은 무엇인가?**

> 계약자가 제2회 보험료를 납입기일까지 납입하지 아니하여 보험료 납입이 연체중인 경우, 회사는 ( ) 이상(보험기간이 1년 이상인 경우)의 기간을 납입최고기간으로 하고 그 마지막 날이 영업일이 아닌 때에는 최고(독촉)기간은 ( )로 한다.

① 14일, 그 익일
② 15일, 그 전일
③ 12일, 그 전일
④ 15일, 그 익일

**정답 |** ①
**해설 |** 회사는 14일 이상을 납입최고(독촉)기간으로 하고 그 마지막 날이 영업일이 아닌 때에는 납입최고(독촉)기간은 그 익일로 한다.

**7 보험료 미납으로 계약이 해지된 경우 계약자적립금은 특별계정에서 운용한다. (O, ×)**

**정답 |** ×
**해설 |** 해지 이후에는 특별계정에서 일반계정으로 이체하여 관리한다.

**8 다음 중 변액보험의 해지 및 부활에 대한 설명으로 틀린 것은?**

① 부활시 적립금 및 보험금액은 해지된 시점을 기준으로 한다.
② 해지된 기간 동안은 특별계정의 운용실적 확보가 불가능하다.
③ 해약환급금에서 위험보험료 등의 비용을 충당할 수 없게 되면 계약이 즉시 해지된다.
④ 해약환급금은 피보험자의 나이, 보험가입금액 등에 따라 달라진다.

**정답 |** ③
**해설 |** 보험료 납입최고기간 이후 해지된다.

## 필수 암기사항

- **해약환급금(해지신청일 + 제2영업일 기준가 적용)**
  ⇨ 특별계정적립금 - 해지공제금액(계약대출원리금, 미상각신계약비 등)
  ① 피보험자의 나이, 성별, 보험가입금액, 납입기간, 납입경과기간, 특별계정 운용실적에 따라 달라짐
  ② 납입한 보험료보다 더 많을 수도 있고, 적을 수 있음
  ③ 단기간 해지시 해약환급금이 전혀 없을 수 있음
  ④ 특별계정 수익률에 따라 기납입보험료를 초과할 수도 있음

- **납입최고기간 ⇨ 납입최고기간 이후 해지 ⇨ 특별계정에서 일반계정으로 이체 후 관리**
  ① 변액보험 : 제2회 이후 보험료 연체시 14일 이상의 기간(납입최고기간의 마지막 날이 이 영업일이 아닌 때에는 익일), 일반보험과 동일한 기준 적용
  ② 변액유니버설보험 : 의무납입기간 이후 해약환급금에서 월대체보험료를 충당할 수 없게 된 경우 월계약해당일의 다음날을 기준으로 납입최고기간 적용

# 부활(효력회복)

교재 p188~189
제3장. 변액보험의 이해 ▶ 04. 변액보험약관 주요내용 ▶ 하. 부활

## 1 일반보험과 변액보험의 차이

| 구분 | 변액보험의 부활 |
|---|---|
| 공통점 | 부활(효력회복)기간, 연체보험료 및 연체이자 등을 일반보험과 동일하게 계산 |
| 차이점 | 부활(효력회복)시 일반계정에서 운용하던 적립금을 다시 특별계정으로 투입 |

## 2 보험계약의 부활

- 보험료 미납으로 계약이 해지되었으나 해약환급금을 받지 아니한 경우
  ① 해지된 날부터 3년 이내에 계약의 부활 청약 가능
  ② 보험회사가 부활을 승낙시 부활을 청약한 날까지의 연체보험료(변액유니버설보험에서 의무납입기간 이후에 실효된 경우 연체된 월대체보험료 및 기타비용)에 「평균공시이율 + 1%」 범위 내에서 보험회사가 정한 이율로 계산한 금액을 더하여 납입 문제1
  ③ 해지된 시점의 계약자적립금, 기본보험금액 및 변동보험금액을 기준으로 함 문제2
     ⇨ 해지된 기간 동안의 특별계정 실적과 무관 문제3 ⇨ 해지된 계약자적립금은 일반계정에서 운용 문제4

- 보험회사가 부활(효력회복)을 승낙한 계약의 경우
  계약이 해지된 날부터 부활시까지 평균공시이율로 적립한 계약자적립금과 연체보험료 중 특별계정 투입보험료 해당액(연체된 특별계정 투입보험료에 대해 평균공시이율로 계산한 이자 포함) 등을 이체사유가 발생한 날을 기준으로 일반계정에서 해지시점에 운용되었던 특별계정으로 이체 문제5

## 3 부활시 계약자적립금과 연체보험료의 특별계정 투입일

| 시기 | 이체사유가 발생한 날 |
|---|---|
| 부활 승낙 후 연체보험료 납입 완료 | 연체보험료 납입완료일 + 제2영업일 문제6 |
| 연체보험료 납입 완료 후 부활 승낙 | 부활(효력회복) 승낙일 + 제2영업일 |

- 변액유니버설보험의 경우 월대체보험료 미납으로 인해 해지된 경우에는 부활(효력회복)을 허용하지 않는 경우도 있음

## 출제 예상문제

**1 다음 중 변액보험의 해지 및 부활에 대한 설명으로 알맞은 것은?**

① 월대체보험료로 최저보증비용을 차감할 수 없을 때 납입최고기간 없이 즉시 해지한다.
② 부활을 청약한 날까지의 연체보험료에 「평균공시이율 + 1%」 범위 내에서 보험회사가 정한 이율로 계산한 금액을 더하여 납입해야 한다.
③ 부활시 해지된 기간 동안의 적립금에 대해 특별계정 투자수익률을 적용한다.
④ 부활시 별도의 계약심사 절차를 거치지 않는다.

**정답 | ②**
**해설 |** ① 납입최고기간 후 해지할 수 있다.
③ 변액보험이 해지되면 일반계정에서 관리되므로 특별계정 투자수익률 확보가 불가능하다.
④ 부활시 고지의무 등 계약심사 절차를 거친다.

**2 다음 중 변액보험의 부활(효력회복)에 대해 맞게 설명한 것은?**

① 부활시 특별계정(펀드)에서 관리하던 적립금을 일반계정으로 투입한다.
② 해약환급금 수령일로부터 3년 이내에 계약의 부활을 청구할 수 있다.
③ 부활시 연체보험료 외에 보험계약대출이율을 연복리로 계산한 금액을 연체이자로 납입해야 한다.
④ 부활시 계약자적립금은 해지된 시점의 계약자적립금을 기준으로 한다.

**정답 | ④**
**해설 |** ① 부활시 일반계정에서 운용하던 적립금을 다시 특별계정으로 투입한다.
② 보험료 미납으로 계약이 해지되었으나 해약환급금을 받지 아니한 경우 해지된 날부터 3년 이내에 부활을 청구할 수 있다.
③ 연체보험료에 「평균공시이율 + 1%」 범위내에서 보험회사가 정한 이율로 계산한 연체이자를 납입해야 부활이 가능하다.

**3 다음 중 변액보험약관에 대한 내용으로 틀린 것은?**

① 변액보험은 보험증권을 받은 날부터 15일 이내에 청약을 철회할 수 있다.
② 계약을 부활하면 해지된 기간 동안의 특별계정 운용실적 확보가 가능하다.
③ 변액연금보험은 보험료 선납이 가능하다.
④ 보험회사는 특별계정(펀드)을 폐지할 경우 안내문 등을 서면으로 계약자에게 통지해야 한다.

**정답 | ②**
**해설 |** 해지된 기간 동안은 특별계정의 운용실적 확보가 불가능하다.

**4 다음 중 변액유니버셜보험의 해지에 대한 설명으로 틀린 것은?**

① 보험료 미납으로 인한 계약의 해지처리는 일반보험과 동일하다.
② 의무납입기간 이후 해약환급금에서 월대체보험료를 충당할 수 없게 된 경우 납입최고기간을 거쳐 계약은 해지된다.
③ 보험계약이 해지된 경우 계약자적립금은 특별계정에서 운용된다.
④ 보험료 납입최고기간은 일반보험과 동일하다.

**정답 | ③**
**해설 |** 변액보험이 해지된 이후에는 특별계정에서 운용되는 것이 아니라 일반계정에서 운용된다.

**5 다음 중 보험계약의 해지와 부활에 대한 설명으로 틀린 것은?**

① 계약이 해지된 날로부터 3년 이내에 부활을 청약할 수 있다.
② 보험료 미납으로 해지된 계약에 대한 특별계정의 계약자적립금을 일반계정으로 이체하여 관리한다.
③ 부활을 청약하기 위해서는 연체보험료에 「평균공시이율 + 1%」 범위 내에서 보험회사가 정한 이율로 계산한 금액을 더하여 납입해야 한다.
④ 회사가 변액보험의 부활을 승낙하면 계약자적립금 등을 일반계정에서 계속 운용한다.

**정답 | ④**
**해설 |** 계약이 해지된 날부터 부활(효력회복)시까지 평균공시이율로 적립한 계약자적립금과 연체보험료 중 특별계정 투입보험료 해당액 등을 이체사유가 발생한 날을 기준으로 일반계정에서 해지시점에 운용되었던 특별계정(펀드)으로 이체한다.

**6 다음 중 변액보험의 부활에 대한 설명으로 틀린 것은?**

① 부활시 적립금 및 보험금액은 해지시점을 기준으로 한다.
② 부활시 해지된 기간의 특별계정 운용실적의 확보는 불가능하다.
③ 부활 승낙 후 연체보험료 납입시 연체보험료 납입일에 특별계정에 투입된다.
④ 고지의무 위반으로 해지된 경우에는 부활할 수 없다.

**정답 | ③**
**해설 |** 부활 승낙 후 연체보험료 납입시 특별계정 투입일은 「연체보험료 납입완료일 + 제2영업일」이다.

## 필수 암기사항

- **부활의 청약**
  ① 보험료 미납으로 계약 해지 + 해약환급금을 받지 아니한 경우
  ② 3년 이내에 청약 가능
  ③ 보험회사의 승낙시 연체보험료 납입
  ④ 해지된 적립금은 일반계정에서 운용
    ⇨ 특별계정 운용실적 확보할 수 없음
  ⑤ 해지된 시점의 계약자 적립금 기준
  ⑥ 적립금과 연체보험료 특별계정 투입일
    ⇨ 부활 승낙 후 연체보험료 납입시
       : 연체보험료 납입완료일 + 제2영업일
    ⇨ 연체보험료 납입 후 승낙시 : 승낙일 + 제2영업일

# 090 보험계약대출(약관대출)

교재 p189~191
제3장. 변액보험의 이해 ▶ 04. 변액보험약관 주요내용 ▶ 거. 보험계약대출(약관대출)

출제포인트 8.0

## 1 보험계약대출 : 변액보험의 보험계약대출 한도, 구비서류, 대출이율 등은 일반보험과 유사

| 한도 | 해약환급금 범위 내 문제1 |
|---|---|
| 상환기간 | 대출금과 이자는 언제든지 상환 가능 문제2,3 |
| 상환금액의 특별계정 투입 | 「상환일 + 제2영업일」에 일반계정에서 특별계정으로 투입 문제4 |
| 보험금, 해약환급금의 지급사유 발생시 | 상환하지 아니한 때에는 보험금, 해약환급금 등의 지급사유가 발생한 날에 보험금 또는 해약환급금에서 보험계약대출원리금 차감 문제5,6 |
| 보험계약의 해지시 | 계약자의 보험료 미납으로 인하여 계약이 해지되는 때에는 즉시 해약환급금에서 보험계약대출원리금 차감 |

## 2 보험계약대출 처리방법별 원금과 이자처리 비교

| 구분 | 특별계정방식 | 일반계정방식 문제7 |
|---|---|---|
| 대출형태 | 일반계정에서 먼저 지급한 후 특별계정의 계약자적립금에서 그 금액만큼 차감하여 일반계정으로 이체한 후 일반계정의 보험계약대출적립금 계정에 적립하는 형태 문제8 | 보험계약대출금액에 해당하는 금액만큼을 일반계정에서 담보대출로 처리하는 형태 |
| 대출 원금 처리 | • 보험계약대출을 받으면 보험계약대출 원금을 상환하기 전까지 특별계정의 계약자적립금에서 보험계약대출금액 만큼이 운용되지 않음<br>• 대출원리금 상환시 보험계약대출금적립금 항목에서 차감하고, 일반계정에서 특별계정으로 이체 | • 특별계정의 계약자적립금은 적립금액의 변동없이 특별계정에서 운용<br>• 대출 상환 전에 해지하거나 보험금지급사유가 발생하는 경우 해약환급금이나 보험금에서 대출원리금 차감 |
| 대출 이자 처리 | • 보험계약대출 이자는 보험회사에서 정한 보험계약대출수수료를 차감한 나머지 금액이 특별계정으로 투입되어 운용 문제9,10,11<br>• 「보험계약대출이율 – 수수료율」에 해당하는 이자만큼의 투자수익률을 올리게 되는 효과 | • 계약자적립금의 차감없이 운용되고 대출은 일반계정에서 이루어진 것<br>• 계약자가 납부한 이자는 일반보험과 동일하게 전액 일반계정의 이익으로 처리 문제12 |
| 펀드운용 | 펀드에서 인출 : 기준가 하락시 수익률 유리 | 펀드에서 미인출 : 기준가 상승시 유리 |
| 지급일 | 대출신청일 + 제2영업일 | 대출신청일 즉시 |
| 대출 횟수 | 월 1회 | 제한 없음 문제13 |

## 출제 예상문제

**1** 다음 중 변액보험의 보험계약대출에 대해 맞게 설명한 것은?

① 대출상환금액은 상환일에 즉시 특별계정(펀드)으로 투입된다.
② 해당 계약의 해약환급금 범위 내에서 보험계약대출을 받을 수 있다.
③ 보험계약자가 납입한 보험계약대출이자 전액이 특별계정(펀드)으로 투입된다.
④ 보험계약대출원리금은 월계약해당일에 상환해야 한다.

**정답 | ②**
**해설 |** ① 「상환일 + 제2영업일」에 특별계정으로 투입 ③ 보험계약대출이자 중에서 대출수수료를 차감한 나머지 금액만 특별계정에 투입 ④ 언제든지 상환 가능

**2** 다음 중 변액보험의 보험계약대출에 대한 설명으로 틀린 것은?

① 계약자는 보험계약대출원리금을 월계약해당일에 상환해야 한다.
② 보험계약대출이자는 상환 즉시 특별계정으로 투입되지 않고 「상환일 + 제2영업일」에 특별계정으로 투입한다.
③ 보험금 지급사유가 발생한 날에 보험금에서 대출원리금을 상계할 수 있다.
④ 보험계약대출이자는 보험회사에서 정한 보험계약대출수수료를 차감한 나머지 금액이 특별계정으로 투입된다.

**정답 | ①**
**해설 |** 보험계약대출원리금은 언제든지 상환할 수 있다.

**3** 다음 중 변액보험의 보험계약대출에 대한 설명으로 알맞은 것은?

① 해당 계약의 기본보험금 범위 내에서 보험계약대출을 받을 수 있다.
② 계약자는 보험계약대출금과 이자를 언제든지 상환할 수 있다.
③ 보험회사는 보험계약이 해지될 때 해약환급금에서 보험계약대출원리금을 차감할 수 없다.
④ 보험계약대출수수료는 전액 특별계정으로 투입된다.

**정답 | ②**
**해설 |** ① 기본보험금 → 해약환급금 ③ 차감할 수 있다.
④ 대출이자에서 보험계약대출수수료를 제외한 금액이 특별계정으로 투입된다.

**4** 다음 표의 ( ) 안에 들어갈 내용이 바르게 나열된 것은?

> 계약자는 보험계약대출금과 보험계약대출이자를 언제든지 상환할 수 있으며, 이 경우 ( )에 상환금액에 해당하는 금액을 ( )으로 투입한다.

① 「상환일 + 제2영업일」, 특별계정
② 「상환일 + 제1영업일」, 일반계정
③ 「상환일 + 제2영업일」, 일반계정
④ 「상환일 + 제1영업일」, 특별계정

**정답 | ①**
**해설 |** 대출상환금액은 「상환일 + 제2영업일」에 특별계정으로 투입한다.

**5** 다음 중 변액보험의 보험계약대출에 대해 맞게 설명한 것은?

① 대출상환금액은 상환일에 즉시 특별계정(펀드)으로 투입된다.
② 보험금 지급사유가 발생한 날에 보험금에서 대출원리금을 상계할 수 있다.
③ 보험계약자가 납입한 보험계약 대출이자 전액이 특별계정(펀드)으로 투입된다.
④ 보험계약대출원리금은 월계약해당일에 상환해야 한다.

**정답 | ②**
**해설 |** ① 「상환일 + 제2영업일」에 특별계정으로 투입한다.
③ 보험계약 대출이자 중에서 대출수수료를 차감한 나머지 금액만 특별계정에 투입한다.
④ 언제든지 상환이 가능하다.

**6** 다음 중 변액보험의 보험계약대출에 대한 설명으로 맞는 것은?

① 변액보험의 보험계약대출이자 전액이 특별계정으로 투입된다.
② 대출상환금액은 상환 즉시 특별계정으로 투입된다.
③ 해당계약의 기납입보험료의 범위 내에서 보험계약대출을 받을 수 있다.
④ 보험회사는 보험계약이 해지될 때 해약환급금에서 보험계약대출원리금을 차감할 수 있다.

**정답 | ④**
**해설 |** ① 대출수수료를 차감한 나머지 금액을 특별계정 투입
② 「상환일 + 제2영업일」에 특별계정으로 투입
③ 기납입보험료 → 해약환급금

**7** 다음 중 변액보험의 보험계약대출에 대해 틀리게 설명한 것은?

① 계약자는 보험기간 중 해당 계약의 해약환급금 범위 내에서 특별계정방식으로만 보험계약대출을 받을 수 있다.
② 보험계약대출을 받았을 경우 계약자가 실제로 부담하는 이자는 보험계약대출수수료 수준이다.
③ 특별계정방식은 대출원금을 일반계정에서 먼저 지급한 후 특별계정의 계약자적립금에서 그 금액만큼 차감하여 일반계정으로 이체한 후 일반계정의 보험계약대출적립금 항목에 적립하는 형태이다.
④ 보험사고시 지급보험금에서 보험계약대출금을 차감할 수 있다.

**정답 | ①**
**해설 |** 변액보험의 보험계약대출 방식으로는 특별계정방식과 일반계정방식이 있다.

**8** 다음 중 보험계약대출에 대한 설명으로 틀린 것은?

① 계약자는 보험계약대출금과 이자를 언제든지 상환할 수 있다.
② 계약자는 해약환급금 범위 내에서 보험계약대출을 받을 수 있다.
③ 특별계정방식은 대출원금을 특별계정에서 먼저 지급한 후 일반계정의 계약자적립금에서 그 금액만큼 차감한다.
④ 보험회사는 보험계약이 해지될 때 해약환급금에서 보험계약대출 원리금을 차감할 수 있다.

**정답 | ③**
**해설 |** 특별계정방식은 대출원금을 일반계정에서 먼저 지급한 후 특별계정의 계약자적립금에서 차감한다.

**9** 다음 중 변액보험의 보험계약대출에 대한 설명으로 틀린 것은?

① 보험기간 중 해당계약의 해약환급금 범위 내에서 보험계약대출을 받을 수 있다.
② 보험계약대출금과 보험계약대출이자는 언제든지 상환할 수 있다.
③ 보험계약대출금과 대출이자는 「상환일 + 제2영업일」에 특별계정에 투입된다.
④ 보험계약대출이자는 전액 특별계정에 투입된다.

**정답 | ④**
**해설 |** 보험계약대출이자에서 대출수수료를 차감한 금액이 특별계정에 투입된다.

**10** 다음 중 보험계약대출에 대한 설명으로 맞는 것은?

① 대출상환금액은 상환 즉시 특별계정으로 투입된다.
② 계약자가 납부한 보험계약대출수수료는 특별계정으로 투입되지 않는다.
③ 보험계약대출에 따른 이자는 발생하지 않는다.
④ 계약자는 보험계약대출금을 월계약해당일에만 상환할 수 있다.

**정답 | ②**
**해설 |** ① 즉시 → 「상환일 + 제2영업일」 ③ 이자가 발생한다.
④ 언제든지 상환할 수 있다.

**11** 다음 표와 같이 변액보험계약대출의 대출이자를 수령했을 때 특별계정에 투입되는 금액은 얼마인가?

> 보험계약 대출이자 80,000원
> (보험계약대출수수료 10,000원 포함)

① 60,000원　② 70,000원
③ 80,000원　④ 90,000원

**정답 | ②**
**해설 |** 변액보험에서 특별계정 방식의 보험계약대출형태로 처리하는 경우 특별계정으로 투입되는 금액은 보험계약 대출이자에서 보험회사에서 정한 보험계약대출수수료를 차감한 나머지 금액이다.

**12** 다음 중 변액보험의 보험계약대출을 일반계정방식으로 처리한 경우에 대한 설명으로 맞는 것은?

① 계약자는 보험기간 중 해당 계약의 기납입보험료 범위 내에서 대출을 받을 수 있다.
② 대출원금을 일반계정에서 먼저 지급한 후 특별계정의 계약자적립금에서 그 금액만큼을 차감한다.
③ 계약자가 납입한 이자는 전액 일반계정의 이익으로 처리한다.
④ 보험계약대출금을 상환하기 전까지 특별계정의 계약자적립금에서 보험계약대출금액만큼 운용되지 않는다.

**정답 | ③**
**해설 |** ① 기납입보험료 → 해약환급금 ② 특별계정방식에 대한 설명
④ 특별계정방식에 대한 설명

**13** 다음 중 변액보험의 보험계약대출에 대한 설명으로 틀린 것은?

① 일반계정방식에 의한 보험계약대출은 월 1회만 가능하다.
② 보험계약대출이자는 상환 즉시 특별계정으로 투입되지 않고 「상환일 + 제2영업일」에 특별계정으로 투입한다.
③ 보험금 지급사유가 발생한 날에 보험금에서 대출원리금을 상계할 수 있다.
④ 계약자가 실제로 부담하는 보험계약대출이자는 보험계약대출수수료 수준이다.

**정답 | ①**
**해설 |** 특별계정방식은 월 1회로 한정되지만, 일반계정방식은 대출 횟수에 제한이 없다.

### 📖 필수 암기사항

- **보험계약대출**
  해약환급금 범위 이내, 언제든 상환 가능, 상환일 + 제2영업일에 특별계정 투입, 보험금·해약환급금에서 보험대출원리금 차감

- **대출원금과 이자 처리**
  ① 특별계정방식 : 대출금액만큼 특별계정에서 운용되지 않음, 이자 중 대출수수료를 차감한 나머지 금액이 특별계정으로 투입, 월1회
  ② 일반계정방식 : 특별계정 적립금은 변동없이 운용, 이자는 전액 일반계정 이익으로 처리, 횟수에 제한 없음

# 선택특약, 계약내용의 변경, 초기투자자금

교재 p191~193
제3장. 변액보험의 이해 ▶ 04. 변액보험약관 주요내용 ▶ 너. 선택특약, 더. 계약내용의 변경, 러. 초기투자자금

출제 포인트 6.5

## 1 선택특약

- 변액보험에 부가된 선택특약은 일반보험과 동일한 방법으로 처리
- 선택특약의 보험료는 특별계정으로 투입하지 않으며, 일반계정에서 해당 특약의 산출이율로 적립

## 2 계약내용의 변경

❖ 변액보험의 계약내용 변경 항목(보험료 납입방법 및 기간, 연금지급형태, 계약자, 수익자 등) 문제1

| | |
|---|---|
| 보험가입금액<br>(또는 기본보험료)의 변경<br>⇨ 증액 불가능, 감액만 가능<br>문제2 | • 기본보험금액을 감액하는 경우에는 변동보험금 역시 같은 비율로 감액 문제3<br>  ⇨ 기본보험금액 또는 변동보험금액만의 감액은 불가능 문제4<br>• 감액된 부분은 해지된 것으로 보며, 해약환급금이 있을 때에는 계약자에게 지급 문제5<br>• 감액된 계약은 증액(환원)이 불가능하나 일부 변액유니버설보험에서는 자유롭게 허용하는 경우도 있음 |
| 일반보험으로의 전환 | • 변액종신보험에서 일반보험으로의 전환은 가능하나 일반보험에서 변액보험으로 전환은 불가능 ⇨ 전환된 계약을 다시 환원시키는 것은 불가능 |
| 정정 | • 계약자의 청약서 작성시 오류<br>• 보험회사 측의 착오로 인한 보험종류, 기간, 납입주기, 피보험자의 성별 등 모든 사항 |
| 자산운용옵션 변경 | • 펀드변경 기능, 펀드별 편입비율 설정 기능, 펀드 자동재배분 기능, 주식형 적립금 자동이전 기능, 보험료 평균분할투자 기능 등 자산운용 옵션을 계약자 선택에 따라 자유롭게 변경 |

※ 피보험자, 의무납입기간, 변액유니버설보험의 보험기간은 변경 불가 문제6,7

## 3 초기투자자금 문제8

- 초기투자자금 설정 이유 ⇨ 펀드판매 초기에는 자산규모가 작아 효율적인 운용이 어려움
- 회사자산의 일부를 초기투자자금으로 펀드에 투입 후 일정 규모 이상 유지
- 일반계정에서 특별계정 펀드로 이체하여 설정
- 이후 특별계정 펀드 규모가 일정수준을 초과하면 보험회사는 초기투자자금을 일반계정으로 이체하여 회수

## 출제 예상문제

**1** 다음 중 변액보험 계약내용의 변경에 대해 틀리게 설명한 것은?

① 초기 설정한 특별계정(펀드)의 종류는 변경할 수 있다.
② 보험금액을 감액하고자 할 경우 그 감액된 부분은 해지된 것으로 본다.
③ 보험수익자는 변경할 수 없다.
④ 기본보험금액 또는 변동보험금액만의 감액은 불가능하다.

**정답** | ③
**해설** | 보험수익자를 변경할 수 있다.

**2** 다음 중 변액보험 계약내용의 변경에 대해 틀리게 설명한 것은?

① 기본보험금액을 감액하는 경우, 같은 비율로 변동보험금액도 감액된다.
② 보험계약자는 자산운용 옵션을 변경할 수 있다.
③ 보험금액을 감액하고자 할 경우 그 감액된 부분은 해지된 것으로 본다.
④ 일반적으로 보험가입금액의 증액이나 감액이 모두 가능하다.

**정답** | ④
**해설** | 보험가입금액은 증액은 불가능하지만 감액은 가능하다.

**3** 다음 중 변액보험 계약내용의 변경에 대해 알맞게 설명한 것은?

① 기본보험금액을 감액하는 경우 변동보험금액도 같은 비율로 감액된다.
② 보험가입금액은 증액과 감액이 가능하다.
③ 보험가입금액을 감액하는 경우 해약환급금은 지급하지 않는다.
④ 펀드운용 형태를 선택하여 변경할 수 없다.

**정답** | ①
**해설** | ② 감액만 가능하며, 증액은 불가능하다. ③ 보험가입금액의 감액은 해지된 것으로 보아 해약환급금을 지급한다. ④ 자산운용 옵션은 계약자 선택에 따라 자유롭게 변경할 수 있다.

**4** 다음 중 변액보험 계약내용의 변경에 대해 틀리게 설명한 것은?

① 기본보험금액 또는 변동보험금액만의 감액은 가능하다.
② 계약자의 청약서 작성시 피보험자의 성별착오가 있는 경우 정정이 가능하다.
③ 변액종신보험에서 일반보험으로 전환된 계약은 다시 변액종신보험으로 전환할 수 없다.
④ 펀드변경 기능 등 자산운용 옵션을 계약자 선택에 따라 변경할 수 있다.

**정답** | ①
**해설** | 기본보험금액을 감액하는 경우에는 같은 비율로 변동보험금액도 감액되며 기본보험금액 또는 변동보험금액만의 감액은 불가능하다.

**5** 다음 중 변액보험 계약내용의 변경에 대해 맞게 설명한 것은?

① 기본보험금과 변동보험금을 각각 다른 비율로 변경할 수 있다.
② 변액보험에서 일반보험으로 전환된 계약을 다시 변액보험으로 전환할 수 있다.
③ 보험금액을 감액하고자 할 경우 그 감액된 부분은 해지된 것으로 본다.
④ 기본보험금액만 감액할 수 있다.

**정답** | ③
**해설** | ① 기본보험금액과 변동보험금액은 동일한 비율로 감액된다.
② 변액보험에서 일반보험으로 한번 전환된 계약은 다시 변액보험으로 전환이 불가능하다.
④ 기본보험금액 또는 변동보험금액만의 감액은 불가능하다.

**6** 다음 중 변액보험의 약관 내용 중 변경할 수 없는 것은?

① 보험수익자    ② 보험가입금액의 감액
③ 피보험자    ④ 초기 설정한 특별계정(펀드)의 종류

**정답** | ③
**해설** | 피보험자는 변경할 수 없다.

**7** 다음 중 변액보험의 약관 내용 중 변경할 수 없는 것은?

① 초기 설정한 특별계정(펀드)의 종류
② 보험가입금액의 감액
③ 자산운용 옵션 변경
④ 변액유니버설보험의 보험기간

**정답** | ④
**해설** | 변액유니버설보험의 보험기간은 종신이며, 계약자가 변경할 수 없다.

**8** 다음 표에서 설명하는 내용은 무엇인가?

> 특별계정 펀드의 최초 설정시 계약자가 납입하는 보험료만으로는 자산규모가 상당히 적어 효율적인 운용이 어렵기 때문에 회사자산의 일부를 펀드에 투입하여 초기펀드의 자산이 일정규모 이상 유지할 수 있도록 허용하고 있다.

① 계약자적립금    ② 특별계정 투입보험료
③ 초기투자자금    ④ 위탁증거금

**정답** | ③
**해설** | 초기투자자금에 대한 설명이다.

## 필수 암기사항

- **보험계약내용의 변경**
  ① 감액은 가능하나 증액은 불가
    ⇨ 감액된 부분은 해지된 것으로 처리하고 해약환급금 지급
    ⇨ 기본보험금액이 감액된 경우에는 변동보험금도 같은 비율로 감액
  ② 변액보험에서 일반보험으로 전환가능, 일반보험에서 변액보험으로 전환은 불가
  ③ 피보험자, 의무납입기간, 변액유니버설보험의 보험기간은 변경 불가

- **초기투자자금**
  펀드판매 초기에 효율적인 운용을 위해 회사 자산의 일부를 투입해서 일정 규모 이상 유지

# 특별계정 펀드의 폐지

교재 p194
제3장. 변액보험의 이해 ▶ 04. 변액보험약관 주요내용 ▶ 머. 특별계정 펀드의 증설 및 폐지

출제포인트 3.5

## 1. 특별계정 펀드의 폐지사유

① 당해 각 특별계정 펀드의 자산이 급격히 감소하거나, 자산가치의 변화로 인해 효율적인 자산운용이 곤란해진 경우 **문제1**

② 설정한 후 1년이 되는 날에 설정액이 50억원 미만인 경우 또는 1년이 지난 후 1개월간 계속하여 설정액이 50억원 미만인 경우 **문제2**

③ 당해 각 특별계정 펀드의 운용대상이 소멸할 경우

④ 상기 ① ~ ③의 사유에 준하는 경우

## 2. 특별계정 폐지시 주의사항

① 보험회사는 특별계정 펀드를 폐지할 경우 계약자에게 폐지사유, 폐지일까지의 계약자적립금과 함께 펀드변경 선택 및 적립금 이전에 관한 안내문 등을 작성한 후 서면으로 통지하여 계약자에게 불이익이 없도록 해야 함

② 계약자가 펀드변경을 별도로 신청하지 않을 경우에는 보험회사가 유사한 펀드로 이동 가능(해지는 불가능) **문제3**

③ 보험회사는 상기 특별계정의 폐지 사유 ① ~ ④에서 정한 사유로 계약자가 펀드변경을 요구한 경우에는 펀드변경에 따른 수수료를 계약자에게 청구하지 않으며, 연간 펀드변경 횟수에 포함시키지 않음 **문제4**

### 출제 예상문제

**1** 다음 중 특별계정(펀드)의 폐지사유에 해당하는 것은?

① 펀드를 설정하고 6개월이 지난 후 1개월간 계속하여 설정액이 50억원 미만인 경우
② 기준가격의 계산에 오류가 발생한 경우
③ 자산가치의 변화로 인해 효율적인 자산운용이 곤란해진 경우
④ 펀드가 운영되는 변액보험 상품이 판매 중지된 경우

정답 | ③
해설 | ① 6개월→ 1년 ②, ④ 상품판매가 중지되거나 기준가격 계산에 오류가 발생했다고 폐지되지는 않는다.

**2** 다음 중 특별계정(펀드)의 폐지사유로 알맞지 않은 것은?

① 설정한 후 1년이 되는 날에 투자신탁 설정액이 50억원 미만인 경우
② 설정한 후 6개월이 지난 후 1개월간 계속하여 설정액이 50억원 미만인 경우
③ 자산가치의 변화로 인해 효율적인 자산운용이 곤란해진 경우
④ 당해 각 특별계정 펀드의 운용대상이 소멸할 경우

정답 | ②
해설 | 6개월 → 1년

**3** 특별계정(펀드)의 폐지시 계약자가 펀드변경을 별도로 신청하지 않았다면 보험회사는 계약을 해지할 수 있다.
(O, ×)

정답 | ×
해설 | 계약자가 펀드변경 및 적립금 이전을 별도로 신청하지 않을 경우에는 보험회사가 정한 유사한 펀드로 이동시킬 수 있고, 해지하지는 못한다.

**4** 다음 중 특별계정(펀드)의 폐지에 대한 설명으로 틀린 것은?

① 계약자에게 폐지사유, 폐지일까지의 계약자적립금과 함께 펀드변경 선택 및 적립금 이전에 관한 안내문 등을 작성한 후 서면으로 통지하여 계약자에게 불이익이 없도록 해야 한다.
② 특별계정 펀드의 자산이 급격히 감소하거나, 자산가치의 변화로 인해 효율적인 자산운용이 곤란해진 경우 폐지할 수 있다.
③ 계약자가 펀드변경을 별도로 신청하지 않을 경우에는 보험회사가 유사한 펀드로 이동시킬 수 있다.
④ 계약자가 펀드변경을 요구한 경우에는 펀드변경에 따른 수수료를 계약자에게 청구한다.

정답 | ④
해설 | 펀드폐지에 따른 펀드변경은 별도의 수수료를 청구하지 않고 연간 펀드변경 횟수에도 포함시키지 않는다.

# 093 보험정보 공시 I
### 경영공시

교재 p199~202
제4장. 보험공시 및 예금자보호제도 ▶ 01. 보험정보 공시 ▶ 나. 보험정보 공시의 의의와 내용 ▶ (1) 경영공시

출제 포인트 6.5

## 1 공시의 의미 : 기업의 중요 정보를 외부에 알리는 제도로 투자자를 보호하기 위한 목적

- 금융회사의 공시 : 시장규율 기능을 수행함으로써 금융소비자와 투자자 보호, 개별회사의 건전성과 금융시스템의 안전성을 보장하는 시장감시 기능
- 의의 : 보험상품은 무형의 장기상품이므로 보험회사의 재무건전성 및 경영상태를 살펴보아야 할 필요가 있고, 타사 상품과 비교 가능한 정보를 제공함으로써 합리적인 판단을 통해 상품을 선택할 수 있도록 함
- 보험정보 공시 내용 확대 추세 : 가격 자유화, 판매채널 다양화, 수요자 중심의 금융정책 등 **문제 1**

## 2 보험정보 공시의 3가지 종류 : 경영공시, 상품공시, 보험상품 비교·공시 **문제 2**

## 3 공시항목 및 공시방법

보험업감독규정, 보험업감독업무시행세칙, 생명보험협회에서 정하는 공시기준 및 시행세칙에 따라 통일된 양식으로 작성되어 생명보험협회 공시실 홈페이지 및 각 생명보험회사 홈페이지에 공시

## 4 경영공시(정기공시와 수시공시) ⇨ 기업 경영의 중요 정보 및 현황 전반

| 구분 | | 공시시기 및 기간 | 공시사항 |
|---|---|---|---|
| 정기 공시 | 결산 공시 | • 회사 홈페이지 경영공시실<br>• 매사업연도말 결산일로부터 3개월 이내<br>• 3년간 공시 **문제 3,4** | ① 주요 경영현황 요약  ② 일반현황(계약자 및 주주배당) **문제 5**<br>③ 경영실적, 재무상황, 경영지표, 위험관리<br>④ 기타 경영현황 – 타금융기관과의 거래내역, 기관경고 및 임원문책, 자회사 경영실적, 민원발생건수, 불완전판매비율, 보험금 부지급률 등 **문제 6**<br>⑤ 재무제표 등 |
| | 분기 공시 | • 분기결산일로부터 2개월이내 **문제 3**<br>• 다음 분기 임시결산 공시 전까지 공시 | ① 주요 경영지표 및 재무제표를 중심으로 간략한 분기별 임시결산 공시자료를 작성하여 공시<br>② 2/4분기(상반기) 임시결산공시는 당해연도 결산공시 전까지 공시<br>③ 결산시 작성하는 공시항목 중 일부만 공시 |
| 수시 공시 | | • 회사 홈페이지 경영공시실<br>• 발생 즉시 **문제 7**<br>• 3년간 공시 | ① 적기시정조치(경영개선명령) 및 긴급조치 등 법령에 의한 주요 조치 사항<br>② 금융사고, 파생상품거래 등으로 인한 거액의 손실 **문제 8**<br>③ 재무구조 및 경영환경에 중대한 변경을 초래하는 사항<br>④ 재산, 채권채무관계, 투자·출자관계, 손익구조의 중대한 변동에 관한 사항<br>⑤ 대주주에 대한 신용공여, 대주주가 발행한 채권 또는 주식의 취득 및 의결권 행사<br>⑥ 정부기관 등으로부터 받은 출자내용 등<br>⑦ 기타 경영상 중대한 영향을 미칠 수 있는 사항 등 |

※ 생명보험협회는 공시기준과 시행세칙에 따라 적정하게 작성되었는지 확인한 후 협회 홈페이지에 일괄 공시

## 출제 예상문제

**1** 다음 중 보험정보의 공시 등 정보제공이 많아지는 이유로 적당하지 않은 것은?

① 보험상품의 가격 자유화
② 방카슈랑스 제도의 정착 등 보험상품을 구입할 수 있는 채널이 많아짐
③ 공급자 중심의 금융정책
④ 금융감독기관의 금융소비자보호 강화

**정답** | ③
**해설** | 공급자 중심에서 수요자(소비자) 중심으로 이동하는 금융정책에 따라 보험정보공시 등 정보제공이 많아진다.

**2** 다음 중 보험정보 공시와 관련 없는 내용은?

① 경영공시
② 보험모집공시
③ 보험상품비교·공시
④ 상품공시

**정답** | ②
**해설** | 보험정보 공시는 경영공시, 상품공시, 보험상품비교·공시로 크게 세 가지로 분류된다.

**3** 다음 표의 ( ) 안에 들어갈 기간을 순서대로 맞게 나열한 것은?

> 정기공시 중 결산공시는 사업연도말 결산일로부터 ( (가) ) 이내에 경영공시실에 ( (나) ) 간 공시하여야 한다. 정기공시 중 분기공시는 분기결산일로부터 ( (다) ) 이내에 다음 분기 임시결산 공시 전까지 공시하여야 한다.

① (가) 3개월, (나) 1년, (다) 1개월
② (가) 2개월, (나) 3년, (다) 1개월
③ (가) 2개월, (나) 1년, (다) 2개월
④ (가) 3개월, (나) 3년, (다) 2개월

**정답** | ④
**해설** | (가) 3개월, (나) 3년, (다) 2개월

**4** 다음 중 경영공시와 공시기간이 알맞게 연결된 것은?

| 공시 종류 | 공시 시기 |
| --- | --- |
| (가) 결산공시 | (A) 즉시 공시 |
| (나) 분기공시 | (B) 사업연도 말 결산일로부터 3개월 이내 |
| (다) 수시공시 | (C) 분기결산일로부터 2개월 이내 |

① (가) - (A)
② (가) - (B)
③ (나) - (A)
④ (다) - (C)

**정답** | ②
**해설** | 분기공시 - 분기결산일로부터 2개월 이내, 수시공시 - 즉시 공시

**5** 다음 중에서 보험회사의 수시공시 항목에 해당하지 않는 것은?

① 파생상품거래로 인한 거액의 손실
② 채권채무관계에 중대한 변동을 초래하는 사항
③ 대주주에 대한 신용공여
④ 계약자 배당 및 주주 배당

**정답** | ④
**해설** | 계약자 배당 및 주주배당은 정기공시의 일반현황 항목이다.

**6** 다음 중 보험회사의 공시에 대한 설명으로 맞는 것은?

① 결산공시는 매 사업연도 말 결산일로부터 6개월 이내에 공시한다.
② 정기공시에서 민원발생건수, 불완전판매비율, 보험금 부지급률 등을 공시한다.
③ 상품공시는 회사가 자율적으로 정한 양식으로 공시한다.
④ 모든 보험상품에 대한 모집수수료율을 공시한다.

**정답** | ②
**해설** | ① 6개월 → 3개월 ③ 생명보험협회에서 정하는 공시기준 및 시행세칙에 따라 통일된 양식으로 작성된다. ④ 금융기관보험대리점 모집수수료율을 공시한다.

**7** 다음 중 보험정보 공시와 그 내용이 바르게 연결된 것은?

① 정기공시 - 보험회사의 본점과 지점에 비치
② 수시공시 - 보험회사 홈페이지에 즉시 공시
③ 상품비교공시 - 보험안내자료에 기재
④ 상품공시 - 생명보험협회 홈페이지에 공시

**정답** | ②
**해설** | 정기공시, 수시공시, 상품공시 등은 보험회사 홈페이지에 공시하고 상품비교공시는 생명보험협회 홈페이지에 공시한다.

**8** 다음 보험정보 중에서 수시공시 항목에 해당하는 것은?

① 파생상품거래 등으로 인한 거액의 손실
② 불완전판매비율
③ 계약자 배당내역
④ 주요 경영지표 항목 등 경영현황 요약

**정답** | ①
**해설** | ②, ③, ④는 정기공시 항목에 해당한다.

## 필수 암기사항

- **공시의 목적** : 투자자보호, 시장규율, 시장감시
- **공시의 의의** ① 상품내용을 소비자에게 알림
  ② 무형의 장기상품(재무건전성 및 경영상태 확인 필요)
  ③ 타사상품 비교를 통해 합리적인 상품선택 가능
- **경영공시** : 정기공시와 수시공시
- **정기공시** ① 결산공시 : 3개월 이내, 3년간
  ② 분기별 결산공시 : 2개월 이내, 다음 분기 임시결산 공시전까지
- **수시공시** : 발생 즉시 공시, 3년간 공시
  ⇨ 적기시정조치, 거액의 손실, 중대한 변경, 중대한 변동, 대주주 신용공여, 정부기관 출자내용 등

# 보험정보 공시 II
## 상품공시

교재 p202~206
제4장. 보험공시 및 예금자보호제도 ▶ 01. 보험정보 공시 ▶ 나. 보험정보 공시의 의의와 내용 ▶ (2) 상품공시

## 1 상품공시

- 보험에 가입하려는 소비자 및 보험계약을 유지 중인 계약자에게 제공되는 안내자료
- 생명보험 상품에 대한 정확한 정보를 전달하고 적합한 상품선택에 도움을 주며, 보험계약 유지 현황 등을 알려주기 위해 시행

## 2 보험안내자료

- 보험회사는 전담부서를 지정하여 자체 제작하거나 모집종사자가 제작한 보험안내자료를 심사하여 관리번호를 부여한 후 사용
- 보험업법 및 보험업법 시행령

| 필수기재사항 | 기재금지사항 |
|---|---|
| • 보험회사의 상호나 명칭 또는 보험설계사·보험대리점 또는 보험중개사의 이름·상호나 명칭<br>• 보험가입에 따른 권리·의무에 관한 주요 사항<br>• 약관에서 정하는 보장 및 보험금 지급제한 조건에 관한 사항<br>• 해약환급금에 관한 사항 〔문제1〕<br>• 예금자보호법에 의한 예금자보호와 관련된 사항<br>• 변액보험의 경우 원금에 손실이 발생 할 수 있으며, 그 손실이 계약자에게 귀속된다는 사실, 최저로 보장되는 보험금이 설정되어 있는 경우 그 내용<br>• 금리연동형 상품의 적용금리 및 보험금 변동에 관한 사항<br>• 보험금 지급제한 조건의 예시 〔문제2〕<br>• 보험안내자료의 제작자·제작일, 보험안내자료에 대한 보험회사의 심사 또는 관리번호<br>• 보험상담 및 분쟁의 해결에 관한 사항 | • 보험회사의 자산과 부채에 관한 사항을 금융위원회에 제출한 재무제표에 적힌 사항과 다른 내용으로 작성하는 것<br>• 보험회사의 장래의 이익 배당 또는 잉여금 분배에 대한 예상에 관한 사항(단, 계약자 배당이 있는 연금보험은 직전 5개년도 실적을 근거로 장래의 계약자배당을 예시할 수 있음)<br>• 「독점규제 및 공정거래에 관한 법률」에서 정한 불공정거래행위에 해당하는 사항<br>• 보험계약의 내용과 다른 사항<br>• 보험계약자에게 유리한 내용만을 골라 안내하거나 다른 보험회사 상품과 비교한 사항 〔문제3〕<br>• 확정되지 않은 사항이나 사실에 근거하지 않은 사항을 기초로 다른 보험회사 상품에 비하여 유리하게 비교한 사항 |

- 보험회사는 상품요약서, 상품설명서, 사업방법서, 보험약관을 인터넷 홈페이지에 공시
- 1년 이상 유지된 모든 보험계약에 대해서 보험계약관리내용을 연 1회 이상 제공 〔문제4〕
- 변액보험 계약은 보험계약자에게 계약체결을 권유할 때 변액보험운용설명서 제공
- 변액보험 : 계약체결 후 유지 중인 계약은 분기별 1회 이상 보험계약관리내용 제공

## 3 상품설명서

- 「금융소비자 보호에 관한 법률」에 따라 보장내용, 보험료, 보험금 지급제한 사유 및 지급절차, 위험보장의 범위, 위험보장 기간, 계약의 해지·해제, 보험료의 감액청구, 보험금 또는 해약환급금의 손실 발생 가능성 등을 기재
  ⇨ 보험계약자에게 상품설명서를 교부하고 설명을 하였다는 사실을 확인받고 있음

## 4 상품요약서

- 상품의 특이사항 및 보험가입 자격요건, 보험금 지급사유, 지급금액, 지급제한사항, 보험료 산출기초, 계약자배당에 관한 사항, 해약환급금에 관한 사항 등을 기재
- 저축성 보험 ⇨ 보험관계비용 등 공제금액 및 모집수수료율 예시
- 보장성 보험 ⇨ 보험가격지수 기재

## 5 보험가입설계시스템 – 보험회사 가격공시실

- 판매중인 보험상품에 대해 보험가입조건과 주계약 및 필요한 특약을 선택하여 해당 조건에 맞는 보험료와 해약환급금 등 확인

## 6 보험상품 비교·공시(생명보험협회)

① 생명보험협회 공시실 홈페이지를 통해 각 회사의 보험상품별 판매채널, 보장내용, 보험료 및 공시이율 등 공시
  ⇨ 대표계약 기준 [문제 5]
② 보장성보험 : 보험가격지수, 부가보험료지수, 계약체결비용지수, 보장범위지수(암보험), 경도치매 보장여부 등
③ 변액보험 공시내용 : 펀드별 매일의 기준가격 및 기간별 수익률, 보수정보, 기준일자별 자산구성내용, 상품별 펀드운용현황 등
  ⇨ 변액보험의 펀드수익률은 실제 납입보험료 대비 수익률이 아님
④ 실손의료보험 비교공시 : 4세대 실손, 노후 실손, 유병력자 실손의 3가지 분류로 공시
  ⇨ 담보별 보험료, 직전 3년간 보험료 인상률 및 손해율 비교·확인
⑤ 연금저축보험 비교공시(세제혜택이 다르므로 다른 저축성 보험들과 별도 공시) : 수익률, 수수료율

## 7 기타공시(생명보험협회 및 소비자포털 홈페이지)

불완전판매비율, 보험금 부지급률, 민원건수, 보험금청구지급 관련 소송, 분쟁관련 소제기 현황, 신용카드 납입가능현황, 금융기관보험대리점 모집수수료율, 지배구조, 의료자문 등 공시

## 8 온라인 보험슈퍼마켓 「보험다모아」 [문제 6]

① 보험업감독규정에 근거하여 2015년부터 생명보험협회와 손해보험협회 공동으로 운영
② 실손의료보험, 자동차보험, 여행자보험, 암보험, 어린이보험 등의 보험료, 보장내용 등을 비교공시
③ 보험종목을 8가지로 분류하여, 원하는 상품의 보험료를 비교하여 가입할 수 있도록 가입 경로 안내

## 9 금융감독원에 의한 공시

① 보험회사의 재무현황, 보험계약관리현황, 보험계리사 및 손해사정사 보유현황, 금융사고 현황 등 보험회사 업무 전반에 대해 비교·확인할 수 있도록 유의성 있는 정보 공시 [문제 7,8]
② 금융상품통합비교공시 : 금융상품한눈에
③ 금융소비자 정보포털 : 파인 FINE
④ 연금관련 정보 통합 : 통합연금포털

## 출제 예상문제

**1** 다음 중 보험안내자료의 기재금지사항이 아닌 것은?

① 해약환급금에 관한 사항
② 보험계약의 내용과 다른 사항
③ 보험계약자에게 유리한 내용만을 안내한 사항
④ 법률에서 정한 불공정거래행위에 해당하는 사항

**정답 | ①**
**해설 |** 해약환급금에 관한 사항은 필수기재사항이다.

**2** 다음 중 변액보험의 보험안내자료에 기재해야 하는 사항으로 알맞은 것은?

① 해약환급금 및 보험금 지급제한에 대한 사항
② 손익계산서 및 재무상태표
③ 적기시정조치 및 긴급조치 등에 대한 사항
④ 장래의 이익배당 또는 잉여금 분배에 대한 예상

**정답 | ①**
**해설 |** ② 경영공시사항이다. ③ 수시공시사항이다.
④ 기재금지사항이다.(단, 계약자 배당이 있는 연금보험은 직전 5개년도 실적을 근거로 장래의 계약자 배당을 예시할 수 있다.)

**3** 변액보험 보험안내자료의 기재금지사항에 해당하는 것은?

① 모집인의 성명, 이름
② 모집인의 변액보험 판매사 자격증 보유
③ 다른 보험회사 상품과 비교한 사항
④ 원금손실이 발생할 수 있다는 내용

**정답 | ③**
**해설 |** 보험계약자에게 유리한 내용만을 골라 안내하거나 다른 보험회사 상품과 비교한 사항은 보험안내자료의 기재금지사항에 해당한다.

**4** 보험회사는 1년 이상 유지된 보험계약에 대해서 보험계약관리내용을 연 1회 이상 제공해야 한다. (O, ×)

**정답 | O**
**해설 |** 계약체결 후 유지 중인 변액보험은 분기별 1회 이상, 일반보험은 1년 이상 유지된 계약의 경우 연 1회 이상 보험계약관리내용을 제공해야 한다.

**5** 다음 중 보험상품 비교·공시에 대해 틀리게 설명한 것은?

① 계약자별 가입한 상품의 주요 정보를 확인할 수 있다.
② 판매중인 상품간의 비교 가능성을 높이기 위한 정보이다.
③ 변액보험의 펀드별 기준가격, 수익률 등을 확인할 수 있다.
④ 생명보험협회 인터넷 홈페이지 공시실에서 확인할 수 있다.

**정답 | ①**
**해설 |** 계약자별 가입상품 정보는 가입한 생명보험회사에서 확인 가능

**6** 다음 표에서 설명하는 용어는 무엇인가?

> 실손의료보험, 자동차보험 등의 보험료, 보장내용 등을 비교·공시하여 보험소비자가 보다 저렴한 상품을 손쉽게 비교하여 가입할 수 있도록 가입 경로를 안내 및 운영하는 곳을 말한다.

① 통합연금포털 ② 파인 FINE
③ 보험다모아 ④ 금융상품한눈에

**정답 | ③**
**해설 |** 보험다모아에 대한 설명이다.

**7** 다음 중 생명보험협회에서 공시하는 내용이 아닌 것은?

① 보험회사의 보험계리사 보유현황
② 금융기관보험대리점 모집수수료율
③ 실손의료보험의 손해율
④ 변액보험의 특별계정(펀드) 수익률

**정답 | ①**
**해설 |** 보험회사의 보험계리사 보유현황은 금융감독원에서 공시한다.

**8** 다음 중 금융감독원의 공시내용에 해당하지 않는 것은?

① 금융기관보험대리점의 모집수수료율
② 보험회사의 재무현황
③ 보험계리사 보유현황
④ 금융사고 현황

**정답 | ①**
**해설 |** 금융기관보험대리점의 모집수수료율은 보험협회의 기타공시사항에 해당한다.

## 필수 암기사항

- **보험안내자료**(생명보험협회에서 기준 정함)
  ① 회사, 모집종사자가 제작한 안내자료를 심사하여 관리번호 부여
  ② 필수기재사항 : 보험회사 상호, 설계사 이름, 가입에 따른 권리와 의무, 보장 및 보험금 지급제한 조건, 해약환급금, 예금자보호 등
  ③ 기재금지사항 : 불공정거래행위에 관한 사항, 계약과 다른 사항, 계약자에게 유리한 내용만 골라 안내, 다른 보험회사 상품과 비교 등

- **보험계약관리내용을 연 1회 이상 제공** : 1년 이상 유지된 계약

- **계약체결 권유단계에서 변액보험운용설명서 제공**

- **변액보험은 분기별 1회 이상 보험계약관리내용 제공**
  : 계약체결 후 유지 중인 계약

- **상품설명서**
  교부 및 설명을 받았다는 사실을 확인

- **보험가입설계시스템**(보험회사)
  판매중인 보험상품에 대해 보험료 확인

- **생명보험협회 공시 : 보험상품 비교·공시**
  ① 기준가격, 기간별 수익률, 수수료율, 자산구성내용, 펀드운용현황, 보험가격지수 등
  ② 변액보험의 펀드수익률은 실제 납입 보험료 대비 수익률이 아님

- **보험다모아**
  생·손보협회 공동운영, 온라인전용, 실손, 자동차보험, 여행자보험, 암보험 등 비교공시

- **금융감독원 공시**
  분쟁처리결과, 경영실태평가, 보험계리사 및 손해사정사 보유현황, 금융사고현황 등

# 변액보험 공시

교재 p207~209
제4장. 보험공시 및 예금자보호제도 ▶ 02. 변액보험 공시

## 1 | 기관별 변액보험 공시 내용

- 가입 전 충분한 내용 이해와 가입 후 계약의 변동내용을 확인할 수 있도록 다양한 공시방법을 통해 정보 제공

| 회사별 변액보험 공시실 문제1 | 생명보험협회 공시실(비교·공시) |
|---|---|
| • 특별계정 운용현황<br>  – 기준가격, 기간별 수익률 및 연환산수익률, 매월말 자산구성내역, 특별계정보수 및 수수료 등<br><br>• 개인별 계약관리내용<br>  – 계약자 개인별 적립금, 해약환급금, 특별계정 보유좌수, 펀드변경 내역 및 방법 등<br><br>• 변액보험 운용설명서 및 수수료 안내표 | ① 매일의 변액보험 펀드별 기준가격 및 수익률 문제2<br>② 자산구성내역, 보수 및 비용, 운용회사<br>③ 여러 생명보험회사의 펀드수익률과 최근 기준가격 변동 비교·공시 : 펀드별로 공시되는 수익률은 개별 계약자에게 실제 적용되는 수익률 아님<br>④ 저축성 변액보험의 사업비율과 위험보장 비용비율, 최저보증비용비율 공시 |

## 2 | 청약시 변액보험 운용설명서 교부 및 설명의무

① 표지 : 변액보험의 위험성에 대한 경고문구 기재
② 본문 : 상품의 개요, 운용흐름(도표), 특별계정 운용현황(펀드종류, 특별계정보수 및 비용, 자산운용옵션) 문제3
③ 보험회사 인터넷 홈페이지 : 변액보험 운용설명서 조회

## 3 | 보험계약관리내용 ⇨ 보험회사 인터넷 홈페이지에서 수시로 확인 가능

- 보험계약관리내용, 자산운용보고서(신탁업자 확인)를 분기별 1회 이상 제공 문제4,5
- 저축성 변액보험의 보험계약관리내용에서는 납입보험료와 납입보험료에서 사업비, 위험보험료를 차감한 특별계정 투입금액 및 계약자적립금 기재

## 4 | 저축성 변액보험의 수수료 안내표 제공

- 저축성 변액보험 가입 전에 수수료 정보를 미리 확인할 수 있도록 생명보험협회 공시실 홈페이지 내에 수수료 안내표 제공 ⇨ 상품설명서에도 수수료 안내표를 포함하여 안내
- 보험관계비용(계약체결비용, 계약관리비용, 위험보험료), 특별계정 운용비용(운용보수, 기초펀드 보수·비용, 증권거래비용 등), 보증비용(최저연금적립금 및 최저사망보험금 보증비용 등), 연금수령 기간 중 비용, 해약공제비용 등 포함 문제6,7,8
- 저축성 변액보험 수수료 안내표 확인방법 문제9
  ① 보험가입 전 : 상품설명서   ② 보험가입 후 : 보험사 홈페이지   ③ 공통 : 협회 홈페이지 공시실

## 5 | 변액보험의 해약환급금 예시

- 평균공시이율, 평균공시이율의 1.5배 뿐만 아니라 –1%까지 추가하여 예시
  ⇨ 손실 발생 가능성까지 모두 감안하여 가입여부 판단하는데 도움을 주기 위함

## 출제 예상문제

**1** 다음 중 변액보험 공시에 대한 설명으로 틀린 것은?

① 수수료 안내표는 보험회사 홈페이지 등에서 확인할 수 있다.
② 보험계약자는 생명보험협회 홈페이지를 통해 개인별 계약관리내용을 수시로 확인할 수 있다.
③ 저축성 변액보험의 경우 보험계약관리내용에는 납입보험료와 납입보험료에서 사업비 등을 차감한 특별계정 투입금액 및 계약자적립금을 기재하고 있다.
④ 생명보험협회는 여러 생명보험회사의 펀드수익률 등을 비교·확인할 수 있도록 하고 있다.

**정답** | ②
**해설** | 생명보험협회 → 생명보험회사

**2** 다음 중 보험정보의 공시에 대한 설명으로 틀린 것은?

① 보험회사는 인터넷 홈페이지를 통해 보험계약자가 수시로 계약의 변동내역을 확인할 수 있도록 하여야 한다.
② 보험협회는 각 펀드별 기준가격 및 기간별 수익률, 보수정보, 기준일자별 자산구성내용, 상품별 펀드운용현황 등을 매월 말일에 공시한다.
③ 보험회사는 판매중인 보험상품에 대해 보험가입조건과 주계약 및 필요한 특약을 선택하여 해당 조건에 맞는 보험료를 확인할 수 있는 가격공시실을 운영하고 있다.
④ 변액보험계약에 대해서는 분기별 1회 이상 보험계약관리내용을 제공하여야 한다.

**정답** | ②
**해설** | 변액보험의 경우 각 펀드별 매일의 기준가격 및 기간별 수익률, 보수정보, 기준일자별 자산구성내역 등을 보험협회 공시실 홈페이지에서 알 수 있다.

**3** 다음 중 변액보험 운용설명서의 내용에 해당하지 않는 것은?

① 특별계정 보수 및 비용
② 변액보험 운용흐름
③ 특별계정 펀드의 종류
④ 다른 생명보험회사와의 펀드수익률 비교

**정답** | ④
**해설** | 다른 생명보험회사와의 펀드수익률 비교는 생명보험협회 상품 비교공시 내용이다.

**4** 다음 표의 ( ) 안에 들어갈 내용을 맞게 연결한 것은?

> 일반보험은 사업연도 만료일 기준으로 1년 이상 유지된 계약에 대하여 ( ) 이상 보험계약관리내용을 계약자에게 문서로 제공하고, 유지 중인 변액보험의 경우 ( ) 이상 보험계약관리내용을 제공하여야 한다.

① 연 1회 – 분기별 1회   ② 연 1회 – 연 2회
③ 반기별 1회 – 분기별 1회   ④ 반기별 1회 – 반기별 1회

**정답** | ①
**해설** | 일반보험과 변액보험의 보험계약관리내용 제공에 대한 설명이다.

**5** 다음 중 변액보험과 일반보험의 기준이 동일하지 않은 것은?

① 청약철회기간   ② 부활기간
③ 납입최고기간   ④ 보험계약관리내용 발송주기

**정답** | ④
**해설** | 일반보험은 연 1회, 변액보험은 분기별 1회 이상이다.

**6** 다음 표의 ( ) 안에 들어갈 내용으로 알맞은 것은?

> 저축성 변액보험에서 제공해야 하는 ( )에는 보험관계비용(계약체결비용, 계약관리비용, 위험보험료), 특별계정 운용비용(특별계정 운용보수, 기초펀드 보수·비용, 증권거래비용 등), 보증비용(최저연금적립금 및 최저사망보험금 보증비용 등), 연금수령 기간 중 비용, 해약공제비용 등이 포함되어야 한다.

① 청약서   ② 자산운용보고서
③ 수수료 안내표   ④ 보험약관

**정답** | ③
**해설** | 수수료 안내표에 대한 설명이다.

**7** 다음 중 저축성 변액보험 수수료 안내표 제공시 포함되어야 할 내용에 해당하지 않는 것은?

① 계약체결비용   ② 위험보험료
③ 보증비용   ④ 공시이율

**정답** | ④
**해설** | 공시이율은 포함내용에 해당하지 않는다.

**8** 다음 중 변액보험의 수수료 안내표에 포함되지 않는 내용은?

① 특별계정 운용보수   ② 적합성 진단 결과
③ 위험보험료   ④ 최저보증비용

**정답** | ②
**해설** | 수수료 안내표에는 보험관계비용, 특별계정운용비용, 보증비용, 연금수령 기간 중 비용, 해약공제비용 등이 포함되어야 한다.

**9** 다음 중 저축성 변액보험 수수료 안내표를 확인할 수 있는 방법이 아닌 것은?

① 자산운용보고서   ② 상품설명서
③ 회사 홈페이지   ④ 상품요약서

**정답** | ①
**해설** | 수수료 안내표는 상품설명서, 보험회사 홈페이지, 협회 공시실 홈페이지(공제금액 구분공시 or 상품요약서)를 통해 확인 할 수 있다.

## 필수 암기사항

- **보험계약관리내용, 자산운용 보고서**
  분기별 1회 이상 통보

- **수수료 안내표 : 체결과정에서 제공**
  체결비용, 계약관리비용, 위험보험료, 특별계정 운용비용, 증권거래세, 보증비용 등

# 변액보험 판매시 준수사항
## 변액보험 판매자격제도, 적합성 진단

### 1. 판매시 판매자가 지켜야 할 준수사항

- 「변액보험 표준계약 권유준칙」(계약자에게 적합한 보험계약의 체결을 권유하기 위한 구체적인 절차와 기준) 「변액보험 모범판매규준」(보험회사와 모집종사자 등의 준수 및 금지사항) 제정·시행 문제1
- 일반금융소비자에게 체결 권유시 : 금융소비자 보호에 관한 법률에 따라 적합성 원칙 준수 문제2
  ⇨ 권유하지 않고 판매하는 경우 : 적정성 원칙 준수
- 판매시 : 변액보험 모범판매규준에 따라 주요 내용과 손실 가능성, 조기해지시 손실 발생 가능성 설명 + 주요내용 확인서 교부
- 판매 후 : 보험업감독규정에 따라 완전판매를 위한 모니터링 별도 실시

### 2. 변액보험 판매자격제도의 도입 및 육성

- 변액보험을 판매하기 위해서는 생명보험협회가 실시하는 변액보험 판매자격시험에 합격
  ⇨ 자격 보유사실을 보험소비자에게 알려야 함
- 컨설팅 능력 강화를 위해 4시간 이상 판매 전 교육이수, 매년 1회 4시간 이상 보수교육 이수 문제3

### 3. 적합성 진단

(1) 정의

변액보험계약 체결 전에 면담 또는 질문을 통해 보험계약자로부터 파악한 정보를 바탕으로 보험계약 성향분석을 실시하고, 보험계약자에게 적합한 보험계약 목록을 제공하는 것 문제4

(2) 대상

① 보험계약자가 일반 또는 전문금융소비자인지 확인 ⇨ 일반금융소비자인 경우 적합성 진단 실시
  ⇨ 단, 전문금융소비자가 일반금융소비자와 동일하게 대우받겠다는 의사를 서면으로 통지하는 경우 정당한 사유가 없으면 동의하고 일반금융소비자로 간주 문제5
② 일반금융소비자에 해당하는 법인은 법인을 대표하거나 대리할 수 있는 개인을 대상으로, 미성년자, 정신적 장애로 제약을 받는 자는 친권자 등 법정대리인을 대상으로 적합성 진단 실시 가능
③ 취약금융소비자(만 65세 이상 고령자, 미성년자, 정신적 장애로 일상이나 사회생활에서 제약을 받는 자)로 판단되는 경우 부적합자로 판단 가능 ⇨ 단, 만 65세 이상 고령자 중 변액보험 계약체결 경험이 있거나 금융투자상품에 가입(투자) 경험이 있는 자와 미성년자 또는 정신적 장애로 일상이나 사회생활에서 제약을 받는 자 중 친권자 등 법정대리인 등에 대해 적합성 진단을 실시하고 해당 진단 결과에 따라 적합성 여부를 판정하기로 한 자의 경우 취약금융소비자에서 제외

(3) 적합성 진단시 파악해야 하는 내용(보험계약자 정보 확인서)

보험계약자의 연령, 보험계약 체결의 목적, 재산상황(월평균 소득, 보험료 지출 비중, 순자산 등), 금융상품 취득·처분한 경험, 금융상품에 대한 이해도 등 문제6

### (4) 보험계약 체결 절차  문제 7

① 적합성 진단을 실시하는 경우 보험계약 체결 권유 전에 면담 또는 질문을 통하여 보험계약자 등의 정보 파악
② 계약자 정보를 바탕으로 성향분석을 실시하고, 보험계약 적합도를 분류하며, 보험계약 성향분석 결과를 바탕으로 계약자에게 적합한 보험계약 목록 제공
  ⇨ ①,② 모두 계약자로부터 서명(전자서명 포함), 기명날인, 녹취 등의 방법으로 확인 후 지체 없이 보험계약자에게 제공
③ 성향분석 결과, 일반금융소비자의 손실에 대한 감수능력이 적정한 수준이고, 특별계정의 위험등급이 적합한 경우, 일반금융소비자에게 변액보험이 적합하다고 판단
④ 계약자가 보험계약체결 의사를 표명한 경우 후속 단계 진행

### (5) 적합성 진단 내용의 유지·관리

적합성 진단과 관련하여 계약자로부터 확인받은 내용을 10년 동안 유지·관리  문제 8
⇨ 보장기간이 10년을 초과하는 경우 보장기간

### (6) 특별계정(펀드) 변경 신청시 적합성(적정성) 재진단

① 계약자가 계약기간 중 펀드를 변경하여 가입시점의 투자성향에 따른 권유기준을 넘어선 경우
  ⇨ 계약자의 투자성향 재평가
② 계약자가 재평가 결과에 따른 투자성향에 대응하는 권유기준을 넘어서는 펀드로 변경하고자 하는 경우
  ⇨ 변경 불가 안내(적정성 원칙) ⇨ 단, 계약자가 원할 경우 「부적합(부적정) 특별계정(펀드) 변경 확인서」를 작성하도록 하고, 투자손실 등 불이익 충분히 고지

## 4 적정성 진단

### (1) 정의

보험계약자에게 변액보험계약 체결을 권유하지 않고 판매하는 경우, 체결 전에 해당 변액보험이 계약자에게 적정하지 않은 경우 안내하는 것 ⇨ 계약자가 파악하는 내용은 적합성 진단과 동일  문제 9

### (2) 보험계약 체결 절차

① 적정성 진단을 실시하는 경우 보험계약 체결 전에 면담 또는 질문을 통하여 보험계약자 등의 정보 파악
② 계약자 정보를 고려하여 계약자에게 적정하지 않다고 판단되는 경우
  ⇨ 적정성 판단근거 및 상품설명서와 함께 서면, 우편 또는 전자우편, 전화 또는 팩스, 휴대전화 문자메시지 또는 이에 준하는 전자적 의사표시로 알리고 서명(전자서명 포함), 기명날인, 녹취 등의 방법으로 확인
③ 성향분석 결과, 일반금융소비자의 손실에 대한 감수능력이 적정한 수준이고, 특별계정의 위험등급이 적정한 경우, 변액보험이 적정하다고 판단
④ 계약자가 변액보험계약 체결에 적정한 경우 후속 단계 진행
※ 변액연금 최저연금적립금보증(GMAB) 미부여형의 적합성·적정성 진단

> - GMAB 미부여형은 계약체결 권유시 「금융소비자 보호에 관한 법률」의 '보장성 상품'과 '투자성 상품'에 대한 적합성·적정성원칙 모두 적용
> - GMAB 미부여형에 가입하고자 하는 경우 적합성 진단 보고서 제공, 유의사항 설명 후 주요내용 설명확인서 수령

### 출제 예상문제

**1** 다음 표에서 변액보험 판매시 준수사항에 대한 올바른 설명을 모두 고르시오.

> (가) 「변액보험 모범판매규준」에 따라 주요 내용, 손실가능성 등을 설명해야 한다.
> (나) 보험회사 직원은 변액보험 판매자격시험을 합격하지 않아도 변액보험을 모집할 수 있다.
> (다) 적합성 진단과 관련하여 보험계약자로부터 확인 받은 내용을 유지·관리하여야 한다.

① (가), (나)  ② (가), (다)  ③ (나), (다)  ④ (가), (나), (다)

**정답** | ②
**해설** | 보험회사 임직원, 보험대리점, 보험중개사 등 모든 모집종사자들은 변액보험 판매자격시험에 합격해야 변액보험을 모집할 수 있다.

**2** 다음 중 변액보험 판매시 준수사항에 대한 설명으로 틀린 것은?

① 변액보험 주요내용 확인서를 교부하여야 한다.
② 변액보험계약의 체결을 권유하지 않고 변액보험을 판매하는 경우 적정성 원칙을 준수하여야 한다.
③ 일반금융소비자에게 변액보험계약의 체결을 권유하는 경우 적합성 원칙을 준수하지 않아도 된다.
④ 보험업감독규정에 따라 완전판매를 위한 모니터링을 실시하여야 한다.

**정답** | ③
**해설** | 일반금융소비자에게 변액보험계약의 체결을 권유하는 경우 적합성 원칙을 준수하여야 한다.

**3** 다음 표의 ( ) 안에 공통으로 들어갈 숫자는 무엇인가?

> 변액보험 판매자격시험에 합격한 후에는 변액보험 상품 및 특별계정 펀드에 대한 컨설팅능력을 강화하기 위해 ( ) 시간 이상 판매전 교육을 이수하여야 하며, 매년 1회 ( ) 시간 이상 보수교육을 이수하여야 한다.

① 2  ② 4  ③ 8  ④ 10

**정답** | ②
**해설** | 4시간 이상 판매 전 교육이수와 매년 1회 4시간 이상 보수교육의 이수가 필요하다.

**4** 다음 표의 ( ) 안에 들어갈 내용으로 알맞은 것은?

> ( )(이)란 보험회사 또는 모집종사자가 보험계약자의 변액보험계약 체결 전에 면담 또는 질문을 통해 보험계약자로부터 파악한 정보를 바탕으로 보험계약 성향분석을 실시하고 보험계약자에게 적합한 보험계약 목록을 제공하는 것을 말한다.

① 계약 전 알릴의무  ② 언더라이팅
③ 적합성 진단  ④ cooling-off 시스템

**정답** | ③
**해설** | 적합성 진단에 대한 설명이다.

**5** 일반금융소비자가 전문금융소비자와 동일한 대우를 받겠다는 의사표시를 할 경우 적합성 진단을 받지 않을 수 있다. (○, ×)

**정답** | ×
**해설** | 일반금융소비자는 변액보험 가입시 적합성 진단을 받아야 하고, 전문금융소비자가 일반금융소비자와 동일한 대우를 받겠다는 의사표시를 할 경우 일반금융소비자로 볼 수 있다.

**6** 다음 중 적합성 진단시 파악해야 하는 내용에 해당하지 않는 것은?

① 보험계약자의 재산상황
② 계약자가 가입한 모든 보험상품
③ 금융상품을 취득·처분한 경험
④ 보험계약 유지능력

**정답** | ②
**해설** | 계약자가 가입한 모든 보험상품은 적합성 원칙에 따라 파악해야 하는 내용에 해당하지 않는다.

**7** 다음 중 적합성 진단에 따른 보험계약 체결절차가 맞게 나열된 것은?

> (가) 상품설명  (나) 가입설계
> (다) 적합성 진단  (라) 보험계약 청약

① (나) → (가) → (다) → (라)
② (나) → (다) → (가) → (라)
③ (다) → (나) → (가) → (라)
④ (다) → (가) → (나) → (라)

**정답** | ③
**해설** | 적합성 진단이 필요한 보험계약은 적합성 진단 후에 가입설계, 상품설명, 보험계약 청약 순서로 계약을 체결한다.

**8** 다음 표의 ( ) 안에 공통으로 들어갈 숫자로 맞는 것은?

> 보험회사 및 모집종사자는 적합성 진단과 관련하여 보험계약자로부터 확인 받은 내용을 ( )(보장기간이 ( )을 초과하는 경우는 보장기간)동안 유지·관리하여야 한다.

① 3년  ② 5년  ③ 7년  ④ 10년

**정답** | ④
**해설** | 10년까지 유지·관리하여야 한다.

**9** 다음 표에서 설명하는 것은 무엇인가?

> • 보험계약자에게 변액보험계약 체결을 권유하지 않고 판매하는 경우
> • 체결 전에 해당 변액보험이 계약자에게 적정하지 않은 경우 안내하는 것

① 적합성 진단  ② 적정성 진단
③ 투자성향 진단  ④ 특별계정 재진단

**정답** | ②
**해설** | 적정성 진단의 정의에 대한 설명이다.

# 주요내용 확인서, 판매 후 모니터링

교재 p219
제4장. 보험공시 및 예금자보호제도 ▶ 03. 변액보험 판매시 준수사항 ▶ 라. 변액보험 주요내용 확인서 교부

## 1 변액보험 주요내용 확인서

### (1) 의의
변액보험 판매관리사는 보험계약자가 변액보험계약을 청약한 경우 변액보험 주요내용 확인서를 교부하고 변액보험의 원금손실 가능성 및 예금자보호법 미적용 등 중요내용을 설명해야 함

### (2) 내용
① 특별계정의 운용에 따른 이익과 손실이 계약자 및 수익자에게 귀속되며, 사망보험금과 해약환급금이 매일 변동된다는 내용
② 납입한 보험료 중 각종 공제금액 및 수수료 등이 제외된 금액이 특별계정으로 투입되며, 해약환급금이 납입보험료에 이르기까지 장기간 소요된다는 내용
   (※ 평균공시이율을 기준으로 투자수익률을 가정하여 최초 원금도달기간 표시) **문제 1**
③ 원금손실 가능성
④ 상품설명서, 약관, 변액보험 운용설명서 등의 교부 및 설명여부 확인
⑤ 변액유니버설보험의 월대체보험료 차감에 따른 해약환급금 감소 및 적립금 부족시 계약해지 가능성 존재
⑥ 변액보험의 원금손실 가능성 및 예금자보호법 미적용(단, 최저보증보험금과 선택특약은 보호대상) **문제 2**

## 2 판매 후 모니터링
- 보험회사는 청약일로부터 15일 이내에 필수 안내사항에 대한 설명여부를 확인하고, 변액보험 공시실 이용에 대한 안내 등을 위해 완전판매 모니터링 실시

---

### 출제 예상문제

**1** 다음 중 변액보험 주요내용 확인서 내용에 대해 틀리게 설명한 것은?

① 특별계정 운용에 따른 이익과 손실이 계약자에게 귀속된다는 내용
② 해약환급금이 납입보험료에 이르기까지 장기간 소요된다는 내용
③ 원금도달기간에 대한 예시는 해당 상품의 평균수익률을 기준으로 한다는 내용
④ 투자결과에 따라 원금손실 가능성이 존재한다는 내용

**정답** | ③
**해설** | 평균수익률 → 평균공시이율

**2** 다음 중 변액보험 주요내용 확인서 내용에 대해 틀리게 설명한 것은?

① 사망보험금과 해약환급금이 매일 변동된다는 내용
② 납입한 보험료 중 각종 공제금액 및 수수료 등이 제외된 금액이 특별계정으로 투입된다는 내용
③ 해약환급금이 납입보험료에 이르기까지 장기간 소요된다는 내용
④ 주계약과 선택특약은 예금자보호법이 적용된다는 내용

**정답** | ④
**해설** | 주계약은 예금자보호법 적용에서 제외된다는 내용
       (단, 선택특약과 최저보증보험금은 보호대상)

# 변액보험 판매시 필수안내사항과 금지사항

교재 p220~224
제4장. 보험공시 및 예금자보호제도 ▶ 03. 변액보험 판매시 준수사항 ▶ 바. 변액보험 판매시 필수안내사항, 사. 변액보험 판매시 금지사항

## 1. 변액보험 판매시 필수안내사항

### (1) 운용실적에 따른 사망보험금 및 해약환급금의 변동
① 매일 보험금 및 해약환급금 변동
② 특별계정 운용실적에 따른 이익과 손실이 계약자에게 귀속된다는 사실 설명

### (2) 원금손실 가능성
① 변액보험은 일정수준 이상의 사망보험금, 연금재원 보장
② 보험사고(사망, 생존)에 대한 최저보증으로, 원금을 보장하는 것과는 성격이 다르기 때문에 중도해지시 해약환급금에는 최저보증이 없으며 원금의 손실 가능성이 있다는 내용 설명
③ 최저연금적립금 미보증 상품은 연금개시시점에도 연금재원이 최저보증이 되지 않는다는 사실 설명

### (3) 「예금자보호법」 적용 제외
① 변액보험에는 「자기책임의 원칙」이 적용됨
② 특별계정 운용실적과 관계없는 특약 및 보험회사가 최저보증하는 보험금 등은 「예금자보호법」의 보호를 받음

### (4) 특별계정 투입보험료
① 납입보험료에서 미리 정해진 사업비 및 특약보험료를 제외한 금액만 특별계정에 투입된다는 설명 〔문제 1〕
② 특별계정 적립금에서 운용관련 수수료 및 최저보증비용 등의 차감에 대한 설명

### ✱ 변액보험 특별계정에서 차감되는 제반비용
- 특별계정 운용관련 수수료(적립금 비례) : 매일 공제, 펀드별 차등
- 최저사망보험금 보증비용(가입금액 또는 적립금 비례) : 매일(매월) 공제, 펀드별 동일 〔문제 2〕
- 최저연금적립금 보증비용(적립금 비례) : 매일(매월) 공제, 펀드별 동일
- 위험보험료(기본보험료 비례) : 매월 공제, 펀드와 무관 〔문제 3〕
- 납입 후 유지비(기본보험료 또는 적립금 비례) : 완납 후 매월 공제, 펀드와 무관

## (5) 펀드의 종류, 펀드별 주식편입비율 등에 대한 설명

| 채권형 | 안정성 추구(투자위험 최소화), 상대적으로 낮은 수익률 |
|---|---|
| 단기채권형 | 리스크헤지용 펀드로 원금손실 가능성은 낮으나, 낮은 투자수익률로 인해 장기 투자시 불리할 수 있음 |
| 혼합형 | 안정성 / 수익성 동시 추구(투자위험 일부 수용) |
| 인덱스 혼합형 | 안정성 / 수익성 동시 추구, 주식부분은 KOSPI200지수 성과 등을 추종하도록 운용(투자위험 일부 수용) 문제 4 |
| 성장형(주식형) | 수익성 최대 추구, 투자위험이 상대적으로 높음 |

## (6) 변액보험 공시실 사용방법 등 설명

① 보험회사 및 생명보험협회 홈페이지「변액보험 공시실」
② 사용방법 및 개별 보험계약관리내용, 특별계정 운용관련 공시내용에 대해 설명
③ 보험가입 후에도 지속적인 공시자료의 제공 및 수시 조회가 가능한 방법에 대해 정확히 설명

## (7) 펀드변경 절차 및 필요성

① 일반적으로 가입시 선택한 펀드는 연 12회 이내(회사별 상이)에 다른 유형으로 변경 가능하며 수수료가 부과될 수 있다는 사실을 설명해야 함
② 절차 : 회사의 고객창구를 방문하여 펀드변경 신청서를 작성하거나 회사의 인터넷 홈페이지 사이버 창구에 접속하여 변경 문제 5
③ 필요성 : 계약자는 개인자산의 효율적인 포트폴리오 구성 가능, 시장변화에 적극적으로 대처할 수 있음

## 2 | 변액보험 판매시 금지사항 문제 6

| 변액보험을<br>타 금융상품이나<br>일반보험으로<br>오인하게 하는 행위 | • 변액보험을 금융투자회사의 펀드상품으로 설명하거나 은행의 저축상품과 동일한 것으로 오인하지 않도록 설명<br>• 현재 변액보험 판매시 정해진 투자수익률(−1%, 평균공시이율, 평균공시이율 × 1.5 등 3가지)을 가정하여 해약환급금 또는 연금액 규모를 설명해야 하는데, 임의로 수익률을 가정하여 해약환급금 또는 연금액을 많이 받을 수 있는 것으로 기대를 높이는 행위 절대 금지<br>• 다만, 최저연금적립금 보증이 없는 변액연금 상품은 해약환급금 예시를 제외하거나, (−)평균공시이율을 포함하여 −1%, 평균공시이율, 평균공시이율 × 1.5 중 3개 이상의 투자수익률을 가정하여 안내 가능 |
|---|---|
| 장래의 운용성과에<br>대한 단정적 판단 | • 장래의 운용성과에 대해서 단정적 판단을 제공하는 행위 절대 금지<br>• 미래수익 전망 등에 대하여 '위험이 없는', '보장된' 등의 단정적 표현 사용 금지 |

| | |
|---|---|
| 자사에게 유리하게 특정회사와 또는 특정기간만을 비교하는 행위 | • 특별계정의 운용실적에 대해 특정회사와 비교하거나 자사에 유리한 특정기간만을 들어서 비교하는 것 또는 그렇게 함으로써 장래를 예측하는 행위 금지<br>• 펀드의 특성을 무시하고 계약자의 오해를 불러일으키는 행위 금지<br>  ⇨ 채권형과 주식형의 비교 |
| 보험금, 해약환급금을 보증하는 행위 | • 기본보험금을 상회하는 사망보험금을 보증하거나 해약환급금 또는 만기보험금 등을 보증하는 것처럼 설명하는 행위 금지 |
| 특별이익의 제공 | • 가입 권유시 보험업법에서 정하는 금액을 초과한 금품 제공 금지<br>• 기초서류에서 정한 사유 이외의 보험료 할인 금지<br>• 기초서류에서 정한 보험금액보다 많은 보험금액의 지급 약속 금지<br>• 보험료 및 대출금 이자의 대납 금지<br>• 그 외의 규정되지 않은 금전적 이익을 제공하거나 제공할 것을 약속하는 행위 금지 |
| 허위, 과장된 설명 | • 변액보험 계약에 관한 사항에 대해 사실과 다른 것을 설명하는 행위 금지 |
| 손실에 대한 보상 약속 | • 자산운용 실적에 의해 원금손실이 발생한 경우, 이를 책임질 것을 약속하는 행위 금지 |
| 중요사항에 대한 불충분한 설명 | • 변액보험의 리스크 등 중요사항에 대해 설명하지 않거나 불완전한 설명 금지<br>• 판매시에는 계약자, 피보험자를 반드시 면접한 후 상품설명서, 변액보험 운용설명서 등을 활용하여 고객이 충분히 이해하도록 설명 |
| 부당한 계약전환을 유도하는 행위 | • 계약자 또는 피보험자에 대해 불이익이 되는 사실을 알리지 않고 기계약을 소멸(해지, 품질보증해지 청구 등)시킨 후에 신규로 변액보험에 가입토록 하거나, 신규로 변액보험에 가입시킨 뒤 기계약을 소멸시키는 행위 금지 |

## 3 | 불완전판매 주요사례

① 해약환급금, 만기환급률 등에 대한 부실 및 과장 설명
② 계약자적립금 운용 등과 관련한 사실 왜곡
③ 변액보험 수수료에 대한 미설명
④ 투자기능만을 중점적으로 설명

## 출제 예상문제

**1** 다음 중 변액보험 판매시 필수안내사항에 대해 틀리게 설명한 것은?

① 매일 보험금 및 해약환급금이 변동한다는 내용
② 변액보험은 자기책임의 원칙이 적용된다는 내용
③ 납입한 보험료 전액이 특별계정으로 투입된다는 내용
④ 최저연금적립금 미보증상품의 경우 연금개시시점에도 최저보증이 되지 않는다는 내용

**정답** | ③
**해설** | 납입한 보험료 전액이 아닌 각종 공제금이 차감된 후 특별계정으로 투입된다는 내용을 안내해야 한다.

**2** 다음 중 변액보험의 특별계정 차감비용에 대한 설명으로 틀린 것은?

① 특별계정 운용보수는 적립금에 비례하여 차감된다.
② 최저연금적립금 보증비용은 적립금에 비례하여 차감된다.
③ 최저사망보험금 보증비용은 기본보험료에 비례하여 차감된다.
④ 위험보험료는 기본보험료에 비례하여 차감된다.

**정답** | ③
**해설** | 최저사망보험금 보증비용은 가입금액 또는 적립금에 비례하여 차감된다.

**3** 다음 중 변액보험관련 비용 중 기본보험료에 비례하여 차감(부과)되는 것은?

① 위험보험료
② 최저사망보험금 보증비용
③ 최저연금적립금 보증비용
④ 특별계정 운용보수

**정답** | ①
**해설** | ② 가입금액 또는 적립금에 비례
③, ④ 적립금에 비례하여 차감된다.

**4** 다음 표에서 설명하는 변액보험 특별계정(펀드)의 유형은?

> 안정성과 수익성을 동시에 추구하며, 주식부분은 KOSPI200 성과 등을 따라가도록 운용함

① 인덱스혼합형
② 단기채권형
③ 채권형
④ 장기채권형

**정답** | ①
**해설** | 인덱스혼합형에 대한 설명이다.

**5** 다음 중 변액보험의 펀드변경에 대해 틀리게 설명한 것은?

① 가입시 선택한 펀드에 대해 통상 1년에 12회 이내에서 다른 유형으로 변경할 수 있다.
② 펀드 변경시에는 별도의 수수료가 부과될 수 있다.
③ 변액보험 판매시 펀드변경에 대해 계약자에게 설명해야 한다.
④ 반드시 보험회사에 방문하여 본인확인 후 펀드변경 신청서를 작성해야 한다.

**정답** | ④
**해설** | 회사의 인터넷 홈페이지에 마련된 사이버창구에 접속하여 변경할 수 있다.

**6** 다음 중 변액보험 판매시 금지사항에 해당하지 않는 것은?

① 기초서류에서 정한 보험금보다 많은 보험금액 지급을 약속하는 행위
② 자사에게 유리하게 특정기간, 특정회사만을 비교하는 행위
③ 원금손실이 발생할 경우 보험회사가 보상해준다고 약속하는 행위
④ 협회 홈페이지에 여러 회사의 펀드수익률, 기준가격 변동 등을 비교·확인할 수 있음을 안내하는 행위

**정답** | ④
**해설** | 변액보험 공시실 사용방법 등을 설명하는 것은 필수안내사항에 해당한다.

**7** 다음 중 변액연금보험의 불완전판매 사례에 해당되지 않는 것은?

① 중도해지시 원금에 미달할 수 있다는 사실을 알리는 행위
② 해약환급금, 만기환급률 등에 대한 부실 및 과장 설명하는 행위
③ 투자기능만을 중점적으로 설명하는 행위
④ 계약자적립금 운용 등과 관련한 사실을 왜곡하여 설명하는 행위

**정답** | ①
**해설** | ②, ③, ④는 금지사항(불완전판매)에 해당되는 내용이다.

## 필수 암기사항

- **변액보험 판매시 필수 안내사항**
  ① 사망보험금 및 해약환급금 변동
  ② 원금손실 가능성
  ③ 예금자보호법 적용 제외
  ④ 특별계정 투입보험료
  ⑤ 펀드의 종류, 펀드별 주식편입비율
  ⑥ 변액보험 공시실 사용방법 설명
  ⑦ 펀드변경 절차 및 필요성

- **특별계정에서 차감되는 비용**
  ① 특별계정 운용관련 수수료 : 적립금 비례, 매일공제
  ② 최저사망보험금 보증비용 : 가입금액 또는 적립금 비례
  ③ 최저연금적립금 보증비용 : 적립금 비례
  ④ 위험보험료 : 기본보험료 비례

- **변액보험 판매시 금지사항**
  ① 타 금융상품이나 일반보험으로 오인하게 하는 행위
  ② 장래의 운용성과에 대한 단정적 판단
  ③ 자사에게 유리하게 특정회사와 또는 특정기간만을 비교하는 행위
  ④ 보험금, 해약환급금을 보증하는 행위
  ⑤ 특별이익의 제공
  ⑥ 손실에 대한 보상 약속 등

# 099

## 예금자보호제도 Ⅰ
### 보호대상 금융회사와 금융상품

### 1. 예금보험제도(예금자보호법)

① 예금 지급불능 방지 : 금융기관의 영업정지나 파산 등으로 고객의 예금을 지급하지 못하게 되는 사태를 방지하기 위해 예금자보호법 제정
② 보험의 원리를 이용한 예금자보호 : 예금자보호법에 의해 설립된 예금보험공사가 금융회사로부터 보험료를 받아 기금 적립 후 금융회사가 예금을 지급할 수 없게 되면 금전(예금보험금) 지급
③ 공적보험 : 예금을 대신 지급할 재원 부족시 예금보험공사가 직접 채권을 발행해 재원 조성 **문제 1**

### 2. 예금보험 적용대상 금융회사(= 부보금융회사)

- 은행(외국금융회사의 국내지점, 산업은행, 기업은행, 농협은행 및 수협은행)·보험회사(생명보험, 손해보험회사)·투자매매업자·투자중개업자(증권회사, 자산운용회사, 선물회사, 증권금융회사 포함)·종합금융회사·상호저축은행 및 상호저축은행 중앙회 등이 해당 **문제 2**
  ⇨ 모든 금융기관을 보호대상으로 하는것이 아님
- 농·수협의 지역조합, 신용협동조합, 새마을금고는 예금보험공사의 보험대상 금융회사 아님 **문제 3**
  ⇨ 각 중앙회 자체적으로 설치·운영하는 기금을 통해 예금자를 보호

### 3. 보호대상 금융상품 ⇨ 예금보험 가입 금융회사의 모든 금융상품이 보호대상 '예금 등'에 해당하는 것은 아님 **문제 4**

| 구분 | 보호금융상품 | 비보호금융상품 |
|---|---|---|
| 은행 | • 보통예금, 기업자유예금, 별단예금, 당좌예금 등 요구불예금<br>• 정기예금, 저축예금, 주택청약예금, 표지어음 등 저축성예금<br>• 정기적금, 주택청약부금, 상호부금 등 적립식 예금 및 외화예금<br>• 예금보호대상 금융상품으로 운용되는 확정기여형(DC) 퇴직연금제도 및 개인형 퇴직연금 제도(IRP)의 적립금<br>• ISA에 편입된 금융상품 중 예금보호 대상으로 운용되는 금융상품<br>• 원금이 보전되는 금전신탁 등 | • 양도성예금증서(CD), 환매조건부채권(RP)<br>• 금융투자상품(수익증권, 뮤추얼펀드, MMF 등)<br>• 특정금전신탁 등 실적배당형 신탁<br>• 은행 발행 채권<br>• 주택청약저축, 주택청약종합저축 등<br>• 확정급여형(DB) 퇴직연금제도의 적립금<br>• 개발신탁 |

| 구분 | 보호금융상품 | 비보호금융상품 |
|---|---|---|
| 투자매매업자 · 투자중개업자 | • 증권의 매수 등에 사용되지 않고 고객계좌에 현금으로 남아있는 금액<br>• 자기신용대주담보금, 신용거래계좌 설정 보증금, 신용공여담보금 등의 현금 잔액<br>• 예금보호대상 금융상품으로 운용되는 확정기여형(DC) 퇴직연금제도 및 개인형 퇴직연금제도(IRP)의 적립금<br>• ISA에 편입된 금융상품 중 예금보호 대상으로 운용되는 금융상품<br>• 원본이 보전되는 금전신탁 등 | • 금융투자상품(수익증권, 뮤추얼펀드, MMF 등)<br>• 선물·옵션거래예수금, 청약자예수금, 제세금예수금, 유통금융대주담보금<br>• 환매조건부채권(RP), 증권사 발행채권<br>• 종합자산관리계좌(CMA), 랩어카운트, 주가지수연계증권(ELS), 주식워런트증권(ELW)<br>• 청약자 예수금, 제세금예수금, 유통금융대주담보금<br>• 확정급여형(DB) 퇴직연금제도의 적립금<br>• 종합금융투자사업자(초대형IB) 발행어음 |
| 보험회사 | • 개인이 가입한 보험계약<br>• 퇴직보험 및 변액보험 특약<br>• 변액보험계약 최저사망보험금·최저연금적립금·최저중도인출금·최저종신중도인출금 등 최저보증<br>• 예금보호대상 금융상품으로 운용되는 확정기여형(DC) 퇴직연금제도 및 개인형 퇴직연금제도(IRP)의 적립금<br>• 중소기업퇴직연금기금에 편입된 금융상품 중 예금보호 대상으로 운용되는 금융상품<br>• 원금이 보전되는 금전신탁 등 문제5 | • 보험계약자 및 보험료납부자가 법인인 보험계약 문제6<br>• 보증보험계약, 재보험계약 문제6<br>• 변액보험계약 주계약(최저사망보험금·최저연금적립금·최저중도인출금·최저종신중도인출금 등 최저보증 제외) 등<br>• 확정급여형(DB) 퇴직연금제도의 적립금 |
| 종합금융회사 | • 발행어음, 표지어음, 어음관리계좌(CMA) 등 | • 금융투자상품(수익증권, 뮤추얼펀드, MMF 등)<br>• 종금사 발행채권 등 |
| 상호저축은행 및 중앙회 | • 보통예금, 저축예금, 정기예금, 정기적금, 신용부금, 표지어음<br>• 상호저축은행 중앙회 발행 자기앞수표 등<br>• 예금보호대상 금융상품으로 운용되는 확정기여형(DC) 퇴직연금제도 및 개인형 퇴직연금제도(IRP)의 적립금<br>• ISA에 편입된 금융상품 중 예금보호 대상으로 운용되는 금융상품 | • 저축은행 발행채권(후순위채권 등) 등<br>• 확정급여형(DB) 퇴직연금제도의 적립금 |

※ DC형, IRP 및 중소기업퇴직연금기금 편입 금융상품 중 예금보호 대상으로 운용되는 금융상품은 합산하여 5천만원까지 별도 보호

## 4 변액보험의 예금자보호 내용

보험약관에 최저보증 약정이 있는 경우 보험회사가 최저보증하는 보험금 등은 예금자보호 대상 문제7

## 5 예금보험관계 표시·설명·확인 제도

① 표시 제도 : 홍보물, 통장, 계좌조회 화면에 예금자보호 안내문 표시(보호여부 로고 적용), 안내책자 및 팜플렛 비치
② 설명 제도 : 예금보험관계의 성립 여부와 보험금의 한도를 문서 등의 방법으로 설명(대면거래시 구두설명)
   ⇨ 금융정보취약계층(만 65세 이상인 자, 은퇴자, 주부) : 예금보험관계 설명을 우선 실시하고 확인 받아야 함
③ 확인 제도 : 예금보험관계 성립 여부와 보험금 한도에 대해 서명, 기명날인, 녹취, 전자서명 등으로 확인
④ 표시·설명·확인 제도 현장조사 : 예금보험공사는 예금보험관계 표시·설명·확인 제도 시행 여부를 방문하여 확인 ⇨ 제대로 이행하고 있지 않을 경우 과태료 부과될 수 있음

## 출제 예상문제

**1** 예금보험공사는 예금보험금 지급 재원이 부족할 경우 직접 채권을 발행할 수 있다. (o, x)

**정답** | ○
**해설** | 예금보험은 공적보험이므로 재원 부족시 예금보험기금채권을 발행하여 재원을 조성할 수 있다.

**2** 다음에서 예금보험공사의 예금보험 적용대상에 해당하는 금융회사를 모두 고르시오.

| (가) 수협은행 | (나) 농협의 지역조합 |
| (다) 투자매매업자 | (라) 생명보험회사 |
| (마) 상호저축은행 | |

① (가), (나), (라)  ② (가), (다), (라)
③ (가), (다), (라), (마)  ④ (가), (나), (다), (라), (마)

**정답** | ③
**해설** | 농·수협의 지역조합, 신용협동조합, 새마을금고는 예금보험 가입 금융회사가 아니며, 각 중앙회가 자체적으로 설치·운영하는 기금을 통하여 예금자를 보호하고 있다.

**3** 다음 중「예금자보호법」에 의한 부보금융기관에 해당되지 않는 것은?

① 상호저축은행  ② 손해보험회사
③ 새마을금고  ④ 투자매매회사

**정답** | ③
**해설** | 새마을금고, 농·수협의 지역조합, 신용협동조합은 예금보험 적용대상 금융회사가 아니다.

**4** 다음 중「예금자보호법」에 의한 예금보험제도에 대해 틀리게 설명한 것은?

① 원금과 소정의 이자를 합하여 1인당 최고 5천만원까지 예금을 보호하고 있다.
② 부보금융회사의 모든 금융상품이 보호대상 예금에 해당한다.
③ 변액보험의 경우에도 보험회사가 최저보증하는 보험금 등은 예금보호대상에 해당한다.
④ 예금자 1인이라 힘은 개인뿐만 아니라 법인도 대상이 된다.

**정답** | ②
**해설** | 부보금융회사의 모든 금융상품이 보호대상 예금은 아니다. 예를 들어 은행이 취급하는 원리금이 보전되지 않는 실적배당형 상품인 투자신탁 상품은 보호대상에서 제외된다.

**5** 다음 중「예금자보호법」에 따라 보호되는 금융상품으로 맞는 것은?

① 양도성예금증서(CD)
② 저축은행 후순위 채권
③ 원본이 보전되는 보험회사의 금전신탁 재산
④ 보증보험계약

**정답** | ③
**해설** | 원본이 보전되는 금전신탁은 예금자 보호대상 금융상품이나 원리금이 보전되지 않는 실적배당형 상품인 투자신탁 상품은 예금자 보호대상 금융상품이 아니다.

**6** 다음 표에서「예금자보호법」에 의해 보호받는 금융상품이 바르게 짝지어진 것은?

| (ㄱ) 재보험계약 | (ㄴ) 보험계약자가 법인인 보험계약 |
| (ㄷ) 변액보험계약의 특약 | (ㄹ) 퇴직보험 |

① (ㄱ), (ㄹ)  ② (ㄴ), (ㄷ)  ③ (ㄱ), (ㄴ)  ④ (ㄷ), (ㄹ)

**정답** | ④
**해설** | 재보험계약, 보험계약자 및 보험료 납부자가 법인인 보험계약은 비보호금융상품이다.

**7** 다음 표의 ( ) 안에 알맞은 것은?

| 보험회사가 파산 등으로 고객의 예금을 지급하지 못하게 될 경우, 변액보험의 최저보증보험금은 ( )에 의해 예금보험공사로부터 보호받을 수 있다. |

①「자본시장과 금융투자업에 관한 법률」
②「예금자보호법」
③「보험업감독규정」
④「보험업법」

**정답** | ②
**해설** | 2016년 6월부터 변경·시행되고 있는「예금자보호법」에 따라 변액보험의 최저보증보험금과 특약은 예금보험공사로부터 보호받을 수 있다.

## 필수 암기사항

- **예금보험제도** : 예금 지급불능 방지, 보험의 원리, 공적보험
- **부보금융회사** : 은행, 보험회사, 투자매매업자, 투자중개업자, 종합금융회사, 상호저축은행
  ⇨ 예금보험 가입 금융회사의 모든 금융상품이 보호대상 '예금 등'에 해당 되는 것은 아님
  ⇨ 농·수협 지역조합, 신협, 새마을금고는 부보금융회사 아님

- **주요 보호 대상 금융상품**
  ① 은행 : 주택청약예금, 표지어음, 상호부금, 외화예금 등
  ② 보험회사 : 퇴직보험, 변액보험 특약, 변액보험계약 최저사망보험금, 최저연금적립금, 최저중도인출금, 최저종신중도인출금 등 최저보증금, 원금이 보전되는 금전신탁 등
  ③ 종합금융회사 : CMA, 표지어음, 발행어음
  ④ 상호저축은행 : 신용부금, 상호저축은행 중앙회 발행 자기앞수표

- **주요 비보호 금융상품**
  ① 은행 : 특정금전신탁, 주택청약저축, 주택청약종합저축, 은행발행 채권
  ② 증권회사 : CMA, 랩어카운트, 환매조건부채권
  ③ 보험회사 : 보험계약자 및 보험료납부자가 법인인 보험계약, 보증보험계약, 재보험계약, 변액보험 주계약
  ④ 상호저축은행 : 저축은행 발행 후순위채권
  ⑤ 공통 : 확정급여형(DB) 퇴직연금제도의 적립금

# 예금자보호제도 II
## 예금보험금 지급과 한도

교재 p229~230
제4장. 보험공시 및 예금자보호제도 ▶ 04. 예금자보호제도 ▶ 마. 보험금이 지급되는 경우

## 1 | 예금보험금이 지급되는 경우(예금보험사고) 문제 1

### (1) 예금이 지급정지된 경우(1종 보험사고)
① 금융감독당국의 예금 지급정지명령을 받은 금융회사의 경영정상화가 불가능하다고 판단될 경우 제3자 계약이전 등을 추진 ⇨ 계약이전 등이 실패하여 파산이 불가피해지면 예금보험공사가 보험금 지급
② 제3자 계약이전이 성사되더라도 계약이전 대상에서 제외된 예금은 예금보험공사에서 보험금 지급 문제 2
　⇨ 계약이전 : 금융당국의 명령 또는 당사자간의 합의로 부실금융회사의 자산과 부채를 다른 금융회사로 이전하는 것

### (2) 인·허가 취소, 해산, 파산의 경우(2종 보험사고) 문제 3
금융회사의 인·허가 취소, 해산, 파산되는 경우에는 예금자의 청구에 의하여 예금보험위원회의 결정을 거쳐 예금보험공사가 보험금 지급 문제 4

## 2 | 예금자보호한도

① 2001년 이후 : 동일한 금융회사 내에서 원금과 소정의 이자를 합하여 예금자 1인당 최고 5천만원 문제 5
② 2015년 2월부터는 예금보호대상 금융상품으로 운용되는 확정기여형(DC)퇴직연금제도 또는 개인형 퇴직연금제도(IRP)의 적립금을 합하여 가입자 1인당 최고 5천만원까지 다른 예금과 별도로 보호 문제 6
　⇨ 확정급여형(DB형)은 보호되지 않음
③ 2016년 6월부터 변액보험 약관에 최저보증 약정이 있는 경우, 최저보증보험금도 예금자보호 한도에 포함
④ 2023년 10월부터 연금저축(신탁, 보험), 사고보험금, 중소기업퇴직연금기금(DC형과 IRP와 합산) 각각에 대해 다른 예금과 별도로 5천만원 보호한도 적용

- 예금자보호한도
  ① 원금과 소정의 이자를 합하여 예금자 1인당 5천만원(외화예금 포함)
  ② 동일한 금융회사 내에서 예금자 1인이 보호받을 수 있는 총 금액(종류별, 지점별 합산 보호금액 아님) 문제 7
  ③ 개인뿐만 아니라 법인도 포함

- 대출이 있는 경우 : 해당 금융회사에 대출이 있는 경우 예금에서 대출금을 먼저 상환(상계)시키고 남은 예금 기준으로 보호

- 실적배당형 투자상품을 취급하는 금융회사들은 고객이 맡긴 돈으로 사들인 재산을 자기재산과는 별도로 보관하고 이를 자신의 부채상환 등에 사용할 수 없음
  ⇨ 해당 금융회사가 파산하는 경우 고객은 자기의 투자재산을 처분하여 보전 가능

## 출제 예상문제

**1** 다음 중 예금자보호제도에서 예금보험금이 지급되는 경우에 해당하지 않는 것은?

① 금융회사의 예금 지급정지
② 금융회사의 상장폐지
③ 금융회사의 인가 취소
④ 금융회사의 파산

**정답 |** ②
**해설 |** 금융회사의 상장폐지는 예금보험금 지급 사유인 1종, 2종 보험사고에 해당하지 않는다.

**2** 다음 중 예금자보호제도에서 예금보험금이 지급되는 경우에 해당하지 않는 것은?

① 부보금융회사의 파산
② 부보금융회사의 허가취소
③ 제3기관으로 계약이전
④ 부보금융회사의 예금 지급정지

**정답 |** ③
**해설 |** 정상화가 불가능한 부보 금융회사가 제3자 계약이전 등을 추진하는 경우 계약이전된 예금의 예금자는 당초 약정대로 보험사고 이전과 같이 정상적인 금융거래를 할 수 있으며, 계약이전 대상에서 제외된 예금에 대해서는 예금보험공사가 1인당 5천만원(원금+소정이자)을 한도로 보험금을 지급한다.

**3** 다음 중에서 예금자보호제도에 대한 설명으로 틀린 것은?

① 재원이 부족할 경우 예금보험공사가 직접 채권을 발행할 수 있다.
② 금융회사의 허가취소는 1종 보험사고에 해당한다.
③ 법인 예금도 보호대상이다.
④ 동일한 금융회사 내에서 예금자 1인이 보호받을 수 있는 금액은 5천만원이다.

**정답 |** ②
**해설 |** 예금지급이 정지된 경우는 1종 보험사고, 금융회사의 인·허가 취소, 해산, 파산의 경우는 2종 보험사고이다.

**4** 다음 중 예금자보호제도에 대한 설명으로 틀린 것은?

① 금융회사가 인·허가취소, 해산, 파산되는 경우 예금자의 청구에 의하여 예금보험공사가 보험금을 지급한다.
② 재원이 부족할 경우에는 예금보험공사가 직접 채권(예금보험기금채권)을 발행할 수 있다.
③ 예금보험공사는 금융회사의 인·허가 취소시 금융위원회의 보험금 결정 등을 거쳐 예금자에게 보험금을 지급한다.
④ 새마을금고는 예금보험 가입금융기관이 아니다.

**정답 |** ③
**해설 |** 금융위원회 → 예금보험위원회

**5** 다음 중 예금자보호제도에 대한 설명으로 맞는 것은?

① 예금자의 원금만 보호대상이다.
② 개인형 퇴직연금제도(IRP)의 적립금도 다른 예금과 합산하여 보호한도에 포함된다.
③ 예금자보호한도는 예금자 1인당 5천만원이다.
④ 변액보험의 특별약관만 보호대상이다.

**정답 |** ③
**해설 |** ① 예금자의 원금과 이자를 합하여 보호한다. ② 예금보호 대상으로 운용되는 확정기여형(DC형) 퇴직연금과 개인형 퇴직연금제도(IRP), 중소기업퇴직연금기금의 적립금을 합하여 가입자 1인당 5천만원까지 다른 예금과 별도로 보호한다. ④ 변액보험의 최저보증보험금도 보호대상이다.

**6** 다음 표의 김생명씨가 A은행 파산시 예금자보호법에 의해 지급받게 되는 예금보험금은 얼마인가?

[예금자 김생명씨가 A은행에 가입한 금융상품 내역]
· 보통예금 : 3,000만원(원금+이자)
· 확정기여형(DC) 퇴직연금 적립금 : 3,000만원
　　　　　　　　　　　　(원금+이자)

① 6,000만원　　② 3,000만원
③ 5,000만원　　④ 4,000만원

**정답 |** ①
**해설 |** 보통예금 3,000만원 + 확정기여형 퇴직연금 3,000만원 = 6,000만원(확정기여형과 개인형 퇴직연금, 중소기업퇴직연금기금은 다른 예금의 예금자보호한도 이외에 별도로 5천만원 한도로 보호된다.)

**7** 다음 중 예금자보호법에 따른 예금보험제도에 대해 틀린 것은?

① 원금과 소정의 이자를 합산하여 보호금액을 산정한다.
② 보험회사의 예금자보호 한도는 1인당 5천만원이다.
③ 동일한 금융회사에 2개 이상의 예금이 있는 경우 큰 금액을 기준으로 적용한다.
④ 다수의 금융회사에 예치되어 있는 경우 금융회사별 한도를 적용한다.

**정답 |** ③
**해설 |** 보호금액 5천만원(외화예금 포함)은 동일한 금융회사 내에서 예금자 1인이 보호받을 수 있는 총 금액이다.

## 필수 암기사항

· **예금보험사고** : 예금이 지급정지된 경우(1종),
　　　　　　　　　인허가 취소, 해산, 파산의 경우(2종)
① 예금보험공사가 보험금을 지급
② 계약이전에서 제외된 예금도 보호대상이면 예금보험공사에서 지급

· **예금자보호한도**
① 원금과 소정의 이자를 합하여 1인당 5,000만원
② 대출이 있을 경우 대출금을 먼저 상계하고 남은 잔액 기준
③ 개인 뿐만 아니라 법인도 보호대상
④ 확정기여형퇴직연금제도(DC형), 개인형퇴직연금제도(IRP), 중소기업퇴직연금기금의 적립금을 합하여 1인당 최고 5천만원까지 다른 예금과 별도로 보호

## 숫자로 보는 변액보험

| | |
|---|---|
| **0.15** | 증권거래세는 유가증권시장, 코스닥시장의 경우 매도자에게 매도금액의 0.15%를 원천징수(2025년 기준) |
| **매일** | 특별계정의 자산평가시기와 결산시기 : 매일 |
| **월 1회** | 변액종신보험의 변동보험금 계산 주기 : 월 1회 |
| **분기 1회** | 변액보험의 보험계약관리내용, 신탁업자의 확인을 받은 자산운용보고서 |
| **1년** | 단기금융시장(자금시장)과 장기금융시장(자본시장)의 구분은 금융상품의 만기 1년을 기준으로 함 |
| **1.5배** | 변액보험의 미래환급금 예시 : -1%, 평균공시이율 (2.75%), 평균공시이율의 1.5배(4.125%) |
| **2배** | 변액연금보험은 연금개시 전 보험기간 중, 변액유니버설보험은 보험기간 중 수시로 기본보험료의 2배 이내에서 보험료 추가납입 가능(단, 보장성은 1배) |
| **2억원** | 금융재산 상속공제금액 최고 한도 : 2억원 |
| **3영업일** | 주식의 매매거래는 매매계약을 체결한 날로부터 3영업일째 결제가 이루어짐(보통결제거래) |
| **3년** | • 보험계약이 해지되었으나 해약환급금이 지급되지 않은 경우 해지된 날로부터 3년 이내에 보험계약을 부활(효력회복) 가능<br>• 정기공시 중 결산공시는 3개월 이내 3년간 공시, 분기공시는 2개월 이내 다음 분기 임시결산공시 전까지 공시 |
| **4시간** | 변액보험자격시험에 합격한 후 판매 전 교육과 매년 1회 보수교육을 각각 4시간 이상 이수해야 함 |
| **연 8회** | 한국은행 금융통화위원회는 연 8회 기준금리를 결정 |
| **10년** | ① 월적립식 저축성 보험의 보험차익 비과세 요건<br> • 최초 납입일부터 만기일 또는 중도해지일까지 10년 이상<br> • 납입기간 5년 이상, 월납보험료가 균등, 선납기간 6개월 이내<br>② 적합성 진단과 관련하여 계약자로부터 확인받은 내용 : 10년 동안 유지관리 |
| **30일** | 변액보험이 청약한 날부터 30일 이내에 승낙된 경우 제1회 보험료의 특별계정 투입일은 청약한 날부터 30일이 지난날의 다음날로 함 |
| **55세** | 종신형 연금보험의 보험차익 비과세 요건<br>• 55세 이후 연금지급<br>• 계약자 사망시 보험계약 및 연금재원 소멸 • 연금 외의 형태로 지급하지 않을 것 • 중도해지 불가 |
| **65세** | 비과세종합저축의 요건<br>• 65세 이상자 또는 장애인<br>• 1인당 5천만원까지 납입 가능<br>• 이자·배당 소득 비과세 |
| **100** | 기업경기실사지수(BSI지수)가 100 이상이면 경기가 좋아질 것으로 보는 기업가가 더 많다는 뜻 |
| **1,000좌** | 특별계정 최초 설정시 기준가격은 1,000좌당 1,000.00원으로 시작 |
| **2,000만원** | 금융소득 종합과세 기준금액은 2,000만원이며, 2,000만원 이하의 금액은 14%(지방소득세 별도)의 세율로 원천징수하고 2,000만원을 초과하는 금액은 종합과세한다. |
| **5,000만원** | 부보금융기관이 파산한 경우 동일한 금융기관 내 예금자 1인이 보호받을 수 있는 금액은 원금과 소정의 이자를 합하여 5,000만원 한도 |

에 센 셜 1 0 1 제
# ESSENTIAL
# 101
# 題

| 합격을 위한 **핵심 출제 포인트 모음**과
| 기본의 기본이 되는 **101개의 대표 문제** |

문제풀이 동영상을 **QR코드**로 확인해 보세요!

제1장: 1~8, 9~15, 16~23
제2장: 24~39
제3장: 40~47, 48~58, 59~67, 68~77, 78~87
제4장: 88~101

## 001. 금융시장의 기능

- 금융기관의 개입 여부에 따라 직접금융과 간접금융으로 구분

| 직접 금융 | 자금 수요자와 자금 공급자가 금융시장을 통하여 직접 자신의 책임과 계산으로 자금을 거래하는 방식(증권회사) |
|---|---|
| 간접 금융 | 손실과 이익에 대한 책임을 금융기관이 부담하는 것으로 금융기관을 중심으로 자금의 융통이 이루어지는 방식(은행) |

- 금융시장의 6가지 기능 : 자금 중개, 금융자산가격의 결정, 유동성 제공, 거래비용 절감, 위험관리, 시장규율
- 탐색비용 : 금융거래 의사를 밝히고 거래상대방을 찾는데 소요되는 비용
- 정보비용 : 금융자산의 투자가치를 평가하기 위해 필요한 정보를 얻는데 소요되는 비용

**문 다음 중 직접금융에 대한 설명으로 맞는 것은?**

① 금융기관이 자금 공급자에게 자금을 받아서 자금 수요자에게 제공한다.
② 금융기관을 중심으로 자금의 융통이 이루어진다.
③ 자금 수요자와 공급자가 금융시장을 통해 직접 자신의 책임과 계산으로 자금을 거래한다.
④ 자금거래의 손실과 이익에 대한 책임을 금융기관이 부담한다.

답 ③

## 002. 단기금융시장 vs 장기금융시장의 차이점

| 단기금융시장 | 장기금융시장 |
|---|---|
| • 거래가 대규모로 이루어지며<br>• 유동성이 높고<br>• 만기가 짧기 때문에 금리가 변하더라도 가격변동 크지 않음 | • 만기가 길어 유동성이 낮으며<br>• 금리변동에 따른 가격변동 위험이 큼 |

| 구분 | 만기 구분 | 거래 규모 | 유동성 | 가격 변동폭 | 금리 수준 | 주요 금융상품 |
|---|---|---|---|---|---|---|
| 단기 금융시장 (자금시장) | 1년 미만 | 대규모 | 높음 | 낮음 | 낮음 | 콜, 기업어음, CD, 단기사채, 통화안정증권, 환매조건부채권, 표지어음 등 |

※ 장기금융시장에서 거래되는 상품
 ⇨ 채권, 주식, 자산유동화증권 등

**문 다음 중 단기금융시장에 대한 설명으로 맞는 것은?**

① 금리변동시 가격변동폭이 크다.
② 기업어음, 자산유동화증권이 거래되는 시장이다.
③ 자본시장이라고도 한다.
④ 통상 만기 1년 미만의 금융상품이 거래되는 시장이다.

답 ④

## 003. 단기금융시장에서 거래되는 금융상품

| 콜시장 | • 금융기관이 상호간에 초단기로 자금을 거래하는 시장<br> ⇨ 대부분 무담보(신용콜) 중개거래(최저 1억원 이상)<br>• 대출자 입장 : 콜론(Call Loan),<br> 차입자 입장 : 콜머니(Call Money) |
|---|---|
| 환매조건부 채권매매시장 | • 일정기간 경과 후 일정한 가격으로 동일채권을 다시 매수, 매도할 것을 조건으로 채권이 거래되는 시장 |
| 양도성 예금증서 | • 은행의 정기예금에 양도성을 부여한 증서, 예금자보호에 해당 없음<br>• 수출입은행을 제외한 모든 은행에서 발행, 만기 전 중도환매 불가(최단만기 30일 이상) |
| 단기사채시장 | • 발행금액 최소 1억원 이상, 만기 1년 이내 |
| 통화안정증권 시장 | • 한국은행이 통화량을 조절하기 위하여 금융기관 또는 일반인을 대상으로 발행하는 통화안정증권이 거래되는 시장(금융기관, 법인, 개인 거래 가능) |

**문 다음 중 통화안정증권을 발행하는 기관으로 알맞은 것은?**

① 한국은행　　② 한국수출입은행
③ 예금보험공사　　④ 금융위원회

답 ①

## 004. 한국은행의 통화정책

- 통화정책 운영체계 : 물가안정목표제
 ⇨ 물가동향, 국내외 경제상황, 금융시장 여건 등을 종합적으로 고려하여 기준금리 결정

| 기준금리 결정기구 | 한국은행 금융통화위원회 | 연 8회 결정,<br>콜금리에 즉시 영향,<br>장기적으로 실물경제활동에 영향 |
|---|---|---|
| 경기과열시 | 금리인상 | |
| 경기침체시 | | 금리인하 |

- 자금수요 증가 ⇨ 금리상승 ⇨ 기업투자, 민간소비 감소
 자금공급 증가 ⇨ 금리하락 ⇨ 민간소비, 기업투자 증대
- 금리의 3가지 역할
 ① 현재의 소비와 미래소비의 가치를 동일하게 유지
 ② 자금의 수요 및 공급 규모 결정
 ③ 필요부문에 적절한 자금배분

**문 다음 중 한국은행의 통화정책에 대한 설명으로 알맞은 것은?**

① 물가가 상승할 것으로 예상되면 금리를 인하한다.
② 기준금리 결정시에 통화안정증권을 사용한다.
③ 통화정책의 운영체계는 물가안정목표제를 채택하고 있다.
④ 분기 1회 기준금리를 결정한다.

답 ③

## 005. 금리의 종류

- 물가변동 고려여부를 기준으로 명목금리와 실질금리로 구분
- 실질금리 ⇨ 물가변동을 반영한 금리 ⇨ (-)될 수 있음
- 실효금리 ⇨ 실제로 지급하거나 부담하게 되는 금리

| 실질<br>금리 | 명목금리-기대 인플레이션<br>(물가상승률) | 실효<br>금리 | 금융상품의<br>금리수준<br>비교시 기준 |
|---|---|---|---|

- 표면금리가 동일하더라도 이자계산방법, 과세방법 등에 따라 실효금리는 달라짐
- ※ 수령액이 많은 순서 ⇨ 월복리 > 6개월 복리 > 연복리 > 단리

**문 다음 중 금리에 대한 설명으로 틀린 것은?**

① 금리의 변동은 자금의 수요와 공급에 영향을 미친다.
② 물가변동 고려여부에 따라 표면금리와 실효금리로 구분된다.
③ 실질금리는 명목금리에서 물가상승률을 뺀 금리를 말한다.
④ 금리간 수준비교는 통상 실효금리를 기준으로 이루어진다.

답 ②

## 006. 금융투자업자의 고유업무

| 구분 | Keyword | 구분 | Keyword |
|---|---|---|---|
| 투자매매업 | 자기의 계산 | 집합투자업 | 펀드영업 |
| 투자중개업 | 타인의 계산 | 투자자문업 | 자문 |
| 신탁업 | 위탁자, 관리하는 업무 | 투자일임업 | 일임 |

※「자본시장법」의 4가지 기본방향
① 포괄주의 규율체제(포괄적 자율, 예외적 규제)
② 기능별 규율 체제(경제적 실질에 따라 규율)
③ 업무범위의 확대(겸영, 부수업무 허용 등)
④ 투자자 보호제도 선진화(설명의무, 적합성 원칙 등)

**문 다음 표에서 설명하는 것으로 알맞은 것은?**

> 누구의 명의로 하든지 타인의 계산으로 금융투자상품의 매도·매수, 그 중개나 청약의 권유, 청약, 청약의 승낙 또는 증권의 발행·인수에 대한 청약의 권유, 청약, 청약의 승낙을 영업으로 하는 것

① 투자매매업   ② 투자중개업
③ 집합투자업   ④ 투자일임업

답 ②

## 007. 수신상품(실적배당형 상품)

| | |
|---|---|
| 금전신탁 | • 투자자가 금전을 금융기관에 위탁하여 운용하는 상품<br>⇨ 고유계정과 분리된 별도의 신탁계정으로 운용<br>※ 특정금전신탁은 운용대상을 위탁자가 구체적으로 지정하는 상품 |
| 단기<br>실적배당상품<br>(MMF, CMA) | • 입출금이 자유로운 상품<br>※ MMDA : 시장실세금리 + 고금리 + 자유로운 입출금 + 결제기능 결합된 은행상품, 단기간 목돈 운용에 유리한 예금상품 |
| 부동산투자신탁<br>(REITs) | 원금손실이 가능한 실적배당형 상품 |
| 변액보험 | 변액종신보험, 변액유니버설보험, 변액연금보험 |
| 집합투자기구 | 투자신탁, 투자회사, 상장지수 집합투자기구 등 |

※ 인덱스펀드 : 펀드의 수익률이 시장수익률을 따라가도록 설계되고 운용되는 펀드

**문 다음 중 MMDA에 대한 설명으로 틀린 것은?**

① 시장실세금리에 의한 고금리 상품이다.
② 자유로운 입출금 및 각종 이체, 결제기능이 결합된 상품이다.
③ 장기간 목돈을 운용할 때 유리한 예금상품이다.
④ 변액유니버설보험의 중도인출 기능은 은행의 MMDA와 유사하다.

답 ③

## 008. 투자신탁(수익증권) vs 투자회사(뮤추얼펀드)

- 집합투자기구(펀드) : 다수의 투자자들로부터 자금을 모아 유가증권 등에 투자하고 발생한 수익을 투자자의 투자비율에 비례하여 나누어 주는 상품
⇨ 보험회사, 은행, 증권, 자산운용회사에서 판매 가능

| | 투자신탁(수익증권) | 투자회사(뮤추얼펀드) |
|---|---|---|
| 설립형태 | 계약(신탁) | 법인(주식회사) |
| 발행유가증권(투자자) | 수익증권(수익자) | 주식(주주) |
| 관련법률 | 「신탁법」,「자본시장법」 | 「상법」,「자본시장법」 |

※ ETF(상장지수 집합투자기구) : 인덱스펀드를 거래소에 상장하여 주식과 같이 자유롭게 거래할 수 있는 상품
※ COFIX : 예금은행의 자금조달 금융상품(후순위채 및 전환사채 제외)의 가중평균금리를 반영하여 산출된 지수(2010년 이후 금융기관 주택담보대출의 기준금리로 사용)
⇨ 은행연합회에서 결정 후 발표

**문 다음 표의 투자신탁(수익증권)과 투자회사(뮤추얼펀드)의 비교 내용 중 틀린 것은?**

| | 구분 | 투자신탁(수익증권) | 투자회사(뮤추얼펀드) |
|---|---|---|---|
| ① | 설립형태 | 계약(신탁) | 법인(주식회사) |
| ② | 투자자의 법적지위 | 주주 | 수익자 |
| ③ | 발행유가증권 | 수익증권 | 주식 |
| ④ | 관련법률 | 「신탁법」,「자본시장법」 | 「상법」,「자본시장법」 |

답 ②

## 009. 기업공개 vs 상장

| 기업공개(기업단위) | 상장(증권 종목별) |
|---|---|
| • 본격적인 주식회사의 체제를 갖추는 것<br>⇨ 신주공모, 구주매출 또는 이 두 가지 혼합 가능(채권발행과는 무관)<br>⇨ 주식소유 집중 완화, 주식 분산, 자금 조달 능력 향상 | • 공인된 거래소에서 거래가 가능하도록 하는 것 |

※ 주식의 개념 : 자기자본(상환 필요 없음, 회사 소유권, 의결권)

[주식의 종류]
① 보통주 : 이익배당이나 잔여재산분배 등에서 표준이 되는 주식
② 우선주 : 이익배당이나 잔여재산분배 등에서 우선이 되는 주식
③ 우리나라는 무의결권주 발행 가능, 무액면주는 발행 불가

※ 주식발행 : 기업공개, 유상증자, 무상증자, 주식배당 등

**문 다음 중 기업공개에 대한 설명으로 맞는 것은?**

① 기업공개 과정에서 발행된 주식은 반드시 거래소에 상장되어야 한다.
② 신주공모 또는 구주매출의 방법으로 진행된다.
③ 주식발행, 채권발행 방식 모두 가능하다.
④ 기업이 발행한 증권종목별로 이루어진다.

답 ②

## 010. 증자 vs 감자

• 유상증자 : 주주배정(기존 주주들의 보유지분에 비례하여 배정, 일반적 방법), 주주우선공모, 제3자 배정(제3자에게 인수권 부여), 일반공모, 직접공모(인수기관 통하지 않고 직접 공모)
• 무상증자 : 주식배당

| 증자 | 자본금을 증가시키는 행위(신주발행)<br>① 유상증자 : 자본금↑ & 실질재산↑<br>② 무상증자 : 자본금↑ & 실질재산 변동 無 |
|---|---|
| 감자 | 증자와 반대로 주식수를 줄여 자본금을 줄임, 액면가 변동 無<br>⇨ 누적된 부실 해소 목적 |

※ 자사주 매입 : 배당금을 재원으로 시중에 유통되는 주식을 사서 주식수를 줄임으로써 주당가치를 높이는 방법
⇨ 매입한도 엄격 제한

**문 다음 중 증자에 대한 설명으로 맞는 것은?**

① 주식배당도 증자의 한 형태이다.
② 유상증자를 하면 타인자본이 증가된다.
③ 자사주매입은 유상증자의 효과와 동일하다.
④ 발행회사가 인수기관을 통하지 않고 직접공모하는 것은 불가능하다.

답 ①

## 011. 위탁수수료와 증권거래세

• 위탁수수료 : 주식매매에 따른 증권회사의 수수료
⇨ 매도 & 매수시 납부, 요율은 금융투자업자가 자율적으로 결정
• 증권거래세 : 매매에 대한 세금 ⇨ 매도자에게만 부과

| 유가증권시장 | 0.15%<br>(2025년 기준) | 코스피와 코스닥의 증권거래세는 금융투자소득세 시행 시기에 맞추어 단계적 인하 예정<br>(2025년 0.18% → 0.15%) |
|---|---|---|
| 코스닥시장 | | |

※ 결제방식 : 매매계약을 체결한 날로부터 3영업일째 결제
※ 위탁증거금 : 고객의 주문이 진실하다는 증표로 금융투자회사가 징수하는 증거금 ⇨ 금전 또는 유가증권으로 징수
※ 가격제한폭 : 전일종가 대비 상하 30%
※ 정규시장 매매거래시간 : 09시부터 15시 30분까지

**문 다음 중 주식의 매매거래에 대한 설명으로 맞는 것은?**

① 매매거래 성립시 적용되는 위탁수수료 요율은 법률로 정한다.
② 매매계약 체결일 다음날 결제가 이루어진다.
③ 정규시장에서의 매매거래 체결은 대량거래 우선의 원칙이 적용된다.
④ 증권거래세율은 금융투자소득세 시행시기에 맞추어 단계적으로 인하될 예정이다.

답 ④

## 012. 매매거래 중단제도, 프로그램 매매 호가효력 일시정지제도

[매매거래 중단제도] → Circuit Breaker, 815 201 201
• KOSPI 지수가 전일종가 대비 8%, 15%, 20% 이상 하락하여 1분간 지속될 경우 20분간 매매거래 중단
⇨ 단계별로 1일 1회로 한정
• 장 종료 40분 전 이후에는 중단하지 않음

[프로그램 매매 호가효력 일시정지제도] → Sidecar, 5151
• 선물가격이 5% 등락 + 1분 지속 + 5분 중단 + 1일 1회 적용

※ 증권거래소는 특정종목의 매매거래 정지 가능
※ 배당기준일(마지막 거래일) - 2영업일까지 매수해야 배당자격 있음
ex) 12월 28일 - 2영업일 = 12월 26일(3영업일째 결제)

**문 다음 중 프로그램 매매 호가효력 일시정지제도(Sidecar)가 발동되지 않는 경우로 맞는 것은?**

① 장 개시 10분 전부터 장 개시 시간까지
② 장 개시 40분 전부터 장 개시 시간까지
③ 장 종료 40분 전부터 장 종료시점까지
④ 장 종료 50분 전부터 장 종료시점까지

답 ③

## 013. 주식시장의 공시제도

| 「상법」상 공시 | 주주 대상 기업정보를 직접적으로 공시 (정관, 이사회의사록 등) |
|---|---|
| 「자본시장법」상 발행공시 | 발행증권과 증권 발행인에 관한 정보 공시 (증권신고서 등) |
| 「자본시장법」상 유통공시 | 정기공시(사업보고서, 반기보고서, 분기보고서 등), 수시공시, 주요사항보고서, 기타공시 |

※ 우리나라 주가지수는 시가총액방식 ⇨ 다우존스산업평균지수와 니케이225지수는 주가평균방식
※ 관리종목 지정사유 : 최종부도, 은행거래 정지, 회사정리절차 개시, 심각한 자본잠식, 사업보고서 미제출 등
※ 주식 매매차익은 비과세 vs 배당수익은 배당소득세(14%)

문 **다음 중 주식시장의 공시에 대한 설명으로 틀린 것은?**

① 「상법」에서는 회사가 주주명부상의 주주를 대상으로 일정한 기업 정보를 직접적으로 공시하는 것을 원칙으로 하고 있다.
② 「자본시장법」상의 발행시장공시로 증권신고서가 있다.
③ 「자본시장법」상의 유통시장공시에서 공개매수 신고서는 수시공시에 해당한다.
④ 회사의 정관 및 이사회의사록, 영업보고서, 대차대조표, 손익계산서, 공인회계사의 감사의견서 등을 비치·공시하도록 하고 있다.

답 ③

## 014. 주가수익비율(PER = Price Earnings Ratio)

· PER = 현재 주가 ÷ 주당순이익    *주당순이익 = 당기순이익/발행주식수

| 정의 | 주식의 현금창출능력과 현재가격을 비교하는 잣대 |
|---|---|
| 평가 | PER 낮음 ⇨ 향후 주가가 상승할 가능성이 높은 것으로 판단 |
| 특징 | · 채권금리의 역수와 유사한 성격<br>· 정확한 적정배수 규명 어려움 |

[KOSPI200지수] 유가증권시장에 상장되어 있는 주식 중 시장대표성, 유동성 및 업종 대표성 등을 고려해 선정된 200개 종목을 대상으로 산출하는 지수

[기업경기실사지수(BSI)] 기업가들의 경기에 대한 판단, 투자확대, 장래전망 등을 설문을 통해 조사한 지수

[경기선행지수] 구인구직비율, 건설수주액, 기계류 내수 출하지수, 재고순환지표, 소비자기대지수, 코스피지수, 장·단기 금리차 등

문 **다음 표에서 주가수익비율(PER)로 알맞은 것은?**

· 당기순이익 : 2,000,000원
· 현재 주가 : 10,000원
· 발행주식수 : 1,000주

① 10   ② 20   ③ 50   ④ 5

답 ④

## 015. 주식시장의 상승신호와 주식시세표의 이해

[주식시장의 5가지 상승신호]
① 고객예탁금 증가    ② 외국인 매수 증가
③ 우리나라 수출 증가   ④ 경기선행지수의 상승
⑤ 기업경기실사지수의 상승

[주식시세표]                          (단위 : 원, 10주)

| 종목 | 종가 | 전일대비 | 거래량 | 시가 | 고가 | 저가 |
|---|---|---|---|---|---|---|
| A생명 | 56,500 | ▲1,000 | 183 | 57,000 | 58,500 | 56,300 |

· 금일종가 : 거래당일의 최종가격(56,500)
· 전일종가 : 금일종가 − 전일대비(56,500 − 1,000 = 55,500)
· 거래량 : 당일 매입 또는 매도된 주식 총수(183×10=1,830주)

문 **다음 중 주식시세표에 대한 설명으로 맞는 것은?**

(단위 : 원, 10주)

| 종목 | 종가 | 전일대비 | 거래량 | 시가 | 고가 | 저가 |
|---|---|---|---|---|---|---|
| A생명 | 56,500 | ▲1,000 | 183 | 57,000 | 58,500 | 56,300 |

① 전일 종가는 금일 저가보다 높다.
② 금일 시가는 금일 종가보다 높다.
③ 금일 시가는 전일 종가보다 낮다.
④ 거래량은 18,300주이다.

답 ②

## 016. 채권의 특성

· 발행주체 : 법률로 정해져 있음
· 채권의 만기까지 보유하거나 만기 이전에 유통시장에서 자유롭게 거래할 수 있음
· 국채는 국회 동의(한도 제한 ○), 회사채는 사채등급 평가와 증권신고서 제출(한도 제한 ×)
· 채권은 당일결제 또는 익일결제 vs 주식은 3일 결제 거래 방식
· 유통시장 거래 방식 : 장외거래, 상대매매, 기관투자자 중심, 10,000원당 단가로 매매, 개인투자자들은 주로 RP 방식으로 거래

※ 단기채(통화안정증권),
중기채(국고채, 외국환평형기금채권, 회사채),
장기채(국민주택채권, 도시철도채권)

문 **다음 중 채권의 특성에 대한 설명으로 틀린 것은?**

① 채권은 만기까지 보유할 수 있고 만기 이전에 유통시장에서 자유롭게 거래할 수 있다.
② 채권을 발행할 수 있는 주체는 법률로 정해져 있다.
③ 채권은 기업의 소유권을 나타내는 증서이다.
④ 채권가격은 유통수익률에 반비례한다.

답 ③

## 017. 채권과 주식의 차이점

| 채권(대부증권) | 주식(출자증권) |
|---|---|
| 타인자본, 부채증가, 원금상환의무, 경영참가 불가능, 회사 정리절차 등에서 채권단 참여 | 자기자본, 자본금 증가, 원금상환의무 없음, 경영참가 가능, 의결권, 배당금 수취 |

[채권 관련 주요 용어]

| 액면가 | 채권 1장마다 표시되어 있는 금액(이자산출을 위한 기본단위) |
|---|---|
| 표면수익률 | 채권의 표면에 기재된 수익률 (재투자 없이 단리로 수령하는 연이자율) |
| 이표채 | 표면이율에 따라 일정기간마다 이자를 나누어 지급하는 채권 |
| 할인채 | 액면가에서 상환기일까지의 이자를 차감하여 발행가격이 정해지는 채권 |
| 복리채 | 이자가 복리로 재투자되어 만기시에 원금과 이자가 지급되는 채권 |

**문** 다음 중 주식과 채권에 관련한 설명으로 알맞은 것은?

① 주식은 대부증권이다.
② 채권은 회사 경영의 의사결정에 참여할 수 있다.
③ 주식은 채권에 우선하여 재산분배권을 갖는다.
④ 채권은 회사 정리절차 등에서 채권단에 참여할 수 있다.

**답** ④

## 018. 합성채권 (전환사채, 신주인수권부사채, 교환사채)

| 구분 | 전환사채 | 신주인수권부사채 | 교환사채 |
|---|---|---|---|
| 대상 유가증권 | 발행회사의 주식 | 발행회사의 주식 | 발행회사가 소유한 상장유가증권 |
| 권리행사 후 사채권자의 지위 | 지위 상실 (발행사 주주) | 지위 존속 (발행사 주주) | 지위 상실 (교환주식 회사 주주) |
| 추가자금 | 불필요 | 필요 | 불필요 |

※ 신주인수권부사채는 채권과 별도로 신주인수권만 따로 거래 가능
※ 주식의 성격을 가미한 합성채권이 대부분, 채권의 기본조건(만기 등)을 변경할 수 있는 특약 부가
  ⇨ 낮은 발행금리 + 다양한 투자욕구 충족

**문** 다음 중 전환사채와 교환사채의 공통점으로 알맞은 것은?

① 특약(옵션)이 부가되어 보통사채에 비해 발행금리가 낮다.
② 발행회사의 주식을 취득할 수 있다.
③ 발행회사가 소유한 상장유가증권을 취득할 수 있다.
④ 채권, 부동산 등의 자산을 증권화하여 자금을 조달한다.

**답** ①

## 019. 채권수익률

| 구분 | 내용 |
|---|---|
| 발행수익률 | 발행될 때 매입가격으로 산출된 수익률 |
| 유통수익률 | 대표수익률, 유통시장에서 형성되는 수익률 (내부수익률, 시장수익률) |
| 만기수익률 | 만기까지 보유할 경우 얻을 수 있는 투자원금 대비 수익률 |
| 실효수익률 | 매입가격 대비 실현 총수익률 (이자수입 + 이자의 재투자 수입 + 자본수익) |

[채권수익률 결정 요인]
① 시중자금 풍부 → 이자율 하락 → 채권수익률 하락 → 채권가치 상승
② 채권의 잔존만기 길수록, 채무불이행 위험 높을수록, 유동성이 낮을수록 채권수익률 상승
③ 채권가격은 유통수익률에 반비례
④ 낮은 표면금리, 만기가 긴 채권은 유통수익률 변동에 따른 채권 가격변동폭 커짐

**문** 다음 중 채권수익률과 채권가격에 대한 설명으로 틀린 것은?

① 자금공급이 감소하면 이자율이 상승하여 채권수익률은 상승한다.
② 자금공급이 증가하면 이자율이 하락하여 채권의 가치는 하락한다.
③ 시중자금이 풍부해지면 자금의 가치가 하락한다.
④ 시중자금이 풍부해지면 채권의 가격은 상승한다.

**답** ②

## 020. 세금의 종류별 과세형태

| 이자소득 | 금융소득 | 종합소득과세 (분리과세) | 유형별 포괄주의 |
|---|---|---|---|
| 배당소득 | | | |
| 사업소득, 근로소득 | | | 열거주의 |
| 연금소득, 기타소득 | | | |
| 퇴직소득 | | 분류과세 | |
| 양도소득 | | | |

※ 종합과세 원칙(요건 충족시 분리과세 )
① 금융소득 분리과세 : 2,000만원 이하는 14% 분리과세
② 연금소득 분리과세 : 저율 분리과세, 분리과세
③ 기타소득 분리과세 : 300만원 이하

**문** 현행 소득세법에 따른 과세방식에 대한 설명으로 맞는 것은?

① 소득세는 종합과세방식을 적용한다.
② 퇴직소득은 종합과세하지 않고 양도소득과 합산하여 분류과세한다.
③ 이자소득, 배당소득에 대해서는 열거주의를 적용한다.
④ 상속세와 증여세는 순자산증가설을 적용한다.

**답** ①

## 021. 분류과세

**[분류과세]**
- 종합소득에 포함되지 않는 퇴직소득, 양도소득
  ⇨ 장기간에 걸쳐 발생한 소득으로 종합소득과 구분하여 각 소득별로 분류과세

ex) 종합소득 과세에 해당하는 합산 소득금액 계산 사례

| | |
|---|---|
| • 양도소득 : 3천만원 | • 사업소득 : 2천만원 |
| • 이자소득 및 배당소득 : 1천만원 | • 근로소득 : 1천 5백만원 |

⇨ 종합소득 금액 : 3천 5백만원

**문 다음 중 분류과세하는 소득으로 알맞은 것은?**

① 양도소득
② 근로소득
③ 연금소득
④ 사업소득

답 ①

## 022. 소득세, 법인세, 상속세와 증여세의 세율

**[과세대상과 세율]**

| 소득세 | 6%(1,400만원 이하)~45%(10억원 초과)까지 8단계 |
|---|---|
| 법인세 | 9%(2억원 이하)~24%(3,000억원 초과)의 4단계 |
| 상속세, 증여세 | 10%(1억원 이하)~50%(30억원 초과) 5단계 |

- 법인세는 순자산증가설, 상속세와 증여세는 완전포괄주의로 과세
- ※ 법인을 수익자로 하여 저축성 보험에 가입한 경우 보험차익 비과세 요건을 충족하더라도 순자산증가설을 적용하여 법인세 과세

**문 다음 중 법인세, 상속세 및 증여세에 대해 틀리게 설명한 것은?**

① 상속세와 증여세의 최고 과세표준은 30억원 초과이다.
② 상속세와 증여세의 세율은 10%~50%이다.
③ 법인세의 최고세율은 21%이다.
④ 법인세 과세표준이 2억원 이하인 경우 9%의 세율을 부과한다.

답 ③

## 023. 금융소득과 세금

**[금융소득 종합과세]**
- 개인별 연간 금융소득의 합계액으로 판단
- 금융소득 중 비과세 및 분리과세 소득을 제외한 금융소득이 2천만원을 초과하는 경우 금융소득 전체가 종합과세 대상

| 종합과세방식 | 2천만원 초과금액은 다른 종합소득과 합산하여 종합과세하고, 2천만원 이하의 금액은 14%의 원천징수 세율(지방소득세 별도) 적용 |
|---|---|
| 분리과세방식 | 금융소득에 14%의 원천징수세율(지방소득세 별도) 적용 |

※ 비교과세제도 : 종합과세방식과 분리과세방식 중 큰 금액 기준

**[비과세 종합저축]**
- 65세 이상 거주자 및 장애인 등, 1명당 저축원금 5천만원 이하

**문 다음 중 금융소득의 과세방법에 대한 설명으로 틀린 것은?**

① 분리과세된 금융소득은 금융소득 종합과세 대상에서 제외된다.
② 종합과세 여부는 개인별 연간 금융소득 합계액으로 판단한다.
③ 비과세 종합저축의 한도는 1인당 5천만원 이하이다.
④ 금융소득 중 비과세 및 분리과세 소득을 제외한 금융소득이 3천만원인 경우 분리과세 한다.

답 ④

## 024. 생명보험의 개념 및 운영원리

**[생명보험 운영원리]** ⇨ 보험료 산출

| 대수의 법칙 | • 다수를 대상으로 관찰<br>⇨ 사고의 발생 가능성 예측 가능 |
|---|---|
| 수지상등의 원칙 | • 보험회사가 장래에 수입되는 보험료의 총액과 향후 고객에게 지급될 보험금, 사업비(경비) 등의 지출하는 총 금액이 같도록 하는 원칙<br>• 계약자 개개인이 아닌 전체 보험계약자 측면에서 수지상등의 원칙 적용 |
| 생명표 | • 어떤 연령대의 사람들이 1년에 몇 명 정도 사망 (또는 생존)할 것인가를 계산하여 산출한 표<br>• 2024년 4월부터 제10회 경험생명표 적용 |

**문 다음 보기의 ( ) 안에 알맞은 생명보험의 기본원리는 무엇인가?**

다수의 사람을 대상으로 관찰해보면 (　　)에 따라 사고의 발생 가능성을 예측할 수 있고, 보험료를 산출할 수 있게 된다.

① 대수의 법칙　　② 수지상등의 원칙
③ 생명표　　　　④ 자기책임의 원칙

답 ①

## 025. 보험료 산출 (3이원방식과 현금흐름방식)

**[현금흐름방식]**
- 3가지 기초율 외에도 계약유지율, 판매량, 목표이익 등 현금흐름에 영향을 주는 다양한 요소 반영

| 구분 | 3이원방식 | 현금흐름방식 |
|---|---|---|
| 가정종류 | 위험률, 이자율, 사업비율 | 3이원 포함, 해지율, Option, 재보험 등 |
| 가정적용 | 보수적인 표준기초율 | 회사별 최적가정 |
| 특징 | 이원별 손익, 전통방식 | 종합손익, 새로운 원가요소 반영 용이 |

- 우리나라 생명보험회사들은 2013년부터 현금흐름방식을 사용하여 보험료 산출
- 순보험료 = 위험보험료(예정위험률) + 저축보험료(예정이율)
- 총보험료 = 순보험료 + 부가보험료(예정사업비율)

**문 다음 중 부가보험료에 해당하는 것은?**

① 예정사업비율에 의하여 산출된 보험료
② 예정위험률을 기초로 산출된 보험료
③ 중도·만기보험금 등 생존시 지급되는 보험금의 재원이 되는 보험료
④ 위험보험료와 저축보험료를 합한 것

답 ①

## 026. 책임준비금의 구성항목 (IFRS17 적용 기준)

**[IFRS17]** 보험부채 시가평가 회계기준으로 2023년 도입
- 책임준비금(보험부채) : 평가시점의 현재가치로 적립
  ⇨ 원가기준에서 시가기준으로 변경

| | | |
|---|---|---|
| 보험계약 부채 | 잔여보장 부채 | • 발생하지 않은 보험사건에 대한 지급의무<br>• 최선추정부채, 위험조정, 보험계약마진 |
| | | 이행현금흐름 : 최선추정부채 + 위험조정 |
| | | 보험계약마진 : 미래(미실현)이익 |
| | 발생사고 부채 | • 이미 발생한 보험사건에 대한 지급의무<br>• 최선추정부채, 위험조정 |

※ 보험계약마진 : 보험계약 집합 내 보험계약에 따라 보험계약 서비스를 제공하면서 인식하게 될 미실현이익

**문 2023년 보험부채 시가평가 회계기준인 IFRS17이 도입됨에 따라 보험부채 평가 방법이 원가기준에서 시가기준으로 변경되었다.**

답 ○

## 027. 책임준비금의 구성 항목 (IFRS17 적용 이전)

**[책임준비금]** (미상각신계약비 ⓧ)
- 구성 항목 : 보험료적립금, 미경과보험료적립금, 지급준비금, 계약자배당준비금, 계약자이익배당준비금, 배당보험손실 보전준비금, 재보험료적립금, 보증준비금 등

  ※ 보험료적립금 : 매 회계연도 말 유지되고 있는 계약에 대하여 장래의 보험금 등의 지급을 위해 적립하는 금액, 책임준비금의 대부분을 차지함

  ※ 지급준비금 : 사업연도 말 현재 보험금 등의 지급사유가 발생한 계약에 대하여 지급하여야 하거나 지급하여야 할 것으로 추정되는 금액 중 아직 지급하지 아니한 금액

- 실제 계약에서는 전 보험기간 동안의 자연보험료를 계약자가 선택한 납입기간에 걸쳐 예정이율을 고려한 정액의 평준보험료 적용
  ⇨ 책임준비금 적립이 필요한 이유

**문 다음 중 책임준비금의 구성 항목에 해당하지 않는 것은?(IFRS17 적용 이전 기준)**

① 보험료적립금   ② 계약자배당준비금
③ 신계약비       ④ 재보험료적립금

답 ③

## 028. 계약 전 알릴 의무(고지의무)

**[계약 전 알릴 의무]** → 알릴 의무자는 보험계약자와 피보험자
- 계약 전 알릴 의무 위반으로 계약을 해지하거나 보장을 제한할 수 없는 경우(1-2-3)
  ① 회사가 알고 있었거나 과실로 인해 알지 못한 경우
  ② 회사가 그 사실을 안 날로부터 1개월 이상 지난 경우
  ③ 보험금 지급사유가 발생하지 않고 2년이 지난 경우
  ④ 계약체결일로부터 3년이 지난 경우
- 사실과 다르게 알릴 경우 회사는 계약을 해지하거나 보장 제한 가능

**[보장성 보험]**
- 기준연령 요건에서 생존시 지급되는 보험금의 합계액이 이미 납입한 보험료를 초과하지 아니하는 보험

**문 다음 중 보험회사가 계약 전 알릴 의무 위반으로 계약을 해지할 수 없는 경우는?**

① 보험회사가 그 사실을 안 날부터 1개월 이내인 경우
② 보장개시일부터 보험금 지급사유가 발생하지 않고 1년이 지났을 때
③ 계약을 체결한 날로부터 3년이 지났을 때
④ 계약자가 중요한 알릴 사항에 대해 고의로 잘못 알린 경우

답 ③

## 029. 청약철회

- 청약일에도 철회 가능
- 조건 : 증권을 받은 날로부터 15일 이내
  (청약일로부터 30일 이내)
- 청약철회 불가 계약 : 진단계약, 보험기간 90일 이내 계약, 전문금융소비자 체결 계약
- ※ 전문금융소비자 : 국가, 지방자치단체, 한국은행, 금융회사, 주권상장법인 등

[계약 취소]
- 보험자가 약관의 교부 및 설명의무를 위반한 경우
  ⇨ 계약이 성립한 날부터 3개월 이내

[계약의 성립]
- 계약자의 청약과 보험사의 승낙

**문 다음 중 청약철회를 할 수 없는 계약에 해당하지 않는 것은?**

① 보험기간이 1년 미만인 계약
② 지방자치단체가 체결한 계약
③ 전문금융소비자가 체결한 계약
④ 진단계약

답 ①

## 031. 보험회사의 책임개시와 부활

[보험회사의 책임개시] 제1회 보험료 받은 때부터 보장개시

[부활] 보험료 미납해지 + 해약환급금 미수령 + 3년 이내

[특별부활] 강제집행 등으로 보험계약이 해지된 경우 계약자의 명의를 수익자로 변경하여 부활 신청 가능
⇨ 계약자 동의 필요

[분쟁 조정] 분쟁당사자 또는 기타 이해관계인과 보험회사는 금융감독원장에게 조정 신청 가능

[피보험자의 서면동의 철회] 장래를 향하여 언제든 철회 가능

**문 다음 중 생명보험의 특별부활에 대한 설명으로 틀린 것은?**

① 청약시 보험수익자는 계약 해지로 인해 보험회사가 채권자에게 지급한 금액을 보험회사에 지급해야 한다.
② 강제집행 등으로 인하여 해지된 계약이 특별부활 대상이 된다.
③ 특별부활을 청약할 경우 보험회사는 이를 승낙해야 한다.
④ 해지 당시의 보험수익자가 피보험자의 동의를 얻어 부활을 청약할 수 있다.

답 ④

## 030. 보험계약 내용의 변경

| 보험회사의 승낙이 필요한 변경 | 보험종목과 기간, 보험료 납입주기·납입방법·납입기간, 보험가입금액, 보험계약자 등 |
|---|---|
| 보험회사의 승낙이 필요치 않는 변경 | 보험수익자 변경 (보험금 지급사유 발생 전 피보험자의 서면동의 필요) |
| 보험회사 승낙 유무와 관계없이 변경이 불가능한 계약내용 | 피보험자, 변액유니버설보험의 보험기간과 의무납입기간 |

[부합계약성]
- 보험계약자는 보험회사가 미리 작성한 약관을 전체적으로 승인하거나 거절해야 하는 특성

**문 다음 중 생명보험계약의 내용 변경에 대한 설명으로 틀린 것은?**

① 보험가입금액은 변경할 수 있다.
② 변액유니버설보험의 보험기간은 변경할 수 있다.
③ 보험수익자를 변경할 수 있다.
④ 보험료 납입주기를 변경할 수 있다.

답 ②

## 032. 보장성보험료에 대한 세액공제

| | 일반 보장성 보험 | 장애인전용 보장성 보험 |
|---|---|---|
| 대상 | 근로소득자 (일용근로자 제외) | 장애인이 피보험자 또는 수익자 |
| 세액공제율 | 12% | 15% |
| 보험료 공제한도 | 100만원 | 100만원 |

[세액공제를 받기 위한 기본공제대상자 요건]

| 직계존속 | 배우자 | 직계비속 | 형제자매 |
|---|---|---|---|
| 만 60세 이상 | 나이 상관없음 | 만 20세 이하 | 만 20세 이하 또는 만 60세 이상 |

- 연간소득금액 100만원 이하로 요건 동일
- ※ 장애인일 경우 연령에 상관없이 연간 소득금액만 충족하면 됨

- 국민건강보험, 고용보험, 노인장기요양보험료는 전액 해당 과세기간의 근로소득금액에서 소득공제를 받을 수 있음

**문 다음 보기에서 A씨가 보장성 보험에 가입하고 받을 수 있는 세액공제금액(지방소득세 별도)은 얼마인가?**

> 개인사업자인 A씨는 보장성 보험에 가입한 후 1년 동안 100만원의 보험료를 납입하였다.

① 10만원  ② 12만원
③ 15만원  ④ 세액공제금액 없음

답 ④

## 033. 연금계좌에 대한 세액공제

- 연금계좌 : 연금저축계좌 + 퇴직연금계좌(확정급여형(DB형)은 제외)

| 세액공제 | 대상과 공제율 | 종합소득자 대상 ⇨ 12%(지방소득세 별도) |
| --- | --- | --- |
| | | 종합소득금액 4,500만원 이하 or 근로소득만 있는 경우 총급여액 5,500만원 이하 ⇨ 15%(지방소득세 별도) |
| | 한도 | 납입액(연금저축계좌 + 퇴직연금계좌) 900만원까지 (단, 연금저축계좌 : 연 600만원 한도) + ISA계좌 만기시연금계좌 추가납입액의 10% (300만원 한도) |

[1주택 고령가구가 가격이 더 낮은 주택으로 이사한 경우 연금계좌 추가납입 허용 및 세액공제]
① 거주자 또는 배우자 60세 이상
② 부부합산 1주택 소유
③ 기준시가 12억원 이하
④ 축소주택 가격은 연금주택 양도가액 미만
⑤ 연금주택 양도일로부터 6개월 이내 연금계좌 납입 (한도 1억원)

[보험료 납입시 세제혜택] 보장성 보험료 세액공제, 연금계좌 세액공제

[보험금 수령시 세제혜택] 저축성 보험 보험차익 비과세, 연금소득 분리과세, 비과세 종합저축보험의 이자·배당소득
※ 연금저축은 연금소득 과세 vs 연금보험은 이자소득 과세

문 다음과 같이 연금계좌에 납입한 금액이 있는 경우 세액공제금액은 얼마인가?

- 연금저축계좌 납입액 : 600만원
- 퇴직연금계좌 납입액 : 200만원
- 종합소득금액 : 6,000만원

① 96만원  ② 48만원  ③ 60만원  ④ 72만원

답 ①

문 다음 중 연금계좌 세액공제에 대해 틀리게 설명한 것은?

① 종합소득이 있는 거주자를 대상으로 한다.
② 연금계좌의 납입한도는 연 1,800만원이다.
③ 연금저축계좌의 세액공제 한도는 연간 600만원이다. (ISA만기 전환금 제외)
④ 연금계좌 수령한도 내에서 인출해야 한다.

답 ④

## 034. 저축성 보험의 보험차익 비과세 요건 I

[저축성 보험의 보험차익]
- 만기(중도)환급금에서 납입보험료를 차감한 금액

[일시납 저축성보험의 비과세 요건]

| ① 최초 납입일로부터 만기일 (중도해지일) 10년 이상 | ② 계약자 1인당 1억원 이하 |
| --- | --- |

[월적립식 저축성 보험의 보험차익 비과세 요건]
① 최초 납입일로부터 만기일(중도해지일) 10년 이상
② 납입기간 5년 이상
③ 매달 납입보험료 균등
④ 선납기간 6개월 이내
⑤ 월 150만원 이하

문 다음 중 월적립식 저축성 보험의 비과세 요건으로 매월 납입하는 보험료 합계액은 얼마인가?

① 매월 180만원 이하  ② 매월 150만원 이하
③ 매월 100만원 이하  ④ 매월 200만원 이하

답 ②

## 035. 저축성 보험의 보험차익 비과세 요건 II

[종신형 연금보험 계약의 비과세 요건]

| 연금지급 | 55세 이후 |
| --- | --- |
| 계약자 사망시 | 보험계약 및 연금재원 소멸, 중도해지 불가 |
| 보험금 | 연금 외의 형태 지급불가 |
| 연금수령한도 | 매년 연금수령개시일 현재 (연금계좌 평가액/기대여명 연수)×3 이내 |

- 저축성 보험의 계약기간 기산일 변경사유
  ① 계약자 명의변경
  ② 보장성 보험에서 저축성 보험으로 변경
  ③ 기본보험료를 1배 초과하여 변경

문 다음 표의 ( )에 들어갈 알맞은 내용은?

[종신형 연금보험]
매년 수령하는 연금액이 (연금수령 개시일 현재 연금계좌 평가액 ÷ 연금수령 개시일 현재 기대여명 연수) × ( ) 이내일 것

① 1  ② 2  ③ 3  ④ 4

답 ③

## 036. 연금소득 분리과세 선택

[사적연금소득의 합계액이 1,500만원 이하인 경우]
3~5% 저율 분리과세 선택 가능

[연금소득 분리과세 인출 요건]
① 55세 이후 수령
② 가입일부터 5년 경과 후 수령
③ 연금수령 한도 내 수령

[연금소득자 나이에 따른 원천징수세율]
① 70세 미만 : 5%
② 70세 이상 80세 미만 : 4%
③ 80세 이상 : 3%
④ 종신계약에 따른 연금소득 : 4%
※ 두 가지 이상을 동시 충족할 경우 낮은 세율 적용

- 의료목적, 천재지변이나 그 밖에 부득이한 사유 등으로 인출하는 경우 무조건 저율 분리과세 적용
- 연금수령요건을 미충족하여 수령한 금액은 연금소득이 아닌 기타소득으로 보아 15%의 세율을 적용하여 무조건 분리과세
- 퇴직소득을 연금으로 수령시 원천징수세율
  ⇨ 연금외 수령 원천징수세율의 60~70%

[사적연금소득의 합계액이 1,500만원 초과시]
종합과세 또는 분리과세(15%) 선택 가능

[비과세 종합저축]
- 모든 금융기관에서 취급
- 비과세종합저축보험 : 65세 이상자 또는 장애인 등, 1인당 5천만원 이하

문 다음 중 3~5% 저율 분리과세를 선택할 수 있는 사적연금소득의 합계액으로 맞는 것은?

① 1,500만원 이하  ② 1,200만원 이하
③ 1,800만원 이하  ④ 2,000만원 이하

답 ①

문 다음 중 연금소득 분리과세시 적용되는 원천징수세율이 틀린 것은?

① 65세는 종신계약에 따라 받는 연금소득에 5%의 세율 적용
② 70세는 종신계약에 따라 받는 연금소득에 4%의 세율 적용
③ 85세는 종신계약에 따라 받는 연금소득에 3%의 세율 적용
④ 퇴직금을 연금으로 수령하는 경우 연금외 수령 원천징수세율의 60~70% 적용

답 ①

## 037. 종합소득금액 계산

① 연금소득 = 총연금액 − 연금소득공제
② 사업소득 = 사업수입금액 − 필요경비
③ 이자수입금액 = 이자소득

[종합소득 산출세액 계산식]
⇨ 종합소득 과세표준 × 세율(6%~45%)

| 종합소득 과세표준 | 기본세율 | 종합소득세 과세표준 | 기본세율 |
|---|---|---|---|
| 1,400만원 이하 | 6% | 1억 5,000만원 초과 3억원 이하 | 38% |
| 1,400만원 초과 5,000만원 이하 | 15% | 3억원 초과 5억원 이하 | 40% |
| 5,000만원 초과 8,800만원 이하 | 24% | 5억원 초과 10억원 이하 | 42% |
| 8,800만원 초과 1억 5,000만원 이하 | 35% | 10억원 초과 | 45% |

문 다음 중 종합소득 과세표준이 1,000만원일 때 계산되는 산출세액으로 알맞은 것은?

① 60만원
② 70만원
③ 90만원
④ 150만원

답 ①

## 038. 금융재산 상속공제

| 순금융재산(= 금융재산 − 금융부채) | 공제금액 |
|---|---|
| 2,000만원 이하 | 전액 |
| 2,000만원 초과 1억원 이하 | 2,000만원 |
| 1억원 초과 | 순금융재산 × 20%(2억원 한도) |

※ 종신보험의 보험금은 상속 금융재산에 해당

[상속순위]
직계비속 → 직계존속 → 형제자매 → 4촌이내 방계혈족
- 배우자는 1순위인 직계비속과 동순위의 공동상속인이 되며, 직계비속이 없는 경우에는 2순위인 직계존속과 공동상속인이 되고 (이때 배우자는 5할을 가산) 직계존·비속이 없으면 단독상속인이 됨

문 다음 중 금융재산 상속공제에 대한 설명으로 맞지 않는 것은?

① 순금융재산에 대한 공제한도는 2억원이다.
② 순금융재산 2,000만원 이하는 전액 공제한다.
③ 순금융재산이 5,000만원인 경우 20%를 공제한다.
④ 순금융재산이 2억원인 경우 4,000만원을 공제한다.

답 ③

## 039. 상속·증여재산으로 보는 보험금

**[실질과세 원칙]** 실질보험료 납입자 기준으로 증여·상속 여부 결정

| | | |
|---|---|---|
| ① | 실질보험료 납입자 = 수익자 | 실질보험료 납입자 = 피보험자 → 사망보험금 상속세 |
| | 증여·상속세 과세 없음 | |
| ② | 실질보험료 납입자 ≠ 수익자 | 실질보험료 납입자 ≠ 피보험자 → 사망보험금 증여세 |
| | 증여·상속세 과세 | |

- 보험수익자가 보험료 일부를 납부한 경우 증여재산으로 보는 보험금 계산

$$보험금 상당액 \times \frac{보험수익자 이외의 자가 납입한 보험료액}{납입한 보험료 총액}$$

문) 다음 표에서 A씨가 수령한 보험금 중 증여재산으로 보는 보험금은 얼마인가?

- A씨는 어머니를 피보험자로 하는 생명보험에 가입하여 1억원의 보험금을 수령
- 총 납입보험료 5천만원 중 3천만원은 A씨가 납입하고 나머지 2천만원은 아버지 B씨가 납입

① 4천만원  ② 6천만원
③ 2천만원  ④ 1억원

답 ①

---

## 040. 우리나라 변액보험 도입배경 및 필요성

**[도입배경]** 2000년 이후 보험가격 자유화, IMF 이후 금융시장 재편 및 급격한 금리변동 등 금융환경변화에 대응하여 시장수익률을 반영하면서 인플레이션을 헤지하여 보험금의 실질가치를 보장할 수 있는 변액보험 상품의 도입 본격적으로 추진

- 우리나라의 변액보험 도입순서 : 변액종신보험(2001) → 변액연금보험(2002) → 변액유니버설보험(2003)
- 2009년 금융위기시에 변액보험 도입후 최초로 수입보험료 감소

**[필요성]** 금리리스크 적정 관리(보험회사 측면), 주식·채권 투자 증가로 보험시장 및 자본시장 발전에 기여(국가경제적 측면) 등

문) 다음 중 변액보험 도입 배경 및 필요성에 대한 설명으로 틀린 것은?

① 금리리스크의 적정 관리로 보험회사의 보험경영 안정성 증가
② 방카슈랑스 판매 확대를 위한 선진상품 도입
③ 물가상승에 대응하는 보험금의 실질가치 보장 및 상품선택권 확대
④ 보험시장 건전성 제고와 주식·채권투자 증가로 보험시장 및 자본시장 발전에 기여

답 ②

---

## 041. 변액보험의 법률상 정의

**[변액보험의 법률상 정의]**
"보험금이 자산운용의 성과에 따라 변동하는 보험계약 (「보험업법」 제108조 제1항 제3호)"

**[우리나라 변액보험의 주요 법적근거]**
① 2001년 : 「보험업감독규정」 개정 → 법적근거 마련
② 2002년 : 「보험업법」 개정 → 법률에 정식 반영
③ 2009년 : 「자본시장법」 시행 → 집합투자기구 요건 준수

※ 변액보험에 적용하는 법규 : 「보험업법」, 「자본시장법」, 「상법」, 「보험업감독규정」 등
※ 특별계정 운용 상품 : 퇴직보험, 연금저축, 변액보험 등

문) 다음 표에서 ( ) 안에 들어갈 내용으로 맞는 것은?

변액보험의 법률상 정의는 '보험금이 ( )에 따라 변동하는 보험계약'이다.

① 평균공시이율
② 예정이율
③ 자산운용의 성과
④ 자산의 평가방법

답 ③

---

## 042. 변액보험의 법적규제

| 법률상 정의 | 「보험업법」 보험금이 자산운용의 성과에 따라 변동 |
|---|---|
| 적용 법적규제 | 「보험업법」 + 「자본시장법」(일부규정) |
| 취급가능 회사 | 생명보험회사(손해보험사 취급불가) 「보험업법감독규정」 |
| 운용방법 | 「보험업법」에 따라 특별계정에서 운용 |
| 변액보험의 성격 | 생명보험 + 펀드(집합투자) |

※ 변액보험의 특별계정(펀드)을 규제하는 법규는 「자본시장법」

**[변액보험 판매자격시험]**
「보험업법시행령」, 「보험업감독규정」에 법적 근거 마련
 ⇨ 일종의 법정 자격시험의 성격, 모든 모집종사자는 시험에 합격해야 변액보험 모집 가능(2001년 협회 자율시행, 2003년 법정 자격시험)

문) 다음 중 변액보험에 대한 설명으로 알맞지 않은 것은?

① 「보험업」법과 「자본시장법」의 일부 규정이 동시에 적용된다.
② 도입 초기에는 변액보험 판매자격제도를 자율제도로 운영했다.
③ 손해보험회사도 취급할 수 있다.
④ 종합자산관리사 시험에 합격한 자는 변액보험을 판매할 수 있다.

답 ③

## 043. 변액보험의 특징

**[변액보험의 특징]**
① 투자실적에 따라 보험금과 해약환급금 변동
② 자기책임의 원칙 적용 ⇨ 투자책임은 계약자 100%
　　⇨ 원금 손실 가능
③ 보험고유의 기능인 보장을 제공하기 위한 최저보험금 보증 설계
　　⇨ 보증비용 추가 부담
　　⇨ 수익률이 낮아져도 최저보증금액은 낮아지지 않음

　※ 해약환급금은 최저보증하지 않음

**[변액종신보험 및 변액유니버설보험(보장형)의 사망보험금]**
기본보험계약의 기본보험금 + 투자실적에 따라 증감하는 변동보험금으로 구성

**문** 다음 중 변액보험에 대한 설명으로 알맞지 않은 것은?

① 투자신탁의 수익증권과 유사한 자산운용 구조를 갖는다.
② 변액보험 판매자격자만 모집할 수 있다.
③ 납입보험료의 일부를 유가증권 등에 투자한다.
④ 투자실적이 좋을 경우 산출이율과의 차이로 발생한 이익을 보험회사에 배분한다.

답 ④

## 044. 특별계정에 의한 자산운용

**[일반계정과 특별계정(변액보험)의 비교]**

| 구분 | 일반계정 | 특별계정(변액보험) |
|---|---|---|
| 리스크 부담 | 회사 부담 | 계약자 부담 |
| 최저보증이율 | 있음 | 없음 |
| 자산운용목적 | 안정성 위주 | 수익성 위주 |
| 자산평가시기 | 매월 | 매일 |
| 결산시기 | 매년 | 매일 |

**문** 다음에서 변액보험을 특별계정에 의해 관리하는 이유로 알맞지 않은 것은?

① 실적배당형 상품으로 투자결과로 발생하는 손익이 전부 계약자에게 귀속된다.
② 효율적인 자산운용과 계약자의 자산에 비례한 공정한 투자손익을 배분해야 한다.
③ 일반보험과 달리 수익성 위주의 자산운용을 위해 별도로 관리해야 한다.
④ 자산평가를 매월 시가로 평가하기 때문이다.

답 ④

## 045. 변액보험의 상품구조

〈기본보험계약〉
- 보험료 산출의 기초가 되는 계약
- 최저보증금액 산정 기초

＋

〈변동보험계약〉
- 특별계정의 운용실적에 따라 추가로 계산되는 계약(투자실적 반영)
- 추가보험료 부담 없음

＋

〈선택 특약〉
- 일반계정에서 운용
- 현금흐름에 따른 보험료 산출
- 예금자보호 대상

- 변액종신보험은 특별계정 펀드수익률이 악화되어 위험보험료를 계약자적립금에서 공제하지 못할 때 보증비용을 차감하여 위험보험료 부족분 보전
- 변동보험계약의 운용실적과 최저보증금액은 무관

**문** 다음 중 변액보험에 대한 설명으로 맞는 것은?

① 납입하는 보험료 전액을 유가증권 등에 투자하여 운용된다.
② 자산평가와 결산은 매년 1회 이루어진다.
③ 변액보험의 특약은 「예금자보호법」에 의해 보호받는다.
④ 변동보험계약은 최저보증금액 산정의 기초가 된다.

답 ③

## 046. 최저보증옵션의 이해

| 최저보증<br>옵션의 정의 | ・특별계정 적립금에서 보증비용을 차감하여 일정수준 이상의 사망보험금과 연금재원 보증<br>　⇨ 주의 : 보증내용과 비용이 회사별로 상이 |
|---|---|
| 종류 | GMDB, GMAB, GMWB, GLWB, GMIB |

- 최저사망보험금 보증(GMDB)은 모든 변액보험에 적용되는 보증옵션

　※ 최저연금액 보증(GMIB)
　　⇨ 연금개시 후 보험기간 중 지급될 연금액
　　　(적립금 × 연금지급률)을 보증하는 옵션

**문** 다음 중 변액보험의 최저보증옵션에 대한 설명으로 틀린 것은?

① 변액종신보험은 최저사망보험금 보증옵션 적용여부를 선택할 수 있다.
② 변액유니버설보험(적립형)은 일정시점에 지정적립금을 보증하는 지정적립금 보증제도를 통해 최저적립금을 보장하는 옵션이 있다.
③ 변액연금보험은 최저사망보험금을 기납입보험료로 보장한다.
④ 변액유니버설보험(보장형)은 최저사망보험금을 기본사망보험금으로 보장한다.

답 ①

## 047. 최저사망보험금 보증(GMDB)

**[최저사망보험금 보증]** 변액보험은 최저사망보험금 보증을 통해 특별계정의 펀드수익률과 상관없이 일정수준 이상의 사망보험금 보장
① 변액종신, 변액유니버설(보장형) 사망보험금
　⇨ 기본보험금 최저보증
② 변액연금, 변액유니버설(적립형) 사망보험금
　⇨ 기납입보험료 최저보증

- 매일(또는 매월) 특별계정적립금에서 최저보증비용 차감
　⇨ 계약자적립금에서 위험보험료를 차감할 수 없는 경우 차감한 보증비용에서 부족분 보전

**[변액유니버설보험(보장형)의 최저사망보험금 보증기간]**
납입최고(독촉)기간이 끝나는 날의 다음날부터 예정해약환급금이 0이 될 때까지의 기간, 최저사망보험금 보증기간이 끝나는 경우 계약은 효력이 없어짐

**문. 다음 중 변액보험에서 기납입보험료를 보장하는 옵션이 아닌 것은?**

① 변액유니버설보험(적립형) - GMDB
② 변액연금보험 - GMAB
③ 변액종신보험 - GMDB
④ 변액연금보험 - GMDB

답 ③

## 048. 일시납보험 추가가입 방법

**[보장성 변액보험의 변동보험금 계산]**
- 일시납보험 추가가입 방법
　① 변액종신보험과 변액유니버설보험(보장형)의 변동보험금 계산방법
　② 기본보험계약의 예정적립금을 초과하는(초과적립금)을 일시납 보험료로 하여 잔여기간에 해당하는 보험을 추가 가입(증액)하는 방법
　③ 계산 주기 : 월 1회
　　⇨ 지난 달에 계산된 변동보험금은 이번 달에 누적되어 계속 쌓이는 것이 아니라 한 달이 지나가면 소멸되고 새로 계산됨
　※ 변액종신보험의 해약환급금은 매일 계산됨

**문. 다음 중 변동보험금 계산방식으로 일시납보험 추가가입 방법이 적용되는 것으로 맞게 짝지어진 것은?**

① 변액종신보험 - 변액유니버설보험(적립형)
② 변액연금보험 - 변액유니버설보험(적립형)
③ 변액종신보험 - 변액유니버설보험(보장형)
④ 변액유니버설보험(보장형) - 변액유니버설보험(적립형)

답 ③

## 049. 일시납보험 추가가입 방법의 장·단점

**[장점]**
① 투자수익률이 좋을 경우 사망보험금이 커질 수 있음
② 기본보험계약의 사망보험금 이하로 감액되지 않아 안정적인 사망보장 유지 가능
※ 변액종신보험의 운용실적이 (-)수익률을 기록해도 사망보험금은 기본보험금 수준으로 보장

**[단점]**
① 초과적립금 중 일부재원이 재투자되지 않아 수익률이 낮아질 수 있음
② 계산방법이 복잡하여 고객이 상품을 이해하기 어려움

**문. 다음 중 일시납보험 추가가입 방법에 대한 설명으로 틀린 것은?**

① 투자수익률이 좋을 경우 사망보험금의 크기가 크게 증가할 수 있다.
② 우리나라에서는 변동보험금 계산주기를 월 1회로 하고 있다.
③ 계산된 변동보험금은 이전 금액에 누적되어 계속 쌓인다.
④ 변액유니버설보험(보장형)에서 사용하는 방법이다.

답 ③

## 050. 일시납보험 추가가입 방법의 특징

- 최근에는 변액유니버설보험(보장형)에서 초과적립금 발생시 보험금을 변동시키는 대신 위험보험료를 변동시켜 주는 방식으로 대부분 판매가 되고 있음
　⇨ 위험보험료를 적게 차감함으로써 수익률을 보다 상승시킬 수 있음
　⇨ 종신보험이 사망보장 기능뿐만 아니라 수익률 상승을 통해 연금전환, 적립계약전환 등 생존시 활용할 수 있도록 판매되기 때문

**문. 다음 그림의 방식으로 변동보험금을 계산하는 변액보험은 무엇인가?**

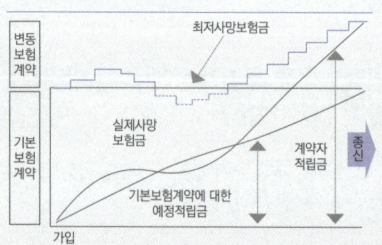

① 변액연금보험, 변액유니버설보험(적립형)
② 변액연금보험, 변액유니버설보험(보장형)
③ 변액종신보험, 변액유니버설보험(보장형)
④ 변액종신보험, 변액유니버설보험(적립형)

답 ③

## 051. 변액종신보험 vs 일반종신보험

| 구분 | 변액종신보험 | 일반종신보험 |
|---|---|---|
| 사망보험금 | 기본보험금 + 변동보험금 (투자실적에 연동) | 보험가입금액(확정) |
| 적용이율 | 투자수익률, 최저보증이율 없음 | 산출이율(공시이율), 최저보증이율 있음 |
| 자산운용 | 특별계정 | 일반계정 |
| 투자책임 | 계약자 부담(자기책임의 원칙) | 회사부담 |
| 판매설계사 | 변액보험판매자격시험 합격자 | 일반설계사 |
| 예금자보호 | 「예금자보호법」 적용 제외 | 「예금자보호법」 적용 |

※ 변액보험의 특약과 최저보증보험금은 예금자보호에 해당

[공통점] 다양한 선택특약 조립, 다양한 세제혜택, 우량체 할인특약 적용, 연금전환특약 활용

**문 다음 중 변액종신보험과 일반종신보험의 공통점으로 알맞지 않은 것은?**

① 연간 100만원까지 보장성 보험료 세액공제 혜택을 받을 수 있다.
② 건강상태가 양호할 경우 우량체 할인특약을 적용받을 수 있다.
③ 연금전환특약을 활용할 수 있다.
④ 주계약은 「예금자보호법」의 적용대상에 해당한다.

답 ④

## 052. 변액종신보험의 특징

① 펀드의 운용실적에 따라 사망보험금과 해약환급금 변동
  ⇒ 투자수익률에 따라 (-)변동보험금 발생 가능
② 사망보험금 최저보증(기본보험금)
  ⇒ 해약환급금에 대한 최저보증 없음
③ 투자성향에 따라 자산운용 형태 직접 선택 가능
  ⇒ 가입시 펀드선택 + 보험기간 중 수시로 펀드변경 가능
  ⇒ 연간 4~12회 허용, 펀드변경시 수수료 부과 가능
• 합산장해지급률이 50% 이상인 장해상태가 되었을 때 보험료납입 면제 기능이 있음 ⇒ 계약 소멸 불가

**문 다음 중 변액종신보험의 보장구조에 대해 알맞게 설명한 것은?**

① 합산 장해지급률이 40% 이상인 경우 사망보험금을 지급하고 계약은 소멸한다.
② 보험료를 연납으로 납입할 수 있다.
③ 투자수익률이 저조할 경우 (-)변동보험금이 발생할 수 있다.
④ 투자수익률이 (-)가 되어도 해약환급금은 최저보증 된다.

답 ③

## 053. 변액종신보험의 보장구조

| 변액종신보험의 보장구조 | 사망보험금 = ㉮ 기본보험금 + ㉯ 변동보험금 | |
|---|---|---|
| | ㉮ 기본보험금 | 사망보험금으로 최저보증 |
| | ㉯ 변동보험금 | 매월 계약해당일마다 재계산(매월 변동), 누적 안됨 → 월 1회, 새로 계산 |
| | 해약환급금 | 매일 변동, 최저보증 없음 |

• 변동보험금은 실제 계약자적립금과 해당 보험계약의 산출이율로 계산된 기본보험계약의 예정적립금과의 차액인 초과적립금으로 계산
  ⇒ (-)변동보험금이 발생하더라도 기본보험금 최저보증

• 변동보험금을 활용하면 투자성과가 좋을 경우 사망보험금이 크게 증가할 수 있으나 수익률은 낮아질 수 있음

**문 다음 중 변액종신보험에 대한 설명으로 맞는 것은?**

① 일반종신보험과 통합하여 특별계정에서 운용된다.
② 일반종신보험과 달리 우량체할인특약 혜택을 받을 수 없다.
③ 보험기간이 종신이므로 연금전환특약은 활용할 수 없다.
④ 사망보험금은 매월 재계산되어 다음 달 계약해당일까지 1개월간 확정·적용한다.

답 ④

## 054. 변액연금보험의 특징

① 연금개시 전(제1보험기간, 위험보장기간) 사망시 사망보험금으로 기본사망보험금 + 계약자적립금과 기납입보험료 중 큰 금액 지급
② 생존시 계약자적립금을 연금지급재원으로 연금 지급
③ 기본적인 가입사항은 변액종신보험과 유사 (특약, 펀드선택 등) ⇒ 보험차익 비과세 혜택 있음

[연금개시 이후 적립금 운용방법]
• 연금개시 이후 계약자의 선택에 따라 공시이율적용 연금형(일반계정 운용) 또는 변액연금형(실적배당형, 특별계정 운용)으로 운영 가능 ⇒ 변액연금형은 투자실적에 따라 연금지급액 감소할 수 있음

[GLWB(최저종신중도인출금 보증)]
• 연금개시 후 연금재원을 특별계정에서 운용할 경우 투자성과에 관계없이 연금재원의 일정수준을 종신토록 인출할 수 있도록 보증하는 옵션

**문 다음 중 변액연금보험의 연금개시 이후의 적립금 운용방식이 다른 것은?**

① 확정연금형
② 상속연금형
③ 종신연금형
④ 실적배당형

답 ④

## 055. 변액연금보험의 최저보증

[변액연금보험의 2가지 최저보증]
① 최저사망보험금 보증 : GMDB(의무 부가)
② 최저연금적립금 보증 : GMAB(선택 가능)
　⇨ 보증형 선택시 연금개시시점에서 최저연금적립금으로 기납입보험료 보장
　⇨ 미보증형 선택시 연금개시시점의 연금재원은 실제 계약자적립금

[변액연금보험에서 원금이 손실될 수 있는 2가지 경우]
① 중도해지할 경우
② 최저연금적립금 보증을 선택하지 않고 연금개시시점까지 계약을 유지한 경우

문 다음 중 변액연금보험에 대해 틀리게 설명한 것은?

① 펀드의 운용실적에 따라 해약환급금이 매일 변동한다.
② 연금개시 이후의 적립금 운용방법은 계약자의 선택에 따라 운영할 수 있다.
③ 변액연금보험은 기납입보험료로 사망보험금을 최저보증한다.
④ 모든 변액연금보험은 최저사망보험금 보증과 최저연금적립금 보증이 적용된다.

답 ④

## 056. 변액연금보험의 보장구조 및 예시

| 최저보증 | 연금개시 전 사망 | 최저사망보험금 보증 : 기납입보험료 |
|---|---|---|
| | 연금개시 시점(보증형) | 최저연금적립금 보증 : 기납입보험료 |
| 특징 | ① 매일 사망보험금과 해약환급금 변동<br>② 미래환급금 예시 가능(-1%, 평균공시이율, 평균공시이율의 1.5배)<br>　⇨ 2024년 기준 -1%, 2.75%, 4.125%(2025년 동일 적용)<br>③ GMAB 미보증 상품 : (-)평균공시이율 포함 3개 이상의 수익률 가정<br>④ 저축성 변액보험의 경우 투자수익률과 함께 순수익률 예시 | |

※ 변액연금보험에서 투자수익률과 순수익률이 차이나는 이유
　⇨ 운용보수, 최저연금적립금 보증비용, 최저사망보험금 보증비용 때문
※ 특정 장해상태시 제공되는 납입면제기능이 없는 것이 일반적임

문 다음 표에서 변액연금보험의 연금개시시점에 연금지급을 위한 재원은 얼마인가?

- 나이 35세, 20년납, 연금지급개시 60세 (최저연금적립금 보증)
- 월납 보험료 20만원
- 연금개시시점 적립금 7,000만원

① 3,600만원　② 4,800만원
③ 5,000만원　④ 7,000만원

답 ④

## 057. 변액유니버설보험의 특징

① 실적배당 + 자유입출금 + 보장 ⇨ 종합금융형 보험
② 적립형(장기투자)과 보장형(사망보장)으로 구분
③ 중도인출 : 해약환급금 범위 내 ⇨ 대출도 감액도 아니며, 상환부담 없고 수수료 부과할 수 있음
④ 보험료 납입기간의 자율성 : 의무납입기간 이후 자유롭게 납입 가능
　⇨ 추가납입은 상시, 납입중지는 의무납입기간 이후 가능
　※ 수시 자유납으로 인해 보험료 미납시 해약환급금에서 위험보험료 등을 충당(월대체보험료 방식)할 수 없는 경우 납입최고 절차를 거쳐 계약해지 가능
⑤ 보험료 납입기간 : 적립형의 경우 전기납
　　　　　　　　　(보험기간 = 보험료 납입기간)
⑥ 변액종신보험과차이점 : 보험료 납입기간, 의무납입기간 이후 자유납, 중도인출 및 추가납입 가능

문 다음 중 변액유니버설보험에 대해 틀리게 설명한 것은?

① 적립형의 납입기간은 전기납으로 설정되어 있다.
② 의무납입기간이 지난 이후에는 보험료 미납으로 인한 해지는 발생하지 않는다.
③ 보험기간 중 해약환급금의 범위 내에서 보험회사가 정한 기준에 따라 인출이 가능하다.
④ 연금전환 특약을 활용하여 연금으로 전환할 수도 있다.

답 ②

## 058. 변액유니버설보험의 보장구조

[변액유니버설보험의 사망보험금 보장구조]

| 보장형 | ① 기본보험금 + 변동보험금(일시납보험 추가가입 방법)<br>　⇨ 매월 변동<br>② Max[기본보험금, 계약자적립금의 일정비율, 기납입보험료]<br>　⇨ 매일 변동 |
|---|---|
| 적립형 | 기본사망보험금 + 계약자적립금 ⇨ 매일 변동 |

※ 보장형은 기본보험금, 적립형은 기납입보험료를 사망보험금으로 최저보증

- 변액유니버설보험(보장형)은 변동보험금이 없는 대신 {보험가입금액, 계약자적립금의 일정비율, 기납입보험료} 중 가장 큰 금액을 사망보험금으로 지급하는 형태로 주로 판매

문 다음 표에서 ( )에 해당되지 않는 것은?

변동보험금이 없는 변액유니버설보험(보장형)의 사망보험금은 (　), (　), (　) 중 가장 큰 금액을 지급한다.

① 기납입보험료　② 해약환급금
③ 보험가입금액　④ 계약자적립금의 일정비율

답 ②

## 059· 특별계정의 필요성

[특별계정의 필요성 3가지]
① 투자위험의 부담자가 상이
  ⇨ 계약자 부담(특별계정) vs 회사 부담(일반계정)
② 자산운용 평가방법이 상이
  ⇨ 매일 시가평가 vs 결산시 자산별 평가방법에 따라 평가
③ 자산운용 목적이 상이
  ⇨ 수익성 중시(특별계정) vs 안정성 중시(일반계정)

문 다음 중 변액보험에서 특별계정 운용이 필요한 이유가 아닌 것은?

① 자산운용의 실적에 대한 투자위험의 부담자가 상이하기 때문
② 자산운용의 평가방법이 서로 상이하기 때문
③ 자산운용의 목적이 상이하기 때문
④ 자산운용의 규모가 크기 때문

답 ④

## 060· 특별계정 투입보험료

[특별계정으로 투입되는 보험료]
⇨ 납입보험료 전액이 투입되지 않음

| 구분 | 내용 |
|---|---|
| 특별계정 투입보험료 | = 납입보험료 − (계약체결비용 + 납입 중 계약유지비용 + 기타비용)<br>= 순보험료 + 납입 후 계약유지비용 |

※ 계약체결 및 계약관리비용 중 기타비용(수금비)은 보험료를 납입하는 기간 이내에만 사용하는 사업비
※ 납입 후 계약유지비용은 특별계정으로 투입하여 계약자 적립금에 포함하여 적립하였다가 납입기간 완료 이후에 매월 계약해당일에 위험보험료와 함께 적립금(특별계정)에서 일반계정으로 차감하여 사용

문 다음 중 변액종신보험의 납입보험료 중 특별계정으로 투입되는 금액은?

① 순보험료 − 납입 중 계약유지비용
② 순보험료
③ 순보험료 + 납입 후 계약유지비용
④ 순보험료 + 납입 중 계약유지비용

답 ③

## 061· 특별계정 투입보험료와 자연식 위험보험료

[변액종신보험의 자연식 위험보험료]
• 연령이 증가할수록 자연식 위험보험료가 증가하므로 실제 운용되는 특별계정 투입보험료(위험보험료를 차감한 금액)는 약간씩 줄어듬

[변액연금보험의 자연식 위험보험료]
• 위험보장이 작아 위험보험료가 증가하더라도 비중이 적고, 15년납 및 20년납의 경우 10년 경과 이후에는 계약체결비용 차감이 완료되어 펀드로 투입되는 보험료는 더 커짐

[보험료 납입기간 종료 후 적립금에서 차감하는 비용]
• 위험보험료, 납입 후 계약유지비용, 운용보수, 최저보증비용

※ 특별계정 투입보험료는 보험기간 경과, 피보험자 연령, 감액, 변액보험 상품의 종류에 따라 달라짐

문 다음 중 변액종신보험 특별계정(펀드)로 투입되는 보험료가 변동하는 경우가 아닌 것은?

① 특별계정 수익률의 증가
② 위험보험료의 증가
③ 보험료 납입기간의 종료
④ 보험가입금액의 감액

답 ①

## 062· 특별계정 운용보수의 종류

| 구분 | 세부내용 |
|---|---|
| 운영보수 | 특별계정에 속한 재산의 운용 및 관리 등을 위해 보험회사가 수취하는 보수 |
| 투자일임 보수 | 특별계정에 속한 재산의 투자일임을 위해서 자산 운용사 등 투자일임업자에게 지급하는 보수 |
| 수탁보수 | 특별계정에 속한 재산의 보관 및 관리, 자산운용 지시의 이행, 운용업무의 위규 여부 등을 감시하기 위해 신탁업자에게 지급하는 보수 |
| 사무관리 보수 | 특별계정에 속한 재산의 회계업무 및 기준가격 산정업무 등을 수행하기 위해 일반사무관리회사에게 지급하는 보수 |

※ 특별계정 적립금에 대해 일정률로 부과하여 매일 특별계정에서 일반계정으로 차감

문 다음 중 특별계정(펀드) 운용보수의 종류에 해당하지 않는 것은?

① 투자일임보수  ② 사무관리보수
③ 신탁운용보수  ④ 수탁보수

답 ③

## 063. 수수료 차감 방식

| 특별계정 운용보수 | • 매일 차감, 회사마다 상이<br>• 특별계정 적립금에 연간 보수율을 日기준으로 환산하여 부과<br>• 보수율은 운용형태, 주식편입비중, 리스크에 따라 차등 적용<br>(주식 편입비율이 높을수록 수수료 증가) |
|---|---|
| 최저보증 비용 | • 매일 또는 매월 차감(특별계정 적립금에 부과)<br>• 최저사망보험금 보증비용(전 변액상품), 최저연금적립금 보증비용(변액연금) ⇨ 상품 및 보증내용에 따라 차등 적용 |

※ 특별계정 운용보수와 최저보증비용은 계약자적립금에 일정률을 적용하므로 차감할 때 마다 금액이 달라짐
• 보험금(환급금) 지급사유 발생시 일반계정으로 이체 후 지급
• 해약환급금의 경우 해지시점의 적립금에서 해지공제액 (미상각신계약비, Min[납입기간, 7년]까지 적용) 차감 후 지급

**문** 다음 중 변액보험의 현금흐름에 대한 설명으로 틀린 것은?

① 특별계정 운영보수와 수탁보수는 매월 동일한 금액이 차감된다.
② 위험보험료를 특별계정에서 차감하여 일반계정으로 이체한다.
③ 기타비용(수금비)은 보험료를 납입하는 기간 이내에만 사용하는 사업비이다.
④ 보험료 납입기간이 종료되면 특별계정에 투입되는 보험료가 변동된다.

**답** ①

## 064. 특별계정의 종류

• 분류 기준 : 투자자산의 유형(= 주식의 편입비율)

| 구분 | 주식형 펀드 | 채권형 펀드 | 혼합형 펀드 |
|---|---|---|---|
| 운용 대상 | • 주로 주식 (60% 이상) + 채권 + 유동성 | • 주로 채권(60% 이상)<br>• 주식에 투자 안함<br>• 채권관련 파생상품<br>• 주식관련 사채 (전환사채 등) | • 채권(40% 이상) + 주식(60% 미만) |
| 장점 | • 수익성 추구<br>• 주식시장 활황시, 고수익 획득 가능<br>• 펀드운용보수가 상대적으로 높음 | • 장기 안정적인 수익 확보<br>• 원금손실 가능성 낮음<br>• 주식에 투자하지 않기 때문에 급격한 수익률 등락은 거의 없음 | • 안정성과 수익성 동시 추구<br>• 주식 활황시 주식형에 비해 상대적으로 수익률 저조 |

**문** 다음 중 특별계정의 종류에 대한 설명으로 알맞지 않은 것은?

① 채권형 펀드는 원금손실의 위험이 거의 없는 펀드이다.
② 주식형 펀드는 채권에 투자할 수 있다.
③ 주식형 펀드, 혼합형 펀드, 채권형 펀드는 주식에 투자할 수 있다.
④ 혼합형 펀드는 주식과 채권에 모두 투자할 수 있다.

**답** ③

## 065. 채권형 펀드

[채권형 펀드의 특징]
• 주식 편입 불가(1%, 1주도 편입할 수 없음)
• 장기 안정적 수익 목표
• 저위험 / 저수익
• 원금손실 위험 거의 없음(원금손실 가능성 있음)
• 주식관련 사채(전환사채, 교환사채, 신주인수권부사채) 투자 가능
• 채권관련 파생상품 투자 가능

[단기채권형 펀드]
유동성 확보를 중시하여 고수익을 기대하기는 어려운 펀드
⇨ 수익추구형 펀드라기 보다는 리스크 헤지용 펀드

**문** 다음 중 채권형 펀드에 대한 설명으로 틀린 것은?

① 단기채권형 펀드는 유동성 확보를 중시하여 고수익을 기대하기는 어려운 대신 원금손실 발생가능성은 거의 없는 펀드이다.
② 교환사채 등 주식관련 사채에 투자할 수 있다.
③ 채권관련 파생상품에는 투자하지 않는다.
④ 채권형 펀드는 주식에 투자하지 않는다.

**답** ③

## 066. 주식형 펀드와 혼합형 펀드

[주식형 펀드의 특징]
• 주식에 60% 이상 투자
• 주식 + 채권에 투자 가능

[혼합형 펀드의 특징]
• 주식에 60% 미만, 채권에 40% 이상 투자하는 펀드
• 원금손실 가능성 있음

[인덱스주식형 펀드]
KOSPI200 지수에 연동하여 포트폴리오를 구성하고 전체적인 주식시장의 흐름에 따른 수익률을 추구하기 위하여 운용하는 펀드

**문** 다음 중 특별계정 투자자산 유형별 펀드에 대한 설명으로 틀린 것은?

① 채권형 펀드는 원금손실 발생가능성이 거의 없는 펀드이다.
② 혼합형 펀드는 채권에 투자하지 않는다.
③ 채권형 펀드는 주식에 투자할 수 없다.
④ 주식형 펀드와 혼합형 펀드는 원금손실이 가능한 펀드이다.

**답** ②

## 067. 변액보험 자산운용의 기본원칙

① 장기적 수익성 추구
② 자기책임의 원칙
③ 일반계정과 독립적 운용(특별계정으로 운용)
④ 다른 계정과 매매·교환 불가능
⑤ 펀드 개설초기에는 일반계정보다 높은 유동성 확보
⑥ 자산운용방법에 대한 지시 불가
  ⇨ 펀드 선택, 펀드 변경을 통한 자산운용의 간접선택권 부여

※ 특별계정 개설 초기에는 자산규모가 적고 해지율 등의 예측이 곤란하므로 일반계정보다 높은 수준의 유동성 확보 필요

**문 다음 중 변액보험의 자산운용에 대해 맞게 설명한 것은?**

① 특별계정(펀드)은 안정성 위주로 자산을 운용한다.
② 보험계약자는 펀드변경을 통해 자산운용에 대한 간접선택권을 가진다.
③ 일반계정과 특별계정의 자산을 서로 매매·교환할 수 있다.
④ 매일 공시이율을 산출하고 그 성과를 계약자적립금에 반영한다.

답 ②

## 068. 특별계정 자산운용 실적의 적립금 반영방법

| 적립금 반영방법 | • 좌당 기준가격방법<br>좌당 기준가격 = $\dfrac{\text{전일말 특별계정 순자산가치}}{\text{특별계정 총좌수}}$ |
|---|---|
| 최초 기준가격 | 1,000좌당 1,000.00원 ⇨ 1원 1좌 개념 |

※ 해당일의 기준가격은 특별계정 전체의 순자산 및 총좌수의 변동에 따라 매일 변동
※ 기준가격 1,000원 미만 : (-) 수익률, 1,000원 이상 : (+) 수익률

[특별계정 자산의 평가방법] 시가평가 원칙

**문 다음 중 변액보험의 자산 평가방법에 대해 틀리게 설명한 것은?**

① 당일의 기준가격은 전일말 특별계정의 전체 순자산을 특별계정의 총좌수로 나누어 산출한다.
② 보험계약 대출이 이루어질 경우 계약자가 보유한 좌수는 감소한다.
③ 특별계정의 자산운용은 장기적 수익성 추구를 원칙으로 한다.
④ 특별계정 최초 설정시 기준가격은 1좌당 1,000.00원으로 시작한다.

답 ④

## 069. 보유좌수의 계산

| 계산식 | 계약자 보유좌수 = $\dfrac{\text{특별계정 투입보험료}}{\text{투입일 기준가격}} \times 1,000$ |
|---|---|
| 증가 | 특별계정 투입금액 증가시 보유좌수도 증가<br>① 기본보험료 납입<br>② 보험료 추가납입<br>③ 보험계약대출 원리금 상환 |
| 감소 | 특별계정 투입금액 감소시 보유좌수도 감소<br>① 월대체보험료 차감<br>② 적립금 중도인출<br>③ 보험계약대출 발생 |

**문 다음 중 변액보험의 자산운용 현황이 아래와 같을 때 계약자 보유좌수는 얼마인가?**

- 특별계정 투입보험료 : 2,000만원
- 투입일 기준가격 : 2,000원

① 100만좌
② 200만좌
③ 1,000만좌
④ 2,000만좌

답 ③

## 070. 계약자 보유좌수의 증감

• 해당일 기준가격은 전일말 특별계정의 전체 순자산을 특별계정 전체의 좌수로 나누어 산출(×1,000)하며 계산일 당일만 적용
• 계약자가 납입하는 보험료는 특별계정 투입일의 좌당 기준가격에 따라 보유좌수로 환산
  ⇨ 동일한 보험료 투입시 기준가격이 높을 경우 환산되는 보유좌수는 기준가격이 낮을 경우 보다 적음
• 기준가격의 변동(자산운용 실적의 변동)과 보유좌수의 증감과는 관련 없음

※ 기준가격은 자산운용 실적에 따라 변동하고, 보유좌수는 특별계정으로 투입되는 금액의 증감에 따라 변동

**문 다음 중 변액보험 자산운용 실적의 적립금 반영방법에 대한 설명으로 틀린 것은?**

① 보험료가 투입되면 보유좌수가 증가한다.
② 특별계정 운용실적이 호전되면 적립금이 증가한다.
③ 기준가격이 상승하면 보유좌수가 감소한다.
④ 월대체보험료가 차감되면 보유좌수가 감소한다.

답 ③

## 071. 계약자적립금의 계산

$$계약자적립금 = 해당일\ 기준\ 가격 \times \frac{계약자\ 보유좌수}{1,000}$$

| 기준가격 | 상승 | 자산운용 실적 호전 | 자산운용 실적은 보유좌수와 관련 없음 |
|---|---|---|---|
| | 하락 | 자산운용 실적 악화 | |

※ 계약자적립금은 매일의 투자실적에 따라 변동 (매일 기준가격 변동)
※ 계약자적립금은 기준가격과 보유좌수에 비례

**문** 다음 중 변액보험의 자산운용 현황이 아래와 같을 때 계약자적립금은 얼마인가?

- 특별계정 투입보험료 : 1,000만원
- 특별계정투입 일자의 펀드 기준가격 : 1,000.00원
- 자산운용 이후 현재의 펀드 기준가격 : 1,400.00원

① 800만원　　② 1,000만원
③ 1,100만원　　④ 1,400만원

**답** ④

## 072. 특별계정 자산운용표

| 기준가격 | 전일대비 | 누적수익률 | 연환산수익률 | 순자산가치 |
|---|---|---|---|---|
| 1,360.00원 | ▲2.00 | 36% | 6% | 500억원 |

① 기준가격이 1,000원 이상 : 1,000원에서 시작했으므로 (+)수익률
② 전일대비 ▲2.00 : 전일 기준가격 1,358.00(=1,360.00 - 2.00)
　⇨ 전일 환산 보유좌수 > 당일 환산 보유좌수
③ 누적수익률 : 36%{(1,360-1,000) / 1,000} × 100
④ 연환산수익률(6%) : 6년 경과된 펀드(36% ÷ 6% = 6)
　⇨ 1년 미경과 펀드는 연환산수익률 공시 안함
⑤ 상기표로 최근 1년간의 수익률은 알 수 없음

**문** 다음 인터넷 변액보험공시실의 조회내용에 대한 설명으로 알맞은 것은?

| 기준가격 | 전일대비 | 연환산수익률 | 순자산가치 |
|---|---|---|---|
| 1,300.00원 | ▲2.00 | 5.00% | 500억원 |

① 전일 기준가격은 1,302.00원이다.
② 펀드설정일 대비 투자수익률이 상승하여 계약자 적립액이 증가하였다.
③ 누적수익률이 130%이다.
④ 최근 1년간의 연수익률을 계산할 수 있다.

**답** ②

## 073. 변액보험의 자산운용 옵션

**[펀드변경 기능]** 하나의 특별계정 펀드에서 운용되고 있는 적립금의 전부 또는 일부를 다른 특별계정 펀드로 변경시키는 것

**[펀드별 편입비율 설정 기능]** 보험가입시 청약서상에 펀드별 편입비율을 선택하여 선택된 대로 자산운용 실시

**[펀드 자동재배분 기능]** 투자성과에 따라 변동된 펀드의 적립금 비율을 정기적으로 고객이 설정한 비율로 자동재배분하는 기능

**[보험료 평균분할투자 기능]** 일시납보험료를 단기채권형 펀드에 투입한 후 12로 나누어 매월 계약해당일에 미리 설정된 편입비율로 자동투입하는 기능

**문** 다음 중 변액보험 자산운용 옵션의 종류에 해당하지 않는 것은?

① 보험료 자동인출 기능
② 펀드변경 기능
③ 보험료 평균분할투자 기능
④ 펀드 자동재배분 기능

**답** ①

## 074. 펀드변경과 펀드 자동재배분 기능

**[펀드변경 기능]** 자산운용에 대한 고객의 간접선택권 제공
- 변경 횟수 : 매년 최대 12회(회사마다 상이)
- 회사 홈페이지, 콜센터, 모바일 창구(앱) 등을 통해 신청 가능
- 펀드변경 수수료 청구 및 리스크가 다른 펀드로 변경 가능

**[펀드 자동재배분 기능 : Auto-Rebalancing]**
- 보험계약 체결시 또는 보험계약 기간 중에 선택 가능
- 가입 후 일정기간 마다 적용되며 고객의 투자성향에 맞게 최초의 포트폴리오를 지속적으로 이어갈 수 있음

**문** 다음 표에서 설명하는 변액보험 자산운용 옵션은 무엇인가?

> 투자성과에 따라 변동된 펀드의 적립금 비율을 정기적으로 고객이 설정한 비율로 자동재배분하는 기능

① 펀드별 편입비율 설정 기능
② 펀드 자동재배분 기능
③ 펀드변경 기능
④ 보험료 평균분할투자 기능

**답** ②

## 075. 보험료 평균분할투자 기능

**[보험료 평균분할투자 기능(DCA, Dollar Cost Averaging)]**
일시납보험료 또는 추가납입보험료 등 주로 고액 자금을 일시에 납입할 경우 활용할 수 있는 기능
- 펀드로 자금을 한 번에 투입시 그 시점의 주식 등 시장의 흐름에 수익률이 크게 좌우되는 불안정성을 해결하기 위해 개발된 기능
  ⇨ 월납계약은 이미 평균분할투자가 적용되는 구조임

**[순수주식형 펀드의 주식형적립금 자동이전 기능]**
순수주식형 펀드의 계약자적립금이 주식형 최대편입비율 초과시 초과하는 금액을 연계약 해당일의 기준가격을 적용하여 채권형으로 자동이전하는 기능

**문** 다음 중 변액보험 특별계정(펀드)의 자산운용 옵션에 대해 틀리게 설명한 것은?

① 보험계약자는 보험가입시 납입보험료를 펀드별로 분산하여 투자할 수 있다.
② 보험계약자는 펀드 자동재배분 기능의 적용 여부를 선택할 수 있다.
③ 펀드별 편입비율 설정 기능을 이용해 보험계약자는 리스크의 분산을 도모할 수 있다.
④ 보험료 평균분할투자 기능(DCA)은 고액의 일시납 계약보다 월납계약에서 활용될 때 안정성 효과가 극대화된다.

**답** ④

---

## 076. 보험료 납입

| 변액종신보험 | 월납과 일시납(단기납)만 가능 |
|---|---|
| 변액연금보험 | 월납과 일시납만 가능 |
| 변액유니버설보험 | • 보험기간과 납입기간이 종신(적립형)<br>• 의무납입기간 이후 납입중지 가능<br>• 추가납입은 언제라도 가능 |

※ 변액유니버설보험의 보험료 자유납입기능에도 불구하고 계약초기 자유납입으로 인한 계약의 조기 효력상실을 방지하기 위하여 대부분의 보험사들이 일정기간 동안 보험료 납입을 의무화하는 의무납입기간을 설정하여 적용
⇨ 의무납입기간 이후에 월대체보험료를 활용하더라도 실효될 수 있음에 유의

**문** 다음 중 변액보험의 보험료 납입에 대한 설명으로 맞는 것은?

① 변액종신보험은 일시납이 가능하다.
② 추가납입보험료는 매월 계약해당일마다 특별계정으로 투입된다.
③ 납입한 보험료는 특별계정 투입 전까지 일반계정에서 특별계정 운용수익률로 적립한다.
④ 저축성 변액보험의 선납보험료는 평균공시이율로 할인하여 납입한다.

**답** ①

---

## 077. 보험료 추가납입, 선납보험료

| | 변액연금보험 | 변액유니버설보험 |
|---|---|---|
| 추가납입<br>보험료 | • 연금개시 전 보험기간 중 수시<br>• 기본보험료의 2배 이내 | • 보험기간 중 수시<br>• 적립형 : 기본보험료의 2배 이내<br>• 보장형 : 기본보험료의 1배 이내 |
| | 특별계정<br>투입일 | 「보험료 납입일 + 제2영업일」 |
| 선납<br>보험료 | 할인하지 않고 보험료<br>배수로 납입(저축성 상품) | • 보장성 상품 : 평균공시이율로 할인<br>• 저축성 상품 : 보험료의 배수로 납입 |
| | 특별계정<br>투입일 | 월계약해당일<br>(투입 전까지 평균공시이율로 적립) |

※ 추가납입보험료에서 계약관리비용을 차감하고 특별계정으로 투입

**문** 다음 중 변액보험의 보험료 납입에 대한 설명으로 알맞은 것은?

① 변액연금보험은 월납, 2개월납, 3개월납, 연납, 일시납 등으로 납입할 수 있다.
② 변액유니버설보험은 의무납입기간 이후에는 계약이 해지될 가능성이 없다.
③ 변액종신보험은 기본보험료의 2배 이내에서 추가보험료를 납입할 수 있다.
④ 선납보험료는 매월 계약해당일에 특별계정으로 투입된다.

**답** ④

---

## 078. 보험료 특별계정 투입시기

| 제1회<br>보험료 | 청약철회 기간 이내<br>승낙한 경우 | 「청약철회 종료일 + 1일」 |
|---|---|---|
| | 청약철회 기간 이후<br>승낙한 경우 | 「승낙일」 |
| 제2회<br>이후<br>보험료 | 「월계약해당일-제2영업일」<br>이전에 납입한 경우 | 「월계약해당일」 |
| | 「월계약해당일-제1영업일」<br>이전에 납입한 경우 | 「월계약해당일 + 제1영업일」 |
| | 월계약해당일 이후에<br>납입한 경우 | 「납입일 + 제2영업일」 |
| 연체<br>보험료 | 부활 승낙 후<br>연체보험료 납입시 | 「연체보험료 납입일<br>+ 제2영업일」 |
| | 연체보험료 납입 후<br>부활 승낙시 | 「부활승낙일 + 제2영업일」 |

**문** 다음 중 보험료의 특별계정 투입시점이 맞는 것은?

① 제1회 보험료 : 청약철회 종료일 이후 승낙된 경우 「승낙일」
② 제2회 보험료 : 「납입일」
③ 추가납입보험료 : 「납입일 + 제1영업일」
④ 선납보험료 : 「납입일 + 제2영업일」

**답** ①

## 079. 월대체보험료

**[월대체보험료]**
- 변액유니버설보험의 의무납입기간 이후
  ⇒ 매월(당월) 계약해당일에 위험보험료와 특약보험료, 계약체결 및 계약관리비용을 해약환급금에서 차감하는 금액

| 월대체보험료 | 특약보험료 + 위험보험료 + 계약체결 및 관리비용 + 보증비용 |
|---|---|

※ 기타비용은 보험료 납입시에 공제하므로 월대체보험료와 관련 없음

**[변액보험의 청약철회]**
변액보험의 청약철회 사유와 요건은 일반보험과 동일

**문** 다음 표에서 ( ) 안에 들어갈 알맞은 용어는 무엇인가?

> 변액유니버설보험은 특약보험료와 계약체결 및 계약관리비용, 보증비용을 보험료 납입시에 공제하지 않고, 매월 계약해당일에 당월 위험보험료와 함께 차감하는데 이를 ( )(이)라고 한다.

① 월대체보험료  ② 최저사망보험금 보증준비금
③ 해지공제금액  ④ 선납보험료

**답** ①

## 080. 사망보험금

**[사망일 기준]**
- 수익률이 높은 날까지 기다렸다가 청구하는 등 문제점 발생 가능
- 사망일과 청구일 사이에 기준가격 변동에 따른 리스크 존재

**[청구일 기준]**
- 청구일 현재 적립금을 일반계정으로 이체하여 지급하면 되므로 사망일과 청구일 사이의 기준가격 변동에 다른 리스크 회피 가능

| 사망일(2013년 10월 4일) | 보험금 청구일(2013년 12월 15일) |
|---|---|
| 기본보험금 : 1억원 | 기본보험금 : 1억원 |
| 변동보험금 : 5,000만원 | 변동보험금 : 1,000만원 |
| 사망보험금 : 1억 5,000만원 | 사망보험금 : 1억 1,000만원 |

**문** 다음 표에서 변액종신보험의 보험금 청구일자의 사망보험금은 얼마인가?

| 상품가입 및 사고현황 | 일자별 변동보험금 |
|---|---|
| • 사망보험금 : 1억원 + 청구시점의 변동보험금 | '22.3.10) 3,000만원 |
| • 사망일자 : '22.3.10. | '22.4.10) 3,500만원 |
| • 보험금 청구일자 : '22.5.10. | '22.5.10) 2,900만원 |

① 1억 2천 9백만원  ② 1억 3천 5백만원
③ 1억 3천만원  ④ 1억원

**답** ①

## 081. 해약환급금

| 기준가 적용일 | 해지신청일 + 제2영업일 |
|---|---|
| 해약환급금 | 특별계정 적립금 - 해지공제금액 |
| 특징 | 최저보증이 없고 납입한 보험료보다 적거나 없을 수 있음 |

※ 피보험자의 나이, 성별, 보험가입금액, 납입기간, 납입경과기간(보험료 납입횟수), 특별계정 운용실적에 따라 변동
※ 해지공제금액 : 미상각신계약비, 보험계약대출원리금 등
※ 보험료 납입기간 중에도 해약환급금이 기납입보험료를 초과할 수 있음

**문** 다음 중 변액보험의 해약환급금에 대한 설명으로 맞는 것은?

① 변액보험 계약을 해지할 경우 「해지신청일 + 제2영업일」의 기준가를 적용한다.
② 기납입보험료에서 해지공제금액을 차감하여 해약환급금을 지급한다.
③ 보험료 납입기간 중에는 해약환급금이 기납입보험료를 초과할 수 없다.
④ 해약환급금은 특별계정의 운용실적과 관계없이 최저보증된다.

**답** ①

## 082. 변액보험의 납입최고와 미납 해지

① 일반보험과 동일하게 14일(보험기간 1년 미만일 경우 7일) 이상
② 납입최고(독촉)기간의 마지막 날이 영업일이 아닌 때에는 그 익일
③ 변액유니버설보험은 해약환급금에서 월대체보험료를 충당할 수 없게 된 경우 월계약해당일의 다음날 기준으로 납입최고기간 적용

**[보험료 미납으로 인한 해지 처리]**
- 납입최고기간 이후 해지
- 해지된 계약은 특별계정에서 일반계정으로 이체하여 운용
- 해지된 기간 동안의 특별계정 운용실적 확보는 불가능

**문** 다음 중 변액보험의 해지 및 부활에 대한 설명으로 틀린 것은?

① 부활시 적립금 및 보험금액은 해지된 시점을 기준으로 한다.
② 해지된 기간 동안은 특별계정의 운용실적 확보가 불가능하다.
③ 해약환급금에서 위험보험료 등의 비용을 충당할 수 없게 되면 계약이 즉시 해지된다.
④ 해약환급금은 피보험자의 나이, 성별, 보험가입금액 등에 따라 달라진다.

**답** ③

## 083. 부활(효력회복)

| 일반보험 부활과 비교 | • 일반보험의 부활과 동일<br>• 차이점 : 부활시 일반계정에서 운용하던 적립금을 다시 특별계정으로 투입 |
|---|---|
| 부활 가능조건 | 해약환급금 미수령 + 3년 이내 + 연체보험료 + 연체이자 납입 |
| 부활시 적립금 기준 | 해지된 시점 기준 |

**[부활 청약 불가]**
① 계약 전 알릴 의무를 위반하여 해지된 경우
② 3대 기본지키기 위반으로 취소된 경우

**문 다음 중 보험계약의 해지와 부활에 대한 설명으로 틀린 것은?**

① 계약이 해지된 날로부터 3년 이내에 부활을 청약할 수 있다.
② 보험료 미납으로 계약이 해지된 계약에 대한 특별계정의 계약자적립금을 일반계정으로 이체하여 관리한다.
③ 부활을 청약하기 위해서는 연체보험료에 「평균공시이율+1%」 범위 내에서 보험회사가 정한 이율로 계산한 금액을 더하여 납입해야 한다.
④ 회사가 변액보험의 부활을 승낙하면 계약자적립금 등을 일반계정에서 계속 운용한다.

답 ④

## 084. 보험계약대출(약관대출)

**[변액보험 보험계약대출의 특징]**
① 해약환급금 범위 내에서 대출 가능
② 대출금과 이자는 언제든지 상환 가능
③ 대출금 상환시 상환금액 특별계정 투입일
  : 「상환일 + 제2영업일」
④ 미상환시 보험금, 해약환급금에서 계약대출원리금 차감 가능
• 변액보험의 보험계약대출 한도, 구비서류, 대출이율 등은 일반보험과 유사
  ⇨ 보험계약대출원금과 이자에 대한 처리는 일반보험과 차이 있음

**문 다음 중 변액보험의 보험계약대출에 대한 설명으로 틀린 것은?**

① 계약자는 보험계약대출원리금을 월계약해당일에 상환해야 한다.
② 보험계약대출이자는 상환 즉시 특별계정으로 투입되지 않고 「상환일 + 제2영업일」에 특별계정으로 투입한다.
③ 보험금 지급사유가 발생한 날에 보험금에서 대출원리금을 상계할 수 있다.
④ 보험계약대출이자는 보험회사에서 정한 보험계약대출수수료를 차감한 나머지 금액이 특별계정으로 투입된다.

답 ①

## 085. 변액보험 보험계약대출

**[변액보험 보험계약대출 방식 2가지]**

|  | 특별계정방식(월 1회) | 일반계정방식(횟수제한없음) |
|---|---|---|
| 대출원금 처리 | 특별계정 적립금 차감<br>⇨ 대출금액 만큼은 특별계정 운용실적 적용불가 | 일반계정에서 담보대출로 처리<br>⇨ 특별계정 적립금 변동 없음 |
| 대출이자 처리 | 보험계약대출수수료를 차감한 나머지 금액이 특별계정으로 투입되어 운용 | 전액 일반계정의 이익으로 처리 |

※ 특별계정방식은 대출원금을 일반계정에서 먼저 지급한 후 특별계정의 계약자적립금에서 그 금액만큼 차감하여 일반계정의 보험계약대출적립금으로 적립하는 방식

**문 다음 중 보험계약대출에 대한 설명으로 맞는 것은?**

① 대출상환금액은 상환 즉시 특별계정으로 투입된다.
② 계약자가 납부한 보험계약대출수수료는 특별계정으로 투입되지 않는다.
③ 보험계약대출에 따른 이자는 발생하지 않는다.
④ 계약자는 보험계약대출금을 월계약해당일에만 상환할 수 있다.

답 ②

## 086. 계약내용의 변경

① 보험가입금액 감액 가능(But, 증액은 불가능)
  ⇨ 기본보험금 감액시 같은 비율로 변동보험금도 감액
  ⇨ 둘 중 하나만의 감액 불가
  ⇨ 감액된 부분은 해지된 것으로 봄 : 해약환급금 지급
  ⇨ 감액된 계약은 감액 전 가입금액으로 증액(환원) 불가능
② 변액종신보험에서 일반보험으로 전환 가능(환원 불가능)
③ 청약서 작성시 오류 정정 가능
④ 자산운용 옵션 변경 가능
※ 변경 불가 : 피보험자, 변액유니버설보험의 보험기간과 의무납입기간

**[초기투자자금]**
특별계정 펀드의 최초개설시 펀드의 자산이 일정규모 이상을 유지할 수 있도록 회사자산의 일부를 투입하는 자금

**문 다음 중 변액보험 계약내용의 변경에 대해 맞게 설명한 것은?**

① 기본보험금액을 감액하는 경우 변동보험금액도 같은 비율로 감액된다.
② 보험가입금액은 증액과 감액이 가능하다.
③ 보험가입금액을 감액하는 경우 해약환급금은 지급하지 않는다.
④ 펀드운용 형태를 선택하여 변경할 수 없다.

답 ①

## 087. 특별계정(펀드)의 폐지

① 당해 각 특별계정 펀드의 자산이 급격히 감소, 자산가치의 변화로 효율적인 자산운용이 곤란해진 경우
② 설정 후 1년이 되는 날 설정액이 50억원 미만, 또는 1년이 지난 후 1개월간 계속 설정액이 50억원 미만인 경우
③ 당해 각 특별계정 펀드의 운용대상이 소멸한 경우
  ※ 해당 변액보험 상품의 수익률에 손실이 발생, 판매 중지된 경우, 기준가격 계산 오류 등의 이유로는 폐지되지 않음
- 펀드 폐지시 서면안내에도 불구하고 계약자가 펀드변경을 신청하지 않은 경우
  ⇨ 보험회사가 정한 유사한 펀드로 이동(해지 불가)
  + 펀드변경 수수료 미징구 + 펀드변경 횟수 미포함

문 다음 중 특별계정(펀드)의 폐지사유로 알맞지 않은 것은?

① 설정한 후 1년이 되는 날에 투자신탁 설정액이 50억원 미만인 경우
② 설정한 후 6개월이 지난 후 1개월간 계속하여 설정액이 50억원 미만인 경우
③ 당해 각 특별계정 펀드의 자산이 급격히 감소하거나 자산가치의 변화로 인해 효율적인 자산운용이 곤란해진 경우
④ 당해 각 특별계정 펀드의 운용대상이 소멸할 경우

답 ②

## 088. 경영공시의 공시 기한

| 경영공시 | | 공시기한 | 공시기간 |
|---|---|---|---|
| 정기공시 | 결산공시 | 3개월 내 | 3년간 |
| | 분기공시 | 2개월 내 | 다음 분기 임시결산 공시 전 |
| 수시공시 | | 즉시 | 3년간 |

※ 2/4분기 임시결산 공시는 당해연도 말 결산공시까지 공시
※ 정기공시 항목 : 주요 경영 지표, 계약자 배당 및 주주 배당, 경영실적, 재무상황, 재무제표 등(분기공시는 결산시 작성 항목 중 일부만 공시)
[공시기준] 경영공시는 생명보험협회의 「생명보험 경영통일 공시 기준」 및 「생명보험 경영공시 시행세칙」에 따라 공시

문 다음 표의 ( ) 안에 들어갈 기간을 순서대로 맞게 나열한 것은?

> 정기공시 중 결산공시는 사업연도말 결산일로부터 ( (가) ) 이내에 공시하여야 하고, 분기공시는 분기결산일로부터 ( (나) ) 이내에 공시하여야 한다.

① (가) 3개월, (나) 1개월
② (가) 3개월, (나) 2개월
③ (가) 2개월, (나) 2개월
④ (가) 2개월, (나) 3개월

답 ②

## 089. 수시공시 항목

① 적기시정조치(경영개선권고, 경영개선요구, 경영개선명령) 및 긴급조치 등 법령에 의한 주요 조치사항
② 부실채권, 금융사고 등으로 인한 거액의 손실
③ 재무구조, 경영환경에 중대한 변경을 초래하는 사항
④ 손익구조의 중대한 변동에 관한 사항
⑤ 대주주 신용공여, 대주주가 발행한 채권 또는 주식의 취득 및 의결권 행사
⑥ 정부기간 등으로부터 받은 출자 내용 등
⑦ 기타 경영상 중대한 영향을 미칠 수 있는 사항
 ※ 수시공시 사항 발생 즉시 금융감독원과 생명보험협회에 보고
  ⇨ 회사 홈페이지 경영공시실에 즉시 공시, 3년간 공시

문 다음 중에서 보험회사의 수시공시 항목에 해당하지 않는 것은?

① 파생상품거래로 인한 거액의 손실
② 채권채무관계에 중대한 변동을 초래하는 사항
③ 대주주에 대한 신용공여
④ 계약자 배당 및 주주배당

답 ④

## 090. 생명보험협회 보험상품 비교공시, 기타공시

[보험상품 비교공시]
- 각 보험회사의 보험상품별 판매채널, 보장내용, 보험료 및 공시이율 등
- 변액보험 각 펀드별 매일의 기준가격 및 기간별 수익률, 보수정보 등
  ⇨ 펀드수익률은 개별 계약자별 납입보험료 대비 수익률과 다름

[생명보험협회 기타공시] 불완전판매비율, 민원건수, 소송건수

[금융감독원 공시] 보험회사의 재무현황, 보험계리사 및 손해사정사 보유현황, 금융사고 현황 등

[보험다모아] 생명보험협회와 손해보험협회 공동 운영, 8가지 보험종목 비교하여 가입할 수 있도록 가입 경로 안내

문 다음 중 보험상품 비교·공시에 대해 틀리게 설명한 것은?

① 계약자별 가입한 상품의 주요 정보를 확인할 수 있다.
② 판매중인 상품간의 비교 가능성을 높이기 위한 정보이다.
③ 변액보험의 펀드별 기준가격, 수익률 등을 확인할 수 있다.
④ 생명보험협회 인터넷 홈페이지 공시실에서 확인할 수 있다.

답 ①

## 091. 보험안내자료의 필수기재사항과 기재금지사항

**[보험안내자료의 필수기재사항과 기재금지사항(『보험업법』)]**

| 필수<br>기재<br>사항 | • 상호나 명칭<br>• 보험금 지급제한 조건 및 예시<br>• 해약환급금<br>• 분쟁의 해결 등 | 기재<br>금지<br>사항 | • 불공정거래행위 사항<br>• 보험계약의 내용과 다른 사항<br>• 다른 보험상품과 비교하는 사항<br>• 자사상품을 유리하게 비교한 사항 |

**[상품설명서의 기재사항(『금융소비자 보호에 관한 법률』)]**
① 보장내용, 보험료
② 보험금 지급제한 사유 및 지급절차
③ 위험보장의 범위, 기간, 해지
④ 보험금, 해약환급금의 손실 발생 가능성 등

**문 다음 중 변액보험 판매시 필수안내사항에 대해 틀리게 설명한 것은?**

① 매일 보험금 및 해약환급금이 변동한다는 내용
② 변액보험은 자기책임의 원칙이 적용된다는 내용
③ 납입한 보험료 전액이 특별계정으로 투입된다는 내용
④ 최저연금적립금 미보증상품의 경우 연금개시시점에도 최저보증이 되지 않는다는 내용

답 ③

## 092. 보험계약관리내용

| 변액보험 | 분기별 1회 이상 보험계약관리내용, 자산운용보고서 제공 |
| 일반보험 | 연 1회 이상 보험계약관리내용 제공 |

※ 계약체결 권유단계 : 변액보험 운용설명서 제공

**[생명보험회사 홈페이지]** 개인별 계약관리내용, 특별계정 운용현황, 변액보험 운용설명서 확인 가능

**[생명보험협회 공시]** 매일의 펀드별 기준가격 및 수익률, 자산구성내역, 보수 및 비용, 운용회사 등을 공시하여 여러 생명보험사 펀드 비교 가능

**[변액보험 운용설명서]** 변액보험 상품의 개요, 운용흐름(도표), 특별계정 운용현황(펀드 종류, 보수 및 비용, 자산운용 옵션 등)

**문 다음 중 변액보험 공시에 대한 설명으로 틀린 것은?**

① 변액보험 운용설명서는 변액보험 운용흐름, 특별계정 운용 현황 등의 내용으로 구성된다.
② 생명보험협회는 여러 생명보험회사의 펀드 수익률 등을 비교·확인할 수 있도록 하고 있다.
③ 계약자는 생명보험회사를 통하여 개인별 계약관리내용을 확인할 수 있다.
④ 변액보험은 반기 1회 이상 보험계약관리내용을 제공하여야 한다.

답 ④

## 093. 저축성 변액보험의 수수료 안내표

**[수수료 안내표는 보험가입 전·후 여러 방법으로 확인 가능]**

| ① 보험가입 전 | ② 보험가입 후 | ③ 공통 |
|---|---|---|
| (상품설명서) | (보험사 홈페이지) | (협회 홈페이지 공시실) |
| 보험관계비용 내역을 담은 수수료 안내표 제공 | 로그인 후 개별 계약 조회란에서 수수료 안내표 확인 | 상품비교공시 화면에서 '공제금액구분공시'를 확인하거나, '상품요약서'를 통해 대표계약 수수료 안내표 확인 |

**문 다음 표의 ( ) 안에 들어갈 내용으로 알맞은 것은?**

> 저축성 변액보험에서 제공해야 하는 ( )에는 보험관계비용, 특별계정운용비용, 보증비용, 연금수령 기간 중 비용, 해약공제비용 등이 포함되어야 한다.

① 청약서
② 자산운용보고서
③ 수수료 안내표
④ 보험약관

답 ③

## 094. 수수료 안내표의 주요 내용

**[수수료 안내표 주요 내용]**
① 보험계약 체결비용
② 보험계약 관리비용
③ 위험보험료
④ 보증비용 : 최저연금적립금 및 최저사망보험금 보증비용
⑤ 특별계정 운용비용 : 운영보수, 기초펀드 보수·비용, 증권거래비용, 투자일임보수, 수탁보수, 사무관리보수 등
⑥ 연금수령 기간 중 비용
⑦ 해약공제비용

**문 다음 중 저축성 변액보험 수수료 안내표 제공시 포함되어야 할 내용에 해당하지 않는 것은?**

① 계약체결비용
② 위험보험료
③ 보증비용
④ 공시이율

답 ④

## 095. 변액보험 판매자격제도

[변액보험 판매자격 조건]
① 1단계 – 변액보험 판매자격시험에 합격
② 2단계 – 판매 전 교육 이수 ⇨ 4시간 이상
③ 3단계 – 매년 1회 보수교육 이수 ⇨ 4시간 이상

**문** 다음 표의 (　) 안에 공통적으로 들어갈 숫자는 무엇인가?

> 변액보험 판매자격시험에 합격한 후에는 변액보험 상품 및 특별계정 펀드에 대한 컨설팅 능력을 강화하기 위해 (　)시간 이상 판매 전 교육을 이수하여야 하며, 매년 1회 (　)시간 이상 보수교육을 이수하여야 한다.

① 2　　② 4
③ 8　　④ 10

**답** ②

## 096. 적합성 진단과 적정성 진단

[적합성 진단] 변액보험 계약 체결 전에 계약자로부터 파악한 정보를 바탕으로 보험계약 성향 분석을 실시하고 계약자에게 적합한 보험계약 목록을 제공하는 것

[적합성 진단과 관련한 변액보험의 계약체결 절차]
계약자 확인 → 적합성 진단 → 가입설계 → 상품설명 → 보험계약 청약

[적합성 진단시 파악해야 할 내용] 계약자의 연령, 재산상황, 보험계약 체결의 목적, 금융상품 취득·처분 경험, 금융상품 이해도 등
※ 전문금융소비자가 일반금융소비자와 동일한 대우를 받겠다는 의사 표시를 할 경우 서면확인 후 적합성 진단 실시
• 적합성 진단과 관련하여 계약자로부터 확인받은 내용은 10년 (보장기간 10년 초과시 보장기간) 동안 유지·관리 필요

[적정성 진단] 보험계약자에게 변액보험계약 체결을 권유하지 않고 판매하는 경우 실시

**문** 다음 중 적합성 진단시 파악해야 하는 내용에 해당하지 않는 것은?

① 보험계약자의 재산상황
② 계약자가 가입한 모든 보험상품
③ 금융상품을 취득·처분한 경험
④ 보험계약 유지능력

**답** ②

## 097. 변액보험 판매시 필수안내사항

① 운용실적에 따른 사망보험금 및 해약환급금의 변동
② 원금손실 가능성　　③「예금자보호법」의 적용 제외
④ 특별계정 투입보험료 ⇨ 납입한 보험료 전액을 펀드에 투입하여 운용하는 것이 아님을 설명
⑤ 펀드의 종류, 펀드별 주식편입비율 등에 대한 설명
⑥ 변액보험 공시실 사용방법 등 설명
⑦ 펀드변경 절차 및 필요성

[변액보험 주요내용 확인서 교부 및 중요내용 설명]
변액보험의 원금손실 가능성 및「예금자보호법」미적용 등

[판매 후 모니터링] 청약일로부터 15일 이내에 실시해야 함

**문** 다음 중 변액보험 판매시 금지사항에 해당하지 않는 것은?

① 기초서류에서 정한 보험금보다 많은 보험금액 지급을 약속하는 행위
② 자사에게 유리하게 특정기간, 특정회사만을 비교하는 행위
③ 원금손실이 발생할 경우 보험회사가 보상해준다고 약속하는 행위
④ 협회 홈페이지에 여러 회사의 펀드수익률, 기준가격 변동 등을 비교·확인할 수 있음을 안내하는 행위

**답** ④

## 098. 펀드에서 차감되는 제반비용

| 특별계정 운용관련 수수료 | 적립금 비례 |
|---|---|
| 최저사망보험금 보증비용 | 가입금액 또는 적립금 비례 |
| 최저연금적립금 보증비용 | 적립금 비례 |
| 위험보험료 | 기본보험료 비례 |
| 납입 후 유지비 | 기본보험료 또는 적립금 비례 |

**문** 다음 중 변액보험관련 비용 중 기본보험료에 비례하여 차감(부과)되는 것은?

① 위험보험료
② 최저사망보험금 보증비용
③ 최저연금적립금 보증비용
④ 특별계정 운용보수

**답** ①

## 099. 예금보험제도

| 예금보험<br>공사 | • 「예금자보호법」에 의해 설립된 기관, 평소 금융기관으로부터 예금보험료를 받아 기금 적립(사외 적립)<br>⇨ 재원 부족시 직접 채권 발행 |
|---|---|
| 보호대상<br>금융회사 | • 은행, 보험회사, 투자매매업자, 투자중개업자, 증권금융회사, 종합금융회사, 상호저축은행 등<br>⇨ 농·수협의 지역조합, 신용협동조합, 새마을금고 등은 예금보험 가입 금융회사가 아님 |

- 예금보험에 가입한 금융회사가 취급하는 상품 중 「예금자보호법」에서 정한 '예금 등' 보호
  ⇨ 가입 금융회사의 모든 금융상품이 보호대상 '예금 등'에 해당하는 것은 아님에 유의

문 다음 중 예금보험 적용 대상이 되는 금융 기관을 모두 고른 것은?

| 가. 수협은행 | 나. 농협의 지역조합 |
| 다. 투자매매업자 | 라. 상호저축은행 |
| 마. 생명보험회사 | |

① 가, 나, 라  ② 가, 다, 라
③ 가, 다, 라, 마  ④ 가, 나, 다, 라, 마

답 ③

## 100. 「예금자보호법」에 의한 보호대상 금융상품

| | 주요 보호대상 금융상품 | 주요 비보호대상 금융상품 |
|---|---|---|
| | 원본이 보전되는 금융상품 등 | |
| 은행 | 정기예금, 주택청약예금, 상호부금, 외화예금 등 | • CD, RP, 주택청약(종합)저축, 은행 발행채권, 재보험, 보증보험 등<br>• 확정급여형(DB형) 퇴직연금, 계약자가 법인인 보험계약, 증권사CMA |
| 보험회사 | 퇴직보험(DC, IRP), 중소기업퇴직연금기금, 변액보험 특약, 변액보험계약 최저보증 보험금, 원본이 보전되는 금전신탁 등 | |
| 종합<br>금융회사 | 발행어음, CMA 등 | |

문 다음 중 「예금자보호법」에 따라 보호되는 금융상품으로 맞는 것은?

① 양도성예금증서(CD)
② 저축은행 후순위 채권
③ 원본이 보전되는 보험회사의 금전신탁 재산
④ 보증보험계약

답 ③

## 101. 예금자보호한도

- 원금과 소정의 이자를 합하여 금융회사별 1인당 최고 5천만원
- 예금에서 대출금을 먼저 상환(상계) 후 남은 예금액 기준
- 동일한 금융회사 내에서 예금자 1인이 보호받을 수 있는 총 금액

| 보험금<br>지급이유 | • 예금지급이 정지된 경우(1종 보험사고)<br>⇨ 제3자 계약이전은 제외되나 계약이전 대상에서 제외된 예금이 보호대상 상품일 경우에는 보호<br>• 인·허가 취소, 해산, 파산되는 경우(2종 보험사고) |
|---|---|

※ 연금저축 5천만원, 사고보험금 5천만원, DC형 + IRP + 중소기업퇴직연금기금 합산 5천만원 각각 별도로 보호
※ 예금보험사고 발생시 예금보험공사(예금보험위원회)의 보험금 결정 등을 거쳐 예금자에게 보험금·가지급금·개산 지급금을 지급

문 다음 표의 김생명씨가 A은행 파산시 「예금자보호법」에 의해 지급받게 되는 예금보험금은 얼마인가?

[예금자 김생명씨가 A은행에 가입한 금융상품 내역]
- 보통예금 : 3,000만원(원금+이자)
- 확정기여형(DC) 퇴직연금 적립금 : 3,000만원 (원금+이자)

① 6,000만원  ② 3,000만원
③ 5,000만원  ④ 4,000만원

답 ①